国家社科基金
GUOJIA SHEKE JIJIN HOUQI ZIZHU XIANGMU
后期资助项目

岭南地区出土汉代铜器的考古学探索

Archaeological Exploration of Han Dynasty Bronze Wares
Unearthed in Lingnan Area

吴小平　著

ZHEJIANG UNIVERSITY PRESS
浙江大学出版社

国家社科基金后期资助项目
出版说明

　　后期资助项目是国家社科基金设立的一类重要项目，旨在鼓励广大社科研究者潜心治学，支持基础研究多出优秀成果。它是经过严格评审，从接近完成的科研成果中遴选立项的。为扩大后期资助项目的影响，更好地推动学术发展，促进成果转化，全国哲学社会科学工作办公室按照"统一设计、统一标识、统一版式、形成系列"的总体要求，组织出版国家社科基金后期资助项目成果。

全国哲学社会科学工作办公室

凡　例

一、为了排版需要,插图比例大小不一。出于文章的完整性和便于阅读,部分插图重复使用。

二、插图均来自原始的发掘报告,文中不再注明出处。

三、出于方便阅读,正文注释采用页下注,且同一注释采用重复出注的方式。

四、收集和采用材料以 2020 年 9 月之前为限。

五、对于铜器的年代本书大致按以下标准划定。

西汉早期——公元前 206 年至公元前 118 年。

西汉中期——公元前 118 年至公元前 49 年。

西汉晚期——公元前 48 年至公元 25 年。

东汉早期——公元 25 年至公元 88 年。

东汉中期——公元 89 年至公元 125 年。

东汉晚期——公元 126 年至公元 220 年。

目　录

图目录

表目录

绪　论

岭南地区的范围大致为今天的两广和海南,两汉时期分属于苍梧、郁林、合浦、南海、儋耳和珠崖六郡,此外其北部的韶关和桂林等地则属零陵郡和桂阳郡管辖。

先秦时期岭南为百越族群聚居地,广西境内,在红水河流域的来宾、忻城、大化,柳江支流的宜州,右江流域的武鸣,左江流域的龙州、大新,湘江流域的灵川和贺州发现较多的岩洞葬,在武鸣元龙坡、恭城金堆桥和贺州龙婆岭发现的狭长形竖穴土坑墓,所出铜刮刀、斧钺、匕首、柱形器和桂东北发现大片的印纹硬陶(有夔纹、云雷纹、羽状纹、曲折纹、米字纹)即是物证。这些遗物在广东境内的封开、博罗、乐昌、始兴、罗定、揭阳亦不时出土。①

秦始皇统治时期的公元前 214 年,"发诸尝逋亡人、赘婿、贾人略取陆梁地,为桂林、象郡、南海,以適遣戍"②;"以谪徙民五十万人戍五岭,与越杂处"③;"(始皇)三十四年,適治狱吏不直者,筑长城及南越地"④,岭南正式纳入中央王朝的统治版图。

公元前 208 年,随着北方动荡,赵佗封闭粤北的通道,同时出兵攻击桂林和象郡,于前 205 年左右自立为南越国。

汉武帝元鼎五年(前 112),伏波将军路博德出桂阳下湟水、楼船将军杨仆出豫章经大庾下浈水、戈船将军郑严出零陵、下濑将军下苍梧、越人归义侯发巴蜀罪人及夜郎兵,同会于番禺,六年随着丞相吕嘉和最后一位南越王赵建德被获、苍梧王赵光、揭阳令史定、将军毕取投降,桂林监居翁率四十万余口瓯骆人归附,南越国最终灭亡。

汉武帝既平南越,遂开其地设置了儋耳、珠崖、南海、苍梧、郁林、合浦、交趾、九真、日南九郡,其中属今日岭南范围的有儋耳、珠崖、南海、苍梧、郁

---

① 蒋廷瑜:《广西考古通论》,广西科学技术出版社 2012 年版,第 135—192 页。刘庆柱:《中国考古发现与研究》(1949—2009),人民出版社 2010 年版,第 303 页。

② 《史记》卷 6《秦始皇本纪》,中华书局 2006 年版,第 46 页。

③ 《资治通鉴》卷 7,中华书局 1956 年版,第 242 页。

④ 《史记》卷 6《秦始皇本纪》,中华书局 2006 年版,第 47 页。

林、合浦，其余三郡在越南境内。

秦人的南下、南越国的创建至汉郡的设置，必然有大量的汉人进入，从而改变了先秦时期百越为主的族群格局，在考古学文化方面广州、梧州、合浦、贵港等地出现的大型的汉人聚居地和汉墓群便是证据。

据不完全统计，岭南境内目前已发掘的汉墓大致在 2000 座以上，所出铜器数量在全国首屈一指。这些铜器有哪些器类，其风格特征、时空变化、形成过程等情况如何，无疑是铜器研究和汉代考古无法回避的问题。

最早对岭南青铜器展开专门探讨的是西方学者。20 世纪 60 年代詹姆士·卡黑尔在他所编弗利尔美术馆藏品目录中便提到刻纹铜器系錾刀或凿子雕刻而成，动物纹饰和抽象图案似乎与商周青铜器不同，为另一文化传统。①

杰西卡·罗森在 1973 年也就汉代刻纹青铜器的纹饰进行了探讨，他通过与相关陶瓷器进行比较，认为铜器纹饰来自陶瓷。②

我国较早对岭南地区汉代铜器风格关注的是南京博物院的邹厚本，他在 1979 年就盱眙东阳汉墓出土的长颈壶、熏炉的纹饰技法，与合浦、清镇所出进行比较，从而推断其盛行于新莽前后，制作地大致为南方地区。③

20 世纪 80 年代，黄展岳就铜提筒的分布、造型、用途和年代进行了论述，认为其流行地区和时期为战国末汉初的滇国、西汉南越国和东山文化时期的越南红河下游三角洲地区，其用途因地而异，有葬具、贮贝器和酒器。④

之后，艾兰对汉代刻纹铜器就其纹饰风格、技法来源进行了探讨，认为其为古代越人所制作。⑤

2002 年，蒋廷瑜对錾刻类铜器首次进行了系统探讨，内容涉及其种类、年代、制作方法、制作地区、使用对象几个方面，明确提出此类刻纹铜器的制作地区便是贵港、合浦一带。

2005 年，吴小平在对全国所出汉代铜器研究的基础上，提出汉代岭南系铜器概念，并就其大致的器物种类进行了粗略介绍。⑥

---

① 转引艾兰：《一组汉代针刻青铜器》，《欧洲所藏中国青铜器遗珠》，文物出版社 1995 年版，第 423 页。
② 转引艾兰：《一组汉代针刻青铜器》，《欧洲所藏中国青铜器遗珠》，文物出版社 1995 年版，第 425 页。
③ 南京博物院：《江苏盱眙东阳汉墓》，《考古》1979 年第 5 期。
④ 黄展岳：《铜提筒考略》，《考古》1989 年第 9 期。
⑤ 艾兰：《一组汉代针刻青铜器》，《欧洲所藏中国青铜器遗珠》，文物出版社 1995 年版，第 423—428 页。
⑥ 吴小平：《汉代青铜容器的考古学研究》，岳麓书社 2005 年版，第 190—220 页。

2006 年,李龙章对岭南地区的青铜器进行了较为全面的研究,虽然汉代铜器也有涉猎,但研究重心为商周时期。①

2010 年,富霞对合浦所出汉代铜器进行了概括性介绍,内容涉及合浦铜器的种类、年代方面。②

2015 年,吴小平、蒋璐对全国所出的汉代刻纹铜器进行了专门探讨,其中便包括岭南地区的刻纹铜器,探讨了其种类、纹饰变化、制作区域、使用等级等几个方面,并就其来源进行了分析。③

近年来,部分学者就汉代铜器工艺方面展开了少量的科技测试分析,如对广州小谷围所出的刻纹铜奁、成都博物馆藏的刻纹铜樽的研究。④

从上可以看出,岭南地区汉代铜器的研究当前取得了一定的成果,但尚存在很大不足,表现如下。

1. 整个岭南汉代铜器的文化面貌不清、时空框架尚未建立。虽然上述研究涉及岭南铜器,但聚焦点在刻纹铜器方面,而其仅仅是岭南铜器的较少部分,至于其他铜器并未展开探讨。

2. 岭南汉代铜器的构成。岭南地区所出汉代铜器有哪些文化因素;哪些因素逐渐发展形成岭南地区特有部分,即岭南铜器与其他地区的差异;这些因素出现的历史背景如何。对此学界并未涉足。

3. 岭南铜器的对外输出及其影响状况。即内地所见岭南铜器的情况;哪些为直接输出,哪些为仿制?不同阶段变化如何?流通的路线和历史背景?学界并未给予关注。

4. 岭南铜器的使用。其使用对象、等级差异,所反映的岭南郡县治所等,尚未有相关探讨。

鉴于此,本书在全面收集铜器资料的基础上,对岭南地区所出铜器进行系统考察。

需要说明的是,本书的铜器限于一般的日用器皿,并不包括车马器具、钱币、铜镜、兵器、乐器和度量衡之类。

---

① 李龙章:《岭南地区出土青铜器研究》,文物出版社 2006 年版,第 28—89 页。
② 富霞:《广西合浦出土汉代青铜器的初步研究》,《广西考古文集》(第四辑),科学出版社 2010 年版,第 372—402 页。
③ 吴小平、蒋璐:《汉代刻纹铜器考古研究》,浙江大学出版社 2015 年版,第 27—85 页。
④ 吕良波:《广州小谷围出土刻纹铜奁的科学分析》,《广西民族大学学报》(自然科学版)2015 年第 4 期;闫琰、杨歧、肖嶙:《四川成都博物馆藏刻纹铜樽的无损检测与初步分析》,《南方文物》2017 年第 2 期。

第一章　发现与分布

关于岭南汉代青铜器，不同时期的金石学家在不同的著作中便给予了著录。如《宣和博古图录》中便著录一件鹿纹提梁扁壶，《西清古鉴》卷 17 中著录有一件提梁壶，《善斋吉金录》收录一件"龙渊宫"熏炉。

清末民国时期，国外的博物馆通过各种手段也收录了部分岭南青铜器，如日本住友收录一件"三羊羽纹盒"①，巴黎色努施奇博物馆收藏一件"菱形纹钟"和一件鹿纹扁壶，斯德哥尔摩远东博物馆收藏一件提梁扁壶，巴黎基美博物馆收藏一件博山炉和泥筒，格拉斯哥博物馆收藏一件"鸟兽纹大樽"，布里斯托尔市立美术馆藏有一件泥筒②，芝加哥美术馆藏扁壶③，日本东京国立博物馆收藏一件酒樽，弗利尔美术馆藏有一件长颈壶④，等等。

这些岭南铜器是出土于岭南境内还是其他地区，并不清楚。

至于考古发掘所出，虽然在 20 世纪 20 年代开始在两广境内偶有进行考古工作，但均未见记载，如 1927 年修筑湘桂公路时在全州对汉墓的发掘、1947 年在贵县汉墓的发掘⑤等。因此，汉代铜器的大规模出土和发现实际上均在 1949 年以后。

为清楚观察铜器分布的地域状况及其差异，下面将岭南划分郡，对各郡所出进行陈述⑥。

---

① 容庚：《海外吉金图录》，中华书局 2012 年版，第 743 页。
② 李学勤、艾兰：《欧洲所藏中国青铜器遗珠》，文物出版社 1995 年版，第 184—187 页。
③ 查尔斯·法本斯·凯莱、陈梦家：《白金汉所藏中国铜器图录》，金城出版社 2015 年版，第 1868 页。
④ 转引蒋廷瑜：《汉代錾刻花纹铜器研究》，《考古学报》2002 年第 3 期。
⑤ 蒋廷瑜：《广西考古通论》，广西科学技术出版社 2012 年版，第 1 页。
⑥ 有关各郡的区域范围，本书依据的是谭其骧主编的《中国历史地图集》（中国地图出版社 1996 年版）。

第一节　发现概况

今日的岭南，汉代主要有南海、苍梧、合浦、郁林四郡，岭南的北部分别为零陵郡、桂阳郡管辖，海南岛则早期设置有珠崖、儋耳两郡，但不久就被废弃。

一、南海郡

其范围即今日广东的东南部，郡治为番禺（今广州），辖有增城（今增城）、揭阳（今潮州）、中宿（今清远）、四会（今四会）、龙川（今龙川）、博罗（今博罗）诸县。但出土铜器的县不多，具体如下。

（一）番禺

1953—1960 年，广州市文物管理委员会联合广州市博物馆在广州市郊发掘了 409 座汉墓，出土铜器有瓿 8、圆壶 14、鼎 36、提桶 2、匏壶 5、扁壶 5、蒜头壶 1、钫 5、酒樽 13、卮 11、鍪 22、束颈双耳釜 3、葫芦形釜 1、甗 4、鐎壶 7、盆钼 20、盘 18、熏炉 12、灯 8、盒 1、锜 5、碗 24、钵 7、长颈壶 2、耳杯 17、案 4、鏂 2、双耳锅 1、虎子 1 件。①

1973 年，在广州市郊淘金坑，出土铜器有鼎 3、鍪 3、匜 1、锜 1、瓿 1、卮 1 件。②

1983 年，在广州象岗山清理了一座南越王墓，出土铜器有钫 4、圆壶 9、瓿 4、提筒 9、熏炉 11、鼎 36、鍪 16、匜 25、釜铫 9、盆钼 10、盘 4、三足盘 1、甗 1、鐎壶 1、蒜头壶 1、鉴 2、灯 2 件。③

1992—1994 年，在广州先烈南路，M2 出土铜碗 2、杯 1 件；1999 年，在广州华泰宾馆附近的 M6，出土铜鼎、蒜头壶、鐎壶、灯、盆钼、鍪各 1 件，M8 出土钵 2 件。④

---

① 广州市文物管理委员会、广州市博物馆：《广州汉墓》，文物出版社 1981 年版，第 129—139、227—233、285—286、340、430—440 页。

② 广州市文物管理处：《广州淘金坑的西汉墓》，《考古学报》1974 年第 1 期。

③ 广州市文物管理委员会、中国社会科学院考古研究所、广东省博物馆：《西汉南越王墓》，文物出版社 1991 年版，第 31—32、39—59、77—100、158—166、222—231、260—262、276—291 页。

④ 广州市文物考古研究所：《广州市先烈南路大宝岗汉墓发掘简报》，《广州文物考古集》，文物出版社 1998 年版，第 235—261 页。广州市文物考古研究所：《广州先烈南路汉晋南朝墓葬》，《羊城考古发现与研究》（一），文物出版社 2005 年版，第 49—72 页。

1996 年，广州东山梅花村 M8 出土有铜杯、钵各 1 件。① 1998 年，在广州梅花村省委大院内一座木椁墓中，出土铜酒樽、盆铟、碗等。② 同年，在东山区中山一路东汉墓中，出土 1 件铜辟邪灯。③ 数量、器型和时代均不明。

2000 年，在广州横枝岗一座西汉木椁墓中，出土铜鼎、钫、壶、熏炉、灯，时代为西汉早期。数量和器型不明。④

2002 年，在广州市永福路一座西汉木椁墓中，出土有铜鼎，器型不明。⑤

2004 年，考古部门在广州永福路广州警备区干休所发掘了一座西汉土坑墓，发现 1 件酒樽。⑥

2003 年，广州执信中学清理的 21 座西汉土坑墓中，出土有铜鼎，数量和器型不明。⑦

2005 年，广州淘金花园发掘的 3 座西汉墓中，出土铜碗，数量和器型不明。⑧

2005 年，在广州恒福路银行疗养院工地西汉木椁墓中，出土有鼎、盒、圆壶、酒樽、锜、甋、长颈壶、熏炉、卮、洗、碗和灯，但数量和器型不明。⑨

1990—2001 年，广州市文物考古部门在番禺的崩沙岗、大石、沙头、屏山和员岗村墓地发掘了 34 座汉墓，出土铜器有盆铟 1、鏂 1、碗 12 件。⑩

---

① 广州市文物考古研究所：《广州东山梅花村八号墓发掘简报》，《广州文物考古集》，文物出版社 1998 年版，第 262—281 页。

② 朱海仁、马建国：《广州市东山梅花村东汉木椁墓》，《中国考古学年鉴.1999》，文物出版社 2001 年版，第 255 页。

③ 全洪：《广州市东山汉至五代遗迹和墓葬》，《中国考古学年鉴.1999》，文物出版社 2001 年版，第 257 页。

④ 马建国：《广州市横枝岗西汉、东晋、唐宋墓葬》，《中国考古学年鉴.2001》，文物出版社 2002 年版，第 242 页。

⑤ 广州市文物考古研究所：《广州市永福路汉唐墓葬》，《中国考古学年鉴.2003》，文物出版社 2004 年版，第 269 页。

⑥ 广州市文物考古研究所：《广州市永福路汉唐墓葬发掘简报》，《羊城考古发现与研究》（一），文物出版社 2005 年版，第 73—87 页。

⑦ 全洪、祁桂荣：《广州市执信中学运动场西汉至清代墓葬》，《中国考古学年鉴.2004》，文物出版社 2005 年版，第 300 页。

⑧ 冯建国：《广州市淘金花园西汉至清代墓葬》，《中国考古学年鉴.2006》，文物出版社 2007 年版，第 325 页。

⑨ 冯永驱、马建国：《广州市恒福路银行疗养院工地西汉木椁墓》，《中国考古学年鉴.2007》，文物出版社 2008 年版，第 368 页。

⑩ 广州市文物考古研究所、广州市番禺区文管会办公室：《番禺汉墓》，科学出版社 2006 年版，第 331—333 页。

1998 年,在番禺屏山二村东汉墓中,出土铜盒,但数量不详。[1]

2003 年,广州市考古部门在番禺小谷围发现一座东汉墓,出土有铜钵、酒樽各 1 件。[2]

1964 年,广东省博物馆在南海线平洲马祠堂山清理了 6 座汉墓,其中 M1、M4 出土有 1 件钵、1 件杯和 3 件盆铫。[3]

2004 年,在广州市南海区青峰岗东汉墓中,出土铜盆铫、碗,器型和数量不明。[4]

(二)中宿

1984 年,在广东清远江口区发现汉代窖藏铜钱,其盛器为 1 件双耳锅。[5]

(三)龙川

2004 年,龙川佗城出土 1 件铜钵。[6]

(四)增城

1958—1961 年,广东省文物管理委员会对增城县城南的金兰寺进行了发掘,清理 3 座汉墓,其中 M1 出土 1 件铜碗。[7]

2003 年,在增城市狮子头岭一东汉砖室墓中,出土铜盆铫,数量和器型不明。[8]

二、桂阳郡

桂阳郡属荆州管辖,但其南部辖有岭南,即今日的韶关、连州一带。汉代有桂阳(今连州)、曲江(今韶关)、含洭和浈阳(今英德)四县。

---

[1] 廖明泉、张强禄:《番禺市屏山二村东汉墓群和明代村落遗址》,《中国考古学年鉴.1999》,文物出版社 2001 年版,第 259 页。

[2] 广州市文物考古研究所:《番禺小谷围岛山文头岗东汉墓》,《羊城考古发现与研究》(一),文物出版社 2005 年版,第 88—106 页。冯永驱、全洪、张强禄:《广州考古发掘取得丰硕成果》,《中国文物报》2004 年 10 月 27 日。

[3] 广东省博物馆:《广东南海汉墓发掘简报》,《文物资料丛刊》(4),文物出版社 1981 年版,第 89—97 页。

[4] 崔勇:《南海区青峰岗东汉墓》,《中国考古学年鉴.2005》,文物出版社 2006 年版。

[5] 郭宝通、黄敏强:《广东清远出土汉代窖藏铜钱》,《考古》1986 年第 8 期。

[6] 广东省文物考古研究所、龙川县博物馆:《广东龙川县佗城东汉墓清理报告》,《四川文物》2005 年第 5 期。

[7] 广东省文物管理委员会:《广东增城金兰寺汉墓发掘报告》,《考古》1966 年第 1 期。

[8] 全洪、张小峰、朱家振:《增城市狮子头岭东汉砖室墓》,《中国考古学年鉴.2004》,文物出版社 2005 年版,第 302 页。

(一)曲江

1965—1966 年,广东省博物馆在韶关西河一带清理了 38 座墓葬,出土汉代铜器有洗 1、厄 1、锜 1、碗 4 件。[①]

1987 年,广东省考古部门在乐昌市对面山发掘了 163 座汉墓,出土 4 件铜鼎。[②]

1989 年,始兴县博物馆在始兴县造纸厂清理了 20 座汉墓,出土铜器有束颈双耳釜 2、锜 1、钵 2、碗 1 件。[③]

1995 年,始兴县博物馆在刨花板厂发掘了 18 座汉墓,出土铜器有束颈双耳釜 1、罐形釜 1、碗 1 件。[④]

(二)桂阳

2008 年,广东省文物考古研究所在连州市连州镇三江河两岸发掘了两座东汉墓,出土铜碗 1 件。[⑤]

三、合浦郡

郡治在合浦,辖有合浦(今合浦)、徐闻(今徐闻)、朱卢(今玉林)、高凉和临允(今茂名东部)诸县。

(一)徐闻

1973—1974 年,广东省博物馆在徐闻的迈陈公社发掘了 51 座东汉墓,出土铜器有盆铛 1、钵 3 件。[⑥]

2014 年,考古部门在徐闻凸岭仔岗地发掘了两座东汉墓,出土 1 件铜碗。[⑦]

(二)合浦

1971 年,广西考古部门在合浦县城南郊望牛岭清理了一座木椁墓,出土大量铜器,器类有灯 4、熏炉 2、鼎 2、釜铫 2、扁壶 2、厄 2、碗 2、高足杯 2、

---

① 杨豪:《广东韶关西河汉墓发掘》,《考古学集刊》(1),中国社会科学出版社 1981 年版,第 143—157 页。

② 广东省文物考古研究所、乐昌市博物馆、韶关市博物馆:《广东乐昌市对面山东周秦汉墓》,《考古》2000 年第 6 期。

③ 廖晋雄:《广东始兴县汉墓清理简报》,《考古》1993 年第 5 期。

④ 廖晋雄:《广东始兴县刨花板厂汉墓》,《考古》2000 年第 5 期。

⑤ 广东省文物考古研究所、连州市博物馆:《广东连州东汉墓发掘简报》,《文物》2012 年第 2 期。

⑥ 广东省博物馆:《广东徐闻东汉墓——兼论汉代徐闻的地理位置和海上交通》,《考古》1977 年第 4 期。

⑦ 广东省文物考古研究所:《广东徐闻县凸岭仔东汉墓发掘简报》,《四川文物》2016 年第 3 期。

钫 4、圆壶 4、长颈壶 2、魁 2、匜 2、鐎壶、锜 2、樽 2、鎜 2、盆铞 4、锅 2、洗 2、三足盘 4 件。①

1975 年,广西考古部门和中山大学在合浦环城公社堂排清理了 4 座汉墓,出土鼎 2、壶 2、长颈壶 1、盒 6、钵 1、樽 3、熏炉 1、锅 1、盘口短颈釜 1、甗 2、锜 1 件。②

1984 年,在合浦县发掘了 8 座汉墓,出土有铜酒器,器类和数量不详。③

1984 年,合浦县博物馆对县城南郊的凸鬼岭两座汉墓进行了清理,出土壶、鼎、樽、钫、锜各 1 件。④ 1999 年,合浦凸鬼岭发掘了 17 座汉墓,出土铜器有鼎 3、壶 3、锜 3、樽 4、碗 3、盘 5、杯 1、耳杯 1、灯 2、盆铞 2、三足盘 1 件。⑤

1985 年,在合浦县廉州炮竹厂清理了一座西汉墓,出土铜器有耳杯、高足杯、盆铞、鼎、灯、釜、锅、锜、提梁壶、樽、盘、熏炉、魁、案、甑等,数量和器型不明。⑥

1985 年,在合浦县风门岭、望牛岭一带清理了 13 座汉墓,出土铜器有提梁壶、锜、鐎壶、盆铞、碗、杯、釜、灶、熏炉、樽、盒、三足盘、灯等,数量和器型不明。⑦ 1986 年,合浦县博物馆在风门岭一带清理了 10 多座汉墓,其中 M10 出土有圆壶 2、樽 1、鼎 1、锜 1、碗 1、盆铞 1、灯 1、熏炉 1 件。⑧ 2003 年,在合浦风门岭六号汉墓中,出土大量铜器,有鼎、壶、盆铞、钫、鋞、簋、釜、提梁壶、长颈壶、鐎壶、熏炉、熨斗等,数量和器型不明。⑨ 2003—2005 年,在合浦风门岭发掘了 8 座汉墓,出土大量铜器,器类有:鼎 9、圆壶 17、钫 4、酒樽 5、洗 2、鐎壶 2、盘口短颈釜 4、束颈双耳釜 1、甗 4、盆铞 10、双耳

① 广西壮族自治区文物考古写作小组:《广西合浦西汉木椁墓》,《考古》1972 年第 5 期。
② 广西壮族自治区文物工作队:《广西合浦县堂排汉墓发掘简报》,《文物资料丛刊》(4),文物出版社 1981 年版,第 46—56 页。
③ 蓝日勇:《合浦县发掘八座汉墓》,《中国考古学年鉴.1985》,文物出版社 1985 年版,第 206 页。
④ 广西壮族自治区博物馆、合浦县博物馆:《广西合浦县凸鬼岭清理两座汉墓》,《考古》1986 年第 9 期。
⑤ 广西壮族自治区文物工作队、合浦县博物馆:《合浦县凸鬼岭汉墓发掘简报》,《广西考古文集》,文物出版社 2004 年版,第 265—285 页。
⑥ 蓝日勇:《合浦县廉州炮竹厂西汉晚期墓》,《中国考古学年鉴.1986》,文物出版社 1988 年版,第 190 页。
⑦ 黄启善:《合浦县风门岭、望牛岭汉墓》,《中国考古学年鉴.1986》,文物出版社 1988 年版,第 190—191 页。
⑧ 合浦县博物馆:《广西合浦县丰门岭 10 号汉墓发掘简报》,《考古》1995 年第 3 期。
⑨ 谢广维、熊昭明:《合浦县丰门岭六号汉墓》,《中国考古学年鉴.2004》,文物出版社 2005 年版,第 313 页。

锅 6、熏炉 5、灯 6、高足杯 3、盒 2、分格盒 1、长颈壶 1、扁壶 1、碗 20、钵 11、三足罐 2、盘 5、三足盘 2、案 1、卮 2、熨斗 1 件。①

1987—1988 年,在合浦县文昌塔一带清理了 175 座汉墓,出土大量的铜器,器类有鼎 13、盆铞 42、盘 5、鍪 2、钵 17、圆壶 19、锜 29、双耳锅 9、釜 10(盘口短颈釜 7、束颈双耳釜 1 件,2 件不明)、高足杯 6、灯 17、酒樽 32、熏炉 7、钫 1、碗 10、杯 26、盒 2、甑 1、扁壶 2、鏂 1、三足盘 2、甂 1、三足罐 1 件。② 2005 年在合浦县文昌塔,再次发掘了 8 座汉墓,出土铜器,有鼎 1、鐎壶 1、锜 3、束颈双耳釜 1、钵 1、灯 1、圆壶 1 件。③

1991 年,在合浦母猪岭发掘了 6 座汉墓,出土铜器有樽 2、三足盘 2、锜 2、杯 1、盘 2、灯 1 件。④ 1990—1996 年,合浦母猪岭陆续发掘了 10 座墓葬,其中五座墓葬出土铜器有鼎 2、壶 1、锜 2、熏炉 1、樽 2、盒 2、盆铞 3、三足盘 2、钵 1、杯 5、卮 1、灯 4 件。⑤

1996 年,在合浦县禁山七星岭一带清理了 11 座汉墓,出土铜鼎 1、鐎壶 2、盘 6、钵 3、壶 1 件。⑥

2001 年,在合浦九只岭发掘了 6 座墓葬,出土铜鼎 1、壶 6、锜 3、长颈壶 1、樽 2、盆铞 4、盘 2、三足盘 1、杯 3、钵 3、束颈双耳釜 1、熏炉 1、灯 2 件。⑦

2003 年,在合浦县岭脚村清理了一座砖室墓,出土铜器十分丰富,有鼎 1、甂 1、洗 1、樽 1、盆铞 1、锜 1、象鼻壶 1、壶 3、盘口短颈釜 1、锅 2、碗 3、耳杯 7、灯 2 件。⑧

2008—2009 年,在合浦寮尾清理了 32 座墓葬,出土不少铜器,器类分别有鼎 1、扁壶 2、锜 3、樽 2、灯 1、碗 2、熏炉 2、双耳锅 2 件。⑨

---

① 广西壮族自治区文物工作队、合浦县博物馆:《合浦风门岭汉墓——2003—2005 年发掘报告》,科学出版社 2006 年版,第 10—15、24—29、53—79、96 页。
② 广西文物保护与考古研究所:《广西合浦文昌塔汉墓》,文物出版社 2017 年版,第 60—64、134—144、205—215、290—308、327—374 页。
③ 广西文物考古研究所、合浦县博物馆:《2005 年合浦县文昌塔汉墓发掘报告》,《广西考古文集》(第三辑),文物出版社 2007 年版,第 122—123 页。
④ 广西文物工作队、合浦县博物馆:《广西合浦县母猪岭东汉墓》,《考古》1998 年第 5 期。
⑤ 广西合浦县博物馆:《广西合浦县母猪岭汉墓的发掘》,《考古》2007 年第 2 期。
⑥ 广西壮族自治区文物工作队:《广西合浦县禁山七星岭东汉墓葬》,《考古》2004 年第 4 期。
⑦ 广西壮族自治区文物工作队、合浦县博物馆:《广西合浦县九只岭东汉墓》,《考古》2003 年第 10 期。
⑧ 广西壮族自治区文物工作队、合浦县博物馆:《广西合浦县岭脚村三国墓发掘报告》,《广西考古文集》(第二辑),科学出版社 2006 年版,第 338—351 页。
⑨ 广西文物考古研究所、合浦县博物馆、广西师范大学文旅学院:《广西合浦寮尾东汉三国墓发掘报告》,《考古学报》2012 年第 4 期。

2009—2013年，在合浦城区发掘了157座墓葬，出土大量青铜器，器类有鼎7、壶8、盒1、三足罐1、扁壶1、锜8、鏂1、鐎壶1、三足盘3、樽7、灯10、熏炉4、卮3、耳杯14、盆钼9、杯4、钵17、盘口短颈釜2、甗2、长颈壶1、碗3、盘15件。①

1983年春，广西浦北白石水乡发现一组青铜器，器类有樽2、盘口束颈釜1、碗3、壶1、灯1、鐎壶1、洗1件。②

(三)朱卢

1980年，广西玉林县郊区龙安大队发现一批青铜器，其中有1件西汉羊形铜灯③。

四、苍梧郡

郡治在梧州，辖有广信（今梧州）、端溪（今德庆）、高要（今肇庆）、封阳（贺县南部，今铺门镇）、临贺（贺县北部，今贺街镇）、冯乘（今江华县一带）、富川（今钟山）、谢沐（今江永）、猛陵（今藤县一带）、荔浦（今荔浦）诸县。

(一)端溪

1975年，德庆县新墟公社大辽山发现一批铜器，有案1、洗2、壶1件。④

(二)广信

1973年，梧州市博物馆在梧州鹤头山发现了两座汉墓，出土有熏炉1、鼎1、钵2、樽2、锜2、长颈壶1、碗3、灯1、三足盘1、盘口短颈釜1、盘4件。⑤ 1982年出土1件泥筒。⑥

1977年左右，梧州市博物馆在郊区清理了10多座东汉墓，出土大量铜器，有鼎3、甗1、案1、碗2、灯1、熏炉1、盘1、耳杯1、圆壶1件。⑦

(三)临贺

1975—1976年，在广西贺县高寨清理了9座汉墓，出土有鼎6、蒜头壶

---

① 广西文物保护与考古研究所、合浦县文物管理局：《2009—2013年合浦汉晋墓发掘报告》，文物出版社2016年版，第53—64、162—168、299—301页。

② 梁旭达、覃圣敏：《广西浦北县出土的青铜器》，《文物》1987年第1期。

③ 玉林县文管所：《广西玉林县出土西汉羊形铜灯》，《文物》1983年第10期。

④ 广东省博物馆：《广东德庆大辽山发现东汉文物》，《考古》1981年第4期。

⑤ 梧州市博物馆：《广西梧州市鹤头山东汉墓》，《文物资料丛刊》(4)，文物出版社1981年版，第135—141页。

⑥ 黄贵贤：《广西梧州出土的汉代铜器》，《文物世界》2000年第6期。

⑦ 梧州市博物馆：《广西梧州市近年来出土的一批汉代文物》，《文物》1977年第2期。黄贵贤：《广西梧州出土的汉代铜器》，《文物世界》2000年第6期。

1、熏炉 1、提桶 2、匏壶 1、碗 1 件。[①]

1984 年,在贺县石壁湾东汉墓中,出土有铜釜,数量和器型不明。[②]

(四)猛陵

1979 年,广西藤县胜西矿场发现一座砖室墓,出土碗 2、灯 1 件[③],器型不明。

(五)荔浦

1991 年,在荔浦县城关,出土有铜盆铺,数量和形制不明。[④]

1992 年,金秀县桐木两座汉墓出土有铜锜 1、卮 1、碗 2 件。[⑤]

(六)富川

1994 年,在钟山县张屋发掘了 203 座东汉墓,出土铜器有碗 2 和卮 1 件。[⑥]

2010 年,在钟山县铜盆墓地,出土洗 2、卮 2、钵 2、盆铺 1、碗 2 件。[⑦]

(七)高要

2004 年,在肇庆康乐中路,出土 2 件耳杯。[⑧]

五、郁林郡

郡治在布山,即今日的贵港一带。辖有布山(今贵港)、中溜(今武宣)、桂林(今象州)、潭中(今柳州)、定周(今宜山)、广郁(今百色、巴马一带)、增食(今隆安)、临尘(今崇左)、领方(今宾阳)、安广(今宾阳南部)、阿林(今桂平)诸县。

(一)布山

1954—1955 年,广西省文物管理委员会在贵县北郊发掘了 129 座汉

---

① 广西壮族自治区文物工作队、贺县文化局:《广西贺县河东高寨西汉墓》,《文物资料丛刊》(4),文物出版社 1981 年版,第 36—37 页。

② 覃义生:《贺县石壁湾东汉三国墓》,《中国考古学年鉴.1985》,文物出版社 1985 年版,第 208 页。

③ 黄汉超:《广西藤县出土一批汉代文物》,《文物》1981 年第 3 期。

④ 邱龙:《荔浦县古城、新坪汉墓》,《中国考古学年鉴.1992》,文物出版社 1994 年版,第 291 页。

⑤ 张旭、韦远裕、梁炳贵、梁广新、梁国庆、郑超雄:《金秀县桐木汉墓发掘简报》,《广西文物》1992 年第 2 期。

⑥ 广西壮族自治区文物工作队、钟山县博物馆:《广西钟山县张屋东汉墓》,《考古》1998 年第 11 期。

⑦ 广西文物保护与考古研究所、钟山县文物管理所:《钟山铜盆汉墓》,科学出版社 2018 年版,第 73、83、87、179、183、206 页。

⑧ 广东省文物考古研究所:《肇庆古墓》,科学出版社 2008 年版,第 67 页。

墓,出土钫1、鼎17、圆壶32、灯13、酒樽25、盆铫37、盘口短颈釜16、锜40、熏炉11、碗(钵)37、长颈壶5、鏂3、盒4、耳杯5、杯9件[1],但器型尺寸不详。

1955年,广西省文物管理委员会在贵县中学高中部发掘了一座木椁墓,出土有圆壶5、釜1、熏炉1、盆铫1、灯1、樽1件,器型不明。[2]

1955年,贵县北门火车站西南刘吉岭,清理了一座长方形土坑墓,出土有壶、盘、行灯、长形盒,器型和数量不明。[3]

1955年11月,广西省文物管理委员会田野考古工作组在贵县北门附近粮仓西墙下发现了一座汉墓,出土有铜锅、鐎斗、熏炉,器型和数量不明。[4]

1955年10月,在贵县北郊汶井岭,广西文管会清理了数10座古墓,其中的M206出土有锜、盆铫、钵、洗各1件。[5]

1956年,广西文管会配合贵县和平大路的建设,在新牛岭发掘了三、四号汉墓,出土有樽2、釜2、洗1件,器型不明。[6]

1956年4月,贵县东湖4号汉墓出土有碗、熏炉、樽、锜各1件,器型不明。[7]

1976年,贵县罗泊湾清理了两座汉墓,出土铜器有提桶5、鼎8、钫1、壶2、温鏊1、扁壶1、鋞1、盆铫12、釜铫1、匜3、三足盘2、灯1、熏炉1件。[8]

1991年,贵港深钉岭清理了20座汉墓,出土铜盘口束颈釜2、鼎3、锜1、罐形釜1、双耳锅1、樽3、鐎斗1、壶2、熏炉1、盘1、钵4、盆铫1、三足盘3、盒1件。[9]

①　广西省文物管理委员会:《广西贵县汉墓的清理》,《考古学报》1957年第1期。《广西省田野考古工作组在贵县清理了大批古墓》,《文物参考资料》1955年第5期。
②　黄增庆:《广西贵县汉木椁墓清理简报》,《考古通讯》1956年第4期。
③　梁友仁:《广西贵县发现汉墓》,《考古通讯》1956年第3期。
④　梁友仁:《广西贵县发现汉墓一座》,《考古通讯》1956年第4期。
⑤　梁友仁:《广西贵县汶井岭东汉墓的清理》,《考古通讯》1958年第2期。
⑥　黄增庆:《广西贵县新牛岭第三号西汉墓葬》,《文物参考资料》1957年第2期;黄增庆:《广西贵县新牛岭汉墓清理》,《考古通讯》1957年第2期。
⑦　何乃汉:《广西贵县东湖两汉墓的清理》,《考古通讯》1957年第2期。
⑧　广西壮族自治区博物馆:《广西贵县罗泊湾汉墓》,文物出版社1988年版,第25—42、107页。
⑨　广西壮族自治区文物工作队、贵港市文物管理所:《广西贵港深钉岭汉墓发掘报告》,《考古学报》2006年第1期。

1994 年,在贵港市孔屋岭清理了一座东汉墓,出土铜盘 3、鍑 1、碗 1 件。[①] 2009 年,贵港市孔屋岭又清理了 3 座汉墓,出土铜器有壶 6、锜 3、鼎 1、盆銚 5、束颈釜 1、盘口短颈釜 1、釜銚 2、盘 2、钵 4、樽 2、灯 1、熏炉 1 件。[②]

1996—1997 年,贵港马鞍岭清理了 3 座东汉墓,出土有铜碗、盘各 3 件。[③] 2010 年,在贵港马鞍岭梁君垌发掘了 15 座古墓,出土铜器有碗 3、盆銚 1 件。[④]

(二)广郁

1972 年,广西西林县普驮粮站发现一座铜鼓墓葬,出土有釜銚 1、耳杯 1、盘 1 件。[⑤]

(三)潭中

1983 年,柳州市博物馆对郊区的九头村一号墓和一座东汉初年墓进行清理,出土有盆銚 2、盘 1、钵 1、锜 2 件。[⑥]

(四)中溜

1984 年,在武宣县勒马村 6 座汉墓中,出土大量铜器,有盘、樽、釜、壶、簋、盉、碗,数量和器型不明。[⑦]

(五)增食

1988 年,在南宁市三江村西汉墓中,出土铜鼎,数量和器型不明。[⑧]

(六)阿林

2006 年,在桂平大塘城,清理了 6 座汉墓,出土铜器有锜 2、鼓形釜 1、

---

① 广西壮族自治区文物工作队、贵港市文物管理所:《广西贵港市孔屋岭东汉墓》,《广西文物考古报告集》(1991—2010),科学出版社 2012 年版,第 481 页。

② 广西文物考古研究所、贵港市博物馆:《广西贵港市孔屋岭汉墓 2009 年发掘简报》,《考古》2013 年第 9 期。

③ 广西壮族自治区文物工作队:《广西贵港市马鞍岭东汉墓》,《考古》2002 年第 3 期。

④ 广西文物保护与考古研究所、贵港市博物馆:《广西贵港马鞍岭梁君垌汉至南朝墓发掘报告》,《考古学报》2014 年第 1 期。

⑤ 广西壮族自治区文物工作队:《广西西林县普驮铜鼓墓葬》,《文物》1978 年第 9 期。

⑥ 柳州市博物馆:《广西柳州市九头村一号汉墓》,《文物》1984 年第 4 期。柳州市博物馆:《柳州市郊东汉墓》,《考古》1985 年第 9 期。

⑦ 郑超雄:《武宣县勒马村六座汉墓》,《中国考古学年鉴.1985》,文物出版社 1985 年版,第 206 页。

⑧ 郭顺利:《南宁市三江村西汉墓》,《中国考古学年鉴.1990》,文物出版社 1991 年版,第 294 页。

盘口短颈釜 1、束颈双耳釜 1、钵 3、染炉 1、熏炉 1 件。①

六、零陵郡

汉代零陵郡隶属荆州，但今广西的北部归属其管辖，设置有始安（今桂林）一县。

1974 年，广西文物部门对平乐银山岭进行了发掘，清理了 45 座汉墓，出土盘口短颈釜 3、钵 6、卮 1、锜 2、行灯 1、鼎 3 和盘 3 件。②

1974 年，兴安县文化馆在兴安县溶江公社石马坪清理了一座砖室墓，出土 1 件锜。③

1983—1984 年，兴安石马坪发掘了 25 座汉墓，出土铜器有鼎 2、鐎壶 1、锜 2、鍪 2、樽 1、鐎斗 1、长颈壶 1、碗 9、卮 1、盆铞 2、钵 2、扁壶 1、熏炉 1 件。④

2004 年，在兴安县界首骨伤医院清理了一座东汉墓，出土铜盆铞、盘口短颈釜各 1 件。⑤

七、珠崖、儋耳郡

其郡县治所和辖界学界尚不清楚。

所出铜器十分有限，如下。

1964 年，临高县城北的皇桐岭出土 2 件锅。⑥

1972 年，临高县调楼公社出土 1 件六耳铜锅。⑦

1987 年，临高县文连，出土 1 件铜双耳锅。⑧ 器型和时代不详。

①　广西文物考古研究所、桂平市博物馆：《桂平大塘城遗址汉墓发掘报告》，《广西考古文集》（第四辑），科学出版社 2010 年版，第 246—248 页。
②　广西壮族自治区文物工作队：《平乐银山岭汉墓》，《考古学报》1978 年第 4 期。
③　兴安县文化馆：《兴安县溶江公社石马坪汉墓出土一件铜鐎壶》，《文物》1975 年第 5 期。
④　广西壮族自治区文物工作队、兴安县博物馆：《兴安石马坪汉墓》，《广西考古文集》，文物出版社 2004 年版，第 249—251 页。
⑤　兴安县博物馆：《兴安县界首骨伤医院东汉墓发掘简报》，《广西考古文集》（第五辑），科学出版社 2013 年版，第 264 页。李珍、彭鹏程、左志强：《广西兴安县界首东汉墓》，《考古》2014 年第 8 期。
⑥　梁明燊：《广东临高县出土汉代青铜釜》，《考古》1964 年第 9 期。
⑦　广东省博物馆：《海南岛发现汉代铜釜》，《文物》1979 年第 4 期。
⑧　郝思德、陈佩：《临高县文连汉代铜釜》，《中国考古学年鉴.2002》，文物出版社 2003 年版，第 307 页。

1994 年,在儋州洛基出土 1 件四耳铜锅。① 器型和时代不详。

2003 年,在儋州市何宅村出土 3 件铜双耳锅。② 器型和时代不详。

1993 年,在东方市罗带村发现 1 双耳铜锅。③ 器型和时代不详。

2007 年,在东方市感城镇出土 3 件铜双耳锅和 1 件铜釜。④ 器型和时代不详。

第二节　分布特征

据上所述,可知岭南所出汉代铜器的分布呈现以下特点。

1.分布区域广泛。岭南所辖共 40 县,而当前发现有 27 个县出土铜器。

2.分布并不均匀。除了 13 县尚未出土外,剩余县所出多寡差异十分明显。最大的如合浦出土 798 件,而龙川、桂阳、朱卢等县仅发现 1 例。至于雷州半岛的东南部、粤东、桂西几乎空白。

3.分布具有明显的地域性。(1)基本分布在郡县治所在地,其中郡治所出土最为集中,数量庞大,其次为县治所。如出土量最大的几个地区有合浦、番禺、布山,均为郡治所在地,梧州作为苍梧郡治所,仅发现三十几例,可能与考古工作尚未展开有关;县治所有曲江、始安、临贺、富川所出不少。(2)分布基本在内河河流附近,部分在沿海。显然,这种分布状态,与岭南的对外交通主要依赖河流或者与海上航线有关。对此,将在后面章中有探讨。

以上的分布特征,主要基于各地所出总量的分析。但是,具体各地所出器类、所出时代的差异,则有赖于各地所出器类和时代的分析。为此下面章将着重探讨。

---

① 王大新、张林彬:《儋州市洛基汉代铜釜》,《中国考古学年鉴.2002》,文物出版社 2003 年版,第 308 页。

② 郝思德、蒋斌:《儋州市何宅村汉代铜釜》,《中国考古学年鉴.2004》,文物出版社 2005 年版,第 315 页。

③ 郝思德、黄扬琼:《东方市罗带村汉代青铜釜》,《中国考古学年鉴.2003》,文物出版社 2004 年版,第 274 页。

④ 郝思德:《东方市感城镇汉代铜釜》,《中国考古学年鉴.2008》,文物出版社 2009 年版,第 246 页。

第二章 器物类别、形制及阶段性特征

从上看出,岭南地区铜器种类繁多,大致有:鼎、鍪、温鍪、蒜头壶、扁壶、长颈壶、鐎壶、锜、壶、钫、盒、碗、钵、卮、樽、灯、樽、三足盘、盆、洗、盘、鍑、釜、瓿、锅等。

为了观察岭南所出各类铜器的用途及其所占比重和变化过程,本书基于前人的分类方法[①],将其大致划分以下门类。

炊煮器:鼎、釜、铫、锅、鍪、瓿。

温器:锜、鐎壶、鐎斗、染炉、温鍪。

饮食器:耳杯、杯、卮、碗、钵、魁。

盛酒器:圆壶、象鼻壶、匏壶、钫、蒜头壶、长颈壶、扁壶、蒜头壶、鋞、鍑、樽、洗。

盛水或其他盛器:匜、盆、盘、瓿、盒、三足罐、樀、提筒。

杂器:三足盘、案、灯、熏炉。

需要说明的是,对用途存在争议的铜器,本书采用学界较为认同的观点;至于一器多种用途的器类,则以其主要用途作为划分依据。

另外,由于部分报告未公布具体的器型和数量,故当前可供观察和分析的器例较为有限。[②]

第一节 炊煮具

属炊煮具的大致有鼎、鍪、瓿、锅、釜、铫。

[①] 有关汉代铜器分类的论述不多。徐正考先生将日用器具分为饪食、酒器、水器和杂器(徐正考:《汉代铜器铭文综合研究》,作家出版社 2007 年版)。孙机则分为盥洗、饮食、蒸煮炊具和杂器[孙机:《汉代物质文化资料图说》(修订本),中华书局 2020 年版]。

[②] 本书对于未公布数量和器型的器类,其统计均按最小值1件进行。

一、各器类的形制和时代

(一)鼎

发掘出土的有 178 件,但可供研究的为 136 件。

根据口沿和腹部的差异分五型。

A 型:盘口、束颈、鼓腹或垂鼓腹。口沿上立两绹纹竖环耳,平底,三扁锥形足。

39 件。有广州先烈南路 M6 出土 1 件、贵县罗泊湾 M1 出土 4 件、广州 M1095 等出土 18 件、广州南越王墓出土 10 件、贺县高寨 M4 等出土 3 件、平乐银山岭 M51 出土 3 件。(图一:1—5)时代为西汉早期。

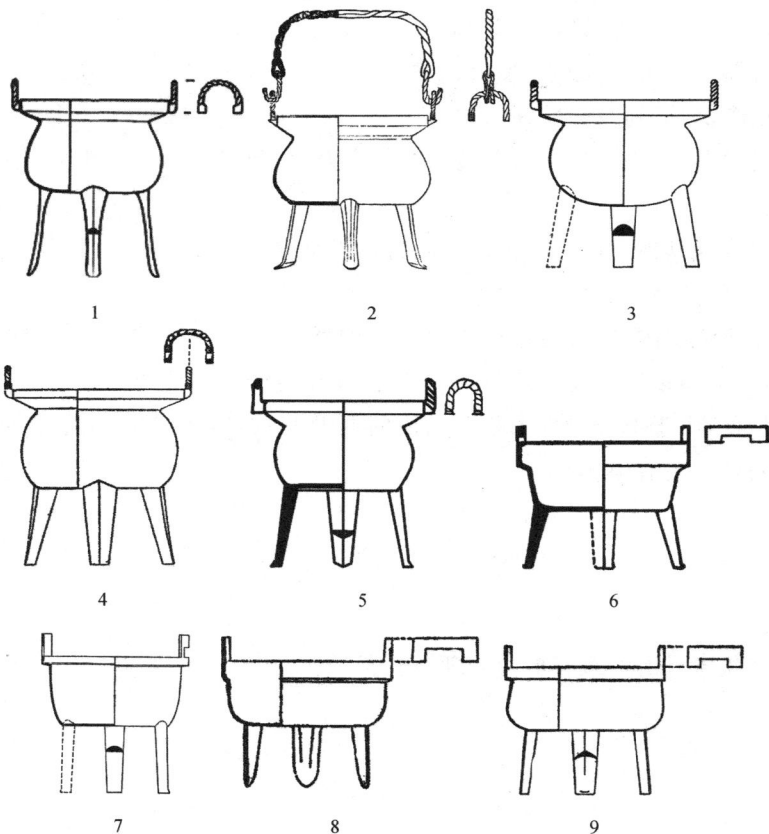

图一 A、B 型鼎

1—5.A 型(广州先烈南路 M6、贵县罗泊湾 M1、广州南越王墓 G36、广州 M1095、贺县高寨 M4) 6—9.B 型(贺县高寨 M7、广州南越王墓 G4、广州 M1026、广州淘金坑 M8)

B 型：盘口、深弧腹，平底。口沿立双方形耳，三扁锥形足。

共 11 件。有贺县高寨 M7 所出 2 件、广州南越王墓所出 3 件、广州 M1026 等出土 3 件、广州淘金坑 M8 等出土 3 件。（图一：6—9）时代为西汉早期。

C 型：敛口，弧腹，平底。口沿下置方形附耳。半圆形或者扁锥形足。

共 14 件。广州南越王墓出土 5 件、贺县高寨 M8 出土 1 件、广州 M1066 等出土 3 件、合浦文昌塔 M168 出土 1 件、乐昌对面山出土 4 件。（图二：1—4）时代为西汉早期。

D 型：子母敛口，附耳。根据腹、足的差异分四亚型。

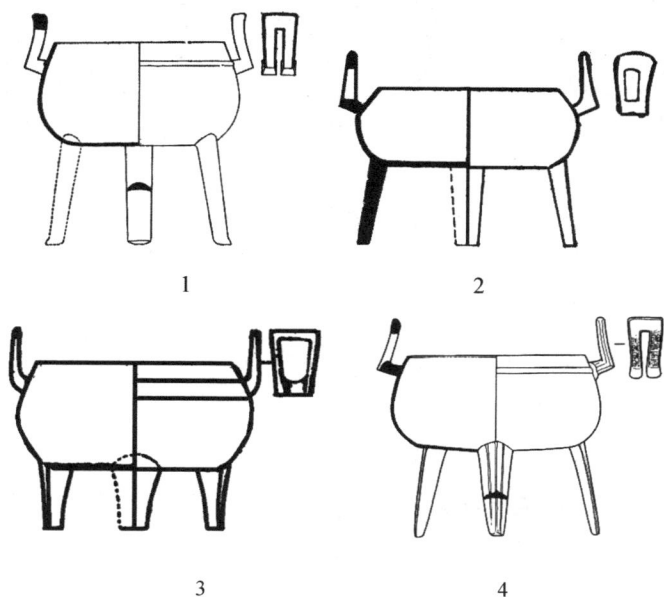

图二　C 型鼎

1.广州南越王墓 C37　2.贺县高寨 M8　3.广州 M1066　4.合浦文昌塔 M168

Da 型：直腹弧内收，平底，三长鬼脸式足。

1 件。南越王墓出土。（图三：1）为典型的楚式鼎，其出现在南越王墓中，可能与楚、秦人进入南越后带入有关，时代为战国晚期至西汉初期。

Db 型：半球腹，矮兽蹄足。

26 件。其中南越王墓出土 18 件、广州 M1097 等和贵县罗泊湾 M1 各出土 4 件。（图三：2—4）时代为西汉早期。

Dc 型：扁鼓腹。根据腹部的深浅不同分两亚型。

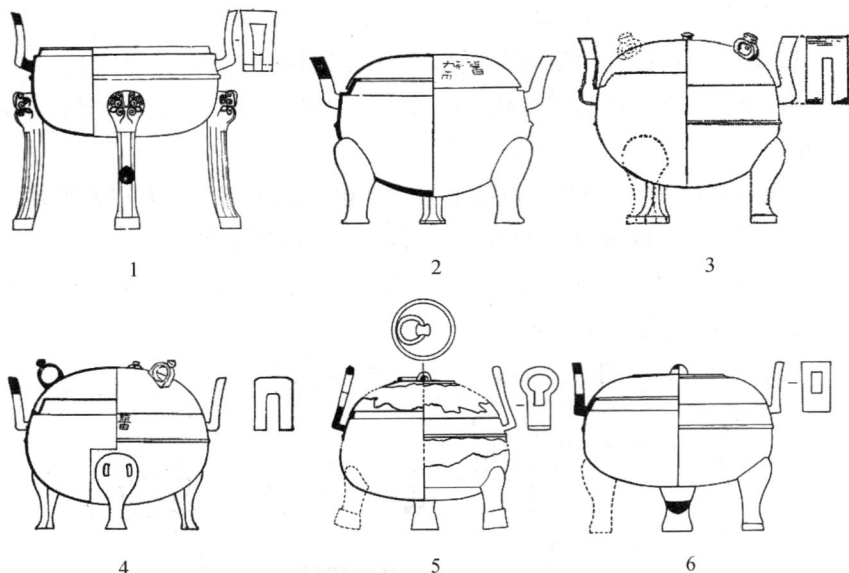

图三 Da、Db、Dcaa 型鼎

1.Da 型（广州南越王墓 C265） 2—4.Db（广州南越王墓 G53、广州 M1097、贵县罗泊湾 M1） 5.DcaaⅠ（合浦 10HTQM9） 6.DcaaⅡ（合浦文昌塔 M5）

Dca 型：腹略深。根据足的不同分两亚型。

Dcaa 型：矮蹄足。

根据腹、足和盖面的变化分两式。

Ⅰ式：腹略深。盖顶隆起。

1 件。合浦 10HTQM9 出土。（图三：5）

Ⅱ式：盖面上弧，顶平。

3 件。合浦文昌塔 M5（图三：6）、合浦望牛岭出土。

时代方面。Ⅰ式为西汉中期，Ⅱ式为西汉晚期。

Dcab 型：高蹄足。

根据腹部、足、盖顶和耳的变化分四式。

Ⅰ式：深腹，圜底，半圆蹄足。长方形附耳。

1 件。合浦文昌塔 M99 出土。（图四：1）

Ⅱ式：盖面上弧，顶平。

8 件。广州 M2030、M2029，贵港深钉岭 M43、M12，合浦风门岭 M27 出土。（图四：2—6）

Ⅲ式：足变扁略外撇。环耳。

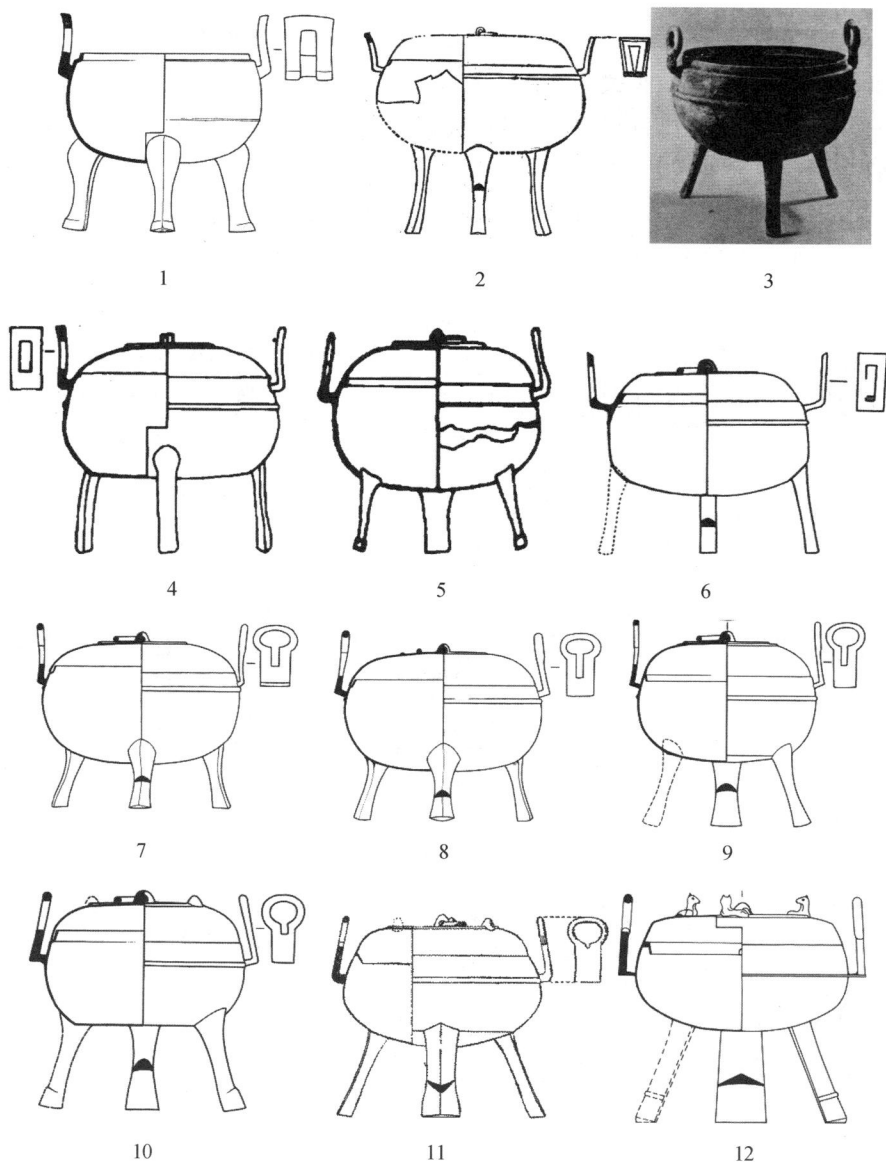

图四 Dc、Dcab 型鼎

1. Ⅰ（合浦文昌塔 M99） 2—6.Ⅱ（广州 M2030、M2029，贵港深钉岭 M43、M12，合浦风门岭 M27） 7—10.Ⅲ［合浦文昌塔 M70（2 件）、M69，合浦文昌塔 M82］ 11—12.Ⅳ（广州 M5036、合浦岭脚村 M4）

4 件。合浦文昌塔 M70、M69，合浦文昌塔 M82 出土。（图四：7—10）

Ⅳ式：腹略垂。足更扁，断面为三角形。

2 件。广州 M5036、合浦岭脚村 M4 出土。（图四：11—12）

时代方面。Ⅰ 式为西汉早期；Ⅱ 式为西汉中期至西汉晚期；Ⅲ 式为西汉晚期至东汉早期；Ⅳ 式为东汉中晚期。

Dcb 型：腹略浅，瘦长足。环耳或者方耳。根据腹部、足、盖顶和器底的变化分五式。

Ⅰ 式：弧腹，圜底，长方形附耳，高圆蹄足。盖顶隆起。

2 件。广州 M1097、合浦文昌塔 M43 出土。（图五：1—2）

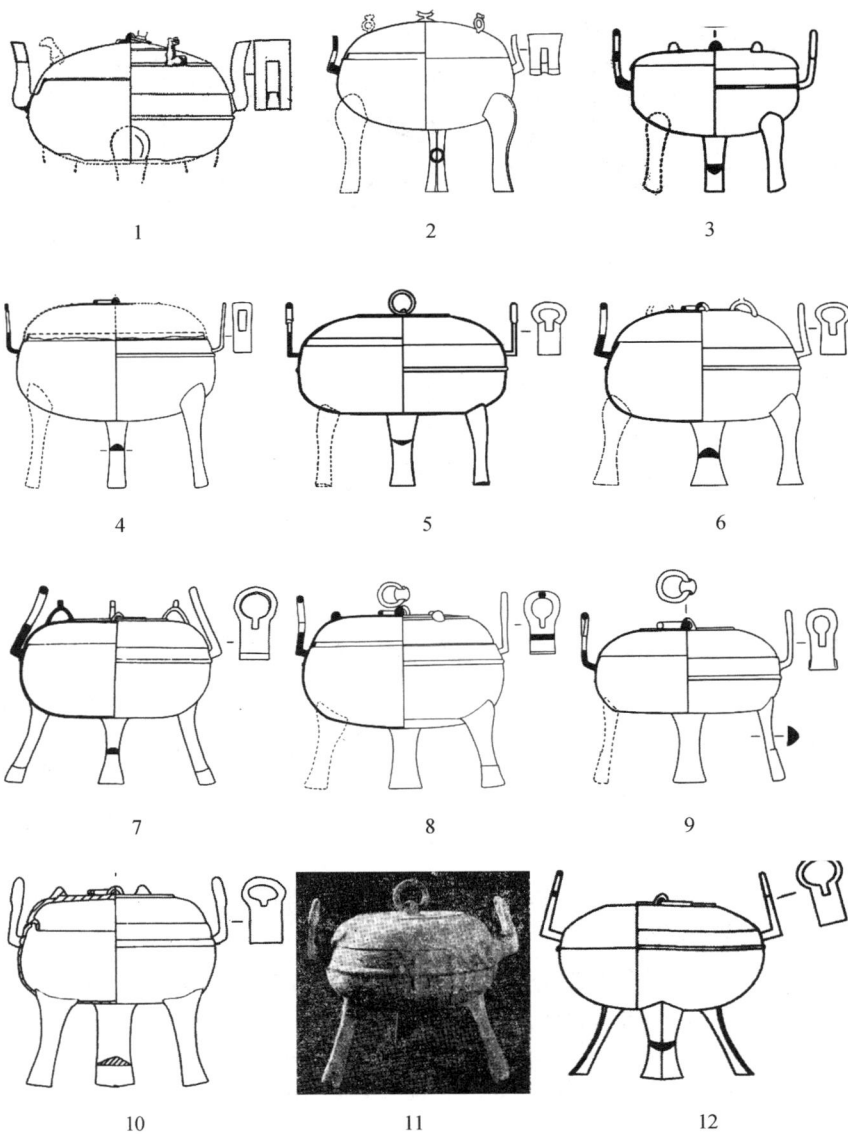

1　　　　　　　2　　　　　　　3

4　　　　　　　5　　　　　　　6

7　　　　　　　8　　　　　　　9

10　　　　　　　11　　　　　　　12

13

14

图五 Dcb 型鼎

1. Ⅰ式(广州 M1097、合浦文昌塔 M43) 3—4. Ⅱ式(合浦风门岭 M23b、合浦 10HTQM6b) 5—6. Ⅲ式(合浦风门岭 M26、合浦文昌塔 M015) 7—12. Ⅳ式(合浦寮尾 M13a,合浦 11HFPM5、M6,合浦禁山七星岭 M3,梧州鹤头山,合浦九只岭 M5) 13—14. Ⅴ式(梧州旺步、合浦 10HFPM1)

Ⅱ式:蹄足断面变半圆形。盖面隆起,顶平。

6 件。合浦风门岭 M23b、合浦 10HTQM6b 出土。(图五:3—4)

Ⅲ式:环耳。平底。

8 件。合浦风门岭 M26、合浦文昌塔 M015、合浦凸鬼岭 M11 出土。(图五:5—6)

Ⅳ式:足外撇。

8 件。合浦寮尾 M13a,合浦 11HFPM5、M6,合浦禁山七星岭 M3,合浦丰门岭,梧州鹤头山,梧州市郊,合浦九只岭 M5 出土。(图五:7—12)

Ⅴ式:垂腹,足更扁,断面为三角形。

2 件。梧州旺步、合浦 10HFPM1 出土。(图五:13—14)

时代方面。Ⅰ式为西汉早期;Ⅱ式为西汉晚期;Ⅲ式为西汉晚期;Ⅳ式为东汉早期至东汉中期;Ⅴ式为东汉中期。

(二)鍪

发掘出土 45 件,可供研究的有 43 件。

敞口,短弧颈,扁鼓腹,圜底。肩部两侧置绹纹环耳。根据肩、腹部的差异分两型。

A 型:圆肩、鼓腹。

2 件,仅广州南越王墓出土,耳一大一小。(图六:1)

B 型:折肩,扁鼓腹。根据耳的变化分两式。

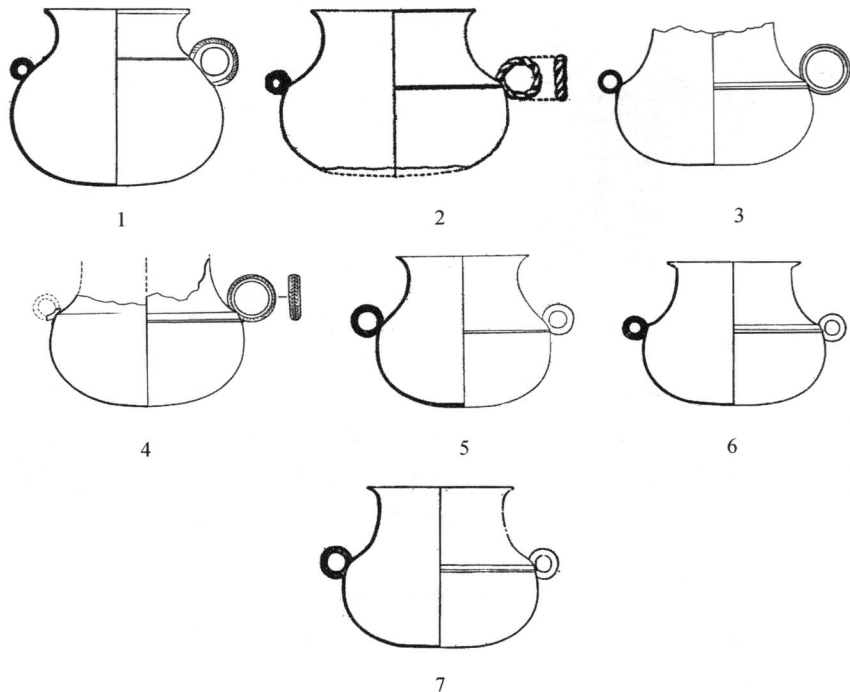

图六　鍪

1. A(广州南越王墓 G67)　　2—4. BⅠ(广州 M1121,合浦文昌塔 M83、M79)

5—7. BⅡ(广州南越王墓 C7、G63、G76)

Ⅰ式:一大一小耳。

27 件。广州 M1121,合浦文昌塔 M83、M79,广州淘金坑,广州南越王墓出土。(图六:2—4)

Ⅱ式:两耳同大。

14 件。广州南越王墓、广州 M1180 出土。(图六:5—7)

A 型鍪多见于汉中、安康地区,如紫阳白马石 M28[①]、汉中城北 M2[②]所出即是,时代为西汉早期。

B 型鍪广泛见于峡江和湘西境内。Ⅰ式与龙山里耶大板 M26[③]、里耶

---

① 安康水电站库区考古队:《陕西紫阳白马石汉墓发掘报告》,《考古学报》1995 年第 2 期。

② 赵化成:《陕西汉中市清理两座西汉前期墓》,《考古与文物》1982 年第 2 期。

③ 湖南省文物考古研究所:《里耶发掘报告》,岳麓书社 2006 年版,第 627 页。

清水坪 M2①、秭归卜庄河 D1M65②、涪陵西汉土坑墓③所出相同，Ⅱ式则大量发现于云阳走马岭墓地④。其主要出自南越王墓，两式的年代均为西汉早期。

(三)铫⑤

发掘出土 15 件，均有公布。

根据口沿、耳的差异分四型。侈口，无耳，弧腹，圜底。根据腹部的差异分两亚型。

A 型：腹略浅。

10 件。贵县罗泊湾 M1、广州南越王墓出土。（图七：1—2）

B 型：腹略深。

5 件。西林普驮、贵港孔屋岭 09M2、合浦望牛岭出土。（图七：3—4）

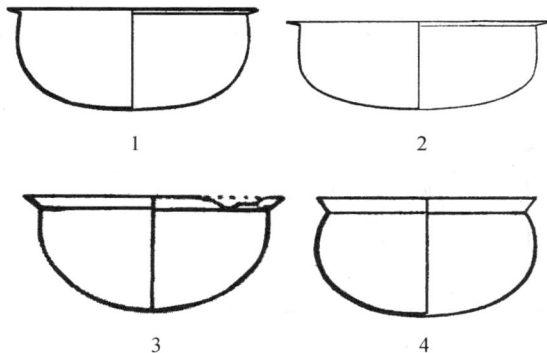

图七 铫

1—2. A（贵县罗泊湾 M1、广州南越王墓 G92） 3—4. B（贵港孔屋岭 09M2、合浦望牛岭）

时代方面。贵县罗泊湾 M1、南越王墓年代为西汉早期，故 A 型时代为西汉早期；合浦望牛岭和贵港孔屋岭时代为西汉晚期，西林县普驮时代为西汉中期前后，因此 B 型时代大致在西汉中晚期。

---

① 湖南省文物考古研究所：《里耶发掘报告》，岳麓书社 2006 年版，第 556 页。
② 国务院三峡工程建设委员会办公室、国家文物局：《秭归卜庄河》（上），科学出版社 2008 年版，第 377 页。
③ 四川省文物管理委员会、涪陵县文化馆：《四川涪陵西汉土坑墓发掘简报》，《考古》1984 年第 4 期。
④ 重庆市文物局、重庆市移民局：《云阳走马岭墓地》，科学出版社 2011 年版，第 96 页。
⑤ 学界一般称呼为釜，但兴平所出自铭为"铫"，故统称为铫。详情见第五章。

(四)釜

考古发掘 69 件,可供分析的为 29 件。

均为双耳。根据口沿和双耳位置的不同分三类。

甲类:敞口,束颈,鼓腹。肩部有双环耳。

根据腹部的差异分两型。

A 型:扁鼓腹。根据口沿、沿面和腹部的变化分两式。

Ⅰ式:敞口,窄浅沿,扁鼓腹。

2 件。广州 M1175 出土。(图八:1)

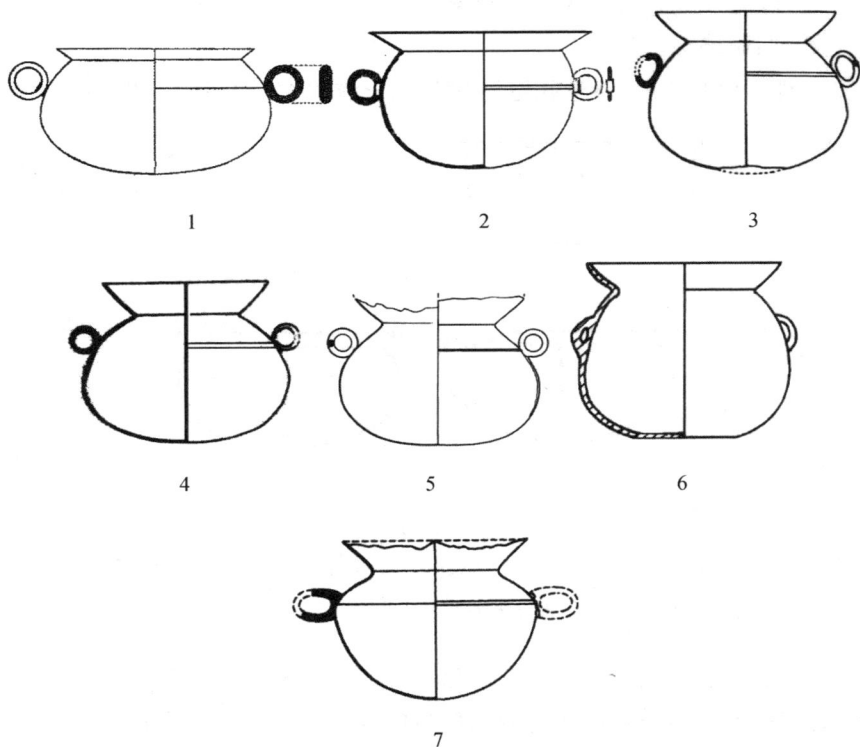

图八　甲类釜

1. A Ⅰ(广州 M1175)　2. A Ⅱ(始兴造纸厂 M4)　3—7. B 型(合浦风门岭 M23、合浦县文昌塔 M5、合浦文昌塔 M117、始兴刨花板厂 M2、合浦九只岭 M5)

Ⅱ式:宽沿,鼓腹。

2 件。始兴造纸厂 M4 出土。(图八:2)

B 型:深鼓腹。

5 件。合浦风门岭 M23、合浦文昌塔 M5、合浦文昌塔 M117、始兴刨花

板厂 M2、合浦九只岭 M5 出土。（图八:3—7）

A I 式与四川达县西汉木椁墓①、宝兴陇东②所出相同,时代为西汉早期;A II 式与保靖粟家坨 M5、M10③所出相同,时代大致在西汉晚期。

B 型则接近与衡阳空 M5④、丰都镇江 2005FRHNM3⑤、丰都汇南 JM20⑥所出,合浦九只岭 M5 所出与万州瓦子坪 M12⑦所出铁釜完全一致。仅合浦文昌塔 M117 的时代略早,大致属宣、元时期。故 B 型的年代为西汉中晚期至东汉早期。

乙类:盘口。粗短颈,圆鼓腹。根据耳位置的差异分两型。

A 型:腹部两侧置环耳。

根据腹部的差异分两亚型。

Aa 型:圆鼓腹,腹深。

根据颈和盘口的变化分三式。

I 式:浅盘口,颈短、不明显。

1 件。合浦风门岭 M27 出土。（图九:1）

II 式:颈略长。

6 件。合浦 11HFPM12、10HTQM6,梧州鹤头山,平乐银山岭 M117、M2,贵港北郊出土。（图九:2—4）

III 式:盘口变深。

2 件。贵港孔屋岭 M3、兴安界首 M6 出土。（图九:5—6）

年代方面。I 式,合浦风门岭 M27 属西汉宣、元时期。II 式,合浦所出 2 例和平乐银山岭所出 2 例均为西汉晚期,梧州鹤头山 M2 属东汉早起。III 式,贵港孔屋岭 M3 属东汉早期,兴安界首为东汉中期。

据此,各式年代大致如下:I 式为西汉中晚期;II 式为西汉晚期至东汉早期;III 式为东汉早中期。

---

① 马幸辛、汪模荣:《四川达县市西汉木椁墓》,《考古》1992 年第 3 期。
② 宝兴县文化馆:《四川宝兴出土的西汉铜器》,《考古》1978 年第 2 期。
③ 湘西土家族苗族自治州文物工作队:《湖南保靖粟家坨西汉墓发掘简报》,《考古》1985 年第 9 期。
④ 湖南省文物考古研究所:《湖南古墓与古窑址》,岳麓书社 2004 年版,第 131 页。
⑤ 重庆市文物局、重庆市移民局:《丰都镇江汉至六朝墓群》(上),科学出版社 2013 年版,第 326 页。
⑥ 四川省文物考古研究院、重庆市文化局、丰都县文物管理所:《重庆市丰都县汇南墓群 2003 年度发掘简报》,《四川文物》2013 年第 2 期。
⑦ 山东省博物馆、山东省文物考古研究所、重庆市文物局、重庆市万州区文物管理所:《万州瓦子坪遗址发掘报告》,《重庆库区考古报告集》(2001 中),科学出版社 2007 年版,第 790 页。

Ab 型:扁鼓腹。腹浅。

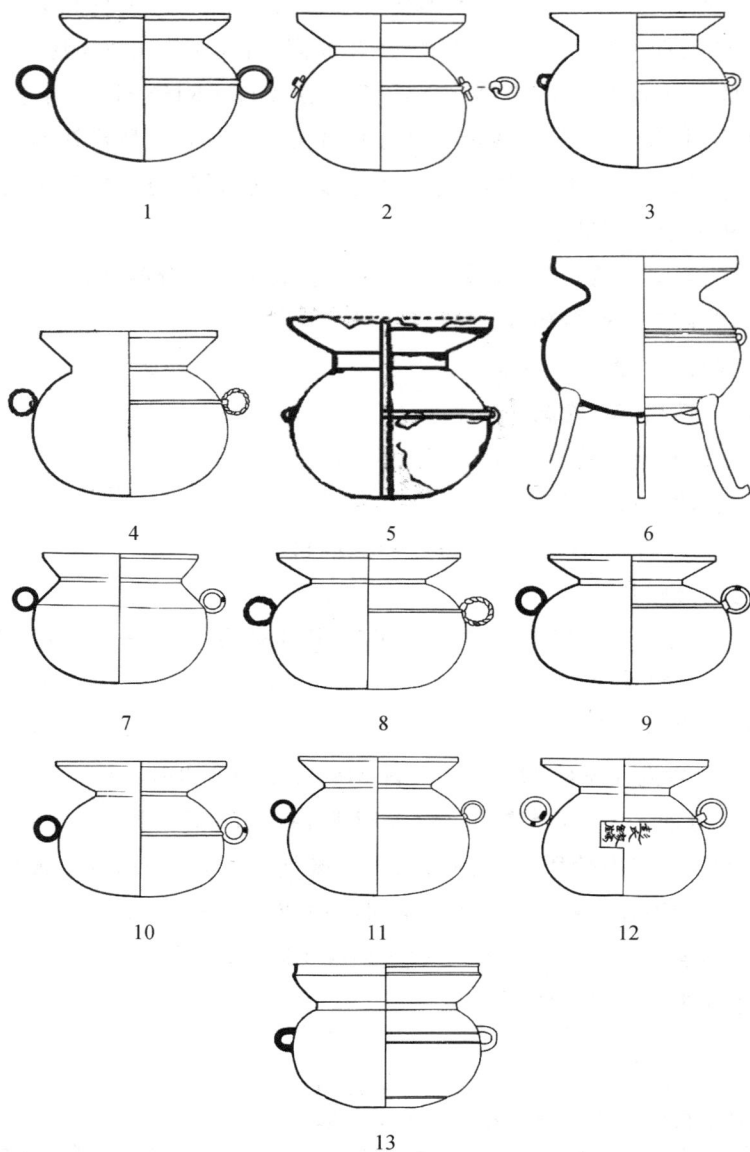

图九　乙 A 型釜

1. Aa Ⅰ(合浦风门岭 M27)　2—4. Aa Ⅱ(合浦 11HFPM12,平乐银山岭 M117、M2)　5—6. Aa Ⅲ(贵港孔屋岭 M3、兴安界首 M6)　7. Aba(合浦文昌塔 M157)　8—12. Abb Ⅰ(合浦风门岭 M26,合浦文昌塔 M69、M70、M149、M20)　13. Abb Ⅱ(合浦岭脚村 M4)

根据肩部的差异分两亚型。

Aba 型：斜直肩。

1 件。合浦文昌塔 M157 出土。（图九：7）时代为西汉晚期。

Abb 型：圆肩。

根据盘口、颈和腹部的变化分两式。

Ⅰ式：浅盘口。

8 件。合浦堂排 M2b，桂平大塘城 M3001，合浦风门岭 M26，合浦文昌塔 M54、M69、M70、M149、M20 出土。（图九：8—12）

Ⅱ式：盘口略变深。

1 件。合浦岭脚村 M4 出土。（图九：13）

年代方面。出土Ⅰ式的墓葬中，时代略早的为合浦文昌塔 M149，大致属宣、元时期，其他墓葬如合浦堂排等为西汉晚期。Ⅱ式仅合浦岭脚存土 1 件，时代为东汉晚期。

据此，各式年代大致如下：Ⅰ式为西汉中晚期；Ⅱ式为东汉晚期。

B 型：耳位于口沿至肩部，大环耳。为浅盘口、粗短颈，圆鼓腹，圜底。

2 件。浦北那安村、合浦中粮 M6 出土。（图一〇：1）与成都天迴山 M2[①] 所出铜釜、万州大地嘴 M19[②] 所出铁釜相同，时代为东汉早期至中期。

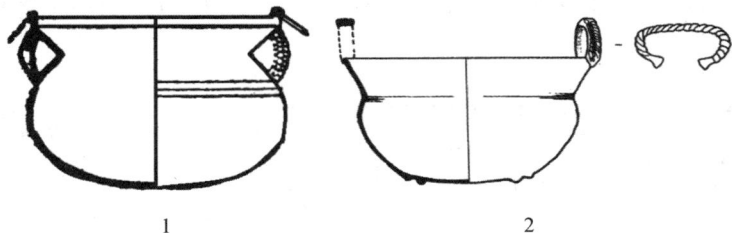

图一〇　乙 B、丙类釜

1. 乙 B（浦北那安村）　2. 丙类（桂平大塘城 M3001）

丙类：敞口、立耳。束颈，浅鼓腹，圜底。

仅出土 1 件，桂平大塘城 M3001 出土。（图一〇：2）在个旧黑蚂井墓

---

①　刘志远：《成都天迴山崖墓清理记》，《考古学报》1958 年第 1 期。

②　青海省考古研究所、南京师大文博系、万州市文管会：《万州大地嘴墓地发掘报告》，《重庆库区考古报告集》（1999 卷），科学出版社 2006 年版，第 370 页。

地①、赫章可乐②墓地中大量出土,时代为西汉晚期。

(五)锅

考古发掘 39 件,可供分析观察的有 18 件。

一般为双耳立于口沿下,口径在 26 厘米至 50 厘米之间,最大一件达 93 厘米,有六耳。根据口和腹部、底的变化分三式。

Ⅰ式:盘口浅,深腹。

10 件。合浦望牛岭,合浦堂排,合浦风门岭 M23、M26、M27,临高皇桐岭、临高抱才村出土。(图一一:1—6)

Ⅱ式:腹变浅。

3 件。合浦文昌塔 M53、M70、M117 出土。(图一一:7—9)

Ⅲ式:腹略浅。

5 件。广州 M5036,合浦文昌塔 M015、M69,合浦岭脚村 M4,清远江口区出土。(图一一:10—13)

年代方面。出Ⅰ式的墓葬中,合浦风门岭 M27 的时代最早,大致为宣、元时期;其他墓葬时代集中为元成时期。Ⅱ式的墓葬中,合浦文昌塔 M117 大致在宣、元之际,其他墓葬为西汉晚期。Ⅲ式墓葬中,合浦文昌塔 M015 等 6 例为新莽前后;清远江口和广州所出属东汉中期,合浦岭脚村所出为东汉晚期。

据此,各式年代大致如下:Ⅰ、Ⅱ式为宣、元时期;Ⅲ式为西汉晚期至东汉中晚期。

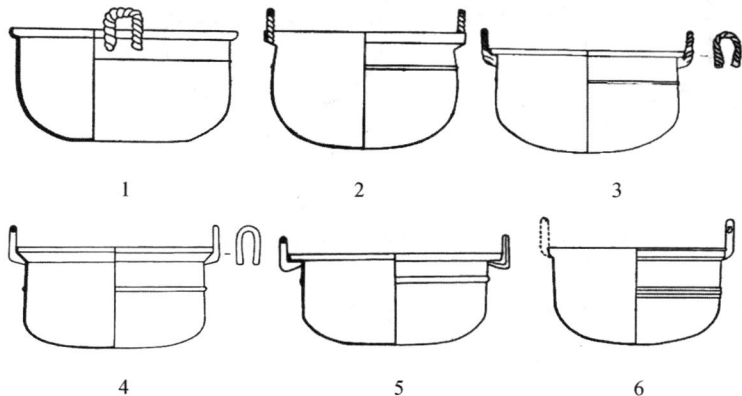

1   2   3

4   5   6

---

① 云南省文物考古研究所、红河哈尼族彝族自治州文物管理所、个旧市博物馆:《个旧市黑蚂井墓地第四次发掘报告》,科学出版社 2013 年版,第 123 页。

② 贵州省博物馆考古组、贵州省赫章县文化馆:《赫章可乐发掘报告》,《考古学报》1986 年第 2 期。

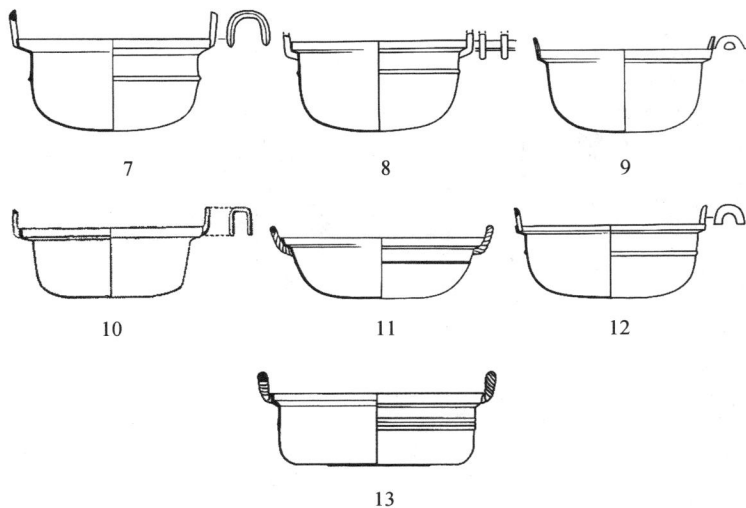

图一一　锅

　　1—6.Ⅰ（合浦望牛岭，合浦堂排，合浦风门岭 M23、M26、M27，临高皇桐岭）　7—9.Ⅱ（合浦文昌塔 M53、M70、M117）　10—13.Ⅲ（广州 M5036，合浦文昌塔 M015、M69，合浦岭脚村 M4）

（六）甑

考古发掘出土 17 件，可供分析的为 14 件。

根据下面承托的釜鼎差异分两型。

A 型：釜＋甑。均有铺首衔环。根据釜的差别分三亚型。

Aa 型：罐形釜。

根据釜的变化分两亚型。

Aaa 型：釜斜折肩，腹部略扁鼓。

3 件。广州 M1172 等出土。（图一二：1）

Aab 型：釜圆肩、深鼓腹。

4 件。合浦风门岭 M27、合浦 10HTQM6a、贵港深钉岭 M10、合浦文昌塔 M70 出土。（图一二：2）

Aac 型：釜由上下两部分组成，上部分为直口覆盆，下部分为窄平沿盆。

1 件。广州南越王墓出土。

Ab 型：盘口釜。

仅发现 4 件。合浦风门岭 M26、合浦 10HTQM6a、合浦文昌塔 M69 出

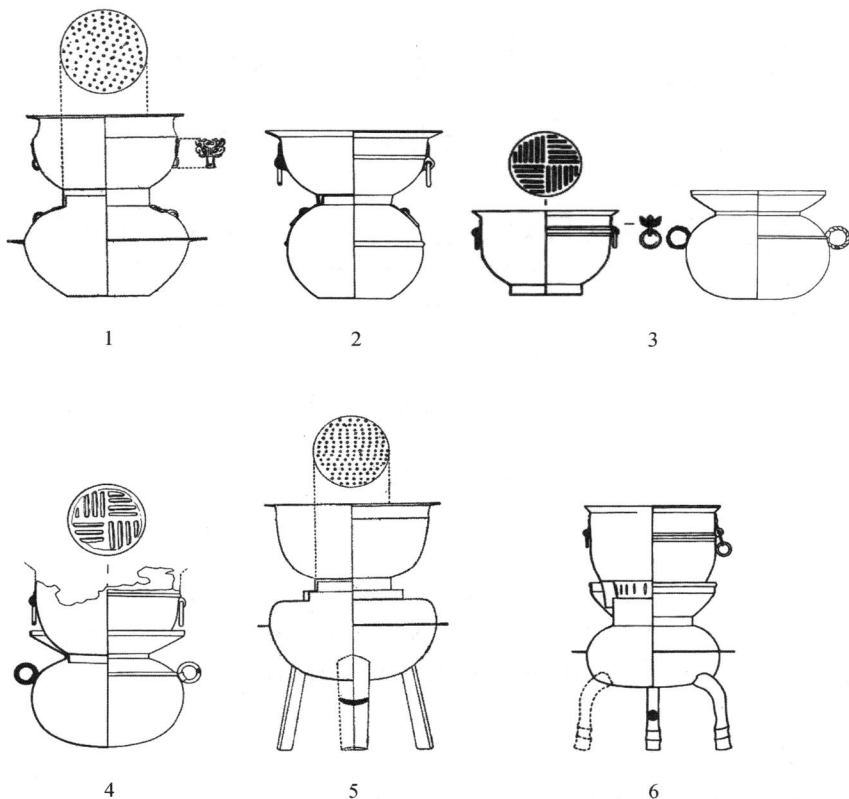

图一二　甗

1. Aaa(广州 M1172)　2. Aab(合浦风门岭 M27)　3—4. Ab(合浦风门岭 M26、合浦文昌塔 M69)　5. Ba(广州 M1174)　6. Bb(合浦岭脚村 M4)

土。甑为斜窄沿,无颈,深弧腹。釜浅盘口,粗短颈,扁鼓腹。(图一二:3—4)

B 型:鼎＋甑。

所谓的鼎,其实就是釜带三足。根据釜的差异分两亚型。

Ba 型:罐形釜。甑,平沿,短弧颈,弧腹;釜,直口,横肩,弧腹,圜底。下置三扁足。

1件。广州 M1174 出土。(图一二:5)

Bb 型:盘口釜。甑,斜折沿,深弧腹。釜,盘口、粗短颈,扁鼓腹有一周宽棱,下置三瘦长蹄足。

1件。合浦岭脚村 M4 出土。(图一二:6)

时代方面。先看 A 型。Aaa 型斜肩釜在关中出土较多，如宝鸡金台①、西安第二机砖厂②、咸阳马泉③所出均是此类风格，时代为西汉早中期。其时代变化主要在甑的颈部，广州 M1172 甑则与宜昌前坪 M105④ 所出相同，时代为西汉早期。合浦风门岭 M27 的时代为西汉中期后段，合浦 10HTQM6a 的时代为西汉晚期，合浦文昌塔 M70 的时代大致在西汉晚期后段至末期，因此，Aab 型的时代大致在西汉中晚期。Aac 的年代据南越王墓可知为西汉早期。Ab 型据合浦风门岭 M26 的墓葬时代为西汉晚期后段，合浦 10HTQM6a、M69 的墓葬时代大致在西汉晚期后段，故其时代大致在西汉晚期。

B 型方面。广州 M1174 的年代为西汉早期，Ba 型时代大致同时；合浦岭脚村 M4 的时代在东汉晚期，Bb 型亦属东汉晚期。

二、变化特征

根据上文所述，各类炊具不同型别的时代特征列表如下（表一）。

根据表一，岭南炊具大致呈现以下变化：西汉早期，炊具器类多样；西汉中期开始，炊具种类急剧减少，鋬和多种鼎、甗退出历史舞台，其余炊具种类得以延续并固定。

至于各类炊具的兴亡变化，则需要参考各类炊具的数量进行观察。为此，各类炊具不同阶段的数量如下所示（表二）。

由表二可知，各类炊具中鼎的数量较大，其次为鋬、釜和锅，其他器类少见。

阶段性变化方面，大致呈现为波状起伏。西汉早期炊具数量庞大，高达 150 件；进入西汉中期，数量急剧减少；但到了西汉晚期，则略有增加；进入东汉，数量再次下降。对其影响最大的莫过于鋬、鼎和釜、锅四类炊具。

具体到各器类方面，归纳如下。

1. 鼎和鋬西汉早期数量庞大，占了绝对主导。

2. 进入西汉中期开始，鋬一件无存，而鼎的数量急剧下降，直接导致了炊具的总量急剧减少。

---

① 徐彩霞：《"陈仓"现身青铜甗》，《文博》2007 年第 4 期。
② 西安市文物保护考古所：《西安文物精华》（青铜器），世界图书出版西安公司 2005 年版，第 29 页。
③ 咸阳市博物馆：《陕西咸阳马泉西汉墓》，《考古》1979 年第 2 期。
④ 卢德佩：《湖北宜昌前坪 105 号汉墓出土的青铜器》，《文物资料丛刊》（4），文物出版社 1981 年版，第 58 页。

表一　岭南铜炊具分期

第一类：炊煮器

分期	鼎					锅	瓿					鋻		铫		釜					
	A	B	C	D a	D b		A a	A b	A c	B a	B b	A	B	A	B	甲 A	甲 B	乙 A a	乙 A b	乙 B	丙
西汉早期	√	√	√	√	√																
西汉中期	I	I	I	I		I	√	√	√			√		√		I		√	I		
西汉晚期	II	III	III	I/II/III		I/II/III		√	√			I/II	√		√	II	√		I		
东汉早期	III			IV													√		II/III	√	√
东汉中晚期	IV	IV/V		III		III					√					III			II/III	II	√

表二　岭南铜炊具不同期别数量统计

第一类：炊煮器

分期	鼎 A	鼎 B	鼎 C	鼎 D a	鼎 D b·a	鼎 D b·b	鼎 D c·a	鼎 D c·b	锅	瓶 A a	瓶 A b	瓶 A c	瓶 B a	瓶 B b	甗 A	甗 B	鍪 A	鍪 B	釜 甲A	釜 甲B	釜 乙a	釜 乙A·a	釜 乙A·b	釜 乙B	釜 丙	合计
西汉早期	39	11	14	1	26					3	1	1			2	41	10		2		3					154
西汉中期					1	4	1		2									1		1	1		1			12
西汉晚期				3	7	14	1	1	13	3	4	1						4	2	2	2	1	7	1	1	67
东汉早期				1	7															2	1					11
东汉中晚期				2	3				3					1									1	1		11
合计	39	11	14	7	44	18	2	1	18	6	5	2		1	2	41	10	5	4	5	7	1	9	2	1	255
小计	136								18	14					43		15		29							255

3.西汉晚期,随着釜和锅的大量增加,炊具数量略有上升。另外,釜和锅已经超过鼎占了前两位。

4.进入东汉,锅和釜等各类炊具均呈现衰退趋势,鼎再次反超成为首位。

第二节　温　器

器类有锜、鐎壶、鐎斗、染炉和温鍪。

一、各器类的形制和时代

(一)锜

考古出土128件,可供分析研究的仅43件。

根据口沿、颈、腹、足的变化分七式。

Ⅰ式:侈口,短颈,深腹,圜底。圆蹄足,方銎柄。

1件。广州淘金坑M20出土。(图一三:1)

Ⅱ式:颈略变长,腹略浅,半圆蹄足,方銎或者扁方銎柄。

9件。合浦风门岭M26,合浦11HFPM12,合浦文昌塔M15、M18、M20、M69、M70、M117,合浦母猪岭M5出土。(图一三:2—4)

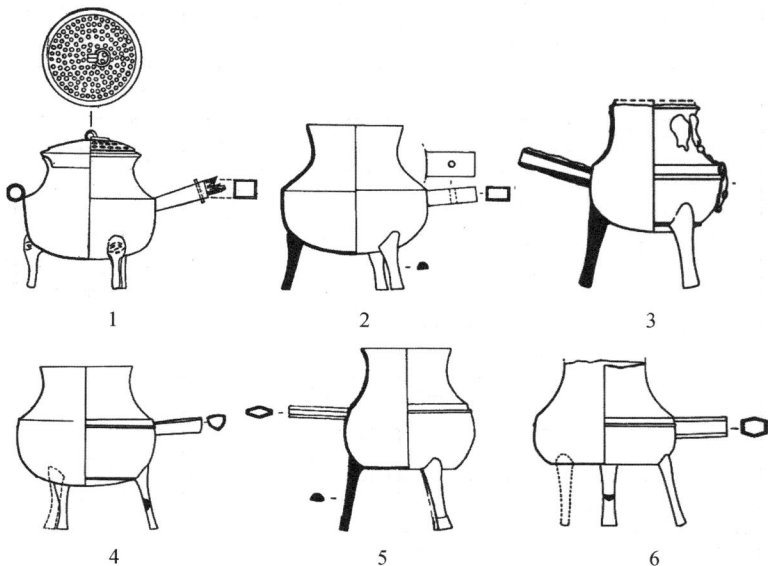

1　　　　　　2　　　　　　3

4　　　　　　5　　　　　　6

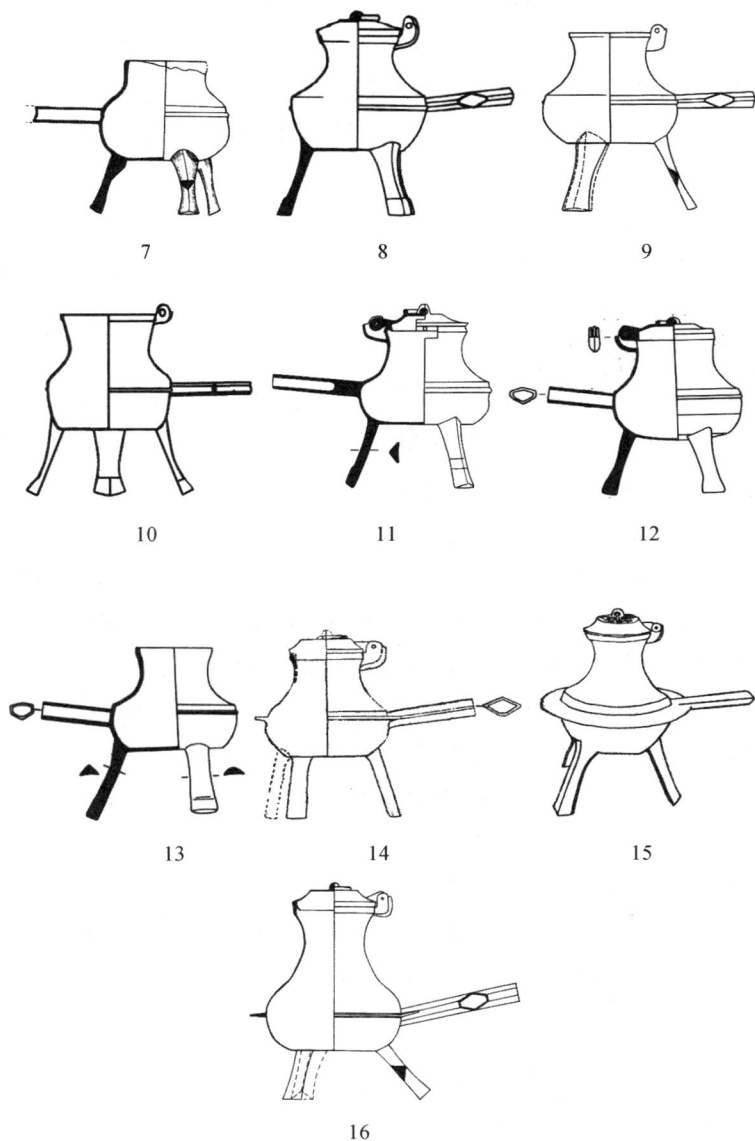

图一三　锜

1. Ⅰ（广州淘金坑 M20）　　2—4. Ⅱ（合浦风门岭 M26、合浦 11HFPM12、合浦文昌塔 M117）　　5—7. Ⅲ（合浦风门岭 M26、M23，桂平大塘城 M1003）　　8—10. Ⅳ（合浦文昌塔 M82、M184，兴安石马坪 M10）　　11—13. Ⅴ（合浦 10HFPM1，合浦 11HFPM5、M6）　　14—16.（广州 M5036、兴安石马坪、合浦岭脚村 M4）

Ⅲ式：与上式基本相同，仅底部变平底，扁多棱銮柄。

15 件。始兴造纸厂，贵港孔屋岭 M2，桂平大塘城 M1003、M3001，合浦望牛岭，合浦凸鬼岭 M11，合浦风门岭 M23、M26，合浦文昌塔 M09、M131、M157，合浦文昌塔 M5，平乐银山岭 M124，柳州市郊，合浦九只岭 M5 出土。（图一三:5—7）

Ⅳ式：浅盘口状，足扁。

7 件。合浦文昌塔 M82、M184、M137，广州 M5001，韶关黄 M12，兴安石马坪 M10，贵港孔屋岭 M3 出土。（图一三:8—10）

Ⅴ式：盘口略深、腹扁。

8 件。合浦风门岭 M10，合浦寮尾 M13、M16，合浦 10HFPM1，合浦 11HFP M5、M6、M8，梧州鹤头山 M1 出土。（图一三:11—13）

Ⅵ式：扁腹，腹部有宽棱，瓦状足。

广州 M5036、兴安石马坪、合浦岭脚村 M4 出土。（图一三:14—16）

锜，《说文》中解释为三足釜，但其早期器身实为鋬，不过后来逐渐向壶身演变。Ⅰ式墓葬，广州淘金坑 M20 为西汉早期后段。Ⅱ式墓葬，为西汉中期后段，如合浦文昌塔 M117；属西汉晚期前段的有合浦文昌塔 M20 等 4 例；属西汉晚期后段的有合浦风门岭 M26。Ⅲ式墓葬，属西汉中期后段的有合浦文昌塔 M09；属西汉晚期前段和后段的占大多数；属东汉早期的仅合浦九只岭 M5。Ⅳ式墓葬，集中在西汉晚期后段至东汉早期，广州所出 1 例属东汉中期。Ⅴ式墓葬，集中为东汉早期和东汉中期，两者数量相当。Ⅵ式墓葬的时代均为东汉中晚期。

据此，各式年代如下：Ⅰ式为西汉早期；Ⅱ、Ⅲ式为西汉中晚期；Ⅳ式为西汉晚期至东汉早期；Ⅴ式为东汉早中期；Ⅵ式为东汉中晚期。

（二）鐎壶

考古出土 20 件，可供分析研究的有 14 件。

根据流口的差异分三型。

A 型：龟首流。根据足的高矮分两亚型。

Aa 型：足矮。根据腹底部和柄的变化分三式。

Ⅰ式：扁鼓腹，深圜底，矮鬼脸式兽蹄足。曲柄。

3 件。广州 M1097、广州南越王墓、广州先烈南路 M6 出土。（图一四:1—3）

Ⅱ式：腹略变浅，圜底近平。曲柄近直。

1 件。广州 M2029 出土。（图一四:4）

Ⅲ式:鼓腹,平底,直柄。

1件。合浦禁山七星岭 M3 出土。(图一四:5)

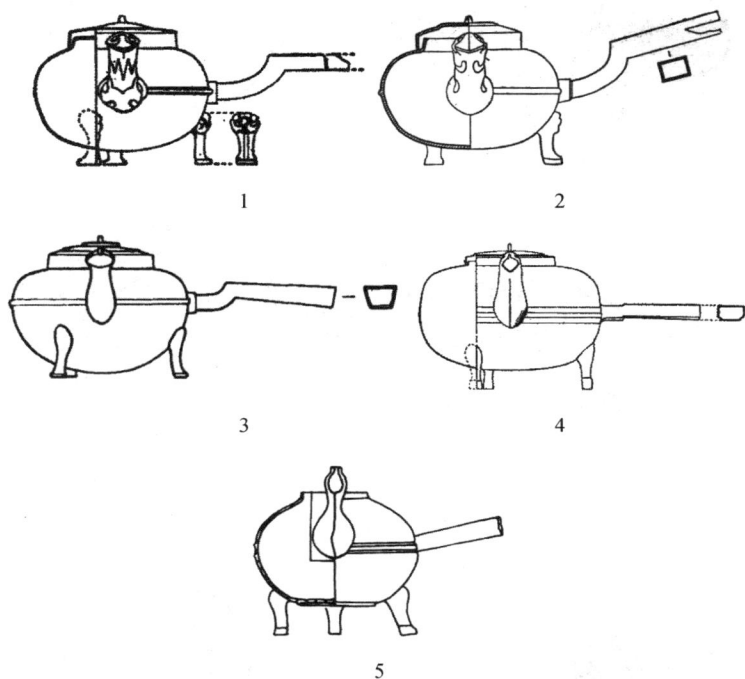

图一四 Aa 型鐎壶

1—3. AaⅠ(广州 M1097、广州南越王墓 G34、广州先烈南路 M6)

4. AaⅡ(广州 M2029) 5. AaⅢ(合浦禁山七星岭 M3)

Ab 型:足扁高。根据腹部的变化分两式。

Ⅰ式:扁鼓腹浅,直柄。

4件。合浦风门岭 M27、合浦文昌塔 M8、合浦 10HFPM4 出土。(图一五:1—3)

Ⅱ式:鼓腹,平底。

1件。兴安石马坪 M21 出土。(图一五:4)

B 型:马首流。扁鼓腹,深圜底。矮蹄足。

1件。广州 M1149 出土。(图一五:5)

C 型:凤(鸡)首流。根据腹部和柄的变化分两式。

Ⅰ式:扁鼓腹,曲柄。

1件。广州 M1180 出土。(图一五:6)

Ⅱ式:扁鼓腹,腹中部有一周宽棱,高锥形蹄足。

2件。合浦禁山七星岭 M3、浦北县出土。(图一五:7)

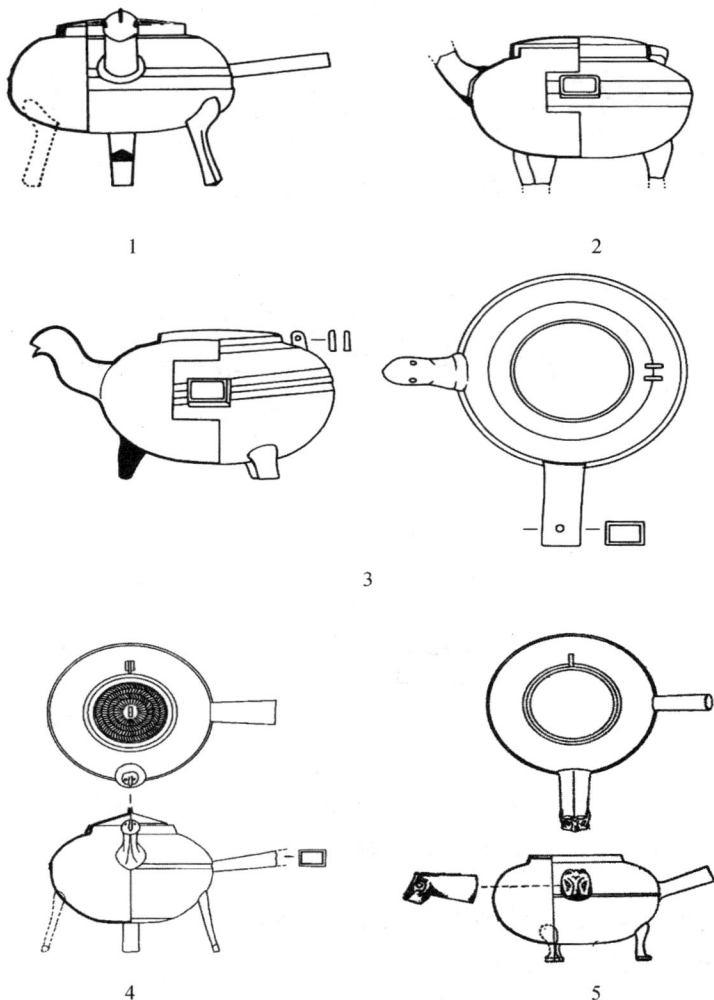

1

2

3

4

5

　　鐎由提梁盉演变而来,楚地流行甚广。AaⅠ式与秦末汉初的荆州高台① B 型鐎壶相同,时代为汉初阶段;AaⅡ式与长沙 M327② 所出相同,时代在西汉中期;AaⅢ式接近与益阳赫山庙 M17③、资兴 M439④ 所出,时代为西汉晚期,但其所出墓葬为东汉中期。Ab 型Ⅰ式据墓葬年代均为西汉中晚期。Ⅱ式据墓葬时代大致在东汉早期。

① 　湖北省荆州博物馆:《荆州高台秦汉墓》,科学出版社 2000 年版,第 96 页。
② 　中国科学院考古研究所:《长沙发掘报告》,科学出版社 1957 年版,第 111 页。
③ 　湖南省博物馆、益阳县文化馆:《湖南益阳战国两汉墓》,《考古学报》1981 年第 4 期。
④ 　湖南省博物馆、湖南省文物考古研究所:《湖南资兴西汉墓》,《考古学报》1995 年第 4 期。

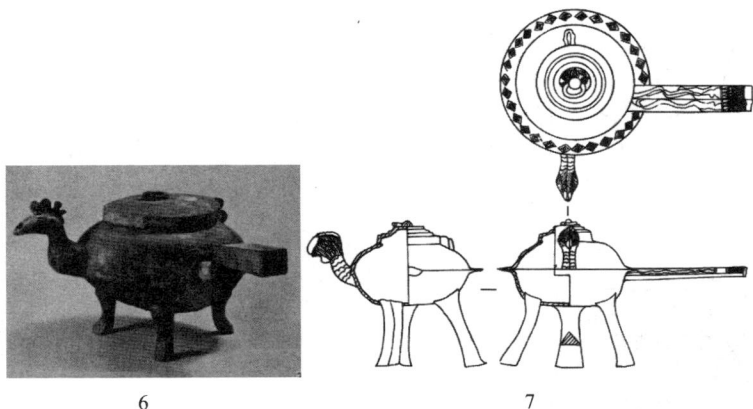

图一五　Ab、B、C 型鐎壶

1—3. Ab I（合浦风门岭 M27、合浦文昌塔 M8、合浦 10HFPM4）

4. Ab II（兴安石马坪 M21）　5. B（广州 M1149）　6. C I（广州 M1180）

7. C II（合浦禁山七星岭 M3）

B 型流其他地区未见,似乎为马首。广州 M1149 年代为西汉早期。

C 型 I 式时代为西汉早期,II 式与西昌杨家山 M1[①]、越南长溪 M22[②]所出相同,时代为东汉中晚期。

(三)鐎斗

仅发现 2 件。敞口,浅弧腹,大平底。下置三扁蹄足,一侧附空心长柄。贵港深钉岭 M12、兴安石马坪 M10 出土。（图一六:1—2）

类似鐎斗大量发现于浙江汉墓中,如嵊州剡山 M68[③]、上虞驮山 M28[④]、金华马铺岭 M1[⑤]均有出土,时代为西汉晚期至东汉。兴安石马坪 M10 墓葬年代为东汉早期,贵港深钉岭 M12 时代大致在西汉晚期。

(四)染炉

1 件。桂平大塘城 M3001 出土。器身为长方体,壁面镂空,平底,下置四足。（图一六:3）

---

① 四川凉山彝族自治州博物馆:《四川西昌市杨家山一号东汉墓》,《考古》2007 年第 5 期。

② 韦伟燕:《越南汉墓的考古学研究》,吉林大学 2017 年博士学位论文。

③ 张恒:《浙江嵊州市剡山汉墓》,《东南文化》2004 年第 2 期。

④ 浙江省文物考古研究所:《沪杭甬高速公路考古报告》,文物出版社 2002 年版,第 233 页。

⑤ 金华地区文管会:《浙江省金华马铺岭汉墓》,《考古》1982 年第 3 期。

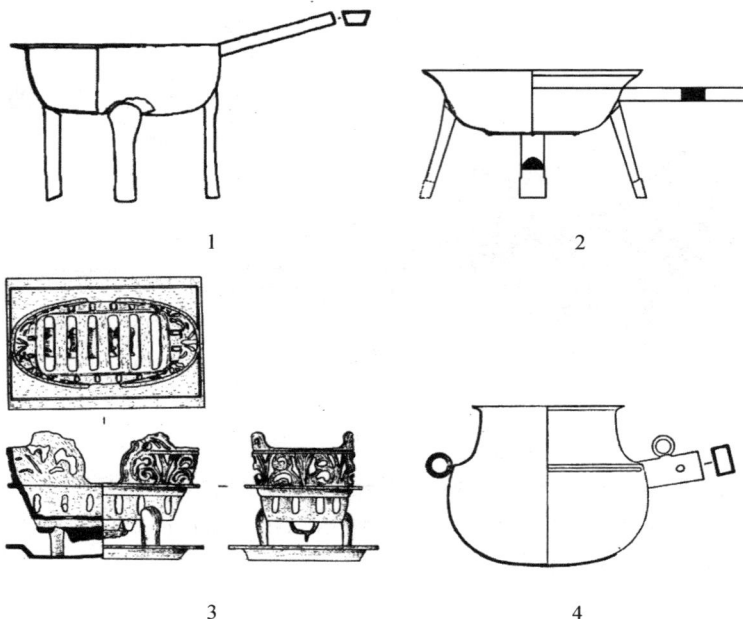

图一六　鐎斗、染炉、温鏖

1—2.鐎斗（贵港深钉岭 M12、兴安石马坪 M10）　3.染炉（桂平大塘城 M3001）　4.温鏖（贵港罗泊湾 M1）

染炉关中出土甚多，如西安东郊国棉五厂 M6①、咸阳马泉②、茂陵陪葬墓一号丛葬坑③均有出土，时代为西汉中晚期。桂平所出为西汉晚期。

（五）温鏖

仅发现 1 例于贵县罗泊湾 M1 中，时代为西汉早期。（图一六：4）

二、变化特征

根据以上年代推断，各类温器的年代如下表所示（表三）。

---

① 呼林贵、孙铁山、李恭：《西安东郊国棉五厂汉墓发掘简报》，《文博》1991 年第 4 期。

② 咸阳市博物馆：《陕西咸阳马泉西汉墓》，《考古》1979 年第 2 期。

③ 咸阳地区文管会、茂陵博物馆：《陕西茂陵一号无名冢一号丛葬坑的发掘》，《文物》1982 年第 9 期。

表三　岭南铜温器分期

	第二类：温器							
	錪	鑑壶				鑑斗	染炉	温鍪
		A		B	C			
		a	b					
西汉早期	I	I		√	I			√
西汉中期	II	II	I					
西汉晚期	II III		I			√	√	
东汉早期	III IV V		II			√		
东汉中晚期	IV V VI	III			II			

各类温器不同阶段变化如何？同样列表如下（表四）。

表四　岭南铜温器不同期别数量统计

	第二类：温器								合计
	錪	鑑壶				鑑斗	染炉	温鍪	
		A		B	C				
		a	b						
西汉早期	1	3			1	1		1	7
西汉中期	2	1	1						4
西汉晚期	22		3			1	1		27
东汉早期	12		1			1			14
东汉中晚期	6	1			2				9
合计	43	5	5	1	3	2	1	1	总计61

可以看出，錪是岭南最为主要的温器，鑑壶居其次，其他器类可忽略不计。

阶段性变化方面。由于錪占主导，因此錪的变化决定了岭南温器的走向。

西汉早中期，温器不多，以鑑壶为主。

西汉晚期，随着錪的大量出现，岭南温器进入高峰。

东汉早期，虽然略有下降，但数量仍然不低。

东汉中晚期,锜的数量急剧下降,其他器类也销声匿迹,导致岭南温器进入衰退状态。

第三节　盛酒器

盛酒器类大致有圆壶、匏壶、蒜头壶、钫、长颈壶、扁壶、象鼻壶、樽、洗、鋞、鍿。

一、各器类的形制和时代

(一)圆壶

考古出土 149 件,可供研究分析的不过 66 件。

根据圈足的差异分两类。

甲类:圈足为单层。

根据肩的差异分三型。

A 型:耸肩,下腹斜内收。

仅广州 M1095 出土 1 件。(图一七:1)

B 型:溜肩。

3 件。合浦风门岭 M26、广州 M1041、广州 M2030 出土。(图一七:2—4)

C 型:圆肩。

2 件。广州 M5036、浦北那安村出土。(图一七:5—6)

时代方面。A 型为西汉早期;B 型,广州所出 2 件为西汉早期,合浦所出为西汉晚期墓葬;C 型为东汉中晚期。

乙类:圈足分两层。

均为圆肩。根据颈部的差异分两型。

A 型:颈近直。

3 件。合浦风门岭 M27、广州 M2029 出土。(图一八)时代为西汉中期。

B 型:弧颈。

根据颈部的差异分两亚型。

Ba 型:颈略粗、短。

根据腹部和圈足的变化分几式。

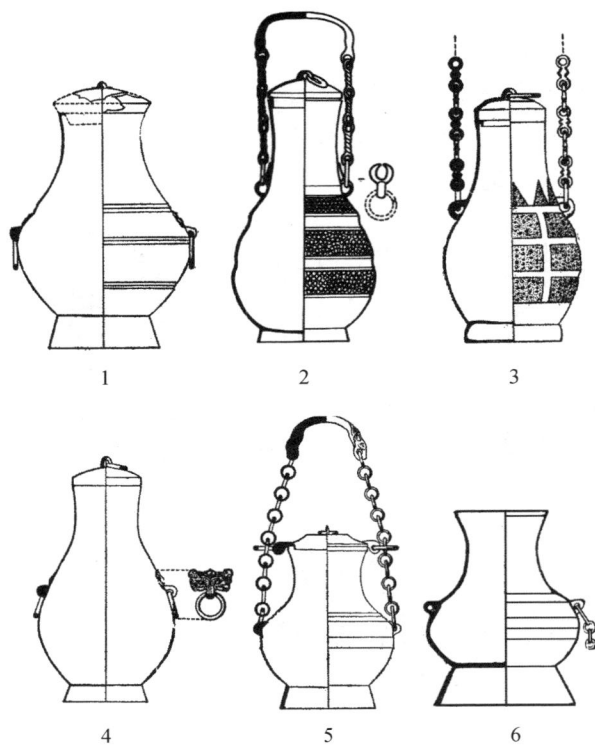

图一七　甲类圆壶

1. A 型（广州 M1095）　2—4. B 型（合浦风门岭 M26、广州 M1041、
广州 M2030）　5—6. C 型（广州 M5036、浦北那安村）

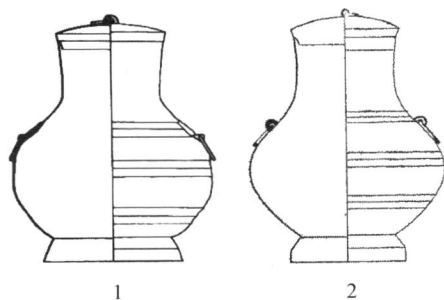

图一八　乙类 A 型圆壶

1. 合浦风门岭 M27　2. 广州 M2029

Ⅰ式：圆鼓腹、矮圈足，下层圈足竖直。

1件。贵县罗泊湾 M1 出土。（图一九：1）

Ⅱ式：鼓腹略扁，下层圈足略外撇。

9件，均为南越王墓出土。（图一九：2）

Ⅲ式：腹部更扁，圈足高且外撇更甚。

3件。合浦望牛岭，合浦10HTQM6、11HFPM20出土。（图一九：3—5）

Ⅳ式：喇叭状圈足。

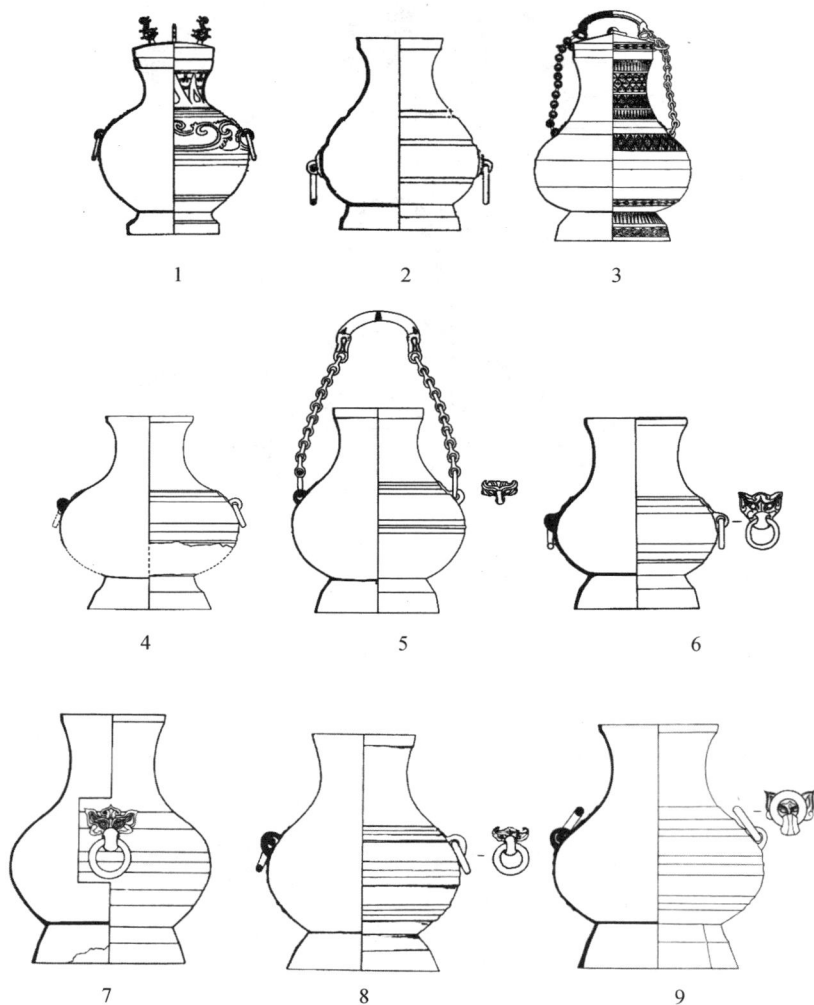

图一九　乙类Ba型圆壶

1. Ⅰ式（贵县罗泊湾M1）　2. Ⅱ式（广州南越王墓C84）　3—5. Ⅲ式
（合浦望牛岭，合浦10HTQM6、11HFPM20）　6—9. Ⅳ式（合浦11HFPM6、
合浦母猪岭M4、贵港孔屋岭M1、合浦文昌塔M015）

4 件。合浦 11HFPM6、合浦母猪岭 M4、贵港孔屋岭 M1、合浦文昌塔 M015 出土。（图一九：6—9）

时代方面。Ⅰ、Ⅱ式为西汉早期；Ⅲ式为西汉晚期；Ⅳ式为西汉晚期至东汉早期。

Bb 型：颈略瘦、长。

根据颈、腹和圈足的变化分几式。

Ⅰ式：腹部略圆鼓。矮圈足外撇。

4 件。合浦凸鬼岭 M11（2），凸鬼岭 M202、10HTQM9 出土。（图二〇：1—4）

Ⅱ式：腹略扁鼓。

8 件。合浦风门岭 M26，文昌塔 M09、M119（2），贵港深钉岭 M43，文昌塔 M70，合浦风门岭 M23，合浦文昌塔 M69 出土。（图二〇：5—12）

Ⅲ式：圈足为喇叭状外撇。

4 件。合浦风门岭 M10（2）、贵港孔屋岭 M3、梧州旺步出土。（图二〇：13—16）

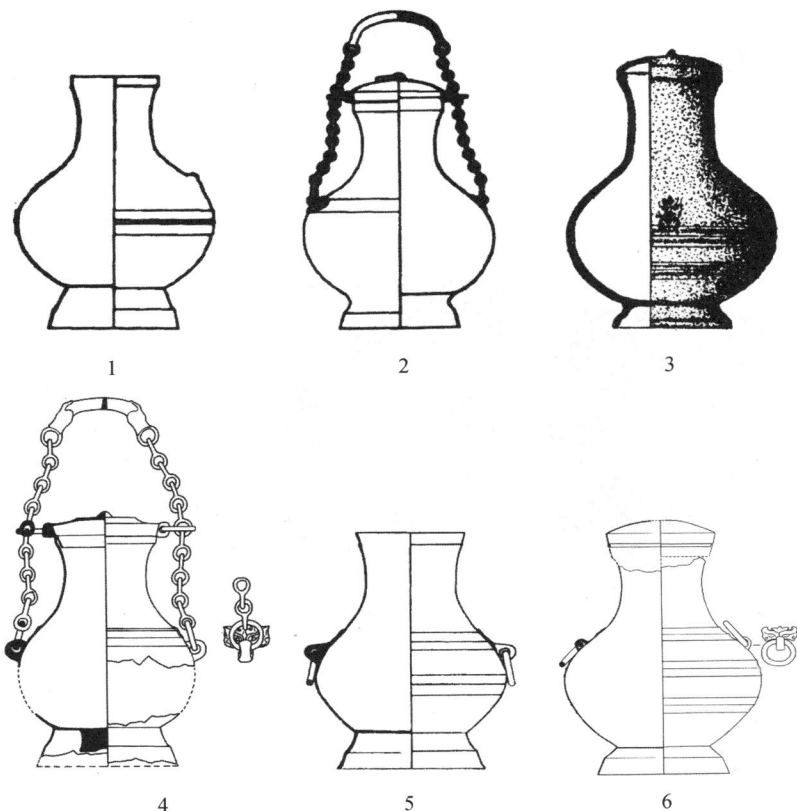

1　　　　　　　2　　　　　　　3

4　　　　　　　5　　　　　　　6

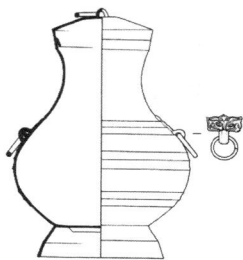

7   8   9

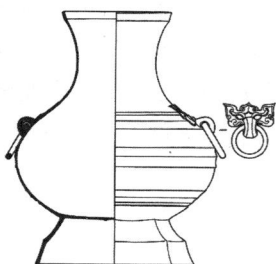

10   11   12

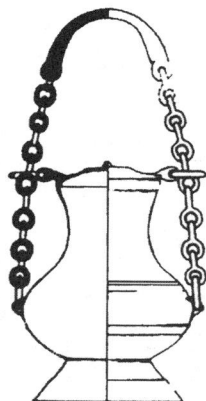

13   14   15

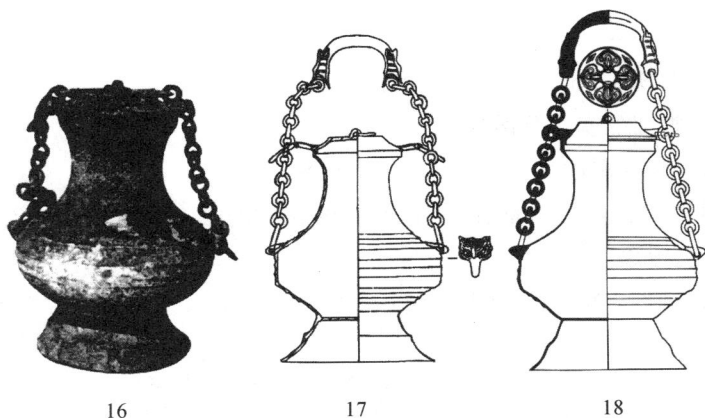

图二〇　乙类 Bb 型圆壶

1—4. Ⅰ式(合浦凸鬼岭 M11,凸鬼岭 M202、10HTQM9)　5—12. Ⅱ式
(合浦凤门岭 M26,文昌塔 M09、M119,贵港深钉岭 M43,文昌塔 M70,合浦凤
门岭 M23,合浦文昌塔 M69)　13—16. Ⅲ式(合浦凤门岭 M10、贵港孔屋岭
M3、梧州旺步)　17—18. Ⅳ式(合浦禁山七星岭、合浦岭脚村 M4)

Ⅳ式:腹变扁折、圈足更高。

2 件。合浦禁山七星岭、合浦岭脚村 M4 出土。(图二〇:17—18)

时代方面。Ⅰ式为西汉中晚期,Ⅱ式为西汉晚期,Ⅲ式为东汉早期,Ⅳ
式为东汉中晚期。

(二)匏壶

考古发现不多,4 件。广州 M1180、广州 M2060、贺县高寨 M1、广州
M1149 出土。(图二一)子母敛口,粗短颈,扁鼓腹,高镂空圈足。在颈部
两侧施半环耳。不分式。

此类壶不见内地,其流行时代大致在西汉前期后段至中期。

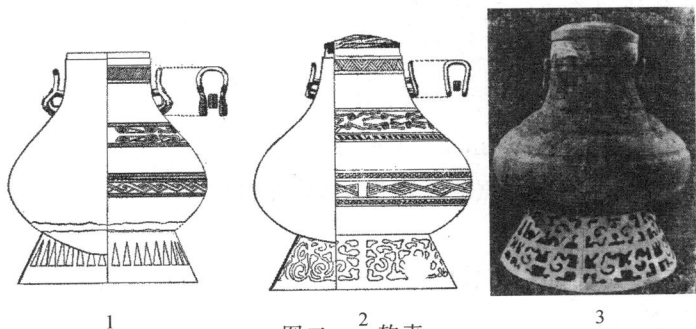

图二一　匏壶

1.广州 M1180　2.广州 M2060　3.贺县高寨 M1

（三）蒜头壶

考古发现 4 例,公布的有 3 例。

根据腹部的变化分两式。

Ⅰ式:腹部略圆鼓。

2 件。广州南越王墓、广州先烈南路 M6 出土。(图二二:1—2)

Ⅱ式:腹扁。

1 件。广州 M1175 出土。(图二二:3)

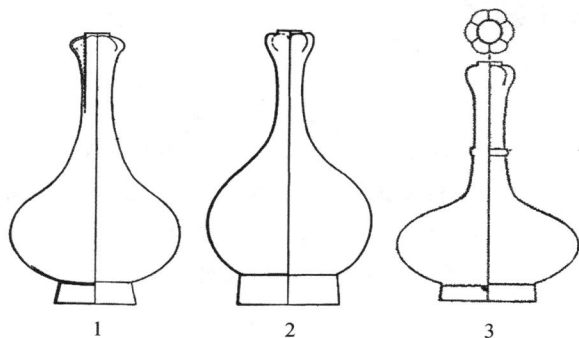

图二二　蒜头壶

1—2. Ⅰ(广州南越王墓 G56、广州先烈南路 M6)　3. Ⅱ(广州 M1175)

蒜头壶大量发现于关中地区,后来随着秦人的扩张分布全国各地,其中湖北、峡江地区颇多。其时代大致在战国晚期至西汉早期,西汉中期也有零星使用。

（四）钫

考古发现 23 例,公布有 9 例。

根据颈部的差异分三型。

A 型:粗短颈。

圆肩、圆鼓腹。

2 件。广州南越王墓出土。(图二三:1)

B 型:细长直颈。根据腹部的变化分两式。

Ⅰ式:深鼓腹。

3 件。贵县罗泊湾 M1、广州南越王墓出土。(图二三:2—3)

Ⅱ式:鼓腹浅。

4 件。合浦风门岭 M27、M26 出土。(图二三:4—5)

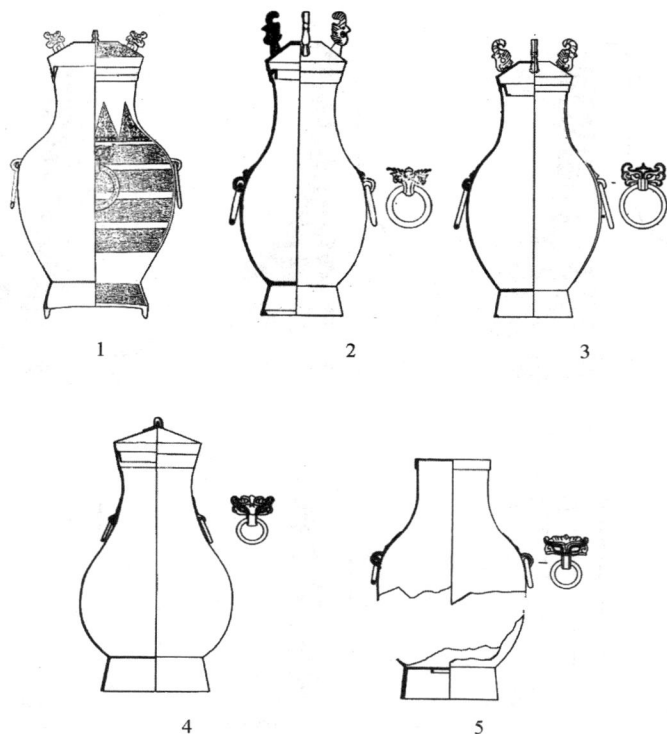

图二三　钫

1. A(广州南越王墓 B51)　2—3.B(贵县罗泊湾 M1、广州南越王墓 B78)　4—5.C(合浦风门岭 M27、M26)

贵县罗泊湾 M1 和广州南越王墓的时代均为西汉早期,因此 A 型和 B Ⅰ 的时代为西汉早期。合浦风门岭 M26、M27 墓葬时代为西汉中晚期,可知 BⅡ 的时代大致同时。

(五)长颈壶

考古出土 17 例,公布 8 例。

根据腹部的变化分两式。

Ⅰ式:圆鼓腹。

4 件。合浦望牛岭、兴安石马坪 M21、合浦 11HFPM6 出土。(图二四:1—3)

Ⅱ式:腹略扁。

4 件。合浦九只岭 M6a、合浦风门岭 M26、梧州鹤头山、广州 M5028 出土。(图二四:4—6)

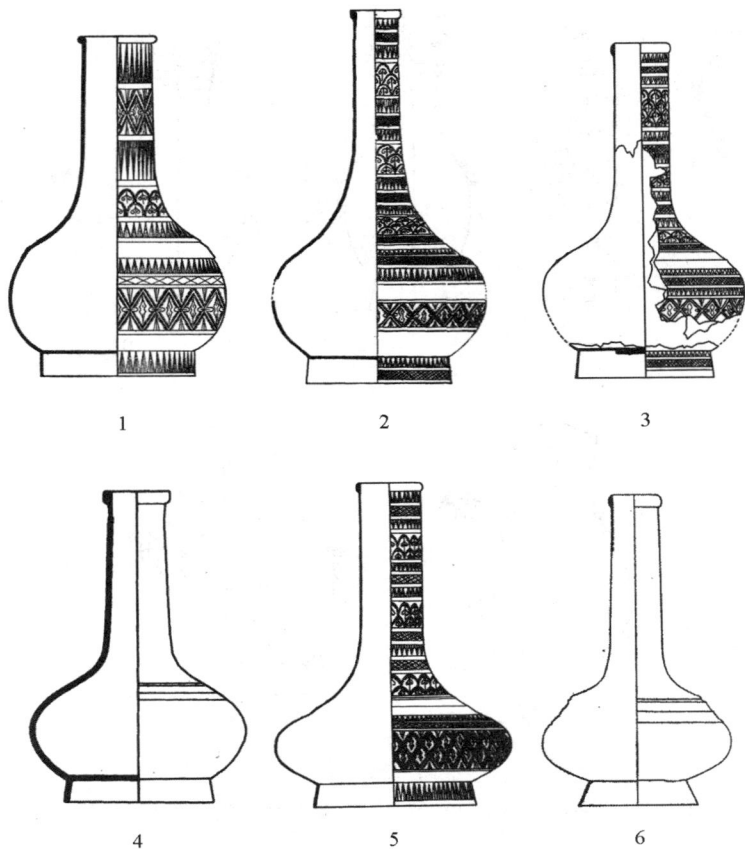

图二四　长颈壶

1—3. I（合浦望牛岭、兴安石马坪 M21、合浦 11HFPM6）

4—6. II（合浦九只岭 M6a、合浦凤门岭 M26、广州 M5028）

合浦望牛岭墓葬时代为西汉晚期，兴安石马坪 M21 出土有大泉五十，合浦九只岭 M6 墓葬据报告在东汉早期，合浦凤门岭 M26 时代为西汉晚期后段，梧州鹤头山时代在东汉早期，广州 M5028 墓葬为东汉中期。据此，I 式时代大致在西汉晚期至东汉早期，II 式时代西汉晚期至东汉中期。

（六）扁壶

考古出土 15 例，均有公布。

根据口沿的差异分两型。

A 型：蒜头口。短颈，横鼓腹，矮圈足。

1 件。贵县罗泊湾 M1 出土。（图二五：1）

B型：侈口。

根据颈部和腹部的变化分三式。

I式：颈短，圆鼓腹。

1件。广州 M1095 出土。（图二五：2）

II式：腹略变扁。

11件。合浦望牛岭、合浦文昌塔 M1、兴安石马坪 M21、合浦寮尾 M14、合浦风门岭 M26 等出土。（图二五：3—6）

III式：颈长。

2件。合浦文昌塔 M015、合浦 10HTQM6 出土。（图二五：7—8）

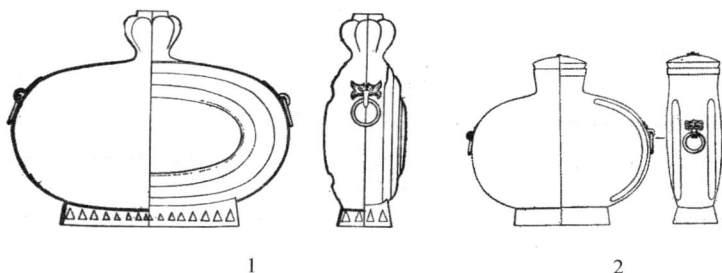

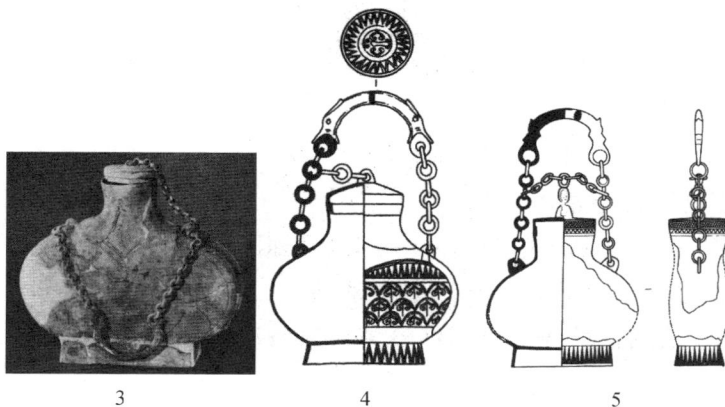

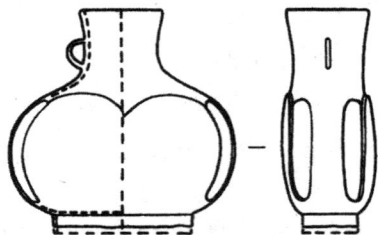

8

图二五　扁壶

1. A（贵县罗泊湾 M1）　2—6. BⅠ、BⅡ（广州 M1095、合浦望牛
岭、合浦寮尾 M14、合浦风门岭 M26、兴安石马坪 M21）　7—8. BⅢ
（合浦文昌塔 M015、合浦 10HTQM6）

A 型据罗泊湾墓葬时代可知为西汉早期。

B 型方面。广州 M1095 与江陵张家山①接近,时代为西汉早期。合浦
文昌塔 M1 所出有线刻羽状锦纹,望牛岭的时代为西汉晚期,合浦风门岭
M26 时代为西汉晚期后段,合浦寮尾 M14 的时代大致在东汉早期,因此Ⅱ
式时代为西汉晚期至东汉早期。Ⅲ式的墓葬时代为西汉晚期。因此,Ⅰ式
为西汉早期;Ⅱ式为西汉晚期至东汉早期;Ⅲ式为西汉晚期。

（七）酒樽

考古发现 123 例,公布有 35 例。

根据盖面的差异分两型。

A 型:盖面为博山式,顶端为一朱雀。根据腹部深浅变化分两式。

Ⅰ式:腹略深。兽蹄足或者人、熊形足。

3 件。合浦盐堆 M1、合浦红岭头 M3、贵港深钉岭 M1 出土。（图二
六:1—3）

Ⅱ式:腹略浅。扁瓦足面为一熊。

2 件。广州 M5054、合浦九只岭 M5 出土。（二六:4—5）

合浦盐堆 M1、红岭头 M3 资料未公布,据蒋廷瑜、富霞的研究②,时代
在西汉晚期,贵港深钉岭 M1 的时代发掘报告定为西汉中期可能有误,鉴

---

① 荆州地区博物馆:《江陵张家山三座汉墓出土大批竹简》,《文物》1985 年第 1 期。
② 蒋廷瑜:《汉代錾刻花纹铜器研究》,《考古学报》2002 年第 3 期。富霞:《广西合浦出土汉代青
铜器的初步研究》,《广西考古文集》(第四辑),科学出版社 2010 年版,第 402 页。

于其与耒阳 M2602[①] 所出相同，时代为西汉晚期无疑；合浦九只岭 M5 的时代在东汉早期，广州 M5054 发掘报告定为东汉后期，但南昌京家山 M2[②] 也有类似出土。据此大致推断 I 式时代为西汉晚期，II 式时代为东汉早期至中晚期。

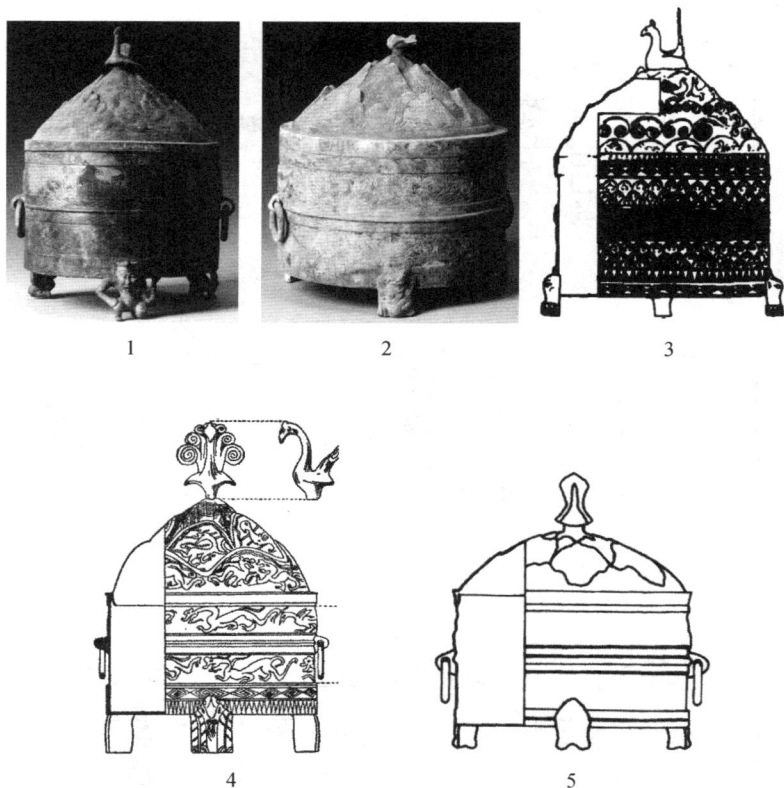

图二六　A 型酒樽

1—3. I（合浦盐堆 M1、合浦红岭头 M3、贵港深钉岭 M1）

4—5. II（广州 M5054、合浦九只岭 M5）

B 型：盖面非博山式。根据盖纽的差异分两亚型。

Ba 型：单环纽。根据盖和腹部、足的变化分五式。

I 式：盖面近平，深腹，半圆兽蹄足。

---

① 衡阳市博物馆：《湖南耒阳市东汉墓发掘报告》，《考古学集刊》(13)，中国大百科全书出版社 2000 年版，第 143 页。

② 江西省文物工作队、南昌市博物馆：《南昌市京家山汉墓》，《考古》1989 年第 8 期。

1 件。广州 M2150 出土。（图二七:1）

Ⅱ式:盖面隆起。

7 件。合浦风门岭 M27,合浦文昌塔 M158、M119,合浦凸鬼岭 M11 等出土。（图二七:2—4）

Ⅲ式:盖面上弧,顶端平。

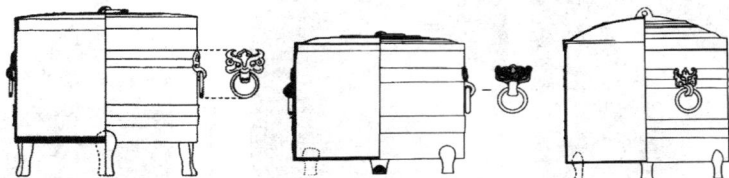

1   2   3

4   5   6

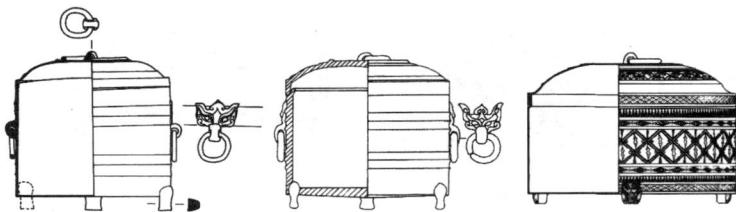

7   8   9

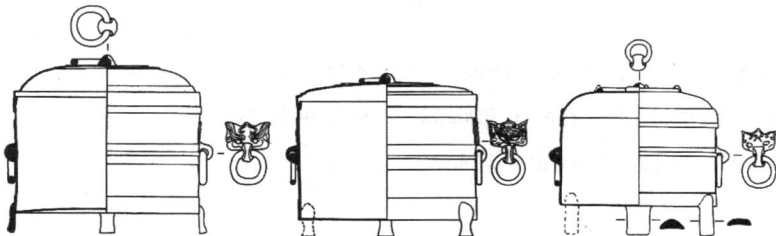

10   11   12

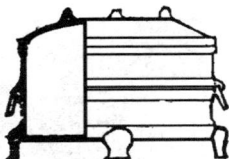

13

图二七 Ba 型酒樽

1. Ⅰ（广州 M2150） 2—4. Ⅱ（合浦凤门岭 M27，合浦文昌塔 M158、
M119） 5—11. Ⅲ（合浦文昌塔 M22，合浦凤门岭 M26，合浦 11HFPM30a，
合浦母猪岭 M1、M6，合浦 11HFPM6，合浦文昌塔 M69） 12—13. Ⅳ（合浦
10HFPM1、浦北那安）

13 件。合浦文昌塔 M22，合浦凤门岭 M26，合浦 11HFPM30a，合浦母
猪岭 M1、M6，合浦 11HFPM6，合浦文昌塔 M69，贵港孔屋岭 M2 等出土。
（图二七：5—11）

Ⅳ式：盖面出现三圆纽，扁足。

4 件。合浦 10HFPM1、梧州鹤头山、浦北那安村出土。（图二七：12—
13）

Bb 型：三雀纽。根据盖面的纹饰和腹部、足部的变化分两式。

Ⅰ式：面平，三朱雀纽，深直腹。三矮熊形足。

1 件。广州 M2029 出土。（图二八：1）

Ⅱ式：盖面隆起，腹略变浅。

2 件。合浦望牛岭出土。（图二八：2）

Bc 型：三羊纽。根据盖面的纹饰和腹部、足部的变化分三式。

Ⅰ式：腹略深，盖面上弧，顶端平，三熊形足。

3 件。合浦寮尾 M13b、贵港深钉岭 M12、合浦文昌塔 M015 出土。
（图二八：3—4）

Ⅱ式：腹略浅，盖面更宽、平，腹更浅、宽。

6 件。合浦文昌塔 M82、M187A，兴安石马坪 M10，浦北那安村，广州
M5036，合浦丰门岭 M10 出土。（图二八：5—7）

Ⅲ式：麒麟状足。

3 件。广州 M5003、合浦 11HFPM5、合浦岭脚村 M4 出土。（图二八：
8—10）

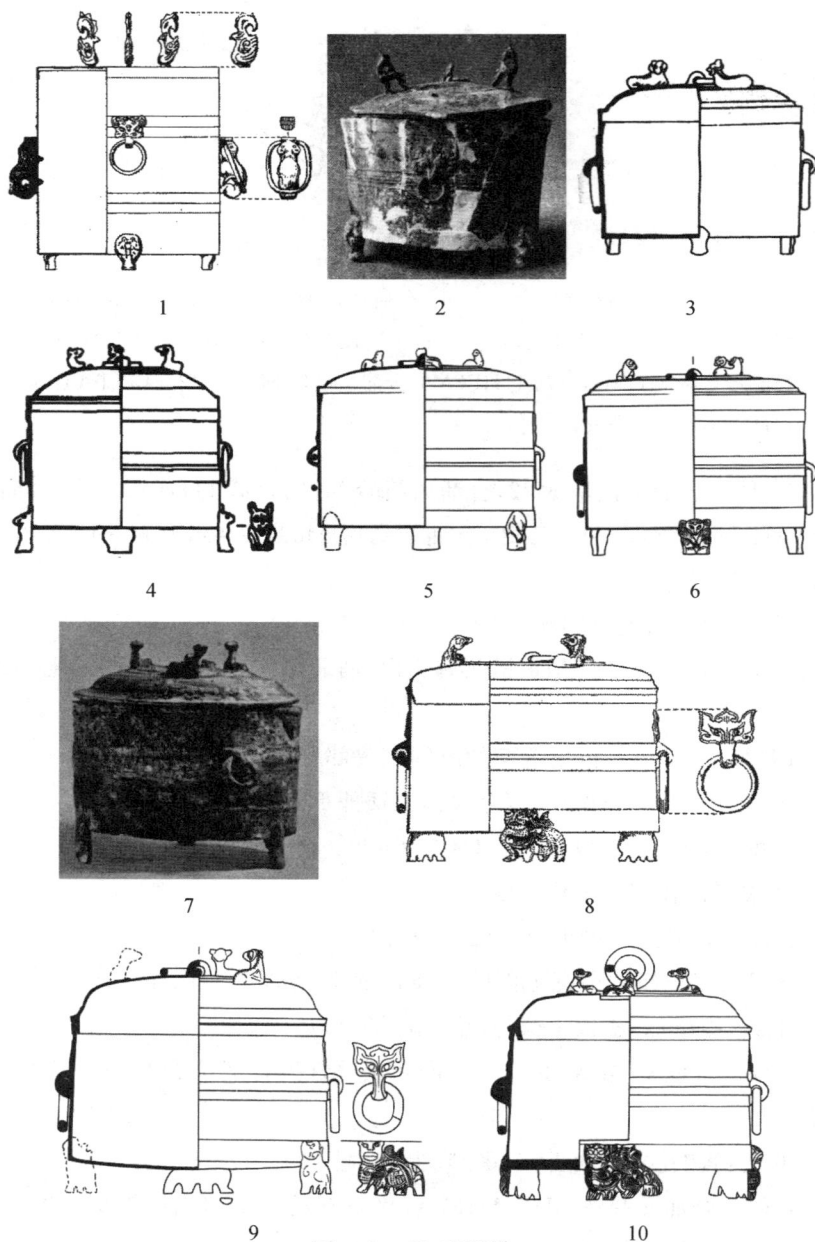

图二八　Bb 型酒樽

1.Bb Ⅰ（广州 M2029）　2.Bb Ⅱ（合浦望牛岭）　3—4.Bc Ⅰ（合浦寮尾 M13b、贵港深钉岭 M12）　5—7.Bc Ⅱ（合浦文昌塔 M187A、M82，广州 M5036）　8—10.Bc Ⅲ（广州 M5003、合浦 11HFPM5、合浦岭脚村 M4）

广州 M2150 所出与里耶清水坪 M1[①] 相同,Ba I 时代为西汉中期;合浦文昌塔 M158、凸鬼岭 M11 所出接近与长沙 M327[②]、常德 M2073[③],合浦风门岭 M27 的时代为西汉中期后段,因此 Ba II 时代为西汉中晚期;合浦风门岭 M26 时代发掘报告推断在西汉晚期,母猪岭 M1、M6 的时代大致在东汉早期,故 Ba III 式时代在西汉晚期至东汉早期;梧州鹤头山的时代为东汉早期,合浦 10HEPM1 发掘报告定在三国,推断过晚,Ba IV 式大致在东汉早中期。

广州 M2029 的时代在西汉中期,合浦望牛岭为西汉晚期墓葬,因此 Bb I 式时代为西汉中期,II 式为西汉晚期。

贵港深钉岭 M12、合浦文昌塔 M015 时代为西汉晚期,寮尾 M13 时代为东汉早期,因此 Bc I 式时代为西汉晚期至东汉早期;文昌塔 M82 上文提及在东汉早期、广州 M5036 时代为东汉中期,Bc II 式时代为东汉早期至中期;合浦岭脚村 M4 上文提及为东汉晚期墓葬,广州 M5003 据报告定为东汉后期,因此 Bc III 式时代在东汉中晚期无疑。

(八)洗、铏

考古出土 8 例,均有公布。

根据腹部的差异分两型。

A 型:腹部分上下两部分。上腹近直、下腹弧。

根据口沿的不同分两亚型。

Aa 型:卷沿。

1 件。合浦文昌塔 M09 出土。(图二九:1)时代为西汉晚期。

Ab 型:折沿。

2 件。贵港孔屋岭 M2、钟山铜盆 M431 出土。(图二九:2—3)时代为西汉中晚期。

B 型。弧腹。

根据折沿的深浅变化分三式。

I 式:窄、浅沿。

1 件。广州 M1172 出土。(图二九:4)

II 式:沿略变宽、深。

---

① 湖南省文物考古研究所:《里耶发掘报告》,岳麓书社 2006 年版,第 498 页。
② 中国科学院考古研究所:《长沙发掘报告》,科学出版社 1957 年版,第 112 页。
③ 湖南省常德市文物局、常德博物馆、鼎城区文物局、桃源县文物局、汉寿县文物局:《沅水下游汉墓》,文物出版社 2016 年版,第 235 页。

2件。合浦望牛岭、韶关西河出土。（图二九：5—6）

Ⅲ式：沿更宽、深。

2件。合浦岭脚村 M4、浦北那安村出土。（图二九：7）

广州 M1172 所出与秭归卜庄河 M3:4[①] 接近，仅腹部深浅略有差异，大致推断为西汉早期。合浦望牛岭所出与长沙汤家岭[②]相同，为西汉晚期。Ⅲ式，合浦岭脚村 M4 墓葬年代为东汉晚期。因此，Ⅰ式为西汉早期；Ⅱ式为西汉晚期；Ⅲ式为东汉晚期。

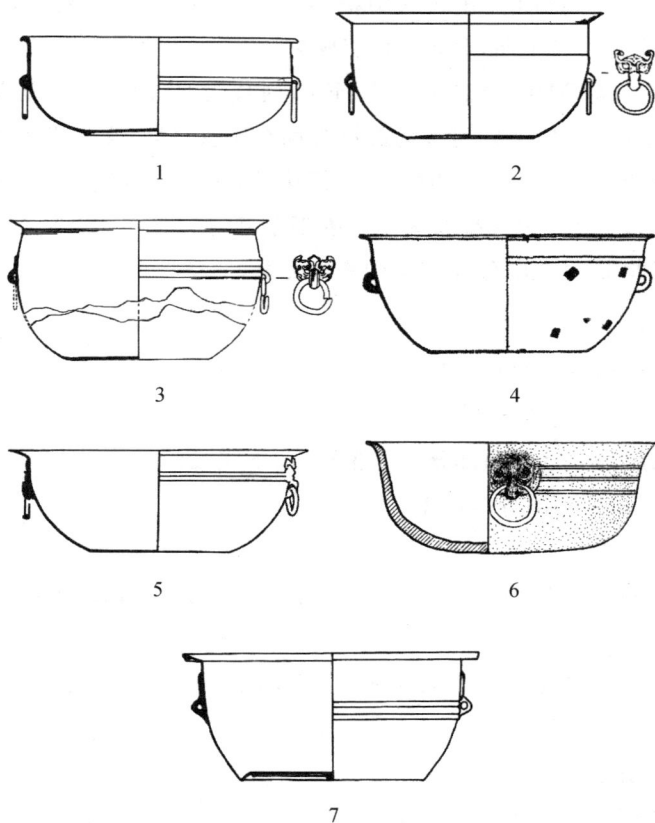

图二九　洗、铜

1—3. A(合浦文昌塔 M09、贵港孔屋岭 M2、钟山铜盆 M431)　4. BⅠ(广州 M1172)　5—6. BⅡ(合浦望牛岭、韶关西河)　7. BⅢ(合浦岭脚村 M4)

---

① 宜昌地区博物馆、秭归屈原纪念馆：《秭归卜庄河古墓发掘简报》，《江汉考古》1991 年第 4 期。
② 湖南省博物馆：《长沙汤家岭西汉墓清理报告》，《考古》1966 年第 4 期。

（九）象鼻壶

仅发现 2 件，合浦岭脚村 M4、梧州富民坊出土。敞口，细短颈，扁鼓腹，下置喇叭状高圈足。腹部一侧为象鼻流。颈部有提梁。器盖面施莲瓣纹。（图三〇:1）此类陶壶大量发现于越南汉墓①中，如长溪 M6、M4、横钟 M2 均有出土，时代在东汉中晚期。因此上述所出大致为东汉晚期。

（十）鋞

1 件。贵县罗泊湾 M1 出土。直口，深直腹，平底，圈足。腹上部置铺首衔环和提梁。（图三〇:2）

鋞大量发现在中原地区，如咸阳马泉②、扶风石家寨 M1③，其均呈现为竹节式直腹，平底，上有提梁。罗泊湾 M1 所出与内地所出略有差异，即无足。根据罗泊湾的墓葬时代，可知其年代为西汉早期。

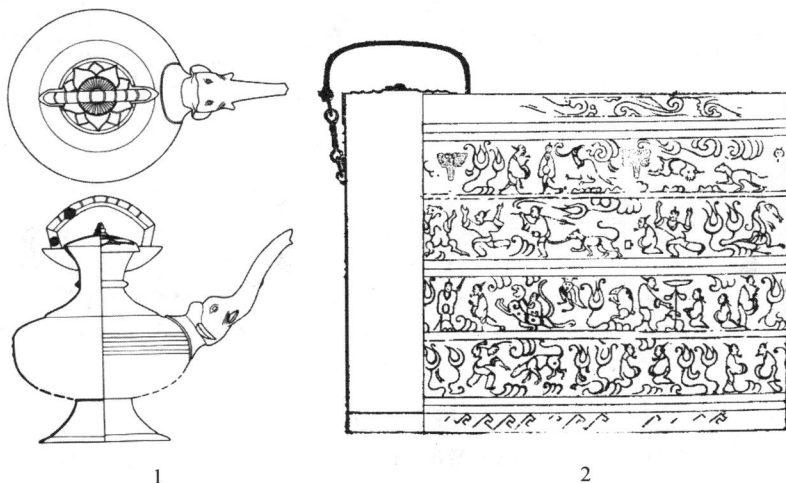

图三〇　象鼻壶、鋞

1.象鼻壶（合浦岭脚村 M4）　2.鋞（贵县罗泊湾 M1）

（十一）鎏

考古出土 14 例，公布有 11 例。

口微侈、弧腹，平底下置圈足，腹部一侧有铺首衔环。口径一般在 22 厘米以上。根据腹部和圈足的变化分两式。

---

① 韦伟燕：《越南汉墓的考古学研究》，吉林大学 2017 年博士学位论文，第 76 页。
② 咸阳市博物馆：《陕西咸阳马泉西汉墓》，《考古》1979 年第 2 期。
③ 罗西章：《陕西扶风石家一号汉墓发掘简报》，《考古与文物》1985 年第 1 期。

Ⅰ式:弧腹,矮圈足。

10件,兴安石马坪 M10、合浦橡胶厂 M1、番禺 M19、广州越秀山、合浦望牛岭、合浦文昌塔 M184、贵县北郊出土。(图三一:1—5)

Ⅱ式:弧腹近直,圈足略高。

1件。贵港孔屋岭 M1 出土。(图三一:6)

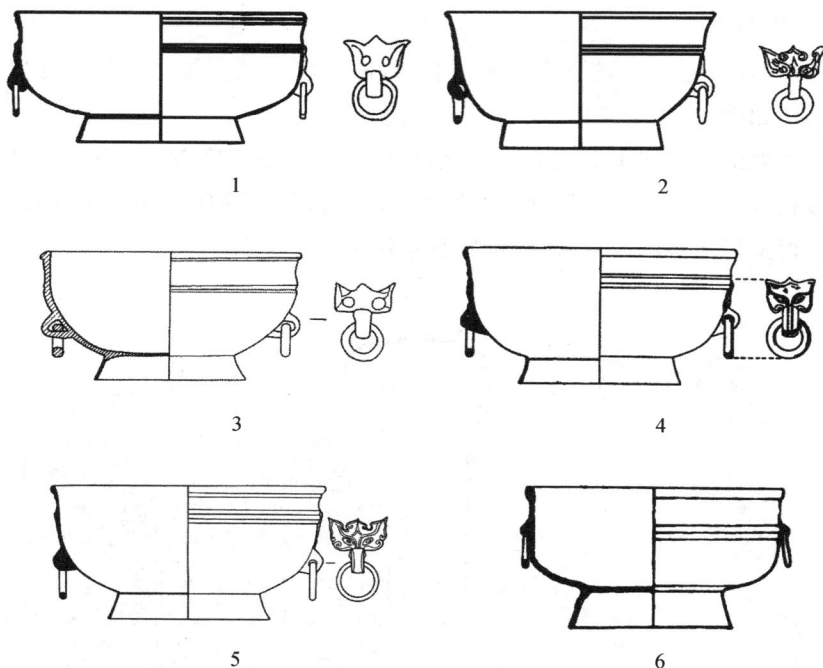

图三一　鏂

1—5.Ⅰ(兴安石马坪 M10、番禺 M19、广州越秀山、合浦文昌塔 M184)

6.Ⅱ(贵港孔屋岭 M1)

鏂与圈足碗区别不是很大,仅口径偏大,但有铺首衔环,说明其并非相同的盛食器,而是与圆壶等其他具有铺首衔环器类同类性质的器物。其侈口颈略内弧特征与战国以来流行的子母敛口盒差异甚大,与西来的玻璃杯较为接近,圈足和铺首衔环的出现,说明经过中国工匠的改造。

根据墓葬年代,望牛岭和橡胶厂为西汉晚期;石马坪为东汉早期、番禺 M19 出土"永元十五年"铭文砖,说明Ⅰ式时代为西汉晚期至东汉中期;Ⅱ式据墓葬时代为东汉中期。

二、阶段性变化

根据以上的分析,各类器类的时代如下表所示(表五)。

各器类的变化情况如何,同样需要结合数量进行观察,列表如下(表六)。

总体而言,岭南酒器的变化大致呈现为波浪起伏状。西汉早期略多,西汉中期减少,西汉晚期出现高峰,之后逐渐再减少。

根据表五、六可知,各类酒器中,圆壶和酒樽占主导,扁壶和鍪、钫、洗其次,其他器类均为零星出土。因此,岭南酒器的变化,与圆壶、酒樽等这些数量较多的器类存在紧密关系。

西汉早期,圆壶和钫、扁壶为主体。

西汉中期,随着圆壶的减少、扁壶的消失,导致整体数量急剧下降。但此时酒樽开始出现。

西汉晚期。圆壶的数量再次上升,酒樽迅猛增加、鍪、洗、长颈壶也开始出现,因此酒器整体的数量急剧增加。需要注意的是,酒樽已经与圆壶大致相当。

东汉早期。圆壶和酒樽的数量下降明显,其他器类变化不大。此阶段酒樽已经超过圆壶成为最主要的酒器。

东汉中晚期。各类酒器数量继续下降。酒樽占了主导地位。

表五　岭南铜酒器分期

第三类：酒器

分期	圆壶 甲类 A	甲类 B	甲类 C	乙类 A	乙类 B a	乙类 B b	匏壶	蒜头壶	钫 A	钫 B	长颈壶	扁壶 A	扁壶 B	樽 A	樽 B a	樽 B b	樽 B c	洗、铞 A a	洗、铞 A b	洗、铞 B	象鼻壶	鐎	鏂
西汉早期	√	√			Ⅰ Ⅱ		√	√	√	Ⅰ		√	Ⅰ										
西汉中期		√		√	Ⅲ Ⅳ	Ⅰ	√			Ⅱ					Ⅰ Ⅱ	Ⅰ		√	√	Ⅰ		√	
西汉晚期			√			Ⅰ Ⅱ						Ⅰ	Ⅱ Ⅲ	Ⅰ	Ⅲ	Ⅰ Ⅱ	Ⅰ	Ⅰ	Ⅰ	Ⅱ			Ⅰ
东汉早期						Ⅲ					Ⅰ Ⅱ	Ⅱ	Ⅱ	Ⅱ	Ⅲ Ⅳ	Ⅲ	Ⅰ Ⅱ						Ⅰ
东汉中晚期						Ⅳ					Ⅱ	Ⅲ	Ⅱ Ⅲ	Ⅱ	Ⅳ		Ⅱ Ⅲ			Ⅲ	√		Ⅰ Ⅱ

表六　岭南铜酒器不同期别数量统计

第三类：酒器

期别	圆壶 甲类 A	圆壶 甲类 B	圆壶 甲类 C	圆壶 乙类 A	圆壶 乙类 B a	圆壶 乙类 B b	瓿壶	蒜头壶	钫 A	钫 B	长颈壶	扁壶 A	扁壶 B	樽 A	樽 B a	樽 B b	樽 B c	洗 A a	洗 A b	洗 B	象鼻壶	鋞	鍕	合计
西汉早期	1	2			10		2	3	2	3				3	4					1				31
西汉中期				3		1	1			2			5			1								13
西汉晚期		1			5	11				2	3	1	7		11	2	2	1	1	2		1	4	55
东汉早期					2	4					4		2	1	8		6						3	30
东汉中晚期			2			2					1			1	2		4		1	2	1		4	19
合计	1	3	2	3	17	18	3	3	2	7	8	1	14	5	25	3	12	1	2	5	1	1	11	总计 148

（分类小计：圆壶 44；钫 9；扁壶 15；樽 45；洗 8）

第四节　饮、食器

此类器包括饮酒器和食器,但某些器类无法推定其准确用途,如耳杯据马王堆所出铭文,既有"君幸酒",亦有"君幸食",还有一些铜杯,器型不大,推断可能属于饮酒器,但考古所出部分器内盛装有果脯之类。为避免争议,故笼统划分为饮食器。器类有耳杯、杯、卮、碗、钵、魁。

一、各器类的形制和时代

(一)耳杯

考古出土 47 例,公布 41 例。

根据腹部、耳的变化分三式。

Ⅰ式:敞弧腹,耳高出口沿,平底。

1 件。西林普驮出土。(图三二:1)

Ⅱ式:深弧腹,假圈足。

15 件。肇庆康乐中路 M7、合浦 10HTQM6a 出土。(图三二:2—4)

Ⅲ式:口沿与耳顶端齐平。

25 件。合浦岭脚村 M4、广州 M5045、梧州旺步出土。(图三二:5)

西林县普驮时代大致在西汉中期,肇庆康乐中路 M7、合浦 10HTQM6 为西汉晚期,岭脚村 M4 在东汉晚期。故Ⅰ式时代为西汉中期,Ⅱ式为西汉晚期,Ⅲ式为东汉晚期。

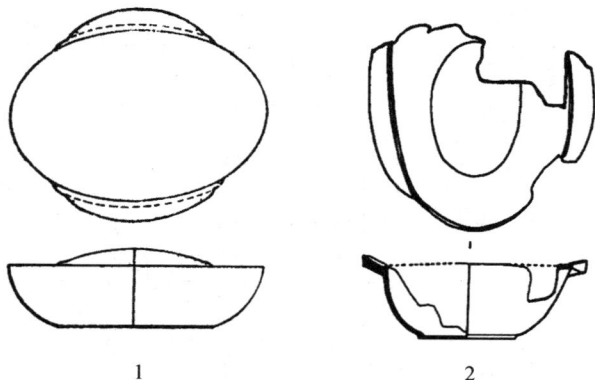

1　　　　　　　　　　2

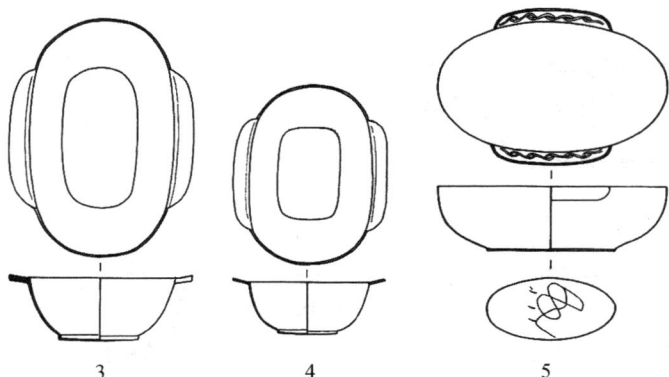

图三二　耳杯

1. Ⅰ（西林普驮）　　2—4. Ⅱ（肇庆康乐中路 M7、合浦
10HTQM6a）　5. Ⅲ（合浦岭脚村 M4）

（二）碗

考古出土 135 件，公布 52 件。

根据口沿的差异分两类。

甲类：侈口、卷沿。浅弧腹，平底，有圈足。腹中部有数道弦纹。根据口径大小和圈足的差异分两型。

A 型：矮圈足。口径较大，一般在 15 厘米以上。根据颈、腹部和圈足的变化分两式。

Ⅰ式：颈略内弧，敞弧腹，矮圈足。

5 件。广州 M4029、增城金兰寺、合浦文昌塔 M100（2 件）出土。（图三三：1—3）

Ⅱ式：腹略直。

7 件。合浦 10HJGM12、11HFPM5、13HYGM4，梧州旺步 M2，合浦风门岭 M24b，徐闻凸岭仔 M1，贵港马鞍岭 M3 出土。（图三三：4—9）

Ⅲ式：无颈，腹近直，圈足略高。

3 件。贵港马鞍岭 M2、浦北那安村出土。（图三三：10）

合浦文昌塔 M100 的时代为西汉晚期，广州 M4029 和增城金兰寺属东汉早期。合浦 10HJGM12、11HFPM5、13HYGM4 等属东汉早期，徐闻凸鬼岭 M1、贵港马鞍岭 M3、风门岭 M24 发掘报告均为东汉中期。梧州旺步 M2 据自铭可知在和帝时期的 90 年。贵港马鞍岭 M2 的墓葬年代为东汉中期。因此，Ⅰ式时代为西汉晚期至东汉早期；Ⅱ式为东汉早中期；Ⅲ式为东汉中期。

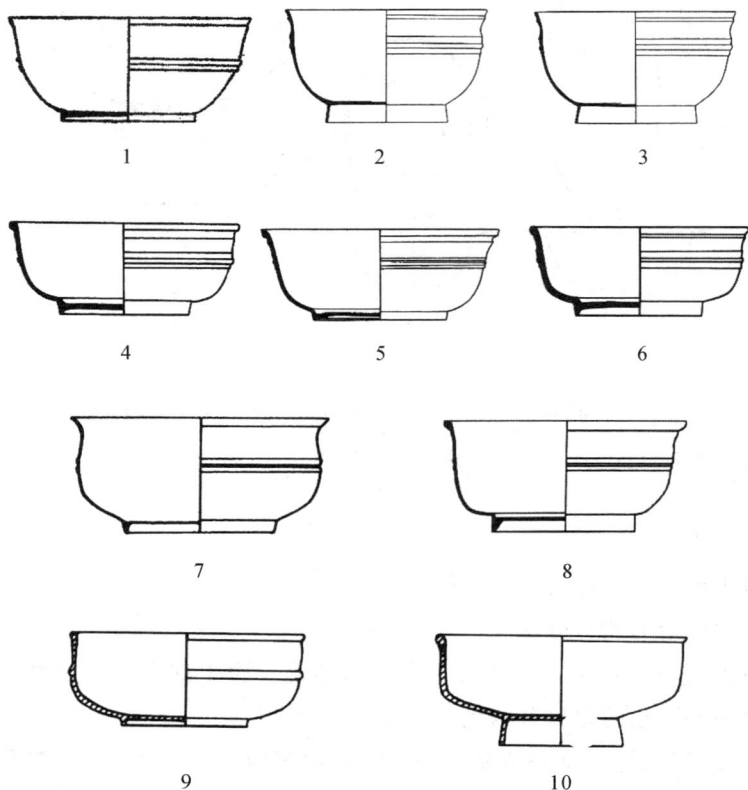

图三三　甲 A 型碗

1—3. Ⅰ（广州 M4029、合浦文昌塔 M100）　4—9. Ⅱ（合浦 10HJGM12、11HFPM5、13HYGM4，合浦风门岭 M24b，徐闻凸岭仔 M1，贵港马鞍岭 M3）　10. AⅢ（贵港马鞍岭 M2）

B 型：喇叭状高圈足，口径在 10—15 厘米左右。根据颈、腹部的变化分两式。

Ⅰ式：颈内弧明显，弧腹。

19 件。广州 M5032、番禺 M8、合浦文昌塔 M06A 出土。（图三四：1—4）

Ⅱ式：颈不明显，腹近直。

3 件。浦北那安村、合浦脚岭村 M4 出土。（图三四：5—6）

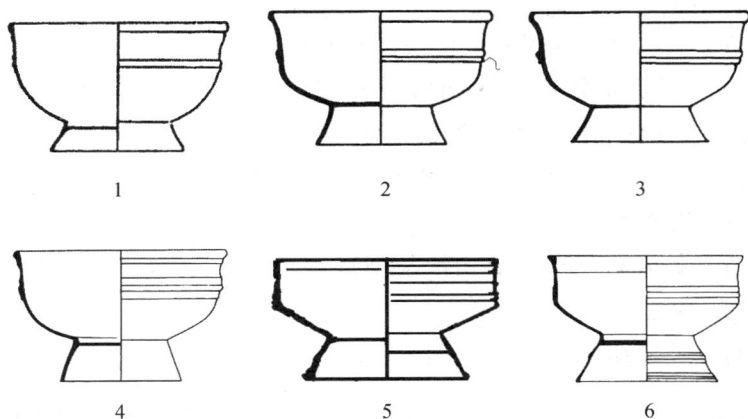

图三四 甲 B 型碗

1—4.Ⅰ（广州 M5032、番禺 M8、合浦文昌塔 M06A） 5—6.Ⅱ
（浦北那安村、合浦脚岭村 M4）

广州 M5032、番禺 M8 的墓葬年代在东汉中期，文昌塔 M06A 为东汉
早期，故 BⅠ式出现于东汉早期至东汉中期。浦北那安村、合浦脚岭村 M4
时代均在东汉晚期。

C 型：假圈足。口径较大，一般在 13—20 厘米之间。根据腹部的变化
分两式。

Ⅰ式：浅弧腹。

10 件。梧州鹤头山、广州 M5001、连州 M1、兴安石马坪 M19、钟山张
屋 M21、钟山铜盆 M3 等出土。（图三五：1—5）

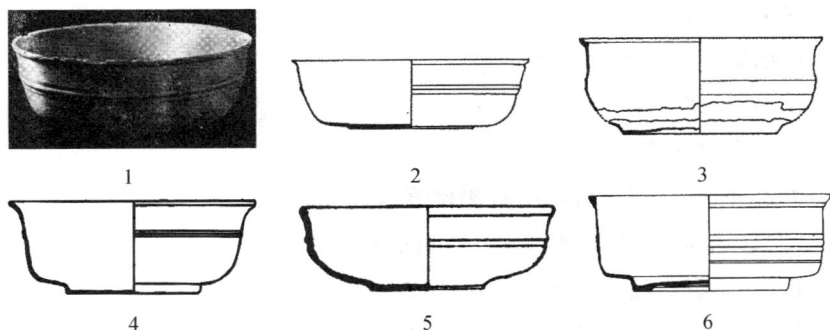

图三五 甲 C 型碗

1—5.Ⅰ（梧州鹤头山、广州 M5001、连州 M1、兴安石马坪 M19、钟山张屋
M21） 6.Ⅱ（合浦岭脚村 M4）

Ⅱ式:腹近直。

1件。合浦岭脚村 M4 出土。(图三五:6)

出土Ⅰ式墓葬中,除了连州所出为东汉中期外,其余均为东汉早期。Ⅱ式仅合浦岭脚村出土,时代为东汉晚期。

乙类:折沿。均为假圈足。根据腹部的变化分两式。

Ⅰ式:浅弧腹。

2件。始兴刨花板厂、钟山铜盆 M54 出土。(图三六:1—2)

Ⅱ式:腹近直。

1件。浦北那安村出土。(图三六:3)

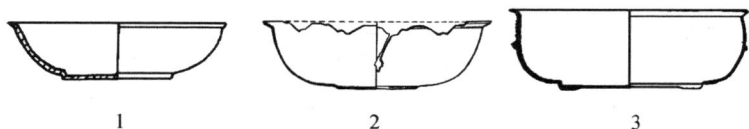

图三六　乙类碗

1—2. Ⅰ(始兴刨花板厂、铜山铜盆 M54)　3. Ⅱ(浦北那安村)

根据墓葬年代,可知始兴刨花板厂所出时代为西汉晚期,钟山铜盆 M54 时代为东汉早期。浦北那安村的时代为东汉中晚期。

(三)钵

考古出土 101 件,公布有 33 件。口径一般在 12—15 厘米、腹深 5—7 厘米。

根据口沿的不同分三类。

甲类:敛口。

根据底部的差异分两型。

A 型:平底。

根据腹部的变化分几式。

Ⅰ式:弧腹略深。口径与腹深比值接近或小于 2。

1件。合浦 11HFPM20 出土。(图三七:1)

Ⅱ式:弧腹略浅。口径与腹深比值在 2:1 至 2.5:1 之间。

5件。广州东山梅花村 M8、贵港深钉岭 M1、合浦文昌塔 M82、平乐银山岭 M105、柳州九头村出土。(图三七:2)

年代方面。Ⅰ式,合浦 11HFPM20 为西汉晚期。Ⅱ式墓葬中,有 3 例为西汉晚期,2 例为东汉早期。因此,Ⅰ式为西汉晚期;Ⅱ式为西汉晚期至东汉早期。

B 型：圜底。

弧腹略浅。口径与腹深比值在 2：1 至 2.5：1 之间。

3 件。广州先烈南路 M8、贵港深钉岭 M46、合浦堂排 M2B 出土。（图三七：3）时代为西汉晚期。

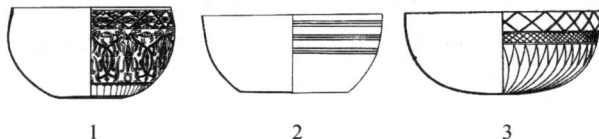

图三七　甲类钵

1. A Ⅰ（合浦 11HFPM20）　2. A Ⅱ（合浦文昌塔 M82）　3. B 型（合浦堂排 M2B）

乙类：侈口。

根据底部的差异分三型。

A 型：凹圜底。

根据腹部的不同分几亚型。

Aa 型：弧腹近直。

口径与腹深比值在 2：1 至 2.5：1 之间

2 件。合浦 11HFPM14、合浦 10HFPM1 出土，时代为东汉早期至东汉中期。（图三八：1—2）

Ab 型：敞弧腹

口径与腹深比值在 2：1 至 2.5：1 之间。

7 件。广州 M4013，桂平大塘城 M3001，合浦文昌塔 M016A，合浦 10HFPM1，合浦 13HTLM1、13HYGM2，钟山铜盆 M49 出土。其中，合浦 10HFPM1、合浦 13HTLM1 时代为东汉中期，合浦 13HYGM2、广州 M4013 东汉早期，其他为西汉晚期。（图三八：3—5）

B 型：圜底。

根据腹部的不同分两亚型。

Ba 型：弧腹。

腹深，口径与深比值在 2：1 以内。

1 件。合浦文昌塔 M53 出土，时代为西汉晚期。（图三八：6）

Bb 型：敞腹。

根据腹部的变化分几式。

Ⅰ式:腹略深。口径与腹深比值为 2：1。

1 件。合浦文昌塔 M5 出土。（图三八：7）

Ⅱ式:腹略浅。口径与腹深比值为 2.3：1 左右。

7 件。合浦文昌塔 M1、M138、M184，合浦母猪岭 M6，合浦 11HFPM5、M8，合浦 13HYGM2 出土。（图三八：8—9）

年代方面。Ⅰ式的墓葬为西汉晚期。Ⅱ式的墓葬中,除了合浦母猪岭和文昌塔 M184 为西汉晚期外,其余均为东汉早期的。可知Ⅰ式为西汉晚期,Ⅱ式为西汉晚期至东汉早期。

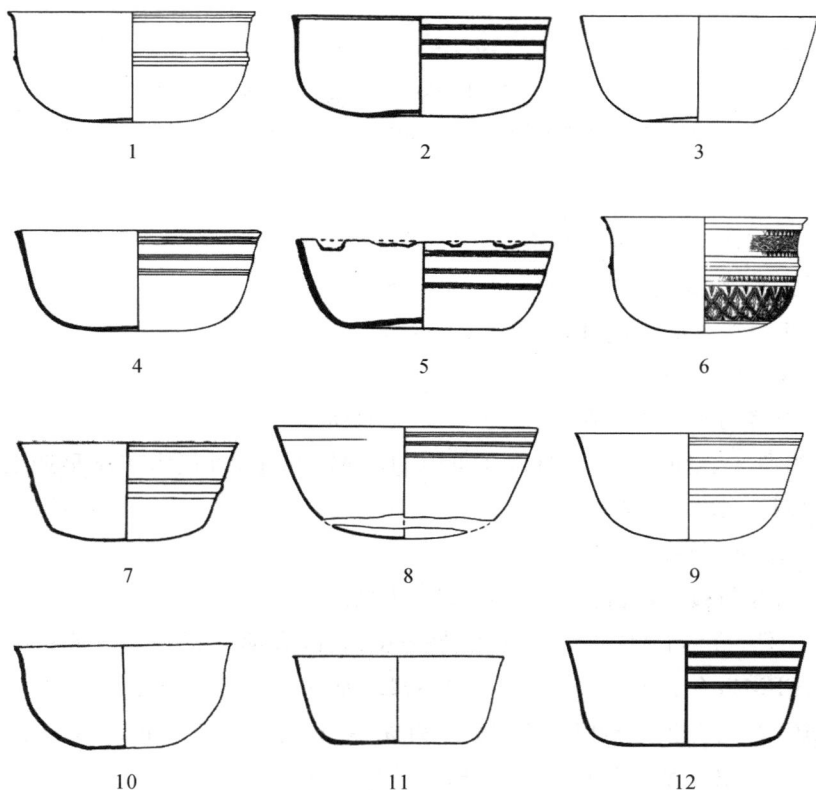

图三八　乙类钵

1—2.Aa 型（合浦 11HFPM14、合浦 10HFPM1）　3—5.Ab 型（合浦文昌塔 M016A、合浦 13HYGM2、钟山铜盆 M49）　6.Ba 型（合浦文昌塔 M53）

7.Bb Ⅰ（合浦文昌塔 M5）　8—9.Bb Ⅱ（合浦文昌塔 M184、合浦 13HYGM2）　10.Ca 型（兴安石马坪 M21）　11—12.Cb 型（徐闻陈迈、龙川佗城 M1）

C 型：平底。

根据腹部的差异分几亚型。

Ca 型：弧腹近直。

1 件。兴安石马坪 M21 出土，时代大致为东汉早期。（图三八：10）

Cb 型：敞弧腹。

4 件。徐闻陈迈、龙川佗城 M1、合浦禁山七星岭 M3、钟山铜盆 M60 出土，时代为东汉早中期。（图三八：11—12）

（四）杯

考古出土 68 件，公布 32 件。

根据足的差异不同分三型。

A 型：高柄杯。

根据腹部的差异分两亚型。

Aa 型：弧腹。

根据足的不同再分两亚型。

Aaa 型：足为覆钵形。侈口、深弧腹。

2 件。合浦文昌塔 M18、M55 出土。（图三九：1—2）时代为西汉中期。

Aab 型：足为喇叭状。口微侈，弧腹。

6 件。一件腹略深，如合浦文昌塔 M69 所出；合浦凤门岭 M26、合浦文昌塔 M189 所出腹部略浅。（图三九：3—5）时代为西汉晚期。

Ab 型：直腹。矮喇叭足杯。口微侈，深腹。

3 件。贵县火车站、合浦文昌塔 M117 所出腹较深，而合浦望牛岭所出则略浅。（图三九：6—7）合浦文昌塔所出时代略早，为西汉中期，其他 2 件为西汉晚期。

1   2   3

4   5

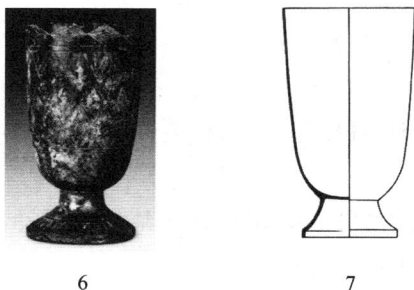

图三九　A 型杯

1—2. Aaa 型（合浦文昌塔 M18、M55）　3—5. Aab 型（合浦文昌塔 M69、合浦风门岭 M26、合浦文昌塔 M189）　6—7. Ab 型（贵县火车站、合浦文昌塔 M117）

B 型：无柄，平底或者圜底。器身与碗器型相同，侈口，颈略内弧，弧腹，但口径偏小，大致在 10 厘米以下。根据底部的差异分三亚型。

Ba 型：凹圜底。

1 件。合浦 11HFPM12 出土，时代为西汉晚期。（图四○:1）

Bb 型：圜底。

根据颈部的变化分两式。

Ⅰ 式：颈部内弧。

2 件。合浦文昌塔 M015 出土。（图四○:2—3）

Ⅱ 式：颈部近直。

2 件。合浦文昌塔 M187A、合浦九只岭 M5 出土。（图四○:4—5）

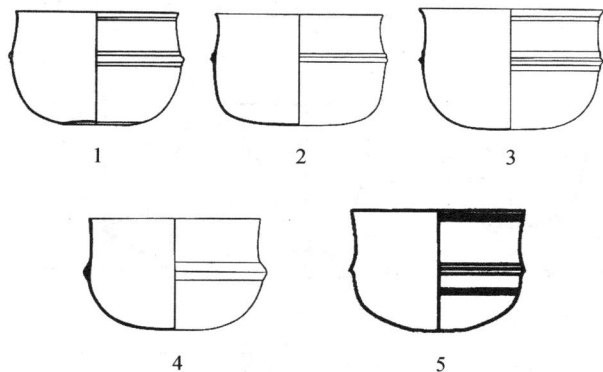

图四○　Ba、Bb 型杯

1. Ba（合浦 11HFPM12）　2—3. BbⅠ（合浦文昌塔 M015）　4—5. BbⅡ（合浦文昌塔 M187A、合浦九只岭 M5）

合浦文昌塔 M015 为西汉晚期，其他两墓为东汉早期。可知 Ⅰ 式的年代大致为西汉晚期，Ⅱ 式属东汉早期。

Bc 型：平底。

根据口沿的差异分两亚型。

Bca 型：浅盘口。

仅发现 1 例，腹略鼓。合浦九只岭 M5 出土，时代为东汉早期。（图四一：1）

Bcb 型：侈口。

根据颈部的变化分几式。

Ⅰ 式：颈内弧。

11 件。合浦文昌塔 M46、M51、M70、M82、M117、M124、M157、M194，合浦母猪岭 M4，合浦凸鬼岭 M11，广州梅花村 M8 等出土。（图四一：2—3）

Ⅱ 式：颈部不明显。

2 件。合浦母猪岭 M1、合浦文昌塔 M75 出土。（图四一：4—5）

年代方面。Ⅰ 式墓葬中，时代略早的属西汉宣、元时期，有合浦文昌塔 M117；合浦文昌塔 M46 等 5 例属西汉晚期前段；合浦文昌塔 M194 等几例属新莽前后；其余所出大致属东汉早期。Ⅱ 式墓葬均为东汉早期。可知，Ⅰ 式大致属西汉中期至东汉早期；Ⅱ 式为东汉早期。

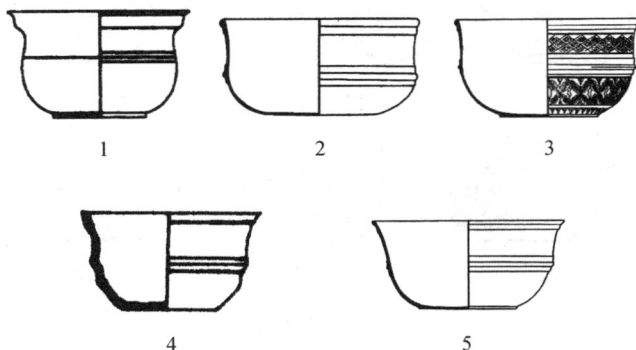

图四一　Bc 型杯

1.Bca 型（合浦九只岭 M5）　2—3.Bcb Ⅰ（合浦文昌塔 M46、M51）　4—5.Bcb Ⅱ（合浦母猪岭 M1、合浦文昌塔 M75）

（五）卮

考古出土 28 件，公布 17 件。

根据器身的差异分三型。

A 型:钵形。

目前仅发现 1 件,平乐银山岭 M112 出土,侈口、弧腹近直,凹圜底,腹部一侧施"6"錾。(图四二:1)时代为西汉晚期。

B 型:碗形。根据口、颈的差异分三亚型。

Ba 型:侈口,无颈。根据腹部的变化分两式。

Ⅰ式:弧腹,矮假圈足。

4 件。合浦风门岭 M26、合浦望牛岭出土。(图四二:2—3)

Ⅱ式:腹近直,矮圈足。

1 件。兴安石马坪 M21 出土。(图四二:4)

合浦所出 4 件时代为西汉晚期,兴安所出为东汉早期。

Bb 型:敛口,弧腹,矮假圈足。

1 件。钟山张屋 M23 出土。(图四二:5)墓葬时代为东汉早期。

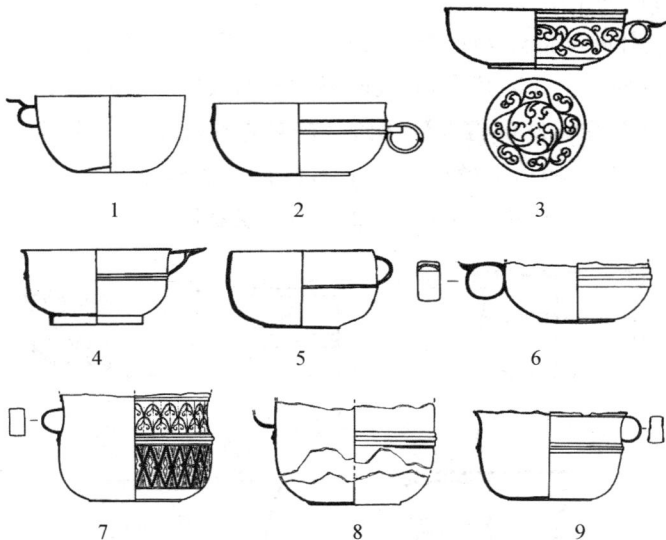

图四二　A、B 型卮

1. A(平乐银山岭 M112)　2—3. BaⅠ(合浦风门岭 M26、合浦望牛岭)
4. BaⅡ(兴安石马坪 M21)　5. Bb(钟山张屋 M23)　6—9. Bc(合浦
11HFPM12、10HTQM6a,钟山铜盆 M20、M54)

Bc 型:侈口,颈略内弧,矮假圈足。

4 件。合浦 11HFPM12、10HTQM6a,钟山铜盆 M20、M54 出土。(图四二:6—9)除了钟山铜盆 M54 属东汉早期外,其余为西汉晚期。

C型:樽形,腹部一侧置"6"形鋬。根据腹部和盖面的变化分两式。

Ⅰ式:腹深,盖面平。

1件。广州M2029出土。(图四三:1)

Ⅱ式:腹略浅,盖面隆起。

2件。韶关黄M12、合浦母猪岭M1出土。(图四三:2)

时代方面。广州所出为西汉中期,韶关、合浦母猪岭M1所出为西汉晚期。

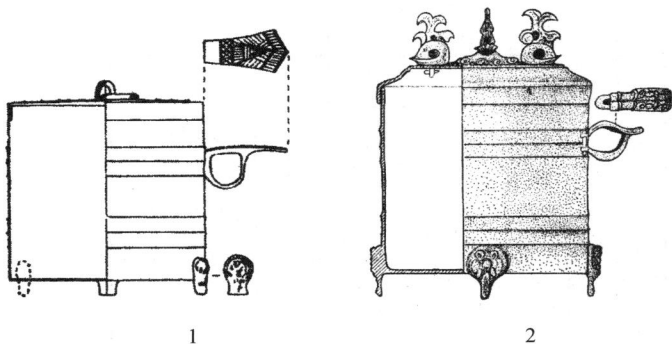

图四三　C、D型卮

1.Ⅰ(广州M2029)　2.Ⅱ(韶关黄M12)

(六)魁

仅发现2例,合浦望牛岭出土,时代为西汉晚期。(图四四)

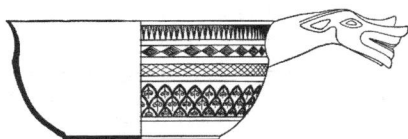

图四四　魁

(合浦望牛岭)

二、阶段性变化

根据以上分析,各器类的时代如下表所示(表七)。

从表七看出,铜饮食器在岭南的出现,始于西汉中期,西汉晚期进入兴盛。至于哪些器类为主,兴衰变化的具体状态如何,则需要从数量方面进行考察。列表如下(表八)。

表七 岭南铜饮、食器分期

第四类：饮、食器

分期	碗 甲 a	碗 甲 b	碗 甲 c	碗 乙	杯 A a	杯 A b	杯 B a	杯 B b	杯 B c	钵 甲 A	钵 甲 B	钵 乙 A a	钵 乙 A b	钵 乙 B a	钵 乙 B b	钵 乙 C a	钵 乙 C b	卮 A	卮 B a	卮 B b	卮 B c	卮 C a	卮 C b	魁	耳杯
西汉早期					√	√	√																		
西汉中期				I		√	√	I														I			I
西汉晚期			I	I			√	II	I	I	II			√	√	√		√	I			II		√	II
东汉早期		I	I	I				I	II	I	II	√	√	√	√	√	√		II	√	√		√		
东汉中晚期	II	III	II	II						II	III			√	√	√	√			√	√		√		III

表八　岭南铜饮、食器不同期别数量统计

第四类:饮、食器

期别	碗 甲 a	碗 甲 b	碗 甲 c	碗 乙	杯 A a	杯 A b	杯 B a	杯 B b	杯 B c a	杯 B c b	钵 甲 A	钵 甲 B	钵 乙 A a	钵 乙 A b	钵 乙 B a	钵 乙 B b	钵 乙 C a	钵 乙 C b	卮 A	卮 B a	卮 B b	卮 B c	卮 C	魁	耳杯	合计
西汉早期																										
西汉中期										4													1		1	6
西汉晚期	2			1	6		4			5	4	3		6		3		4		4		3	2	2	15	64
东汉早期	8	1	7	1	2		1			4	2		1	2	1	5	1			1	1	1				39
东汉中晚期	7	21	4	1		3			1				1						1						25	64
合计	17	22	11	3	8	3	5		1	13	6	3	2	8	1	8	1	4	1	5	1	4	3	2	41	总计 173

合计（各类小计）：碗 53，杯 30，钵 33，卮 14。

由表七、八可知,岭南饮食器的整体变化起伏波动较大。西汉早期未有发现,西汉中期仅2例,但西汉晚期突然爆发性增长,在东汉早期略有下降外,在东汉中晚期再次增加。这种变化与上文提及的所有铜器器类均不同。

另外,除了魁零星出土外,其他器类尤其是碗、杯、耳杯、钵大致相当。但不同器类的变化存在明显差异。碗、钵在西汉晚期出现后呈现逐渐增加趋势;而杯、卮西汉晚期大量出现,但进入东汉则逐渐递减;耳杯则不然,其变西汉晚期和东汉中晚期为波峰,其他时段为波谷。

第五节　盛水或其他盛装器

器类有匜、盆、盘、瓿、盒、三足罐、槅、提筒。

一、各器类的形制和时代

(一)匜

考古出土31件,公布29件。

根据柄或流的差异分两类。

甲类:无流,为龙首柄。

合浦望牛岭出土2件(图四五:1),时代为西汉晚期。

乙类:有凹槽流。

根据形状的差异分两型。

A型:器身为方体。子母敛口,折腹,平底。

28件。贵县罗泊湾M1、广州南越王墓、广州淘金坑出土。(图四五:2—4)时代为西汉早期。

B型:器身为椭圆体。

1件。弧腹,为广州南越王墓G84。(图四五:5)年代为西汉早期。

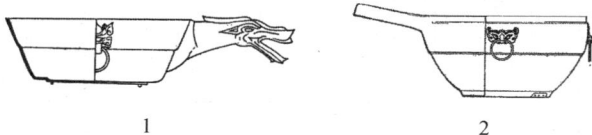

1　　　　　　　　　　2

图四五　匜

1. 甲类（合浦望牛岭）　2—4. 乙 A 型（贵县罗泊湾 M1、广
州南越王墓 C81、广州陶金坑）　5. 乙 B 型（广州南越王墓 C84）

（二）瓿

仅发现 13 例。广州 M1170、广州南越王墓、广州淘金坑出土。直口、
短直颈，横肩，鼓腹急弧内收，平底，三矮动物足。肩部至牛首衔环。（图
四六）

关于岭南地区出土的瓿，李龙章先生考证颇翔，可供参考①。其时代
为秦至西汉初期。

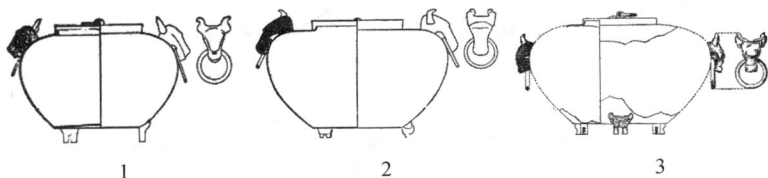

图四六　瓿

1—2. 广州南越王墓 B66、B29　3. 广州 M1170

（三）盘

考古出土 268 件，公布 114 件。盆盘的用途十分广泛，导致器型和尺
寸相差悬殊。为此，本书根据功能和尺寸大小，将盆盘分为三类，其对应的
尺寸分别如下。

浴盘，口径颇大，一般在 60 厘米以上、高度在 10—15 厘米之间。

承托盘，口径一般在 20 厘米以下，高度在 6 厘米以下。

盥洗或者其他水器、盛器，尺寸在上述两类之间。

① 李龙章：《岭南地区出土青铜器研究》，文物出版社 2006 年版，第 88 页。

第一类:浴盘。

2件。仅贵县罗泊湾 M1 出土。平折沿,上腹直,下腹弧内收。(图四七)时代大致在景帝至武帝前段。

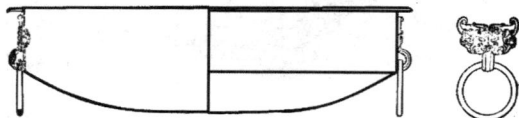

图四七　第一类:浴盘

第二类:承托盘。

高度一般在 6 厘米以下。

根据腹部的差异分以下几类。

甲类:弧腹。

4件。贵港深钉岭 M12、合浦文昌塔 M015、合浦母猪岭 M1、合浦禁山七星岭 M3 出土。(图四八)除了禁山七星岭所出时代为东汉中期外,其余为西汉晚期。

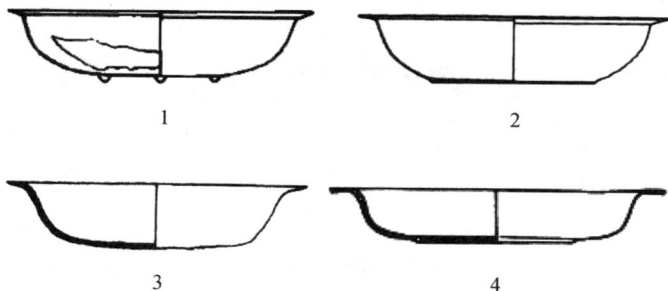

图四八　第二类:弧腹盘

1.贵港深钉岭 M12　2.合浦文昌塔 M015　3.合浦母猪岭 M1　4.合浦禁山七星岭 M3

乙类:斜直腹。

根据腹部的深浅不同分几型。

A 型:腹略深。

1件。平底。广州先烈南路 M6 出土,为西汉早期。(图四九:1)

B 型:腹略浅。

1件。平底。仅桂平大塘城出土,时代为西汉晚期。(图四九:2—3)

C 型:假圈足。

3件。广州 M5036,合浦风门岭 M27、M23 出土,时代分别为西汉中晚期和东汉中期。(图四九:4—6)

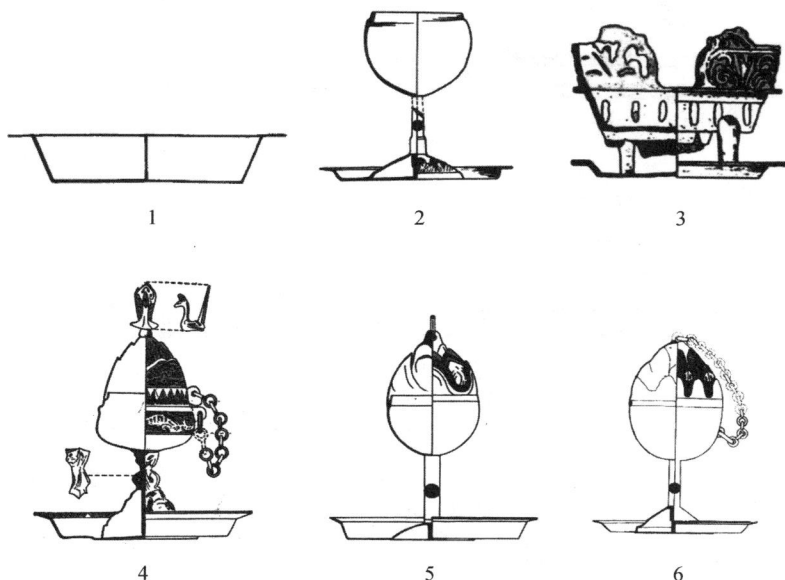

图四九　第二类:斜直腹盘

1. A 型(广州先烈南路)　2—3. B 型(桂平大塘城)　4—6. C 型
(广州 M5036,合浦风门岭 M27、M23)

丙类:折腹。

上腹斜直或斜弧,下腹弧内收。

根据底部的不同分两亚型。

A 型:平底或假圈足。

根据腹部的深浅不同分两亚型。

Aa 型:腹略深。

2件。贵港深钉岭 M39、合浦风门岭 M26 出土,时代为西汉晚期。
(图五〇:1—2)

Ab 型:腹略浅。

4件。广州 M2029、合浦文昌塔 M70、合浦 11HFPM5 出土,时代为西汉中期至东汉早期。(图五〇:3—6)

B 型:圜底。

1件。贵县罗泊湾 M1 出土,时代为西汉早期。(图五〇:7)

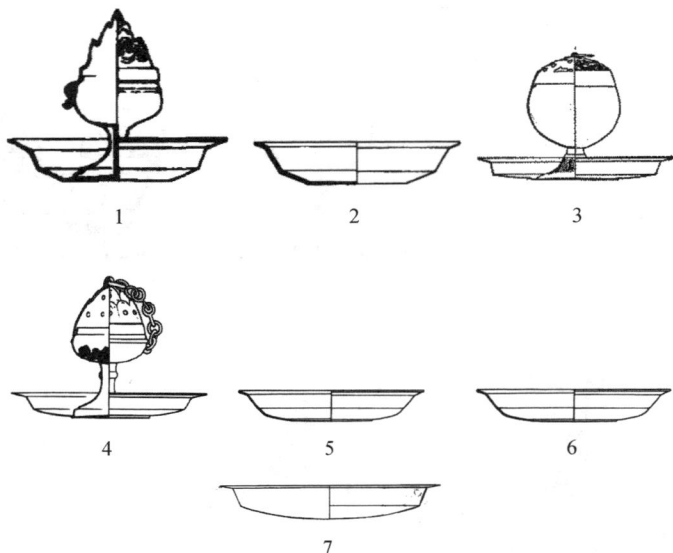

图五〇 第二类:折腹盘

1—2. Aa 型(贵港深钉岭 M39、合浦风门岭 M26) 3—6. Ab 型(广州
M2029、合浦文昌塔 M70、合浦 11HFPM5) 7. B 型(贵县罗泊湾)

丁类:曲腹。

根据底部的不同分两型。

A 型:假圈足。

9 件。贵港孔屋岭 M3,合浦风门岭 M26,合浦文昌塔 M016、M82,合
浦禁山七星岭,柳州九头村,合浦 11HFPM5、11HFPM6、13HZJM6 出土,
时代为西汉晚期至东汉中期。(图五一:1—9)

B 型:平底。

2 件。合浦文昌塔 M82、合浦九只岭 M5 出土,时代为东汉早期。(图
五一:10—11)

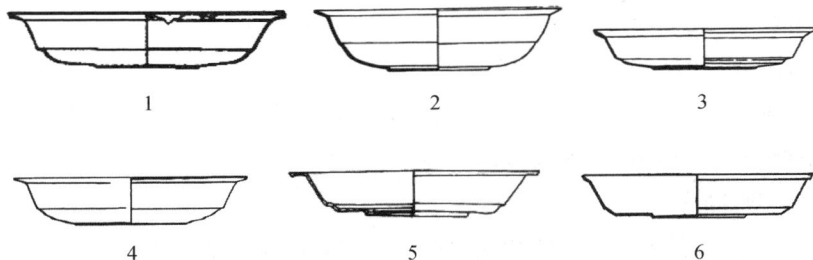

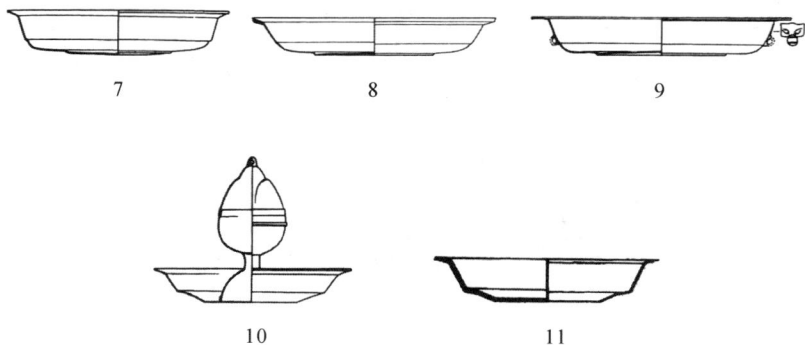

图五一 第二类:曲腹盘

1—9. A 型(贵港孔屋岭 M3,合浦风门岭 M26,合浦文昌塔 M016、M82,
合浦禁山七星岭,柳州九头村,合浦 11HFPM5、11HFPM6、13HZJM6)

10—11. B 型(合浦文昌塔 M82、合浦九只岭 M6)

第三类:盥洗或者盛器。

器高一般在 6—10 厘米之间,个别超过 10 厘米。

根据腹的不同分两类。

甲类:弧腹。

平底或矮圈足。

7 件。贵港孔屋岭 M1,合浦九只岭 M6,合浦岭脚村,合浦
11HFPM8、11HFPM5,贵港孔屋岭 09M1,合浦九只岭 M5 出土。(图五
二)

上述所出墓葬除了合浦岭脚村为东汉晚期外,其余均为东汉早期。可
知其时代主要为东汉早期。

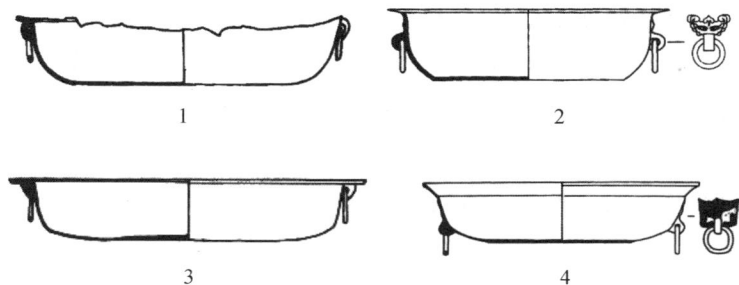

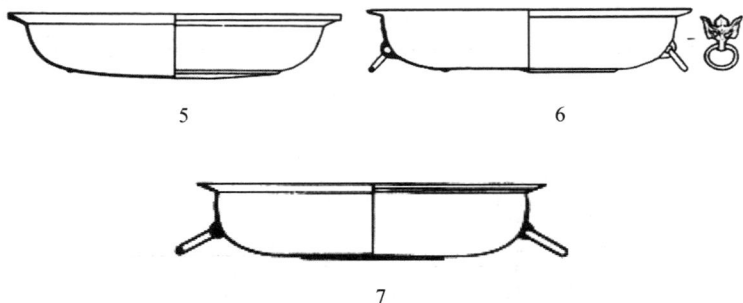

图五二　第三类:弧腹盘

1. 贵港孔屋岭 M1　2.合浦九只岭 M6　3.合浦岭脚村　4.合浦 11HFPM8　5.合浦 11HFPM5　6.贵港孔屋岭 09M1　7.合浦九只岭 M5

乙类:折腹。

根据上腹的差异分几型。

A 型:上腹直。

根据下腹的差异分几亚型。

Aa 型:下腹弧内收。

根据底部的差异分几亚型。

Aaa 型:平底。

2 件。广州 M2029、广州南越王出土,时代为西汉早中期。(图五三:1—2)

Aab 型:圈底。

根据口沿的变化分两式。

Ⅰ式:折沿近平。

1 件。广州南越王出土,时代为西汉早期。(图五三:3)

Ⅱ式:折沿略深。

1 件。西林普驮出土,时代为西汉中期。(图五三:4)

Ab 型:下腹曲。

2 件。广州南越王墓、合浦文昌塔 M43 出土,时代为西汉早期。(图五三:5—6)

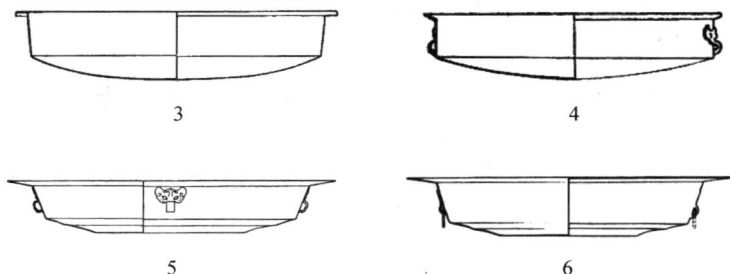

图五三　第三类：A 型折腹盘

1—2. Aaa 型（广州 M2029、广州南越王墓 G74）　3. Aab Ⅰ（广州
南越王墓 E82）　4. Aab Ⅱ（西林普驮）　5—6. B 型（广州南越王墓
C184、合浦文昌塔 M43）

B 型：上腹弧。

下腹亦弧。5 件。合浦风门岭 M23、M26，合浦文昌塔 M117、M46，合
浦 11HFPM20 出土。时代集中在西汉中晚期，约宣帝至成帝时期。（图
五四）

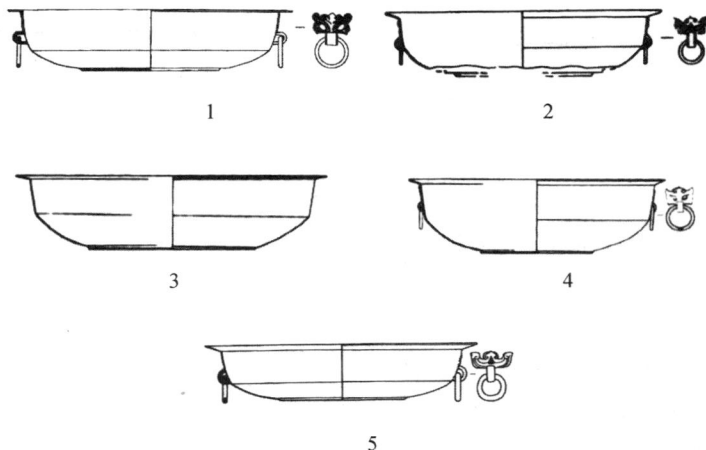

图五四　第三类：B 型折腹盘

1. 合浦风门岭 M23　2. 合浦风门岭 M26　3. 合浦文昌塔 M117
4. 合浦文昌塔 M46　5. 合浦 11HFPM20

丙类：斜直腹。

根据腹的差异分两型。

A 型：腹分上、下，下腹曲。

1 件。贵港孔屋岭 M1 出土,时代为东汉中期。(图五五:1)

B 型:腹不分上、下。

2 件。广州 M1120、M1150 出土,时代为西汉早期。(图五五:2—3)

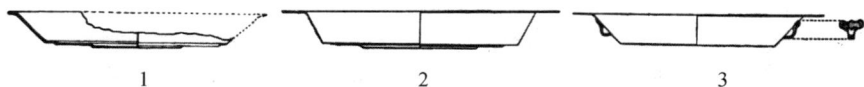

图五五　第三类:斜直腹盘

1. A 型(贵港孔屋岭 M1)　2—3. B 型(广州 M1120、M1150)

(四)盆

数量不多,仅发现 3 处。

根据腹部的差异暂时分两类。

甲类:斜直腹。

徐闻 M12、番禺 M10 出土,时代为东汉早中期。(图五六:1—2)

乙类:弧腹。

广州 M1175 出土,时代为西汉早期。(图五六:3)

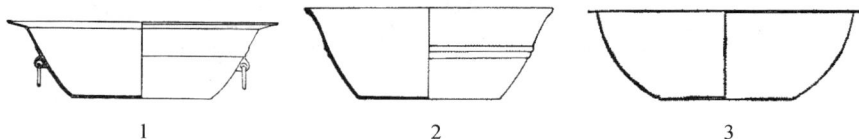

图五六　盆

1—2. 甲类(徐闻 M12、番禺 M10)　3. 乙类(广州 M1175)

(五)盒

考古出土 23 件,公布有 13 件。

根据盖面的差异分两型。

A 型:盖面隆起,弧顶。均为子母敛口,弧腹,圜底,圈足。根据盖面纽的差异分三亚型。

Aa 型:盖面仅单环钮。

1 件。合浦 10HTQM6 出土。(图五七:1)

Ab 型:盖面有三点状纽。

5 件。合浦盐堆 M1、合浦母猪岭 M4、合浦堂排 M2b 等出土。(图五七:2—3)

Ac 型:盖面为三羊纽。

3 件。广州 M3028、贵港深钉岭 M2、合浦文昌塔 M70 出土。（图五七：4—6）

B 型：盖面上弧，顶平。根据盖顶的差异分两亚型。

Ba 型：盖顶无纽。

3 件。合浦堂排 M2a 等出土。（图五七：7）

Bb 型：三羊纽。

1 件。合浦母猪岭 M4 出土。（图五七：8）

上述墓葬中，仅母猪岭 M4 年代稍晚，时代在东汉早期，其余均属西汉晚期。因此盒的时代为西汉晚期至东汉早期。

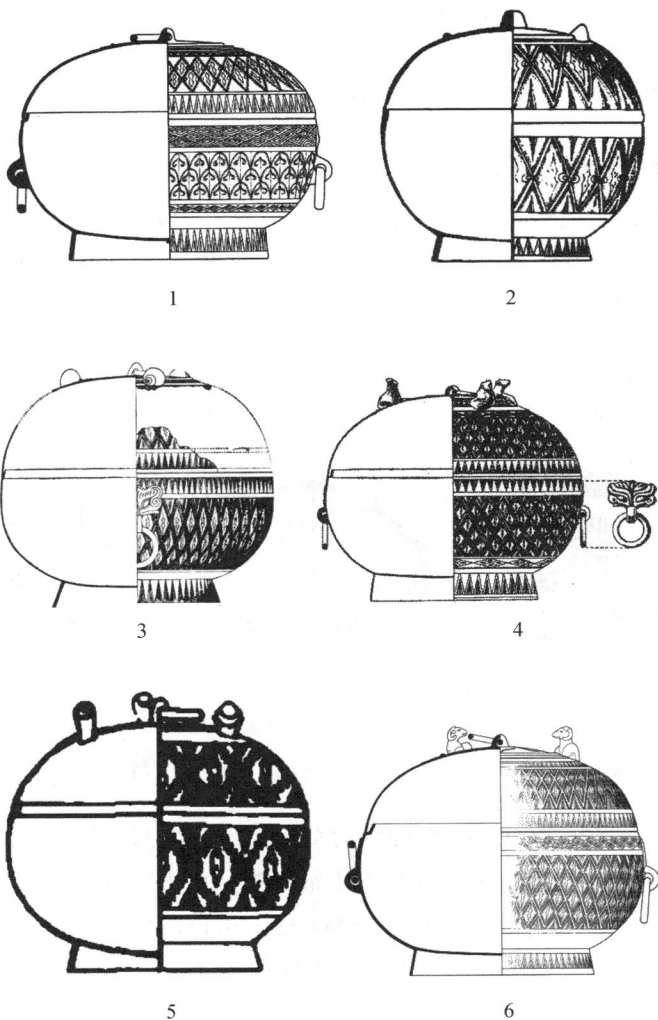

1

2

3

4

5

6

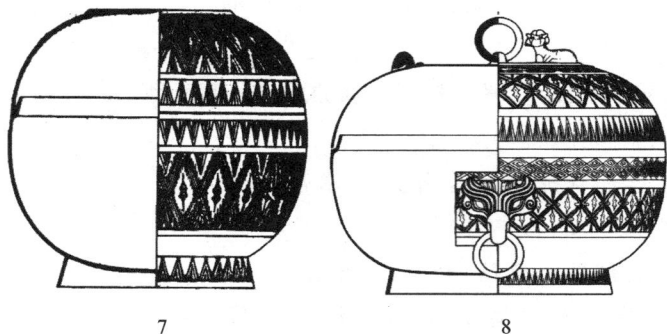

图五七　盒

1. Aa(合浦 10HTQM6)　2—3. Ab(合浦母猪岭 M4、合浦堂排 M2b)

4—6. Ac(广州 M3028、贵港深钉岭 M2、合浦文昌塔 M70)　7. Ba(合浦堂排 M2a)　8. Bb(合浦母猪岭 M4)

(六)三足罐

发现 3 例。合浦风门岭 M26、合浦 10HFPM4、合浦文昌塔 M137 出土。(图五八)敛口、短直颈,圆肩,扁鼓腹,圜底近平,下置三矮半圆蹄足。肩部置提梁带环。盖面平。不分式。

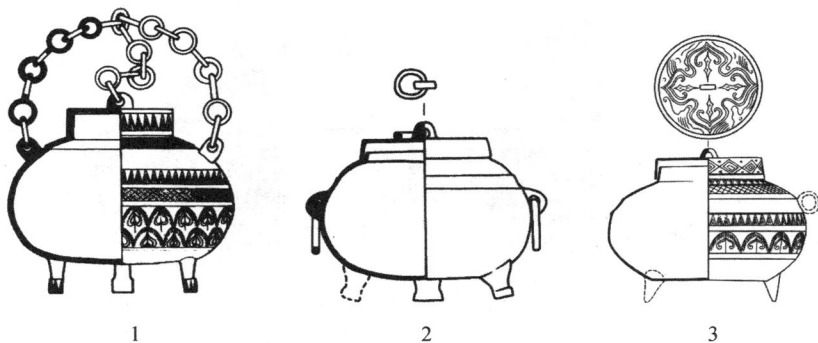

图五八　三足罐

1. 合浦风门岭 M26　2. 合浦 10HFPM4　3. 合浦文昌塔 M137

风门岭 M26 为西汉晚期后段的墓葬;合浦文昌塔 M137 发掘报告推断在东汉晚期,但据其同出的陶锜并非晚期呈现出来的宽棱扁足特征,其时代大致在东汉早期;合浦 10HFPM4 出土侈口圆腹罐,报告定为西汉晚期。因此,三足罐的时代大致在西汉晚期至东汉早期。

(七)提筒

考古出土 17 件,根据口沿的差异分三型。

A 型:子母敛口。

2 件。广州南越王墓出土,上腹略外鼓,下腹内弧。(图五九:1)

B 型:敛口。

3 件。广州南越王墓出土。上腹略外鼓,下腹内弧。(图五九:2—3)

C 型:口微侈。上腹微鼓,下腹内弧。

12 件。贵县罗泊湾 M1、广州南越王墓、广州 M1097、贺县高寨 M4 出土。(图五九:4—5)

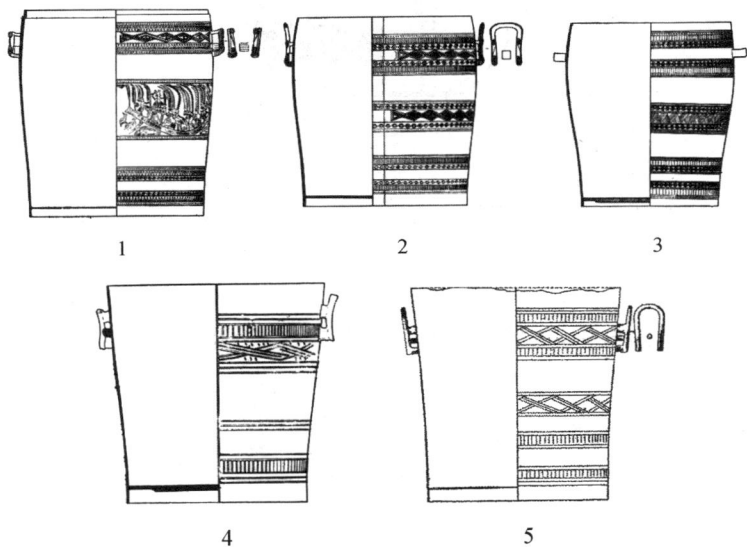

图五九 提筒

1. A(广州南越王墓 B59) 2—3. B(广州南越王墓 B58、E78) 4—5. C(贵县罗泊湾 M1、广州 M1097)

关于提筒,黄展岳和李龙章进行了详尽论述[①],其时代基本为秦至西汉早期。

(八)𣂁

仅合浦风门岭 M26 出土 1 件。敛口,深弧腹,平底,三矮半圆蹄足。

---

① 李龙章:《岭南地区出土青铜器研究》,文物出版社 2006 年版,第 86 页。黄展岳:《铜提筒考略》,《考古》1989 年第 9 期。

近口处置横环耳。器内隔开五小部分。时代为西汉晚期。（图六〇）

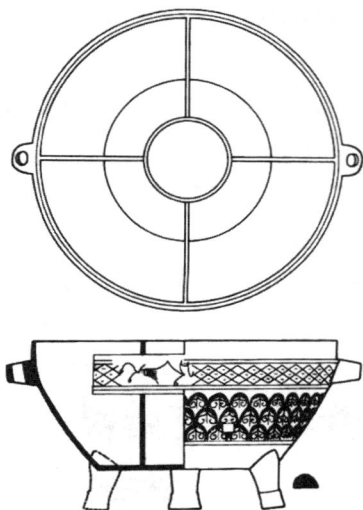

图六〇　榼

二、变化特征

根据以上的分析，各器类的时代如下表所示（表九）。

表九　岭南铜盛、水器分期

分期	第五类:盛或水器																		
	盘															匜			
	一类	二类									乙			丙		乙			瓶
		甲	乙			丙			丁		A		B	甲		甲	A	B	
			A	B	C	A		B	A	B	a	b		A	B				
						a	b												
西汉早期	√	I									√	I	√		√	√	√		√
西汉中期				√		√					√	II	√						
西汉晚期		√		√	√	√		√	√				√	√					
东汉早期								√	√	√									
东汉中晚期		√						√	√					√					

续表

	第五类：盛或水器											
	盆		提筒			三足罐	盒					桶
	甲	乙	A	B	C		A			B		
							a	b	c	a	b	
西汉早期		✓	✓	✓	✓							
西汉中期												
西汉晚期						✓	✓	✓	✓	✓		✓
东汉早期	✓					✓		✓		✓		
东汉中晚期	✓											

各器类的兴衰变化如何，可根据各器类数量的变化进行分析。各器类不同阶段的数量如下图所示（表一〇）。

表一〇　岭南铜盛、水器不同期别数量统计

	第五类：盛或水器																					合计
	盘																	匜			瓿	
	一类	二类									乙				丙			甲	乙			
		甲	乙			丙			丁		甲	A		B	A		B		A	B		
			A	B	C	A		B	A	B		a	b		a	b						
						a	b															
西汉早期	2		1				1				1	2	1					2	28	1	13	52
西汉中期				1	1	1		1						1								5
西汉晚期		3			1	1	2		3		4			1			2					17
东汉早期									6	2					4	1						13
东汉中晚期		1			1						2		1		1							6
合计	2	4	1	1	3	2	3	1	9	2	7	2	2	2	5	1	2	2	28	1	13	93
	49																	31			13	

续表

	第五类:盛或水器												
	盆		提筒			三足罐	盒					桶	总计
	甲	乙	A	B	C		A			B			
							a	b	c	a	b		
西汉早期		1	2	3	12								18
西汉中期													
西汉晚期						2	1	4	3	3			13
东汉早期	1					1		1			1	1	5
东汉中晚期	1												1
总计	3		17			3	13					1	37

由表九、一〇可见,在各类盛或水器中,盘、匜所占比重巨大,其次为提筒和瓿、盒。

从整体而言,岭南水器的发展呈现为阶段性变化。西汉早期较多,西汉中期急剧减少,西汉晚期略有回升,进入东汉再次下降。

至于具体器类方面,表现如下:西汉早期传统的器类如盘、匜、提筒、瓿占主导地位;进入西汉中期,随着这些器类的消失,新兴器类尚未出现,导致这一阶段盛或水器的总体数量急剧减少。西汉晚期,盘的数量得到快速增长,另外一些新兴器类如盒的出现,从而这阶段的数量快速回升。进入东汉以后,则再次陷入衰退。

第六节　杂　器

此类器大致有三足盘、案、灯、熏炉。

一、各器类的形制和时代

(一)三足盘

一般作为器物的承托与其他器物一道使用。考古出土 25 件,据腹部的差异分四型。

A 型:敛口。

2 件。广州南越王墓、贵县罗泊湾 M1 出土,浅弧腹,平底。腹部两侧

置环耳,下为三矮圆蹄足。(图六一:1—2)

B 型:直口。

1 件。贵县罗泊湾 M1 出土。浅直腹,平底。矮蹄足。(图六一:3)

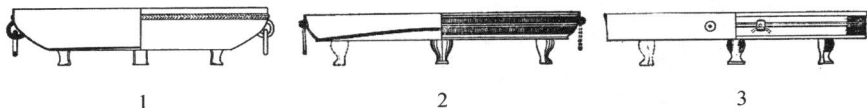

图六一　A、B 型三足盘

1—2.A(广州南越王墓 E83、贵县罗泊湾 M1)　3.B(贵县罗泊湾 M1)

C 型:敞口,斜腹,平底。足有熊状、兽蹄足、人状。

23 件。合浦九只岭 M5,合浦 11HFPM30,合浦母猪岭 M1、M6、M4,合浦风门岭 M26,合浦盐堆 M1,合浦望牛岭,合浦文昌塔 M69、M015,梧州鹤头山,贵港深钉岭,合浦凸鬼岭出土。(图六二)

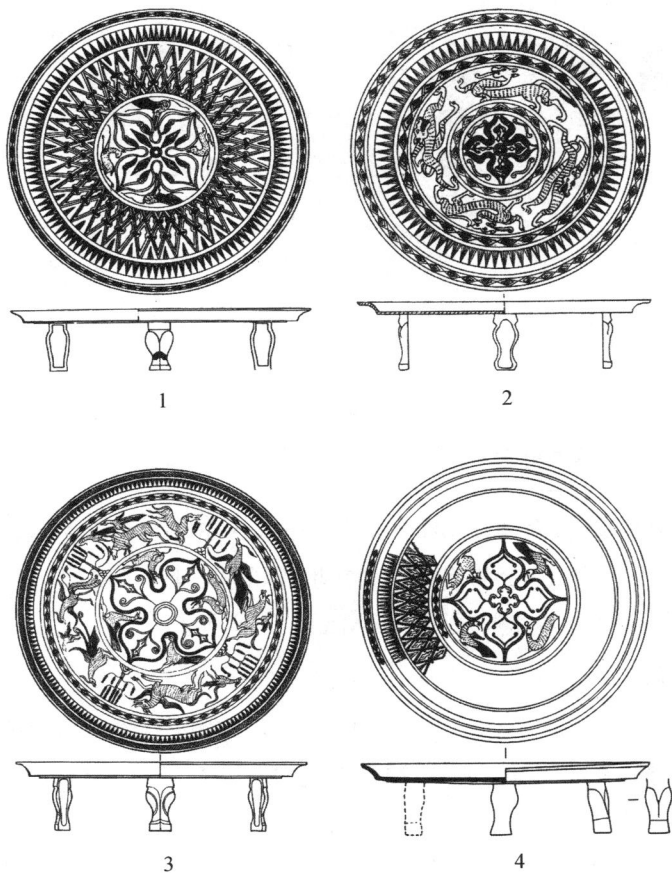

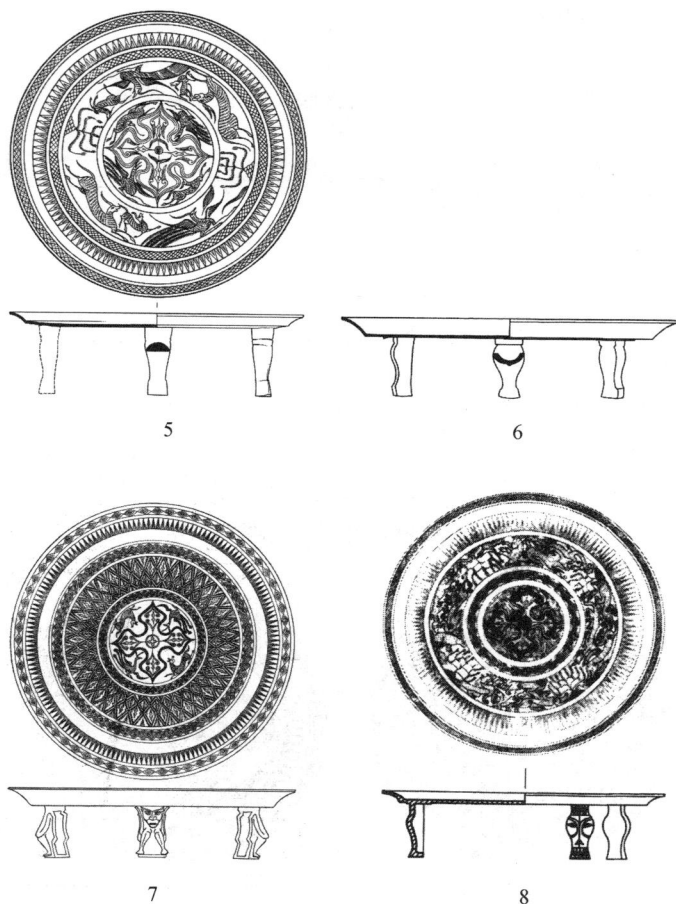

图六二　C型三足盘

1. 合浦风门岭 M26　2—3.合浦母猪岭 M1、M4　4.合浦 11HFPM30

5—6.合浦文昌塔 M69、M015　7.合浦望牛岭 8.合浦九只岭

根据南越王墓、罗泊湾 M1 的时代,可知 A、B 型的时代为西汉早期。

C 型所出墓葬中,合浦望牛岭和盐堆等稍早,为西汉晚期,合浦九只岭等属东汉早期。可知此型为西汉晚期至东汉早期。

(二)案

发现 3 例,平面方形。敞口,宽折沿,浅斜直腹,大平底,下置管状兽蹄足。案面刻画大量图案。广州 M5054、德庆大辽山、梧州旺步 M2 出土。(图六三)

广州 M5054 据发掘报告定为东汉晚期,上文据所出酒樽大致推断在

东汉早期；德庆大辽山同出有"元初五年"洗，时代为安帝时期的 118 年；旺
步 M2 同出"章和三年"铜碗，时代为和帝时期的 89 年。可知案的年代大
致在和帝至安帝时期。

1

2

3

图六三　案

1. 广州 M5054　2. 德庆大辽山　3. 梧州旺步 M2

(三)熏炉

根据器身的差异分以下几类。

甲类：圆形。

根据器盖的差异分两型。

A 型：盖为球面。

根据柄的不同分两亚型。

Aa 型：无节。

1 件。合浦堂排 M2b 出土，时代为西汉晚期。（图六四：1）

Ab 型：柄中部有节。

腹部两侧置铺首衔环。柄粗短。

1 件。贵县罗泊湾 M2 出土，时代为西汉早期。（图六四：2）

B 型：盖为博山。

根据柄的不同分亚型。

Ba 型：柄为柱状。

根据柄的差异分两亚型。

Baa 型：柄中部有节。

根据柄的长短差异分两亚型。

Baaa 型：柄短。

9 件。贵港深钉岭 M39，合浦望牛岭，合浦凤门岭 M26，合浦文昌塔 M69、M70，合浦母猪岭 M4，合浦寮尾 M13，合浦 11HFPM5，兴安县石马

图六四 甲 A 型熏炉

1. Aa 型（合浦堂排 M2b） 2. Ab 型（贵县罗泊湾 M2）

坪 M21 出土。时代为西汉晚期至东汉中期。（图六五:1—7）

Baab 型:柄瘦长。

1 件。合浦九只岭 M5 出土,时代为东汉早期。（图六五:8）

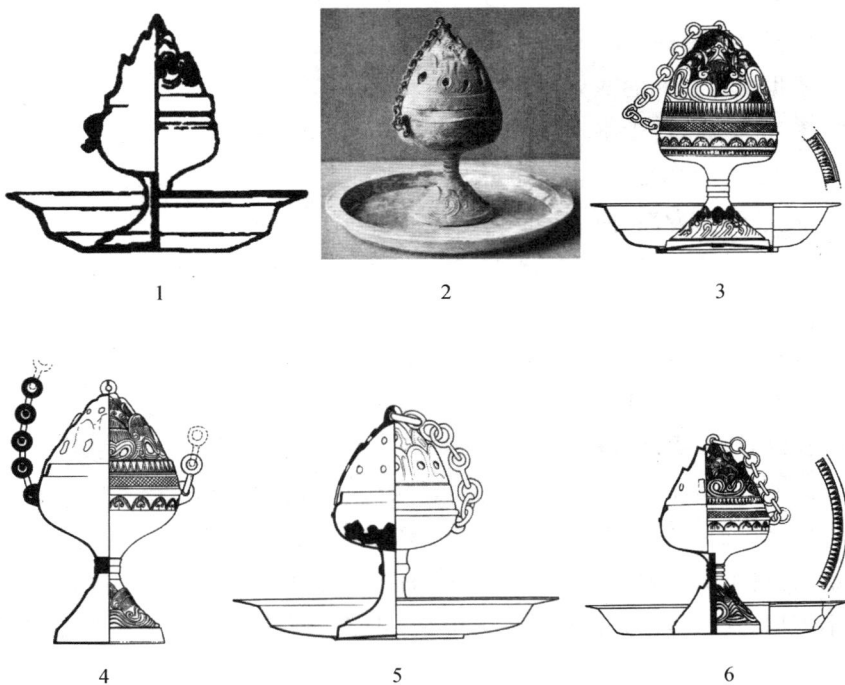

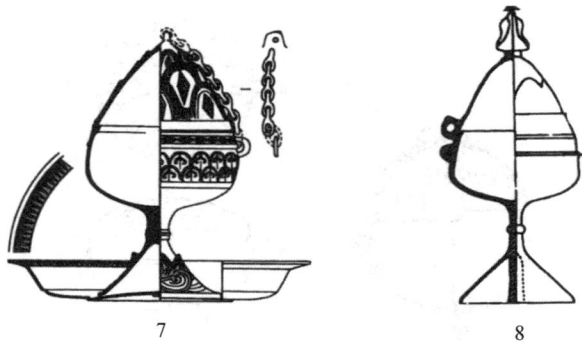

图六五　甲 Baa 型熏炉

1—7.Baaa 型（贵港深钉岭 M39,合浦望牛岭,合浦风门岭 M26,合浦文昌塔 M69、M70,合浦母猪岭 M4,合浦 11HFPM5）　8.Baab 型（合浦九只岭 M5）

Bab 型:柄素。

根据柄的粗短差异分两亚型。

Baba 型:长柄。

2 件。合浦风门岭 M27、23 出土,时代为西汉中晚期。（图六六:1—2）

Babb 型:短柄。

根据博山和柄的变化分四式。

Ⅰ式:柄粗,博山略隆起。

1 件。广州 M2029 出土。（图六六:3）

Ⅱ式:博山变高,博山高度约与炉身相当。

3 件。广州 M2030、广州 M2050、合浦 10HTQM9 出土。（图六六:4—6）

Ⅲ式:柄略瘦。

1 件。合浦 10HTQM6a 出土。（图六六:7）

Ⅳ式:博山更高,博山高度超过炉身。

3 件。梧州鹤头山、大圹、合浦文昌塔 M82 出土。（图六六:8—10）

年代方面。广州 M2029、M2030、M2050 和合浦 10HTQM9 均为西汉中期;合浦 10HTQM6 属西汉晚期;合浦文昌塔 M82 和梧州所出大致为东汉早中期。因此,Ⅰ、Ⅱ式为西汉中期;Ⅲ式为西汉晚期;Ⅳ式为东汉早中期。

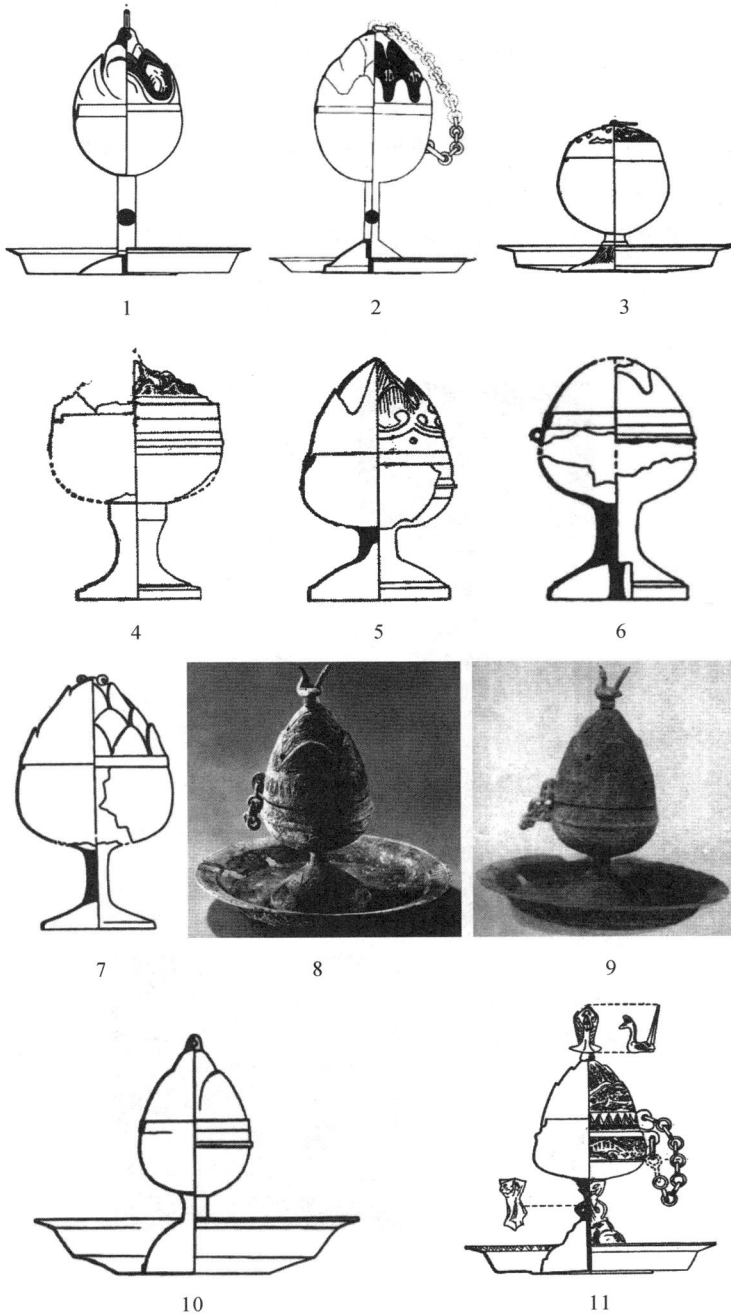

图六六　甲 Bab、Bb 型熏炉

1—2.Baba 型（合浦风门岭 M27、M23）　3.BabbⅠ（广州 M2029）　4—6.Babb
Ⅱ（广州 M2030、广州 M2050、合浦 10HTQM9）　7.BabbⅢ（合浦 10HTQM6a）
8—10.BabbⅣ（梧州鹤头山、大圹、合浦文昌塔 M82）　11.Bb 型（广州 M5036）

Bb 型：人形柄。

为羽人骑神兽。仅广州 M5036 出土 1 件，时代为东汉中期。（图六六：11）

乙类：方形。

盖面均为球面弧起。镂空，粗柄。根据形状的差异分两亚型。

A 型：单个。

3 件。广州 M1048、南越王墓出土，时代为西汉早期。（图六七：1—2）

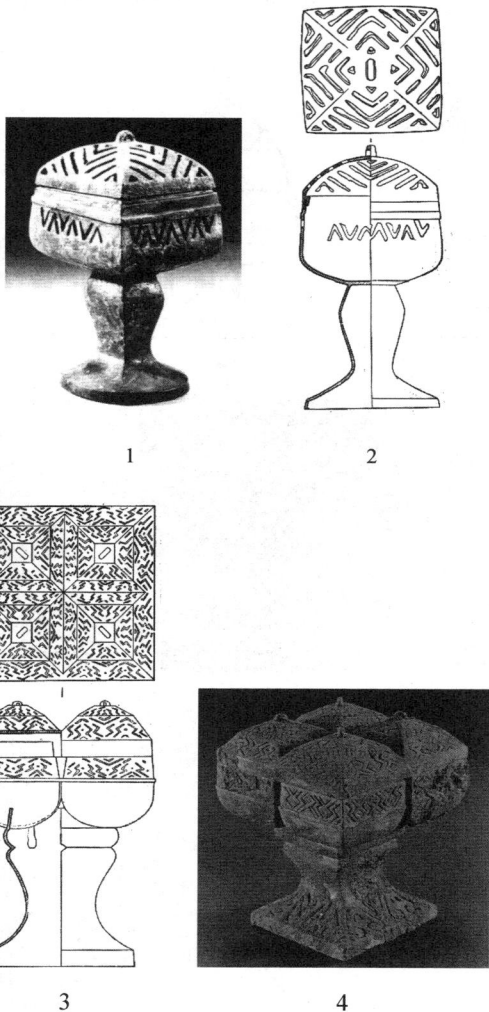

1   2

3   4

图六七　乙类熏炉

1—2.A 型（广州 M1048、广州南越王墓 B61）

3—4.B 型（广州南越王墓 C173、E89）

B型：四个连体。

有南越王墓C172、C173、C174、E88、E89，时代为西汉早期。（图六七：3—4）

（四）灯

考古出土95件，公布仅51件。

根据器身分以下几类。

第一类：豆灯。

根据灯盘的差异分两小类。

甲类：直腹。

根据柄的长短不同分几型。

A型：长柄。

根据柄中部的装饰差异分几亚型。

Aa型：柄素。

1件。广州M2030出土，时代为西汉中期。（图六八：1）

Ab型：有箍。

2件。贵港孔屋岭M2、合浦九只岭M5出土，时代为西汉晚期至东汉早期。（图六八：2—3）

Ac型：有节。

根据节和柄的大小变化分几式。

Ⅰ式：节大、柄粗。

1件。广州南越王墓出土。（图六八：4）

Ⅱ式：节小柄略瘦。

3件。合浦望牛岭、合浦丰门岭M10、合浦文昌塔M015出土。（图六八：5—7）

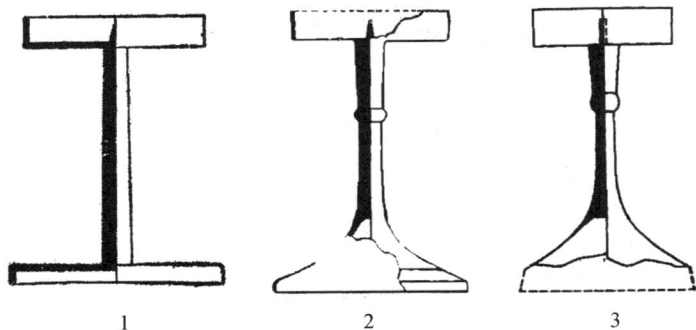

1　　　　　2　　　　　3

图六八　甲 A 型灯

1. Aa 型（广州 M2030）　2—3. Ab 型（贵港孔屋岭 M2、合浦九只岭
M5）　4. Ac I（广州南越王墓 G62）　5—7. Ac II（合浦望牛岭、合浦丰
门岭 M10、合浦文昌塔 M015）

时代方面。广州南越王墓的时代为西汉早期；合浦望牛岭和文昌塔
M015 属西汉晚期，丰门岭 M10 属东汉早期。因此，I 式为西汉早期；II 式
为西汉晚期至东汉早期。

B 型：短柄。

根据柄和鋬的有无分两亚型。

Ba 型：中间有一箍，无鋬。

1 件。合浦寮尾 M14 出土，时代为东汉早期。（图六九：1）

Bb 型：灯盘一侧有鋬。

1 件。合浦文昌塔 M5 出土，时代为西汉晚期。（图六九：2）

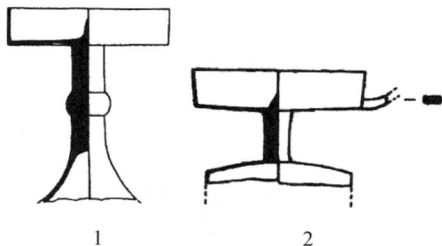

图六九　甲 B 型灯

1. Ba 型（合浦寮尾 M14）　2. Bb 型（合浦文昌塔 M5）

乙类：折腹。

根据柄的长短不同分两型。

A 型：柄长。

柄中间有凸节。

2件。合浦文昌塔 M69、合浦母猪岭 M4、合浦 11HFPM6、合浦 11HFPM20 出土。（图七〇:1—4）

时代方面。合浦文昌塔 M69 和合浦 11HFPM20 大致为西汉晚期,合浦 11HFPM6、母猪岭 M4 属东汉早期,因此其时代为西汉晚期至东汉早期。

B 型:柄短。

中间有箍。合浦文昌塔 M82 出土,时代为东汉早期。（图七〇:5）

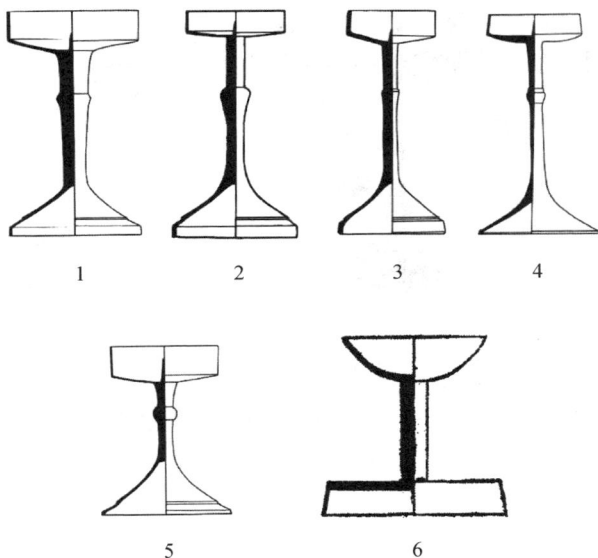

图七〇　乙、丙类灯

1—2.乙 A I 式(合浦文昌塔 M69、合浦母猪岭 M4)　3—4.乙 A Ⅱ 式(合浦 11HFPM6、合浦 11HFPM20)　5.乙 B 型(合浦文昌塔 M82)　6.丙类(广州 M2062)

丙类:弧腹。

柄素。广州 M2062 出土,时代为西汉中期后段。（图七〇:6）

第二类:多枝灯。

根据灯盘的差异分几型。

A 型:豆灯盘。

根据底部的差异分亚型。

Aa 型:圜底。

1件。合浦风门岭 M27 出土,时代为宣、元时期。(图七一:1)

Ab 型:平底。

1件。贵县罗泊湾 M2 出土,时代为西汉早期。(图七一:2)

B 型:行灯盘。

1件。合浦风门岭 M26 出土,时代为西汉晚期。(图七一:3)

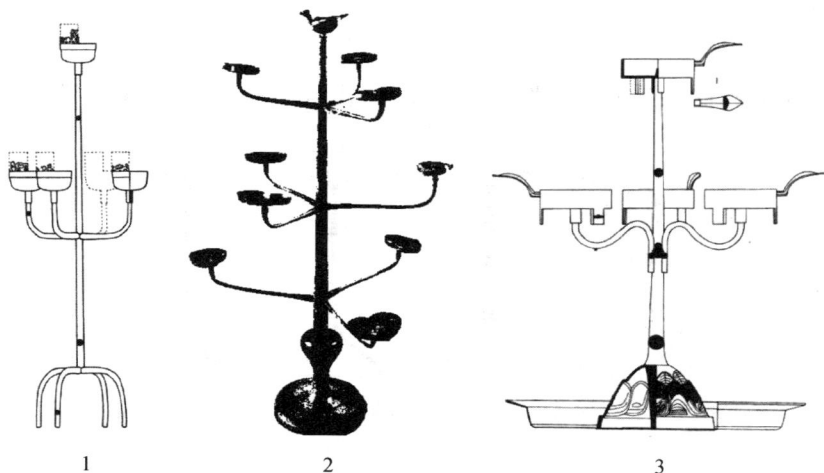

图七一　多枝灯

1. Aa 型(合浦风门岭 M27)　2. Ab 型(贵县罗泊湾 M2)　3. B 型(合浦风门岭 M26)

第三类:盒灯。

有盖,可封闭为盒状。

1件。广州 M5060 出土,同出"建初五年"墓砖,时代为公元 80 年。(图七二:1)

第四类:孔雀灯

1件。合浦望牛岭出土,时代为西汉晚期。(图七二:2)

第五类:行灯。

根据灯的复杂程度分两小类。

甲类:简单行灯。

根据柄的差异再分两型。

A 型:龙首柄。

2件。合浦 11HFPMM30、合浦岭脚村 M4 出土,时代分别为西汉晚期和东汉晚期。(图七三:1—2)

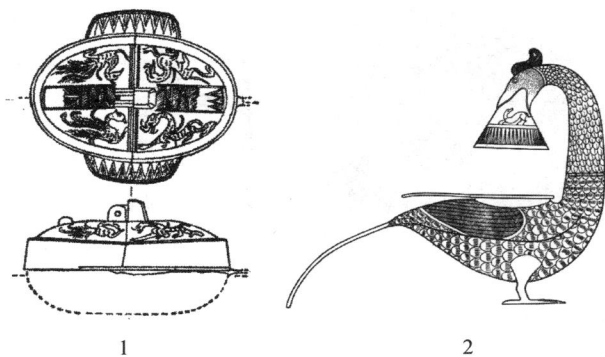

图七二　盒灯、孔雀灯

1.广州 M5060　2.合浦望牛岭

B 型:扁平柄。

根据足的高低不同分两亚型。

Ba 型:高足。

6 件。广州 M5059,合浦风门岭 M23,合浦文昌塔 M51、M129,合浦 11HFPM16,浦北那安村出土。合浦文昌塔 M129 的时代略早,为西汉中期。文昌塔 M51、风门岭 M23 属西汉晚期,剩余 3 例为东汉中期。(图七三:3—8)

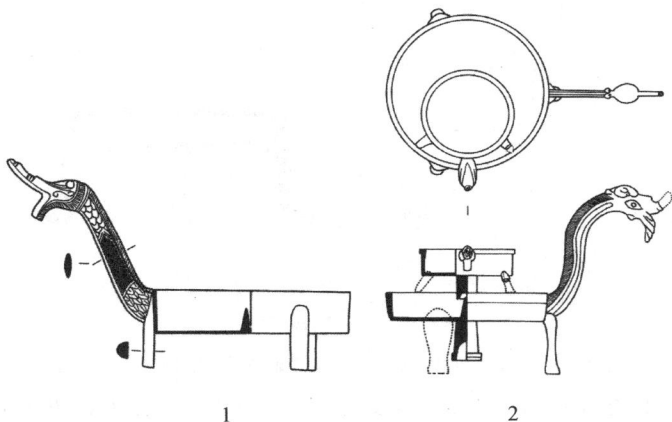

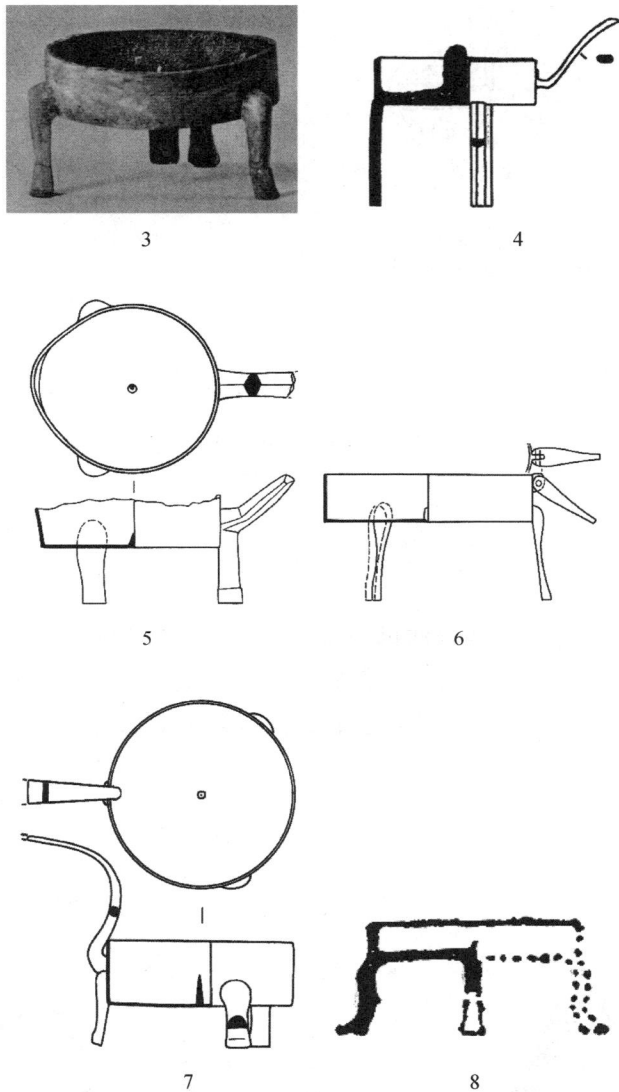

图七三　甲 A、Ba 型行灯

1—2. A 型（合浦 11HFPMM30、合浦岭脚村 M4）　3—8. B 型（广州
M5059,合浦风门岭 M23,合浦文昌塔 M51、M129,合浦 11HFPM16,浦
北那安村）

Bb 型:矮足。

13 件。贵县北郊,合浦凸鬼岭 M11,合浦风门岭 M26,合浦文昌塔
M53、M119、M125、M18、M189,合浦母猪岭 M1、M5,合浦 11HFPM12、

10HJGM5,平乐银山岭 M112 出土。合浦文昌塔 M125、M18 大致为西汉中期,其他墓葬时代集中在西汉晚期至东汉早期。(图七四)

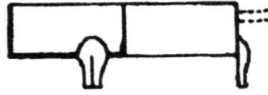

1　　　　　　　　　　2

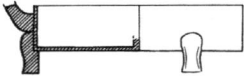

3　　　　　　　　　　4

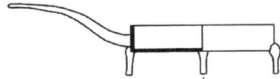
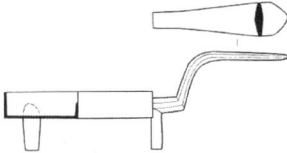
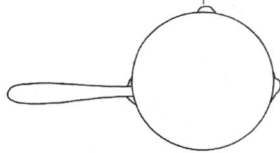

5　　　　　　　　　　6

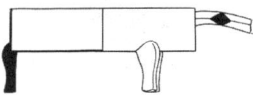
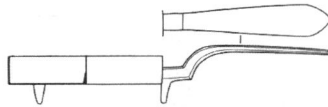

7　　　　　　　　　　8

9　　　　　　　　　　10

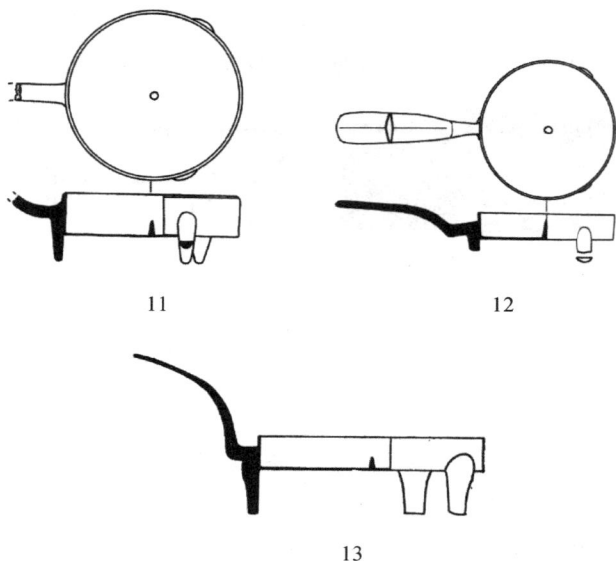

图七四　甲 Bb 型行灯

1.贵县北郊　2.合浦凸鬼岭 M11　3.合浦凤门岭 M26　4—8.合浦
文昌塔 M53、M119、M125、M18、M189　9—10.合浦母猪岭 M1、M5
11—12.合浦 11HFPM12、10HJGM5　13.平乐银山岭 M112

乙类:复合型。

有柄和底座。柄下部为胡人。

3 件。广州 M5036、梧州鹤头山 M2、梧州郊区大圹 M4 出土,时代为
东汉早中期。(图七五)

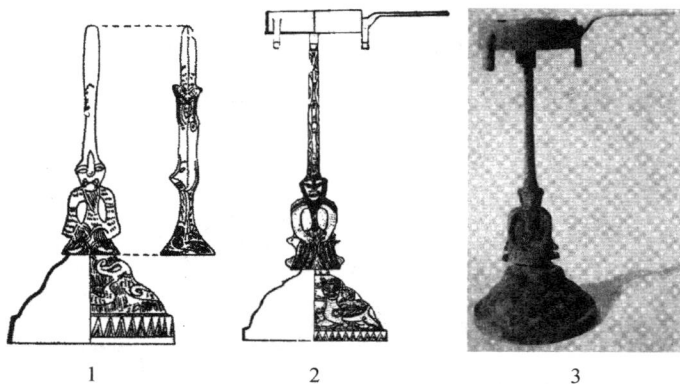

图七五　乙类行灯

1.广州 M5036　2.梧州鹤头山　3.梧州大圹 M4

二、变化特征

根据以上的分析，可知各器类的时代变化，如下图所示（表一一）。

各器类的兴衰变化如何？需要对不同器类不同阶段的数量进行分析方可，故列表如下（表一二）。

根据表一一、一二，可知岭南整体青铜杂器的发展变化不大，其变化曲线大致在西汉早期、西汉晚期和东汉早期略呈现为波峰状，但与其他器类相同，西汉晚期为最高点。

具体器类方面，灯和熏炉占主体，三足盘、案居其次。不同阶段各类器则有明显不同的变化过程。

西汉早期。熏炉占绝对主导，灯、三足盘才不过几例。

西汉中期。熏炉的数量急剧减少，三足盘消失不见，灯的数量得到上升并成为主要器类。

西汉晚期。熏炉的数量止跌回升，三足盘再次出现并数量不少，灯的数量继续增加并维持首位。

东汉早期。各类器数量略有下降，但格局并未发生变化。

东汉中晚期。各类数量急剧下降，三足盘和熏炉零星发现，灯的数量维持个位数水平。

第七节　总体阶段性特征

根据以上的分析，按不同时代对各类器的数量列表，旨在观察不同类别各器类的兴衰变化，如下表所示（表一三）。需要再三说明的是，由于部分器类公布的数量不一，其势必影响到对不同时段器类兴衰变化的分析判断。

表一一　岭南铜杂器分期

	第七类：杂器																											
	灯																三足盘			案	熏炉							
	第一类							第二类			第三类	第四类	第五类								甲类						乙类	
	甲				乙		丙	A		B			甲			乙					A		B				A	B
	A		B		A	B							A	B			a	b	c		a	b	a		b			
	a	b	a	b				a	b					a	b								a	b	a	b		
西汉早期	I																					b						
西汉中期		√						√									√											
西汉晚期	II	√	√				√	√				√	√	√		√		√	√		√	a	√				√	√
东汉早期	III	√	√	√	√	√			√	√			√	√		√			√		√	b	√	√				
东汉中晚期													√	√		√				√					IV	√		

表一二　岭南铜杂器不同期别数量统计

第七类：杂器

期别	灯 第一类 甲A a	甲A b	甲A c	甲B a	甲B b	乙A	乙B	丙	第二类 A a	A b	B	第三类	第四类	第五类 甲A	甲B a	甲B b	乙	第七类 杂器	三足盘 a	三足盘 b	三足盘 c	案	熏炉 甲A a	甲A b	甲B ①	甲B ②	甲B ③	甲B ④	甲B ⑤	乙A	乙B	合计
西汉早期	1																		2	1			1	1						3	5	14
西汉中期			2	1				1							1	3										1		2				11
西汉晚期		1	1			2				1	1	1	1		2	9		1			18				5			3				46
东汉早期			1											2	3	1	3	1			5				4			3				23
东汉中晚期		1			1		1		1													3					2		1			10
合计	1	2	4	1	1	2	1	1	1	1	1	1	1	2	6	13	3	2	2	1	23	3	1	1	9	1	2	8	1	3	5	104

小计：灯及杂器（第一类～第七类）44　三足盘 26　案 3　熏炉 31

表一三　岭南铜器不同期别数量总体统计

		西汉早期	西汉中期	西汉晚期	东汉早期	东汉中晚期	器类数量
第一类：炊具	鼎	94	5	24	8	5	136
	锅		3	13	0	3	19
	甗	5	1	7	0	1	14
	鍪	43					43
	銚	10	1	4			15
	釜	2	3	19	3	2	29
不同阶段数量		154	13	67	11	11	合计 256
第二类：温器	锜	1	2	22	12	6	43
	鐎壶	5	2	3	1	3	14
	鐎斗			1	1		2
	染炉			1			1
	温鍪	1					1
不同阶段数量		7	4	27	14	9	合计 61
第三类：盛酒器	圆壶	13	4	17	6	4	44
	匏壶	2	1				3
	蒜头壶	3					3
	钫	5	2	2			9
	长颈壶			3	4	1	8
	扁壶	6		7	2		15
	樽		5	18	15	7	45
	洗、鎺	1	1	4		2	8
	象鼻壶					1	1
	杯型壶	1					1
	鏗	1					1
	鑸			4	3	4	11
不同阶段数量		32	13	55	30	19	合计 149

续表

		西汉早期	西汉中期	西汉晚期	东汉早期	东汉中晚期	器类数量
第四类：饮、食器	碗			3	17	33	53
	杯		4	19	7	0	30
	钵			15	12	6	33
	卮		1	10	3		14
	魁			2			2
	耳杯		1	15	0	25	41
不同阶段数量		0	6	64	39	64	合计 173
第五类：盛或水器	盘	45	5	35	20	9	114
	匜	29	2				31
	瓿	13					13
	盆	1			1	1	3
	提筒	17					17
	三足罐			2	1		3
	盒			11	2		13
	分格盒			1			1
不同阶段数量		105	5	51	24	10	合计 195
第七类：杂器	灯	2	6	20	11	5	44
	三足盘	3	0	18	5	0	26
	案					3	3
	熏炉	9	5	8	7	2	31
不同阶段数量		14	11	46	23	10	合计 104
合计		312	52	310	141	123	总计 938

根据表一三,可以观察岭南地区汉代铜器整体变化趋势,大致呈现波浪起伏状:西汉早期和西汉晚期为波峰,西汉中期和东汉为波谷。具体到不同阶段各类器类的兴衰变化,如下。

西汉早期。器类丰富且数量庞大。其中炊具占主导地位,之后依次为水器、酒器和杂器,温器零星出席,而饮食器尚未发现。器类方面,鼎的数量最多,釜、盆盘、匜、熏炉也有不少出土。

西汉中期。各类数量均急剧下降,以炊具、盛、水器为甚。如鼎由早期的近百件减少至十几件,盘则零星发现,鍪、铫、钫、蒜头壶、蒜头扁壶、匏壶、杯形壶、鋞、匜、提筒等基本消失不见。不过,有少量器类略有增长和新出现,如釜、酒樽、灯。总体而言虽然炊具仍然占主导,但酒器占了一定的比重,最少的仍然为饮食器和温器。器类方面,鼎仍然占首位,其次为灯和釜。

西汉晚期。总体数量得到快速回升,但不同器类升降明显。先看大类,饮食器的变化十分明显,其数量已经超过炊具,仅次于酒器。另外,杂器和盛、水器及温器数量也明显增加。器类方面,占据前几位的依次为盘、圆壶、锜、灯、杯、酒樽。

东汉早期。整体数量下降明显,其中变化最大的为炊具和酒器,而盛、水器仅有盘。具体到各器类方面,锜、碗、钵、杯、灯、熏炉、鼎、酒樽、圆壶占了较大比重。

东汉中晚期。总体数量继续下降,但饮食器却得到快速回升并占了总量的 1/3 以上,其中尤其以碗和耳杯增幅最大。其他大类依次为酒器、炊具和杂器,其他器类零星出现。

岭南铜器的上述变化,涉及传统与新兴器、输入与本土改造制作器的问题,无论是哪一方面,对岭南铜器的发展均产生较大的影响。对此,本书将在第五章分析阐述。

第三章　装饰类别、纹饰图案及其变化

岭南所出汉代铜器的装饰工艺，大致可分为四类：漆绘类、鎏金类、錾刻类和模铸类。下面便一一介绍。

第一节　漆　绘

漆绘类可再细分两类：漆绘和涂漆两种。漆绘即以漆作画，涂漆即器身仅有漆而无绘。

一、漆绘类器物及其纹饰图案

1. 壶　贵县罗泊湾 M1:14。颈部为蝉形垂叶纹，腹部为卷云纹。时代为西汉早期。（图七六:1）

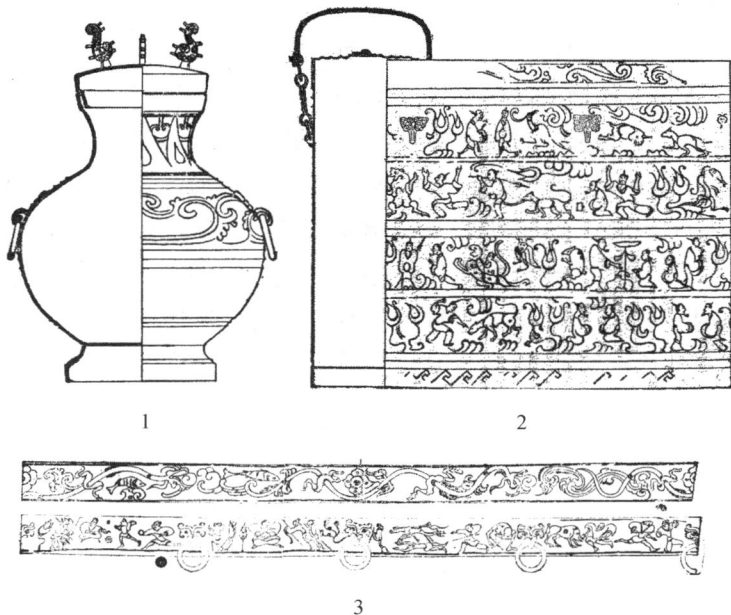

图七六　漆绘纹饰图案

1.贵县罗泊湾 M1:14　2.贵县罗泊湾 M1:42　3.贵县罗泊湾 M1:15

2.钫　贵县罗泊湾 M1:9,图案现不明显,可隐约看到口颈部有垂连三角锯齿纹。时代为西汉早期。

3.鋞　贵县罗泊湾 M1:42,图案从上到下大致分 6 段。最上段为一周卷云纹,最下段为一周勾连云纹,中间四段绘有养生、瑞兽等人物、动物图案。(图七六:2)时代为西汉早期。

4.盆　贵县罗泊湾 M1:15,口沿绘有菱形图案,腹内壁绘有龙、鱼、卷云纹,两条龙为整个图案的中心和主体;外壁为战争叙事画。(图七六:3)时代为西汉早期。

二、涂漆类器物

1.蒜头扁壶　贵县罗泊湾 M1:17。时代为西汉早期。
2.杯形壶　贵县罗泊湾 M1:16,时代为西汉早期。

三、分析

纹饰图案方面,根据主体纹饰大致有三类。
甲类:卷云纹。
乙类:人物养生之类。
丙类:战争场景。
均出自贵县罗泊湾 M1 中,时代方面,属西汉早期。

关于铜器漆绘做法,据考证,早在商代的河南罗山便已出现,但到了东周时期,楚国所出甚多,显示较为发达和兴盛[1]。罗泊湾 M1 所出铜壶,造型并不见于楚地,而是与关中、关东地区所出类似,如西安北郊"河间食官"钟[2]、西安枣园 M1[3] 所出即是,但是其蝉形蕉叶纹与长沙丝茅冲 M33[4] 所出楚铜壶风格接近。鋞楚地罕见,而多流行于黄河中下游地区,但其养生图案和人物风格十分接近马王堆帛画所绘。杯形壶是战国时期开始出现的器物,在多地有发现,如叶县旧县 M1[5]、山东诸城臧家庄[6] 所出即是,楚

①　朱凤瀚:《古代中国青铜器》,南开大学出版社 1995 年版,第 558 页。
②　王长启、孙浩群:《西安北郊发现汉代墓葬》,《考古与文物》1987 年第 4 期。
③　西安市文物保护考古所:《西安北郊枣园大型西汉墓发掘简报》,《文物》2003 年第 12 期。
④　湖南省博物馆:《长沙楚墓》,《考古学报》1959 年第 1 期。
⑤　河南省文物研究所、平顶山市文物管理委员会、叶县文化馆:《河南省叶县旧县 1 号墓的清理》,《华夏考古》1988 年第 3 期。
⑥　山东诸城县博物馆:《山东诸城臧家庄与葛布口村战国墓》,《文物》1987 年第 12 期。

地所见多为滑石器。盆外壁所刻战争叙事画像，长沙 M186① 所出铜匜也有类似图案。蒜头扁壶虽然为秦器，但是在其一统南方楚地过程中，亦出土不少。

　　鉴于上述器类均集中出土在罗泊湾 M1 中，笔者推断其可能由楚地所带入或者由楚国的工匠在岭南所绘制加工而成。

第二节　鎏　金

　　器类大致有卮、樽、瓶、钫、壶、匜、铫、耳杯。

　　1. 卮　7 件。广州 M1172:42，外表鎏金，器内涂红朱。时代为西汉早期。韶关西河黄 M12 出土 1 件，通体鎏金。时代为西汉晚期。

　　2. 酒樽 3 件。广州 M1172:39，全器鎏金。时代为西汉早期。合浦望牛岭出土 2 件，时代为西汉晚期。

　　3. 莲花瓶 1 件。合浦风门岭 M26:59，腹下部外侧作莲瓣，鎏金。无法复原，时代为西汉晚期。

　　4. 铫（报告中为铟）　14 件。南越王墓出土 9 件，通体鎏金。时代均为西汉早期。

　　5. 钫　南越王墓出土 2 件。B51 器盖鎏金。B52 无纹饰的地方鎏金。时代为西汉早期。

　　6. 壶 9 件。南越王墓出土 3 件。B49、B84、C86，通体鎏金。贵县罗泊湾 M2:68 和广州汉墓 5 件。时代均为西汉早期。

　　7. 匜　南越王墓出土 9 件，均鎏金。时代为西汉早期。

　　8. 耳杯 1 件，贵县城郊出土，时代为东汉，具体年代不详。

　　从上看出，鎏金器主要出土在南越王墓中，广州 M1172、望牛岭、风门岭 M26 少量出土。时代以西汉早期为主，西汉晚期也少量出现。

　　鎏金技艺大致始于战国早期，中期则传播较广，楚地和关中、关东地区均有发现。不过就岭南地区所出而言，大致可以推断来自两个地区。

　　先看西汉早期器物。卮和酒樽多见于楚地，铜钫耸肩斜弧腹内收做法十分接近于楚国铜壶，如荆州高台 M19:1②，匜与安徽舒城县秦家桥 M2③

① 湖南省博物馆、湖南省文物考古研究所、长沙市博物馆、长沙市文物考古研究所：《长沙楚墓》，文物出版社 2000 年版，第 164 页。

② 湖北省荆州博物馆：《荆州高台秦汉墓》，科学出版社 2000 年版，第 92 页。

③ 舒城县文物管理所：《舒城县秦家桥楚墓清理简报》，《文物研究》第 6 辑，黄山书社 1990 年版。

所出相同,疑此三器由楚地所输送或者由楚国工匠在岭南所制作。铜壶风格不见外地,可能由本地工匠制作。铫大量发现于关中、关东地区,如西安北郊郑王墓①、三门峡向阳汉墓②中均出土较多,相比而言,岭南地区所出甚少,疑其由中原所输送,至于其鎏金做法究竟是来自中原还是当地尚无法考证。

西汉晚期器物方面。合浦望牛岭所出樽与西安芙蓉南路 M1③ 所出十分接近,后者亦通体鎏金,疑其由中原所输送;关于莲花瓶,我国汉代内地几乎未发现,可能属外来品。

耳杯在岭南所出甚少,推断均来自外地输入。此类鎏金耳杯大量出现在峡江地区,疑由后者输入。

第三节　錾　刻

所谓的錾刻类,即以尖刀在器物表面刻出图案。岭南地区所出甚多。

一、錾刻类器物和纹饰情况

所出器类大致有熏炉、灯、鼎、圆壶、长颈壶、盒、扁壶、三足盘、酒樽、三足罐、榼、鐎壶、锜、卮、魁、碗钵、杯、案等。

1. 熏炉　22 件。

合浦 HFPM5 出土 1 件。盖面以短线刻出山峰形状,其间为复线菱形纹。口沿处为一周复线菱形纹,腹部为两周羽状锦纹。足面以短线刻出山峰状和卷云纹。(图七七:1)

合浦文昌塔 M69:26,盖面和底座均为卷云纹,盖沿为一周三角锯齿纹,口沿处为一周方格纹,腹部仅刻出一周羽状锦纹,疑似半成品。(图七七:2)

合浦母猪岭 M4 出土 1 件。盖面呈圆锥形,边沿细刻三角纹。炉身上部刻方格纹、羽状纹。托盘口沿刻三角纹。(图七七:3)

合浦望牛岭木椁墓出土 2 件,分盖、身、圆盘座三部分。炉身上半部刻羽状纹。喇叭形底座,呈山峦状。座沿细刻三角锯齿纹。

① 陕西省考古研究院:《西安北郊郑王村西汉墓》,三秦出版社 2008 年版,第 9 页。
② 三门峡市文物考古研究所:《三门峡向阳汉墓》,北京燕山出版社 2007 年版,第 120 页。
③ 西安市文物保护考古所、郑州大学考古专业:《长安汉墓》(上),陕西人民出版社 2004 年版,第701 页。

合浦风门岭 M26 出土 2 件。M26:128，炉盖饰博山草叶纹和云纹，腹部中间有一道凸棱，上部为一周网格纹，下部刻羽状纹和倒三角锯齿纹，喇叭形底座上亦刻博山草叶纹和云纹。托盘口沿刻一周三角锯齿纹。（图七七:4）

合浦寮尾 M13 出土 1 件。盖面作重山形，上刻芭蕉叶图案，下刻龙纹，边沿上有叶状纹，盖沿饰一周三角纹。炉身口沿外有一周凸棱，腹部饰网格纹、同向龙纹。托盘口沿饰一周菱形纹。

合浦九只岭 M5 出土 1 件。盖面作重山形，上刻芭蕉叶图案，叶面刻兽面纹，下刻两组相对的龙形图案，边沿有叶状纹。炉腹上部有一周凸弦纹，将腹部分为上下两部。上部为一周菱形纹，下为六条同向的龙形图案。底座刻同向的四条龙形图案。

梧州鹤山头 M1 出土 1 件。炉盖为山峰重叠状，分两层，每层四峰。盖身刻龙凤图案，边缘刻一周三角锯齿纹。腹部刻一周凤鸟纹。托盘边缘刻一周三角锯齿纹。

兴安石马坪 M21 出土 1 件。炉盖为山峰状，腹部口沿处刻一周三角锯齿纹，中部为一周异兽图案，下刻一周网格纹，近柄处刻一周动物图案。喇叭形底座，面上亦刻一周动物，底端为一周三角锯齿纹。托盘边缘刻一周复线菱形纹和三角锯齿纹。（图七七:5）

合浦风门岭 M23 出土 2 件。炉盖呈圆锥形，顶有圆钮。盖面平分为八部分，作芭蕉叶状，叶缘和叶脉用致密线条刻出。（图七七:6）

风门岭 M27 出土 1 件。盖面平分为 6 部分，作叶状，每叶缘环刻致密短线，喇叭形底座，座足上刻动物图案。从腹部纹饰的缺失，推测可能属半成品。

贵港深钉岭 M39 出土 1 件。托盘沿面上刻三角线纹和两道细弦纹，腹部纹饰不详。

合浦丰门岭 M10 出土 1 件。炉身圆形，盖有镂空，细刻三角形纹和饕餮纹。底盘边缘细刻三角形纹和棱形纹。

广州 M5036 出土 1 件。炉盖呈圆锥形，盖面为重山形，上刻芭蕉叶图案，下刻三龙，边缘为叶脉纹。腹部镂刻飞翔的翼兽，其上近口沿处为一周三角锯齿纹。托盘口沿处刻一周三角锯齿纹。（图七七:7）

贵县北郊大圩出土 1 件。盖面刻羽状纹。[①]

---

①　转引蒋廷瑜:《汉代錾刻花纹铜器研究》,《考古学报》2002 年第 3 期。

贵县东湖新村 M4 出土 1 件。盖为云、山纹饰,腹部为异兽图案,底座刻一周三角锯齿纹和复线菱形回纹。

合浦红头岭 M3、合浦盐堆各出 1 件,详情不明。

贵县风流岭 M31 出土 1 件。盖面刻羽状纹。

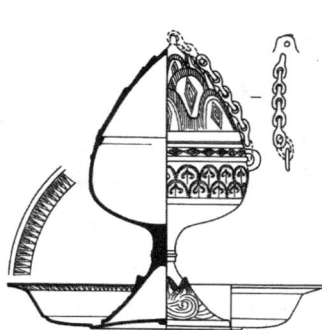
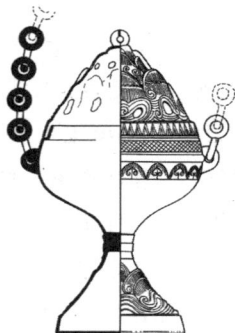

1

2

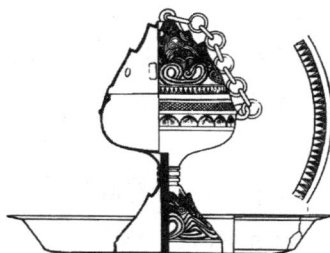
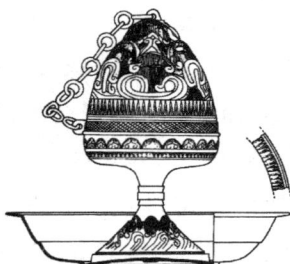

3

4

5

6

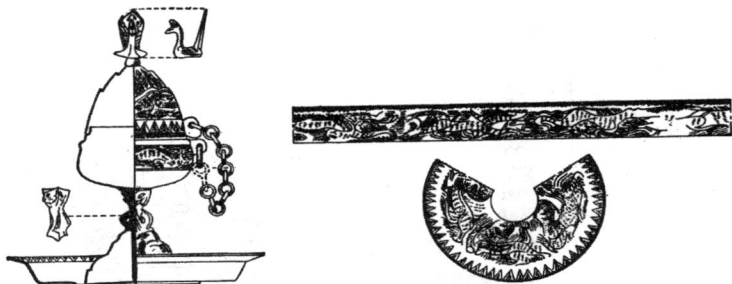

7

图七七　熏炉刻纹

1.合浦 HFPM5　2.合浦文昌塔 M69　3.合浦母猪岭 M4　4.合浦风门
岭 M26　5.兴安石马坪 M21　6.合浦风门岭 M23　7.广州 M5036

2.长颈壶　6件。

合浦 HFPM6 出土 1 件。纹饰繁缛,自口沿到圈足共刻画出 18 周纹
饰,自上到下大致分 4 组:在颈、肩部以 3 组羽状锦纹为中心,上下各安置
三角锯齿纹、小菱形纹和倒三角锯齿纹,腹部则为菱形锦纹。(图七八:1)

合浦望牛岭出土,颈肩以三道三角锯齿纹为界,分别刻有一周菱形锦
纹和羽状纹饰。腹部从上到下分别刻一周三角锯齿纹、网格纹和菱形锦
纹。圈足为一周三角锯齿纹。(图七八:2)

兴安石马坪 M21 出土 1 件。颈部从上至下各饰三道三角锯齿纹、带
点菱形纹和羽状纹。肩、腹部为一周三角锯齿纹、带点菱形纹和三角锯齿
纹。腹中部为一周菱形锦纹。圈足上半部为一周三角锯齿纹,下半部为一
周网格纹。(图七八:3)

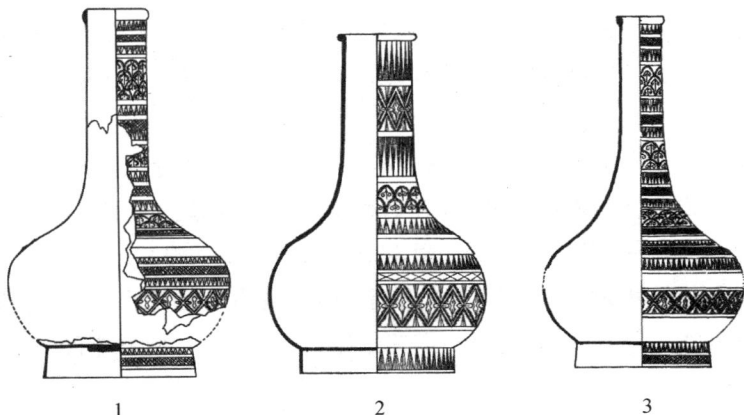

1　　　　　　　　2　　　　　　　　3

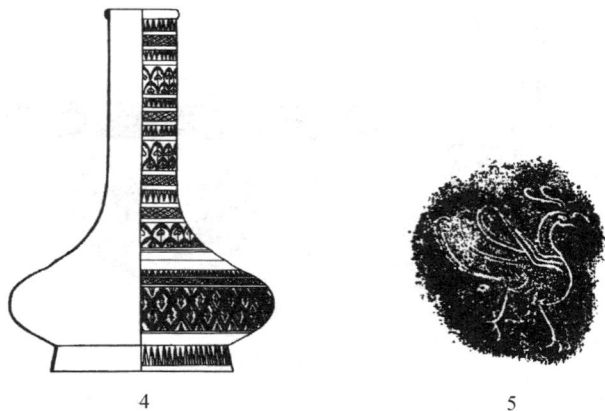

图七八　长颈壶刻纹

1.合浦 HFPM6　2.合浦望牛岭　3.兴安石马坪
M21　4.合浦风门岭 M26　5.广州 M5028

合浦风门岭 M26 出土 1 件。颈部从上到下各饰三道三角锯齿纹、带点菱形纹和羽状纹。腹部从上到下分别刻一周三角锯齿纹、带点菱形纹和菱形锦纹。圈足为一周三角锯齿纹。（图七八:4）

合浦堂排 M2 出土 1 件。自颈到圈足刻三角锯齿纹、菱形锦纹和羽状纹饰。

广州 M5028 出土，颈腹均未发现纹饰，仅在器底部发现刻一凤图案。（图七八:5）

3.扁壶　6 件。

合浦文昌塔 M015:30，盖沿和颈部刻一周三角锯齿纹，腹部为两组羽状锦纹，其下为一周菱形纹。圈足为一周三角锯齿纹。（图七九:1）

合浦寮尾 M14:28，盖面隆起，柿蒂纹钮座，外圈为三角纹。腹部正面中央刻三周羽状锦纹，两侧为复线菱形回纹，其上为三角锯齿纹。圈足为一周三角锯齿纹。（图七九:2）

合浦文昌塔出土 1 件。顶刻柿蒂纹图案，其间各穿插一鸟，盖口沿下刻菱形回纹。颈刻三角锯齿纹，肩刻对鸟图案。腹部正面以复线菱形回纹为界，上下各饰一周羽状锦纹。圈足刻三角锯齿纹。①

兴安石马坪 M21 出土 1 件。盖平，环钮两侧为复线回纹，其外围一周三角锯齿纹。器身颈、圈足为一道三角锯齿纹，腹部上半为神兽图案，中腹

---

① 转引蒋廷瑜:《汉代錾刻花纹铜器研究》,《考古学报》2002 年第 3 期。

正面为一周羽状锦纹,侧面则为三角锯齿纹和网格纹。(图七九:3)

　　合浦风门岭 M26 出土 1 件,仅口沿和圈足出刻网纹和三角锯齿纹。
(图七九:4)

　　合浦寮尾 M16:8,盖面平,中央有钮,钮上饰两神兽,盖沿刻一周三角
锯齿纹。颈部刻一周网纹和一周三角锯齿纹。

图七九　扁壶刻纹

1.合浦文昌塔 M015　2.合浦寮尾 M14　3.兴安石马坪 M21

4.合浦风门岭 M26

4.三足盘　15件。

合浦风门岭 M26 出土 1 件,盘面分内区和外区。内区中心为一周柿蒂纹,其间穿插有麒麟和凤图案;外区为平行复线菱形锦纹图案。其外围为一周三角锯齿纹。盘沿刻有一周复线菱形回纹。(图八〇:1)

合浦母猪岭 M4 出土 1 件,以弦纹为界,盘面分为内外两区。内区以柿蒂纹为中心,其间穿插有龙凤图案;外区均匀分布四神树,其两侧刻有凤、鹰、虎等动物图案。外缘则为复线菱形回纹和三角锯齿纹图案。(图八〇:2)

合浦母猪岭 M1 出土 1 件,两道复线菱形回纹将盘面分为内外两区。内区以柿蒂纹为中心,其间穿插四蛇图案;外区则为四龙。外缘为三角锯齿纹和复线菱形回纹。(图八〇:3)

合浦 HFPM30a 出土 1 件,盘面以一周复线菱形纹为界分为内外二区,内区为一柿蒂纹,四叶间穿插有瑞兽;外区则为两组菱形锦纹。盘沿面为三角锯齿纹和复线菱形纹。(图八〇:4)

合浦文昌塔 M69:45,盘面以两周弦纹为界分内外二区。内区为一柿蒂纹,其间穿插朱雀和鹿;外区以两树木为界分两半,各有朱雀、青龙、白虎。(图八〇:5)

合浦母猪岭 M6:2,已残,盘心花纹以鹿凤纹、细网格纹为主,其余为柿蒂纹、三角锯齿纹和菱形纹等。

合浦望牛岭出土 4 件,两件为人形足,两件为熊形足。盘面以复线菱形回纹为界分为内外两区。内区以柿蒂纹为中心,其间穿插有凤、麒麟图案;外区为平行菱形纹。外缘则为三角锯齿纹和复线菱形回纹。(图八〇:6)

合浦九只岭 M5 出土 1 件,两道三角锯齿纹将盘面分为内外两区。内区以柿蒂纹为中心,其间穿插神兽图案;外区为龙凤图案。外缘则为三角锯齿纹和复线菱形回纹。

合浦盐堆 M1 出土 1 件。盘中心刻柿蒂纹,其间穿插有凤、奔鹿、龟图案。外区则以四神树为界分为四小区,各区有对凤、奔鹿、虎豹等动物图案。[1]

贵港深钉岭出土 2 件。M1:1,足跟、足下端均刻细斜线三角纹。盘面以三角锯齿纹为界分为内外两区,内区以柿蒂纹为中心,其间穿插有凤;外区以神树为界,分布有凤鸟、鹿、龙图案。外缘为三角锯齿纹。M31:26,盘

---

[1]　转引蒋廷瑜:《汉代錾刻花纹铜器研究》,《考古学报》2002 年第 3 期。

面以两周菱形回纹为界，分为内外两区。内区以柿蒂纹为中心，外区以神树为界分四小区，各刻画有凤鸟、鹿。外缘则为一周三角锯齿纹。

图八〇　三足盘刻纹

1.合浦凤门岭 M26　2.合浦母猪岭 M4　3.合浦母猪岭 M1　4.合浦 HFPM30a　5.合浦文昌塔 M69　6.合浦望牛岭

另,合浦红岭头、贵县东湖新村 M22 还有出土,惜图案不详。①

5.温酒樽　21 件。

合浦母猪岭 M6 出土 1 件。器盖以弦纹为界分为内外两区。内区以柿蒂纹为中心,其间刻翼兽;外区为一重羽状锦纹。口沿处为菱形回纹。器身上下两端为三角锯齿纹和复线菱形回纹,腹部中央为菱形锦纹。(图八一:1)

贵港深钉岭 M1 出土 1 件。盖面刻有卷云纹、雀和三角锯齿纹。腹部上端为一周复线菱形回纹,中部上下两头为三层羽状锦纹,其下各饰三角锯齿纹和复线菱形回纹。(图八一:2)

广州 M5054 出土 1 件。博山炉式盖,盖面刻各种异兽。腹部以弦纹为界分上下两段,各刻龙凤等图像,底端为一周复线菱形回纹和三角锯齿纹。蹲熊足。(图八一:8)

合浦风门岭 M26 出土 1 件。仅盖顶刻一柿蒂纹图案,每叶内刻两花夹一束腰菱形锦纹,推测可能属半成品。(图八一:4)

合浦脚岭村 M4 出土 1 件。盖面刻有柿蒂纹和异兽图像。(图八一:5)

合浦寮尾 M13 所出与之类似,仅刻有柿蒂纹。(图八一:6)

广州 M5036、M5003,仅在盖顶刻变形柿蒂纹,盖顶动物器身用短线刻画出毛。(八一:3、7)

合浦盐堆出土 1 件。盖顶有飞鸟,其上刻羽毛,盖面刻飞禽走兽。器身中央刻四重羽状锦纹,其上下刻有菱形回纹和三角锯齿纹。

合浦九只岭 M5 出土 1 件。盖面刻有蕉叶纹及龙凤异兽图案,腹部以复线菱形回纹为界,分上下两段,各饰龙凤异兽,下端为三角锯齿纹。蹲熊足。

合浦堂排 M2 出土 2 件,仅存腹壁,上刻菱形锦纹和三角锯齿纹。

贵县汉墓出土数件,但报告描述过于简略,腹部刻有豹形或大斜方格花纹。而据蒋廷瑜文,贵县 M2:25,盖顶刻柿蒂纹,其间穿插有异兽;M7:8,器身刻羽状锦纹和菱形回纹。M29 所出,器身上下均刻三角锯齿纹,腹中部为双层菱形锦纹。M22 所出则刻动物纹图案。

合浦红岭头 M3、M11 亦有出土,M3 所出腹部为仙人和山峰图案。

合浦 11HFPM5:11,盖顶刻一柿蒂纹,四叶间穿插有瑞兽图案。(图

---

① 转引蒋廷瑜:《汉代錾刻花纹铜器研究》,《考古学报》2002 年第 3 期。

八一:9)

　　合浦文昌塔 M82:35,盖顶刻一柿蒂纹,叶内为菱形锦纹。(图八一:10)

　　广州小谷围 M8 出土 1 件,腹部为神兽山峦。

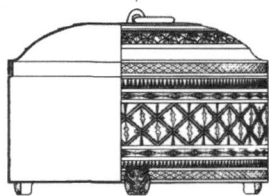

1　　　　　　　　　　2

3　　　　　　　　　　4

5　　　　　　　　　　6

7

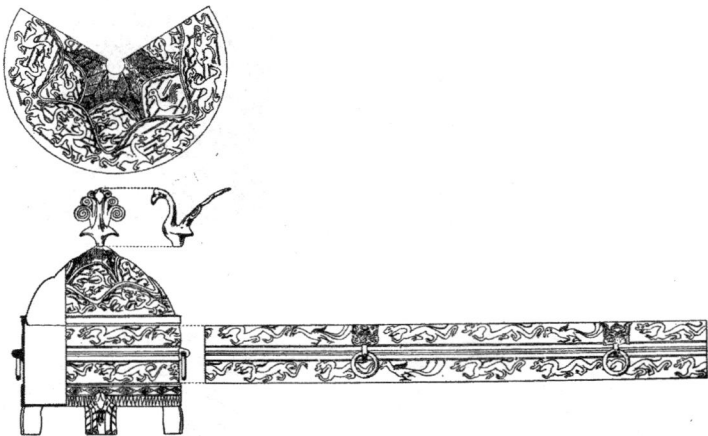

8

9   10

图八一   酒樽刻纹

1.合浦母猪岭 M6   2.贵港深钉岭 M1   3.广州 M5036   4.合浦风门岭
M26   5.合浦脚岭村 M4   6.合浦寮尾 M13   7.广州 M5003   8.广州 M5054
9.合浦 11HFPM5   10.合浦文昌塔 M82

6.盒　20件。

合浦文昌塔 M70：56，盖顶刻一柿蒂纹，其四叶间穿插鹿纹，盖面中部为一周菱形锦纹，上下则为三角锯齿纹。盒口沿处为一周复线菱形纹，腹部则为四组菱形锦纹。圈足为一周三角锯齿纹。（图八二：1）

合浦 HTQM6a：1，盖顶刻一柿蒂纹，其四叶间穿插四瑞兽，盖面中部为一周菱形锦纹，边缘为一周三角锯齿纹。盒口沿处为一周复线菱形纹，中部为三层羽状锦纹，下腹为一周复线菱形纹。圈足为一周三角锯齿纹。（图八二：2）

合浦母猪岭 M4：55，盖面分内外两区，内区以钮为中心，刻柿蒂纹，其间刻有龙虎图案。外区为一周菱形锦纹，内外区以一周复线菱形回纹为界。盖沿刻一周三角锯齿纹。腹部主题为一周菱形锦纹，其上为菱形回纹。圈足处刻三角锯齿纹。（图八二：3）M4：8，盖面分两区，内区为蟠龙纹，外区为一周菱形锦纹。腹部为一周菱形锦纹，圈足为三角锯齿纹。（图八二：4）

广州 M3028 出土 1 件。盖面中心为柿蒂纹，其间刻有龙凤图案，盖面主题为三重菱形锦纹。腹部主体为四重菱形锦纹，圈足和口、盖沿处均刻三角锯齿纹。（图八二：5）

贵港深钉岭 M2 出土 1 件。盖面和腹部均刻菱形锦纹。（图八二：6）

合浦堂排出土 6 件。其中 M2A：25，盖面和腹部均刻菱形锦纹，盖沿、口沿、圈足除刻三角锯齿纹。（图八二：7）M2B：34，盖面分为内外两区，内区为柿蒂纹，其间刻有龙凤图案；外区为一周菱形锦纹，盖沿为三角锯齿纹。腹部为三重菱形锦纹，口沿和圈足各刻三角锯齿纹。合浦堂排 M2A：16，盖顶亦刻一柿蒂纹。M2A：18，盖顶 3 只卧羊，刻花细致。（图八二：8）

贵县火车站 M74 出土 1 件。盖顶中心刻柿蒂纹，盖面和腹主体刻菱形锦纹，圈足刻三角锯齿纹。盖、腹扣合处刻一凤鸟。

贵县高中 M6 所出，主体纹饰为菱形锦纹，M17 腹上部刻双层菱形锦纹，底部刻菱形回纹，圈足刻三角锯齿纹。

合浦风门岭 M5 出土 1 件。盖、腹主体纹饰为菱形锦纹，盖钮四周刻孔雀、异兽，M7A 所出，盖顶中心刻柿蒂纹，其间穿插有奔鹿和飞鸟，腹部刻菱形锦纹，M7B 所出，盖面刻四重羽状锦纹，腹部刻四重羽状锦纹和菱形锦纹。

合浦盐堆 M1 出土 1 件，图案不详。

贵县城郊也有出土，据报告，"器表刻精致的回纹和方格纹"。

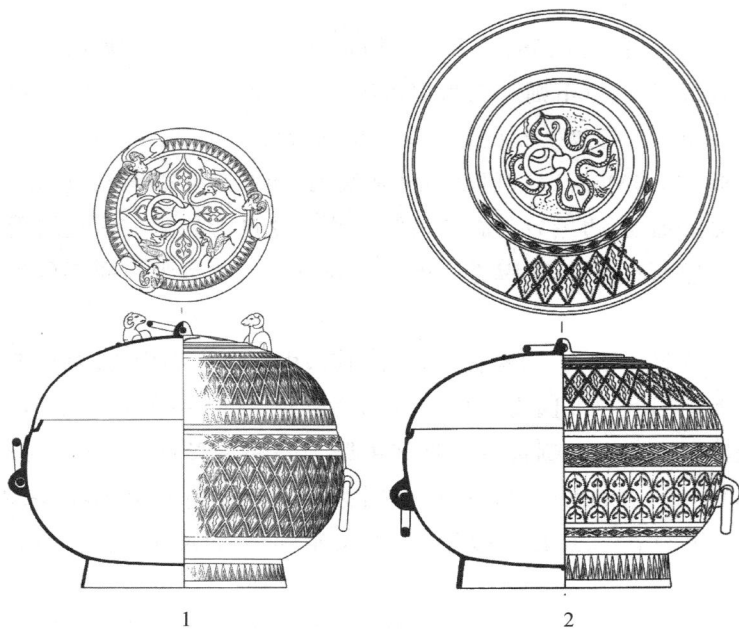

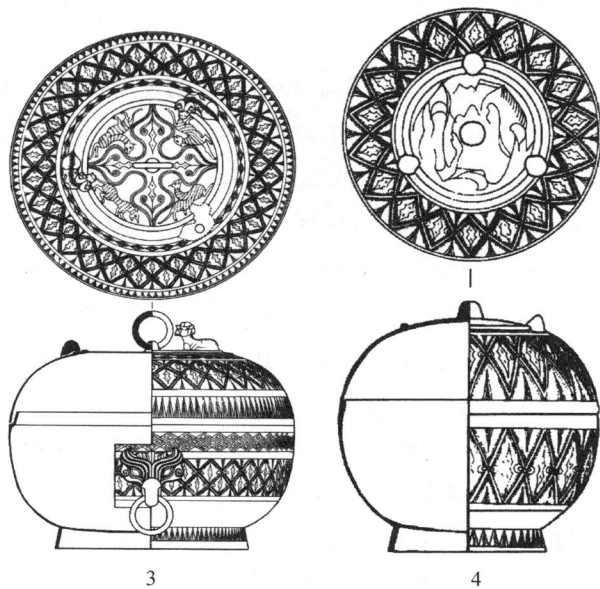

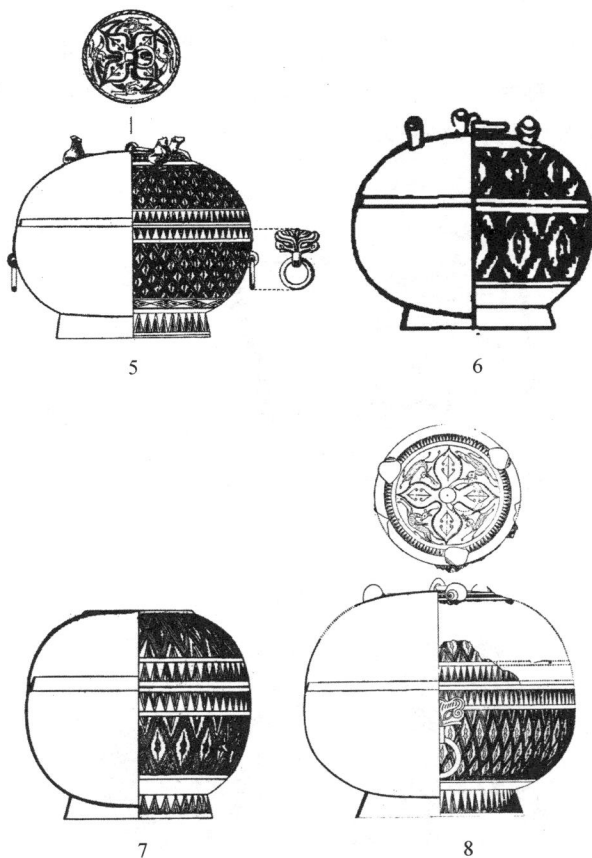

图八二　盒刻纹

1.合浦文昌塔 M70　2.合浦 HTQM6a　3—4.合浦母猪岭 M4　5.广州 M3028　6.贵港深钉岭 M2　7—8.合浦堂排

7.圆壶　6件。

合浦望牛岭出土 4 件。盖沿为一周菱形回纹,颈中部为三重羽状锦纹和一重菱形锦纹,其上下为三角锯齿纹。腹部上部为菱形锦纹,下腹底端为菱形回纹。圈足上端为三角锯齿纹,下端为菱形回纹。(图八三:1)

贵县火车站 M78 出土 1 件。盖顶刻柿蒂纹,颈刻三角锯齿纹和羽状锦纹,腹部主体为双重菱形锦纹,圈足为一周三角锯齿纹。

合浦脚岭村 M4,仅盖顶刻一柿蒂纹图案,其叶间各穿插一菱形回纹。(图八三:2)

8. 三足罐 2件。

合浦风门岭 M26 出土 1 件。盖顶平，以钮为中心，上刻三异兽围绕，盖沿刻一周三角锯齿纹。器身方面，肩部为一周菱形回纹，上腹为一周三角锯齿纹和网纹，下腹为两重羽状锦纹。（图八三：3）

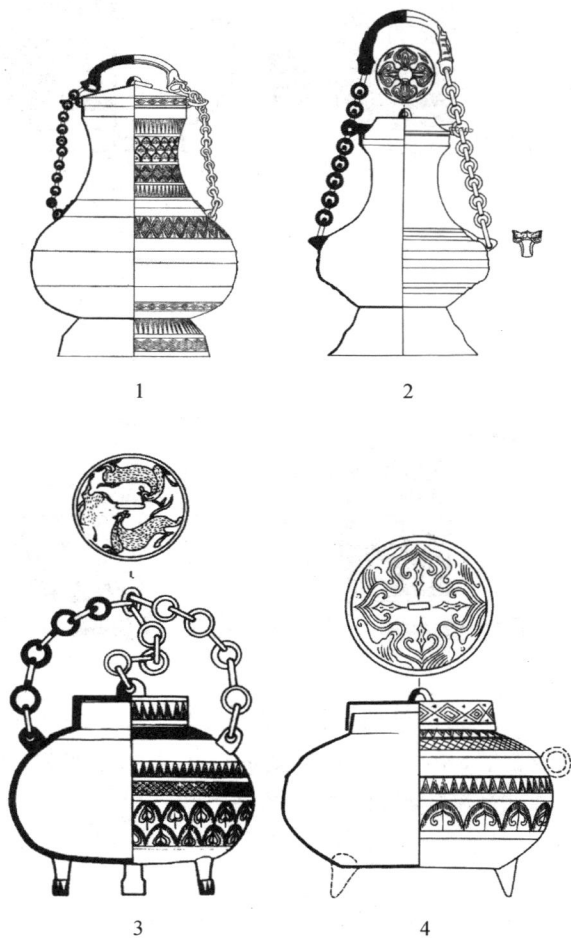

图八三　圆壶、三足罐的刻纹

1. 合浦望牛岭　2. 合浦脚岭村 M4　3. 合浦风门岭 M26　4. 合浦文昌塔 M137

合浦文昌塔 M137：28，盖顶为一柿蒂纹，四叶内均刻一束腰菱形锦纹，其间则为卷云纹，盖沿面刻复线菱形纹。罐口沿为一周倒三角锯齿纹，肩部为一周方格纹。中腹为一周三角锯齿纹，下腹为一周羽状锦纹。（图八三：4）

9.灯 6件。

凤灯。合浦望牛岭出土1件,器身用细线刻画羽翼,灯罩外沿为一周三角锯齿纹,罩面刻画一回首动物。时代为西汉晚期。(图八四:1)

豆灯。1件,合浦盐堆 M1 出土,沿和座面刻画一周三角锯齿纹,柄刻两重菱形和羽状锦纹。时代为西汉晚期。

行灯。合浦母猪岭 M6 出土1件,仅于灯盘沿面刻一周三角锯齿纹。(图八四:2)

人俑形柄。梧州鹤头山 M2 出土1件,底座和柄刻画纹饰,底座面刻有凤龙图案,座沿为一周三角锯齿纹,其上为一人跪坐,以短线刻画须发,直柄上所刻不明。(图八四:3)广州 M5036 仅剩余底座,纹饰与梧州鹤头山 M2 所出相同。(图八四:4)

盒形灯。广州 M5060 所出,盒面主体纹饰为龙、凤图案,耳面为一周三角锯齿纹。(图八四:5)

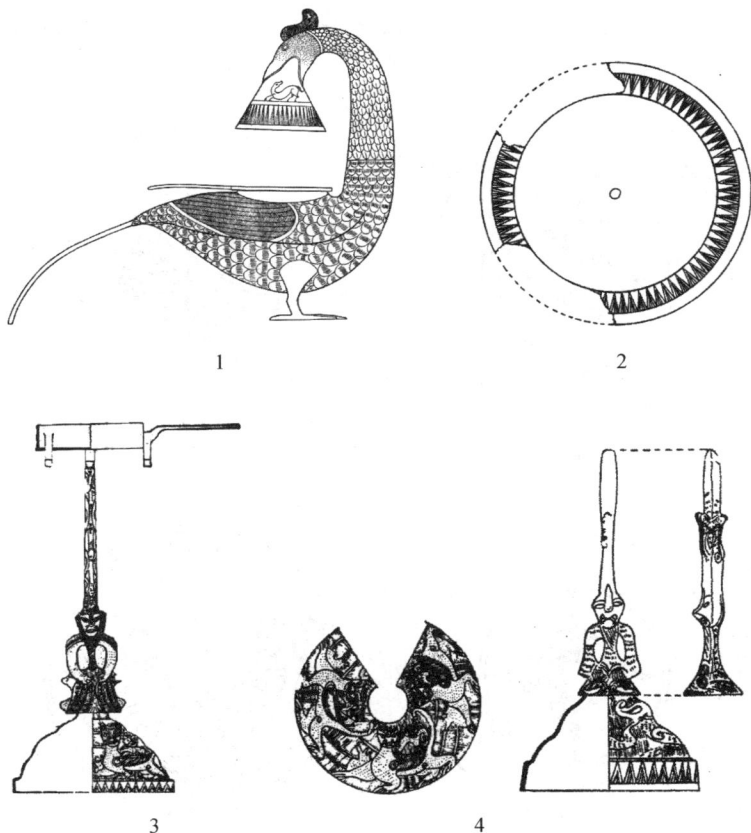

1   2

3   4

5

图八四　灯刻纹

1.合浦望牛岭　2.合浦母猪岭 M6　3.梧州鹤头山 M2　4.广州
M5036　5.广州 M5060

10．鼎　4 件，均仅鼎盖刻画纹饰。合浦脚岭村 M4、合浦禁山七星岭、广州 M5036、合浦文昌塔 M69 各有出土。盖顶刻一柿蒂纹图案，七星岭在柿蒂纹中间穿插有三角锯齿纹，文昌塔所出则穿插青龙、白虎和两朱雀。（图八五:1—4）

1

2

3

4

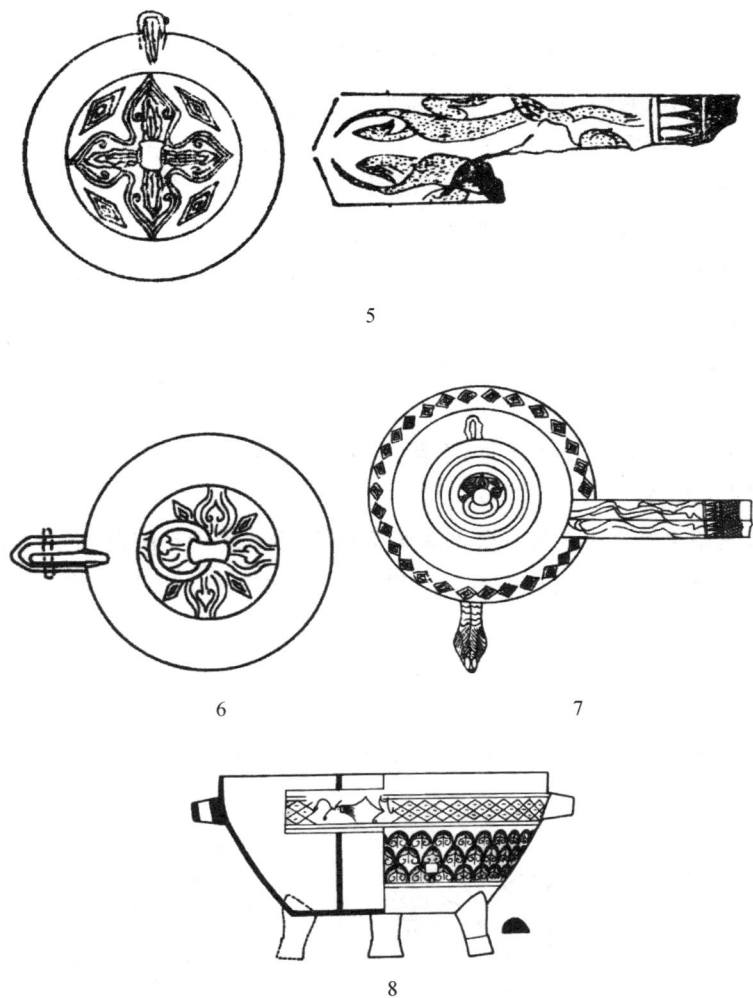

图八五　鼎、锜、榼、鐎壶刻纹

1—4.鼎(合浦脚岭村 M4、合浦禁山七星岭、广州 M5036、合浦文昌塔
M69)　5—6.锜(兴安县石马坪、合浦 HFPM8)　7.鐎壶(合浦禁山七星岭
M3)　8.榼(合浦风门岭 M26)

11.锜　2件。

兴安县石马坪所出,仅柄部三角锯齿纹的位置略有变化,其前挪到柄
的前端。(图八五:5)

合浦 HFPM8:35,盖顶部刻一柿蒂纹。(图八五:6)

12.鐎壶　1件。

合浦禁山七星岭 M3 所出,盖沿为一周复线菱形回纹,柄面为双螭图

案,末端为一周三角锯齿纹。(图八五:7)

13.槅　1件。合浦风门岭 M26 出土。腹部为三重羽状锦纹,近口沿处为一周菱形网纹。时代为西汉晚期。(图八五:8)

14.钵　2件。

合浦堂排 M2A 出土 1件。口沿下为一周复线三角纹,其下是一周网格纹和三角锯齿纹,下至底部为仰莲纹。(图八六:1)

合浦 HFPM20 出土 1件。口沿下为一周菱形锦纹,腹中部为交尾对首龙纹,其间穿插有鱼和其他不明图案。(图八六:2)

15.碗　贵县城郊出土,数量不详,据报告"器面刻有精细的削纹"。

16.卮　4件。

合浦 HPQM6a 出土 2件,上腹微两层羽状锦纹,下腹为一周大菱形锦纹。(图八六:3)

合浦望牛岭出土 1件。腹部刻画缠枝纹、器底为团花图案。(图八六:4)

合浦风门岭 M7 出土 1件。口沿下为一周三角锯齿纹,腹部刻菱形填线纹,下部刻菱形网格纹。

17.杯　3件。

合浦文昌塔 M53:2,其图案大致分两组。颈部以复线菱纹为中心,上下为三角锯齿纹;下腹以菱形锦纹为中心,其间穿插三角锯齿纹。(图八六:5)

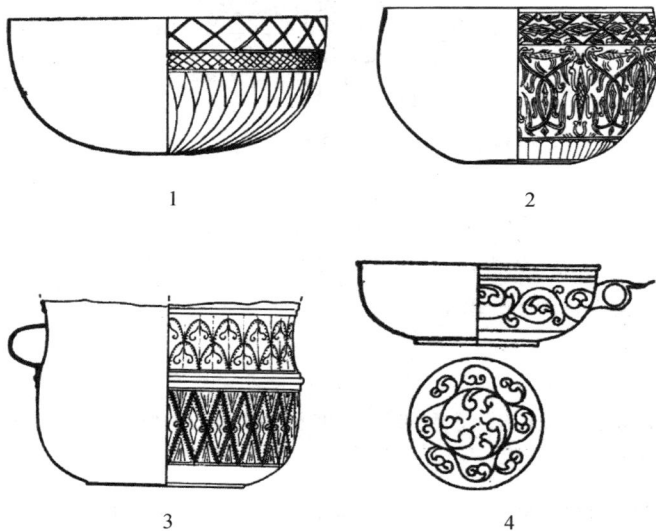

1　　　　　　　　　2

3　　　　　　　　　4

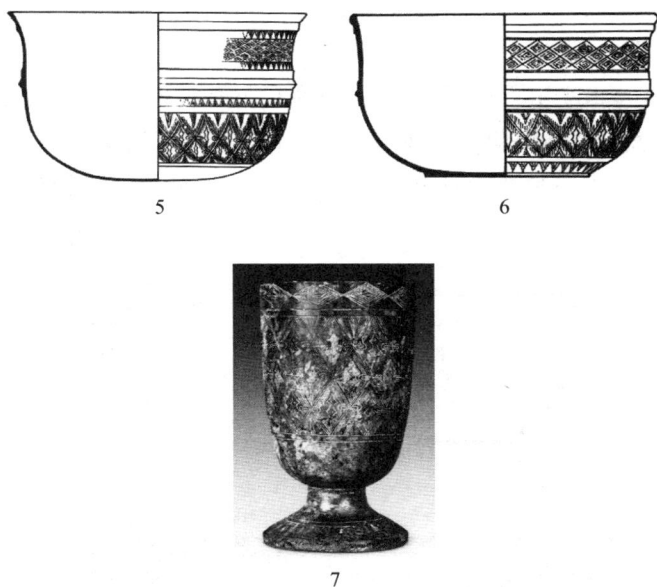

图八六 钵、杯、卮刻纹

1—2.钵（合浦堂排 M2A、合浦 HFPM20） 3—4.卮（合浦
HTQM6a、合浦望牛岭） 5—7.杯（合浦文昌塔 M53、M51，贵县火
车站）

合浦文昌塔 M51:2，纹饰与 M53:2 接近。颈部为复线菱形纹，腹部为
一周菱形锦纹，近圈足处为一周倒三角锯齿纹。（图八六:6）

贵县火车站出土 1 件。外腹上下各刻两道凹弦纹，口沿处为一周复线
带线菱形纹，两道弦纹之间的腹部为三重菱形锦纹，圈足面刻一周三角锯
齿纹。（图八六:7）

18.魁 2 件，均出自合浦望牛岭墓葬中。腹部共 4 组纹饰，口沿下为
一周三角锯齿纹，其下为一周复线菱形回纹，腹中部为一周网格纹，下腹为
三重羽状锦纹。（图八七:1）时代为西汉晚期。

19.案 4 件。

德庆大辽山出土 1 件，案面分内外两区。内区中心为两凤啄一大鱼图
案，其外围为复线菱形纹、三角锯齿纹和复线菱形纹组成的方形图案，四角
各刻画一虫。外区四边中心各刻画双凤、龙图案，四角为四虫，其外围自内
到外为复线菱形纹、勾连云纹和复线菱形纹。（图八七:2）

广州 M5054 出土 1 件，内区中心为双耳杯夹一柿蒂纹图案，其外围为
一周复线菱形纹和三角锯齿纹组成的方形图案。外区中心刻一周龙、凤、

鱼、蛇等动物,其外围是一周复线菱形纹、三角锯齿纹和勾连云纹组成的方形图案。(图八七:3)

梧州旺步 M2 出土 1 件,内区中心为双龙面对一鼎、树形图案,龙上下各刻一鱼,其外围为一组三角锯齿纹、勾连云纹和复线菱形回纹组成的方形图案。外区中心刻画一周四神、四角为树状图案,其外围与内区外围图案相似。(图八七:4)

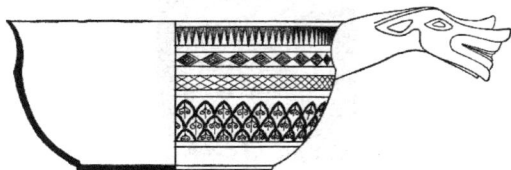

1

2

3

4

图八七　魁、案刻纹

1.魁（合浦望牛岭）　2—4.案（德庆大辽山、广州 M5054、梧州旺步 M2）

另外，梧州采集有一件食案，纹饰与旺步所出相同。内区中心为两异兽面朝一鼎情景，外围以双层菱形回纹、锯齿纹带的方形图案。外区四角有树状图案，其间刻画各种异兽。其外围则为三角锯齿纹和勾连云纹。

二、分类和时代

刻划纹饰在铜器上的分布，有腹部、颈部、圈足、肩部、柄、器盖，有的刻满全器，有的仅仅柄或者圈足等局部稍作刻划。为此，先将它们按装饰布局大致分为两类，然后再考察其纹饰图案。

甲类：全身满刻。

此类装饰图案有主次之分。主纹一般分布在立面物体的腹部或者平面物体的中心位置。次纹主要分布在口沿、圈足或者分区过渡带，主要有三角锯齿、菱形回纹等。

根据主纹的差异分五类。

A 类：菱形锦纹或者羽状锦纹。如熏炉（合浦 HFPM5）、长颈壶（合浦望牛岭）、扁壶、三足盘（合浦风门岭 M26）、酒樽（合浦母猪岭 M6）、盒、圆壶（合浦望牛岭）、三足罐、榼（合浦风门岭 M26）、杯（贵县火车站、合浦文昌塔 M51）、卮（合浦汽车齿轮厂 M6a）、魁。（图八八：1—13）

B 类：四神或者祥瑞动物图案。如三足盘（合浦文昌塔 M69）、酒樽（广州 M5054）、灯（广州 M5060）、钵（合浦 HFP 厂 M20）、案。（图八八：14—17）

C 类：模铸出轮廓，用短线刻划出细部，多为神兽动物图案。如熏炉

（广州 M5036）、灯（合浦望牛岭、梧州鹤山头）。（图八八:18）

D 类:莲花。如合浦堂排所出钵、合浦文昌塔 M18、M55 所出高柄杯。（图八八:19）

E 类:团花。仅合浦望牛岭所出卮。（图八八:20）

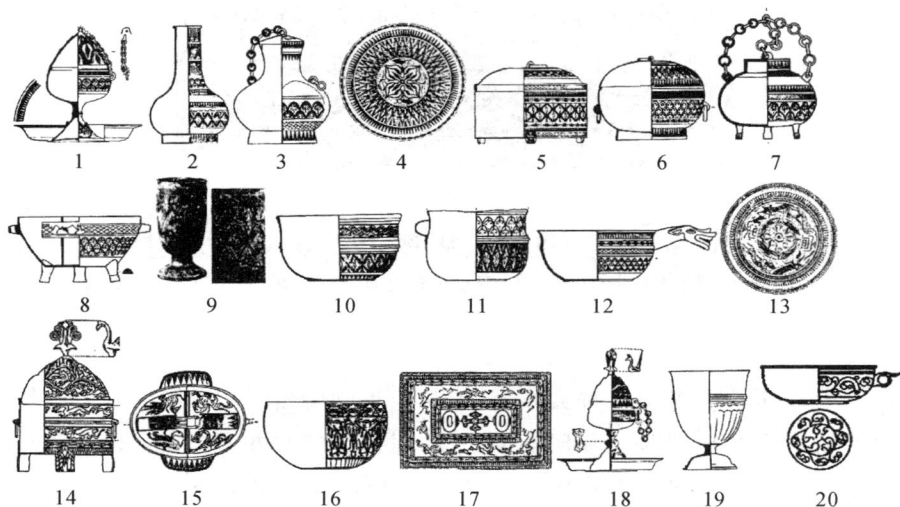

图八八 满刻纹饰

1—13. A 类［熏炉（合浦 HFPM5）、长颈壶（合浦望牛岭）、扁壶、三足盘（合浦风门岭 M26）、酒樽（合浦母猪岭 M6）、盒、圆壶（合浦望牛岭）、三足罐、榼（合浦风门岭 M26）、杯（贵县火车站、合浦文昌塔 M51）、卮（合浦 HTQM6a）、魁］ 14—17. B 类［三足盘（合浦文昌塔 M69）、酒樽（广州 M5054）、灯（广州 M5060）、钵（合浦 HFPM20）、案］ 18. C 类［熏炉（广州 M5036）］ 19. D 类（合浦文昌塔 M18 所出高柄杯） 20. E 类（合浦望牛岭所出卮）

乙类:局部刻划。

局部刻划的位置差异很大,不同区域纹饰主题不一。因此,按照区域的差异分三类。

A 类:器盖。

纹饰分为两小类。

Aa 类:柿蒂纹。

根据柿蒂纹四叶其他纹饰的有无分三小类。

Aaa 类:四叶间无其他纹饰。如酒樽（合浦风门岭 M26、合浦文昌塔 M82）、鼎（广州 M5036）。（图八九:1—3）

Aab 类:四叶间穿插祥瑞动物图案。如酒樽（合浦 11HFPM5）、鼎（合

浦文昌塔 M69）。（图八九：4—5）

Aac 类：四叶间穿插菱形回纹。如圆壶（合浦岭脚村 M4）、锜（合浦 HFPM8）、鼎（合浦禁山）。（图八九：6—8）

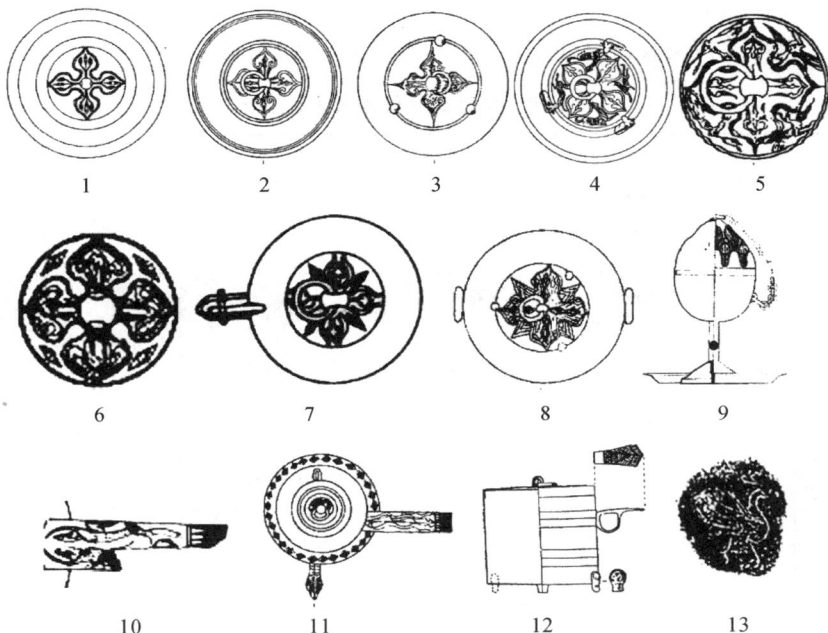

图八九　局部刻纹

1—3. Aaa 类［酒樽（合浦风门岭 M26、合浦文昌塔 M82）、鼎（广州 M5036）］

4—5. Aab 类［酒樽（合浦 11HFPM5）、鼎（合浦文昌塔 M69）］

6—8. Aac 类［圆壶（合浦岭脚村 M4）、锜（合浦 HFPM8）、鼎（合浦禁山）］

9. Ab 类［熏炉（合浦风门岭 M23）］

10—11. Ba 类［锜（兴安石马坪）、鐎壶（合浦禁山）］

12. B 类［卮（广州 M2029）］

13. C 类［长颈壶（广州 M5028）］

Ab 类：叶脉纹。

用短线表现叶脉，仅发现 2 例。合浦风门岭 M23、M27 所出，使用于博山炉盖面上。（图八九：9）

B 类：柄面。

根据纹饰的差异分两类。

Ba 类：双龙纹。如锜（兴安石马坪）、鐎壶（合浦禁山）。（图八九：10—11）

Bb 类:叶脉纹。如广州 M2029 所出,使用于厄的柄面。(图八九:12)

C 类:圈足。

在圈足面刻划小鸟。如长颈壶(广州 M5028)。(图八九:13)

具体如下图所示。

为直观各类纹饰的使用状况,根据上文所述列表如下(表一四)。

表一四　各类刻纹数量和器类统计

甲类:满刻					局部錾刻						
					器盖				柄面		
					柿蒂纹			叶脉纹	双龙	叶脉	圈足:凤鸟
菱形锦纹或者羽状锦纹	四神或者祥瑞动物	模铸轮廓,短线刻划四神或其他祥瑞动物细部	莲花	团花	四叶	四叶间菱形回纹	四叶间祥瑞动物				
西汉早期											
西汉中期								熏炉2		厄1	
西汉晚期 熏炉7、长颈壶4、扁壶4、三足盘7、酒樽6、盒12、圆壶4、三足罐2、榼1、杯3、厄1、魁2	三足盘5、钵1、	灯1、酒樽1	钵1、杯2	厄1	酒樽1、厄1、酒樽1		鼎1				
东汉早期 长颈壶1、扁壶1、盒2、圆壶1、厄1	案3、三足盘2	灯1、熏炉4、酒樽3			酒樽1						

续表

甲类:满刻					局部錾刻						
					器盖				柄面		
菱形锦纹或者羽状锦纹	四神或者祥瑞动物	模铸轮廓,短线刻划四神或其他祥瑞动物细部	莲花	团花	柿蒂纹			叶脉纹			圈足:凤鸟
					四叶	四叶间菱形回纹	四叶间祥瑞动物		双龙	叶脉	
东汉中晚期	案1	灯2、熏炉1、酒樽1				圆壶1、锜1	酒樽4、鼎3		锜1、鐎壶1		长颈壶1

注:表中数字代表件数。

由表一四可知,岭南境内錾刻铜器大致呈现出四个阶段的变化,具体如下。

第一阶段:西汉中期。

始才出现錾刻,均为局部刻划。纹饰为简单的叶脉纹。

第二阶段:西汉晚期。

1. 局部錾刻不多,仅1件酒樽和卮的盖面錾刻一柿蒂纹。

2. 全身錾刻爆发,体现在以下几个方面。

A. 器类大增,有熏炉、长颈壶、扁壶、三足盘、酒樽、盒、圆壶、三足罐、分格盒、杯、卮、魁、钵、灯,几乎覆盖所有刻纹铜器种类。其中铜盒、熏炉、三足盘、酒樽錾刻纹饰最为丰富。

B. 数量也急剧增加,约占所有刻纹铜器的一半。

3. 纹饰种类也多样。有菱形锦纹、羽状锦纹、祥瑞动物、短线、莲花、团花、柿蒂纹。其中菱形锦纹和羽状锦纹占主导,其覆盖的器类也相当齐全广泛。

第三阶段:东汉早期。

1. 局部錾刻器类和纹饰仍然很少。

2. 羽状锦纹和菱形锦纹的使用趋少,祥瑞和四神动物纹饰成为主体。

3. 模铸出纹饰轮廓,再细线錾刻局部的做法增加并占主要地位。

第四阶段:东汉中晚期。

1. 局部錾刻纹饰出现爆发性增长,器类有圆壶、鼎、锜、酒樽和鐎壶。

2. 全身錾刻器类急剧减少,仅个别墓葬出土,纹饰以四神和祥瑞动物为主。

3.羽状锦纹和菱形锦纹消失。

根据上文所述,大致可归纳出以下特点。

1.铜器刻纹的做法始现于西汉中期,西汉晚期至东汉早期达到鼎盛,之后开始衰落直至消亡。

2.使用刻纹的铜器多为酒水器和盛器,杂器次之,炊具少见。

3. 纹饰在各类器物部位的使用上,有一定的趋同性。如盖顶,基本为柿蒂纹穿插复线菱形纹;盖的沿面多为三角锯齿纹。器身方面,沿、颈部多为三角锯齿纹和菱形纹;圈足和底亦多为三角锯齿纹;腹部和外区方面,大致固定为三种:羽状锦纹、菱形锦纹或者四神。

但是,必须看到,部分器物在主体纹饰方面存在两种以上的纹饰,如熏炉的腹部有四神、羽状锦纹,酒樽的腹部有四神、羽状锦纹和菱形锦纹,盒的腹部有羽状锦纹和菱形锦纹,三足盘的外区有菱形锦纹和四神,等等。这些纹饰的差异与时代相关,体现出不同时代的特征。

另外,广州汉墓所出长颈壶器底刻一凤鸟图案,这种布局和做法当地罕见,推断应该来自外地。

第四节　模　铸

岭南所出汉代铜器虽然錾刻纹饰为主,但也有部分铜器仍然使用模铸的纹饰。具体如下。

一、模铸纹饰的器类和纹饰情况

1.鼎　3 件。

合浦文昌塔 M5:19,盖顶为一柿蒂纹,四叶间穿插类似叶脉状。时代为西汉晚期。(图九〇:1)

合浦风门岭 M23B:5,盖顶亦为一柿蒂纹。时代为西汉晚期。(图九〇:2)

合浦 10HTQM6b:9,盖顶为一柿蒂纹。时代为西汉晚期。(图九〇:3)

2.圆壶 4 例。

合浦风门岭 M23A:3,颈部为三角蕉叶纹;M23A:4,腹部为一周蟠龙纹。墓葬年代为西汉晚期。(图九〇:4—5)

合浦风门岭 M26:126,腹部为三层谷纹。墓葬年代为西汉晚期。(图九〇:6)

广州 M1041:12,颈部为三角蕉叶纹,腹部为三层十八小区的谷纹。盖顶为凸起的叶纹。时代为西汉早期。(图九○:7)

3.匏壶　3 例。

广州 M1180:44,颈部为三角填线纹,肩部为勾连雷纹,腹部为勾连云纹。肩、腹部均有短线栉齿纹作为装饰。时代为西汉早期。(图九○:8)

贺县高寨 M1:10,根据报告"颈、肩、腹部施谷纹、圆圈、三角纹"。时代为西汉中期。

广州 M2060:50,口沿下施三角填线纹,肩部为一周勾连雷纹,腹部中心为一走勾连方形云纹,其上下为一周连涡纹。墓葬时代为西汉中期。

4.象鼻壶　1 例,合浦岭脚村 M4 出土,器盖顶部为一莲花纹。时代为东汉晚期。(图九○:9)

5.钵　1 例,合浦文昌塔 M168:7,口沿下为一周 S 形纹,上下为一周栉齿纹。时代为西汉早期。(图九○:10)

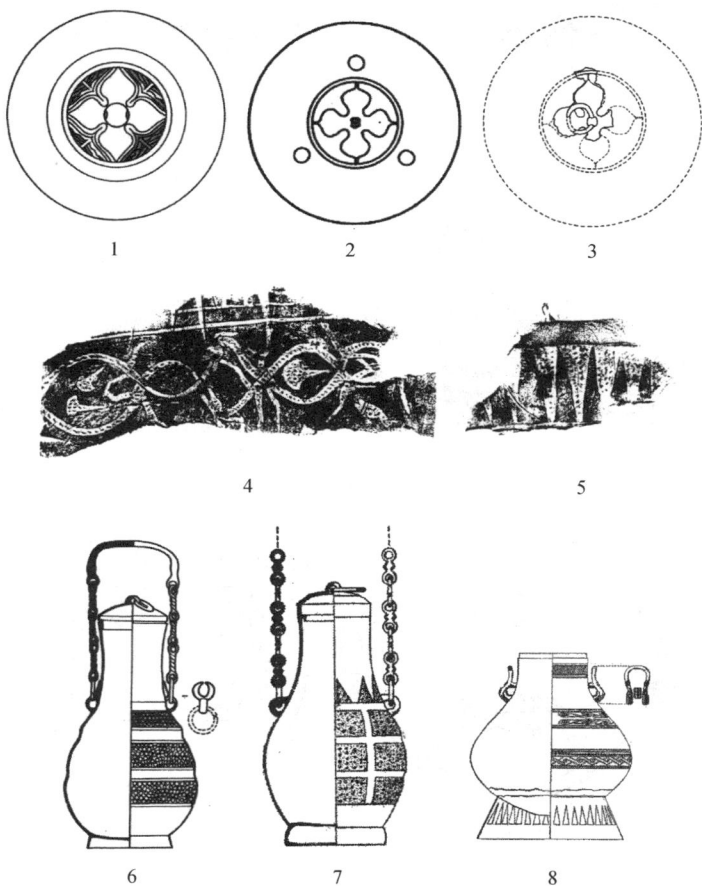

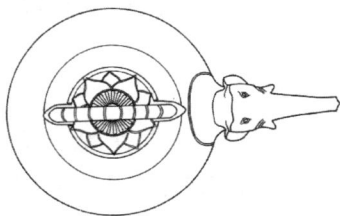
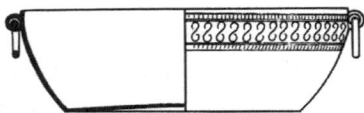

9   10

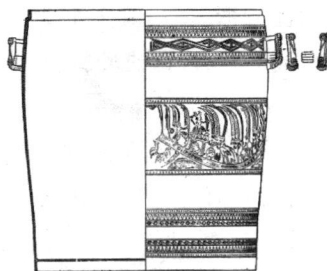

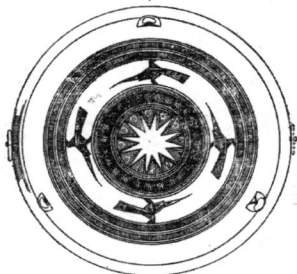

11   12

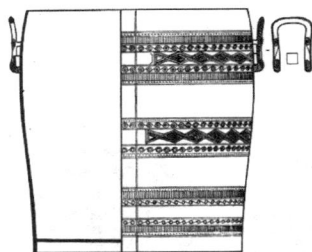
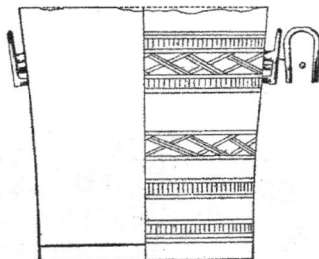

13   14

15   16

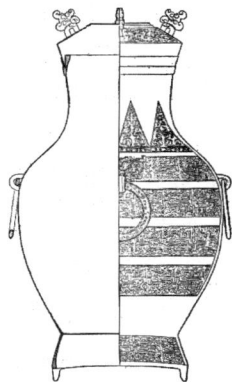

17　　　　　　　　18

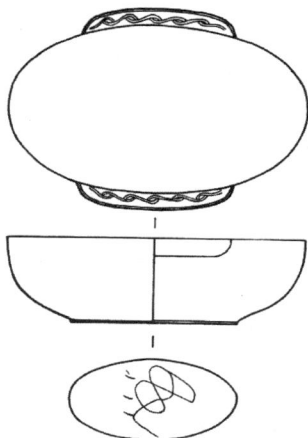
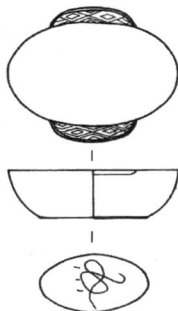

19　　　　　　　　20

图九〇　模铸纹饰

　　1—3.鼎（合浦文昌塔 M5、合浦凤门岭 M23B、合浦 10HTQM6b）　4—7.圆壶（合浦凤门岭 M23A、M26、广州 M1041）　8.匏壶（广州 M1180）　9.象鼻壶（合浦岭脚村 M4）　10.钵（合浦文昌塔 M168）　11.三足盘（贵县罗泊湾 M1）　12—14.提筒（南越王墓 B59、B58、广州 M1097）　15.双耳锅（合浦岭脚村 M4）　16.洗（合浦岭脚村 M4）　17.盘（合浦岭脚村 M4）　18.钫（南越王墓 B51）　19—20.耳杯（合浦岭脚村 M4）

　　6.三足盘　1 例。贵县罗泊湾 M1：13，腹部为两周栉齿纹，底部为铜鼓纹饰：中心为太阳纹、向外依次为雷纹、鹭鸟纹。时代为西汉早期。（图九〇：11）

　　7.提筒　所出提筒均有纹饰。其装饰在口沿和底部的纹饰大致相同，为短线栉齿纹或者连涡纹,差别主要在腹部,大致分以下三种。

(1)竞渡。广州南越王墓 B59,腹部为羽人竞渡。(图九〇:12)

(2)勾连雷纹。广州南越王墓 B58(图九〇:13)、贵县罗泊湾 M1:1、2、3 均是此类。

(3)斜方格纹。广州 M1097:28 即是。(图九〇:14)

时代均在西汉早期。

8.碗 2 例。德庆大辽山出土,内底铸五铢钱币。1973 年梧州火山脚石油站宿舍出土 1 件,内底模铸五铢。时代均为东汉中晚期。

9.双耳锅 3 例。合浦岭脚村 M4:17,内底为双鱼。时代为东汉晚期。(图九〇:15)1982 年桂平金田理村出土 1 件,内底模铸双鱼纹,时代为东汉中晚期。清远江口区出土 1 件,亦内底模铸双鱼纹,时代为东汉中晚期。

10.洗 1 例。合浦岭脚村 M4:18,内底为双鱼。时代为东汉晚期。(图九〇:16)

11.盘 2 例。合浦岭脚村 M4:32,内底为双鱼。时代为东汉晚期。(图九〇:17)梧州旺步出土,内底模铸单鱼纹,时代为东汉早期。

12.钫 1 例。广州南越王墓 B51,颈部为三角蕉叶纹,肩腹部为四层蟠虺纹,圈足为云雷纹。时代为西汉早期。(图九〇:18)

13.耳杯 7 件。合浦岭脚村 M4 出土。耳面饰有水波纹或复线菱形纹。时代为东汉晚期。(图九〇:19—20)

根据上述描述,可知岭南境内模铸纹饰大致可分为以下几类。

A 类:柿蒂纹。3 例,仅施用在鼎盖顶,时代为西汉晚期。

B 类:三角蕉叶纹。3 例,施用在壶、钫的颈部,时代为西汉早中期。

C 类:谷纹。3 例,仅见于壶、钫的腹部。时代为西汉早中期。

D 类:蟠龙纹。仅发现 1 例,见于壶腹部,时代为西汉中期。

E 类:莲花纹。仅见于象鼻壶盖面。时代为东汉晚期。

F 类:铜鼓纹。器类较多,有匏壶、提筒,数量近 20 件。时代为西汉早中期。

G 类:鱼纹。6 例。分两小类。

Ga 类:双鱼纹,5 例。器类有锅、盆、洗。时代为东汉晚期。

Gb 类:单鱼纹,1 例,器类为盘,时代为东汉早期。

H 类:S 形纹。1 例,为钵,时代为西汉早期。

I 类:钱币纹。2 例,器类为碗,时代为东汉中晚期。

J 类：水波纹。数例，具体数量不详，器类为耳杯，时代为东汉晚期。

K 类：复线菱形纹。数例，具体数量不详，器类为耳杯，时代为东汉晚期。

二、分析

从上看出，岭南所出汉代的模铸纹饰种类简单，涉及的数量规模十分有限，其变化过程大致分为以下几个阶段。

第一阶段：西汉早期。

纹饰体系大致分两类：一类为传统楚国地区常见的谷纹、S 纹和三角蕉叶纹。此类纹饰在楚地常有发现，如 1976 年宜城楚皇城[①]、宜昌葛洲坝 M1[②] 均有出土。器类也为楚地所见的圆壶、钫、钵。第二类为本地东周常见铜鼓型纹饰。器类主要有提筒、三足盘、匏壶。

此外，还有一种蟠龙纹，但仅发现 1 例。由于未见完整的器型，但纹饰风格仍然沿袭楚地做法，疑其时代可能在西汉早期，而非中期。

第二阶段：西汉晚期。

西汉早期的纹饰基本消亡，仅发现 3 例柿蒂纹在盖顶出现，其风格显然来自中原内地。

第三阶段：东汉早期。

纹饰仅有单鱼纹，但数量仅 1 例。此类纹饰较多发现在西南的个旧和朱提堂狼器。推断应该来自西南。

第四阶段：东汉中晚期。

出现五种纹饰：双鱼纹、钱币、莲瓣、水波纹和复线菱形纹。数量不过 10 几例，且主要出土在合浦岭脚村。双鱼、钱币纹、水波纹和复线菱形纹大量发现于湘西、峡江地区。莲瓣纹所出的象鼻壶大量发现在越南，推断来自越南境内。

第五节　装饰总体性变化

从上可以看到，岭南境内出土的汉代铜器装饰工艺大致有漆绘、錾刻、模铸、鎏金四种，每种工艺时代不同。漆绘和鎏金主要在西汉早期；錾刻出

---

① 楚皇城考古发掘队：《湖北宜城楚皇城战国秦汉墓》，《考古》1980 年第 2 期。

② 湖北省博物馆：《宜昌前坪战国两汉墓》，《考古学报》1976 年第 2 期。

现在西汉中期,盛行于西汉晚期至东汉早期,东汉中晚期衰落;模铸出现于整个汉代。在这些工艺中,錾刻类所占比重最大,其他三类十分稀少。

纹饰方面,无疑錾刻类的纹饰所占比重较大。

在錾刻类的纹饰中,三角锯齿纹、菱形纹、羽状锦纹、柿蒂纹、菱形锦纹和四神图案使用最为频繁,其中三角锯齿纹和菱形纹一般作为边缘装饰性图案出现在口沿或者圈足上,羽状锦纹、菱形锦纹和四神作为主体纹饰大量出现在腹部中心位置或者盘面的主要区域,柿蒂纹则作为另一种装饰性图案更多出现在器盖顶部或者盘面的中心区域。其时代也存在先后关系,羽状锦纹、菱形锦纹大致流行在西汉晚期至东汉初期,后来为四神所取代。装饰布局方面,时代先后差异也较大,西汉中期仅局部地区刻划,西汉晚期至东汉早期,器物通体刻划,东汉中晚期再次局部刻划。鉴于此类纹饰内地较为少见,其时代最早出现在岭南境内,且其传承有序,应该是本地所制作。

至于漆绘类的纹饰,其风格疑似受到楚地的影响,有养生导行等人物图案和三角蕉叶云气纹之类,仅出现在西汉早期。

模铸类的纹饰,在西汉早期受到楚地和本地传统的影响,如三角蕉叶、谷纹和S纹均在楚地可以看到,本地传统影响的纹饰则主要为铜鼓类图案纹饰,如栉齿纹、勾连雷纹、竞渡等,不见于内地;西汉中期之后内地常见的柿蒂纹叶使用于器盖上;到了东汉,以朱提堂狼器为典型的西南地区铜器和长江中游铜器风靡全国,因此岭南地区也出现其常见的双鱼纹、钱币纹、复线菱形纹之类。

第四章 题铭类别及其变化

岭南铜器上的题铭既有铭刻、也有墨书和模铸三种。本书主要考察其题铭类别、内容及总体阶段性变化过程。

第一节 铭 刻

一、器类、铭文内容和时代

1. 提筒

贵县罗泊湾 M1：4，腹部刻有"布"，在耳下方刻有"十三斤"。时代为西汉早期。

广州南越王墓 G47 口沿刻"卅六□"。时代为西汉早期。

2. 瓿

广州 M1170：16，盖沿刻"鄡公"，肩部刻"鄡公容四斗"，时代为西汉早期。（图九一：1—2）

3. 碗

梧州旺步 M2 出土一件，外底刻"章和三年正月十日钱千二百"，时代为东汉早期。

4. 洗

德庆大辽山所出两件，一件外刻"谢著有"，另一件刻"元初五年七月中西于造谢著胮"。时代为东汉中期。（图九一：3—4）

5. 钫

贵县罗泊湾 M1：9，足部刻"犀"。时代为西汉早期。（图九一：5）

广州 M1175：45，口沿处刻"辛"。时代为西汉早期。（图九一：6）

6. 圆壶

广州南越王墓 G46，肩部刻"蕃禺""三斗"。时代为西汉早期。（图九一：7）

广州 M1172：43，"姚巳"。时代为西汉早期。（图九一：8）

德庆大辽山出土一件,"元初五年七月中西于李文山治谢著有",时代为东汉中期。(图九一:9)

7.匜

广州南越王墓 F56,"蕃""容二斗",时代为西汉早期。(图九一:10)

8.酒樽

广州 M2060:2,口沿刻"真君亦",时代为西汉中期。(图九一:11)

9.鼎

贵县罗泊湾 M1:28,口沿外刻"二斗二升";M1:30,在口沿内侧刻"二斗少半";M1:31,盖顶刻"布",腹部外刻"布""析""析二斗一升""二斗大半升";M1:32,盖面刻"布""析""蕃二斗二升""析二斗大半升""一斗九升",腹部刻"布"。时代为西汉早期。(图九一:12—21)

广州南越王墓 G9,盘口刻"重廿八斤 容六斗 大半斗";G10,口沿刻"重十六斤 容三斗大半斗";G36,盘口刻"蕃 三斗";G54,盖刻"蕃禺 少内",腹部近口沿处刻"蕃禺 少内 容一斗大半";G53,盖刻"蕃 一斤九两 少内",腹部近口沿处刻"蕃 容一斗一升";G55,口沿内刻"少内 蕃 一斗一升";G64,盖刻"蕃禺 少内",腹部近口沿处刻"蕃禺 少内 容二斗二升";G66,盖刻"蕃 少内",腹部近口沿处刻"蕃 少内 一斗二升少半"。时代为西汉早期。(图九一:22—27)

广州 M1097:22,盖刻"四斤九两名辛",口沿刻"容二斗少半十六斤七两"。时代为西汉早期。(图九一:28)

贵县城郊所出,在肩部刻"慎""重十斤十两容一斗三升""甲""食官""一斗三升""十斤六两"。时代可能在西汉早期。

1　　　2　　　3　　　4

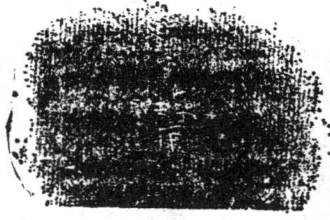

5

6

7

8

9

10

11　　　　　　　12　　　　　　　13

14　　　　　　　15　　　　　　　16

17—21

22

23

24

25

26

27

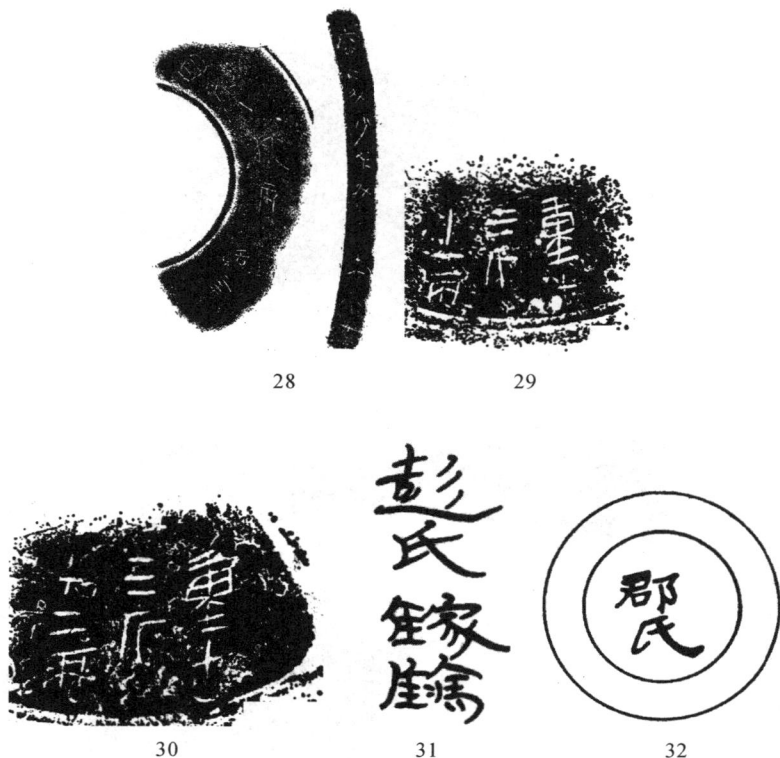

图九一　题铭

刻铭：1—2.瓿（广州 M1170）　3—4.洗（德庆大辽山）　5—6.钫（贵县罗泊湾 M1、广州 M1175）　7—9.圆壶（广州南越王墓 G46、广州 M1172、德庆大辽山）　10.匜（广州南越王墓 F56）　11.酒樽（广州 M2060）　12—21.鼎（贵县罗泊湾 M1：28、30、31、32）　22—27.鼎（广州南越王墓 G9、G10、G36、G53、G54、G66）　28.鼎（广州 M1097）　29—30.灯（广州南越王墓 G62—1、G62—2）

墨书铭：31.釜（合浦文昌塔 M20）　32.碗（番禺 M8）

10.灯

广州南越王墓 G62—1，底座刻"重十三斤十一两"；G62—2，底座"重十三斤二两"。时代均为西汉早期。（图九一：29—30）

二、分类

上述铭文内容大致涉及纪重（量）、使用对象（所有人）、制作地、纪年、工匠等几个方面，下面便尝试分类。

1. 纪重（量）

A. 纪重方面，大致有 7 条。举例如下。

广州南越王墓 G62—1，"重十三斤十一两"。

B. 纪量方面，有 17 条。举例如下。

贵县罗泊湾 M1：28，口沿外刻"二斗二升"。

2. 使用机构

A. 广州南越王墓所出 5 件铜鼎，均刻"少内"。据报告，可能是南越国少内官署所使用或者制作。但是，墓中还出土一套铜勾鑃，铭刻"文帝九年乐府工造"，明确记载制作机构。因此，笔者推断"少内"为使用机构的可能性较大。

B. 贵县城郊所出鼎有"食官"，亦属使用机构。

3. 纪地

A. 使用地。贵县罗泊湾几件铜鼎均刻"布"。据贵县罗泊湾发掘报告，即布山县，也就是今天的贵县。

B. 制作地。"犛"，钫（罗泊湾 M1：9）刻有，即陕西武功县。"西于"，德庆大辽山出土一件铜壶所刻，交趾郡下辖属县，在今日越南红河三角洲一带。

C. 使用或者制作地。广州南越王墓所出刻有"蕃禺""蕃"，究竟是制作地区还是使用地，尚不清楚。

4. 纪年

仅发现 3 例。

德庆大辽山所出圆壶和洗，有"元初五年"。梧州旺步 M2 所出碗，刻"章和三年"。其究竟是铸造时所刻还是使用者表明归属所刻，无法探究。

5. 纪值

仅有 1 例，梧州旺步 M2 所出碗，外底刻"钱千二百"。

6. 纪人

A. 使用者或者所有者。德庆大辽山所出 2 件所刻"谢著"，广州 M1172：43 所刻"姚巳"，贵县城郊所出所刻"慎"，番禺所出铜碗墨书"郡氏"，广州 M1175：45 口沿处所刻"辛"（同出玉印"辛偃"），均应是此类。

B. 制作者。德庆大辽山所出圆壶所刻"李文山"，合浦文昌塔 M20 所出"彭氏"即是或所有者。

7. 编号

广州 M1097：22，盖刻"四斤九两名辛"、贵县城郊所出"甲"和兴安石马坪所出"九十三"，均属器物编号。

第二节　其他类别

有墨书和模铸类,但数量仅 3 件。

(一)墨书

广州南越王墓 G33,鼎盘口黑漆墨书"蕃禺"。

釜 1 件。合浦文昌塔 M20:12,腹部刻"彭氏□□",时代为西汉晚期。
(图九一:31)

碗 1 件。番禺 M8:35,圈足内墨书"郡氏",时代为东汉中晚期。(图九
一:32)

(二)模铸

鐎斗 1 件。兴安石马坪 M10:17,口沿下模铸"九十三"。时代为西汉
晚期。

清远江口所出 1 件铜锅,内底模铸有铭文,惜无法识别。根据内底双
鱼图案来看,推断应该是"宜侯王"之类。时代为东汉中期。

第三节　小　结

岭南境内所出汉代铜器铭文器物甚少,仅三十几件。铭文也相当简
单,或简单记载重量,或者地名之类,尚未发现内地盛行的物勒工名做法。

另外,题铭内容在不同时段呈现变化,大致如下。

西汉早期,以纪重(量)为主。

西汉中晚期几乎空白。

东汉开始,才零星出现了纪值、纪年和纪人名。

西汉早期的铭刻器类,集中发现在广州南越王墓和贵县罗泊湾墓葬
中,反映出使用者的身份和地位。从铭文内容来看,也接近内地风格。这
些铭刻铜器部分表明其来源内地(如贵县罗泊湾所出的钫,足部刻"螯",说
明其源于今天的陕西武功),大多数虽然为本地制作,但也沿袭了内地铭刻
的做法。

西汉中晚期,内地铭刻内容发生剧变,物勒工名成为主流,而岭南境内
尚未发现 1 例,表明作为边疆的岭南地区,当时并未受到当时士人或者权
贵的关注和重视。这也说明汉代的物勒工名制度,可能仅限于内地,其器

类的使用者可能为官方之类的家庭或机构。

　　东汉开始出现的题铭,有 3 件刻有纪年,其中 1 件还刻有价值,这种做法在长江中游地区甚是流行,虽然制作地在西于(今天的越南),但其风格显然受到长江中游的影响。清远所出双鱼纹饰的锅,其铭文若如笔者上文推断为"宜侯王"之类,其来源亦是长江中游一带。

第五章 传统与新兴、输入与本土器

——铜器构成来源及其特点

岭南地区的青铜文化在汉代以前大致属于越族和百濮系统中的骆越句町,器类大致有越式鼎、扁茎短剑、扇形钺、刮刀、人首柱形器、铜鼓、羊角钮钟、靴形钺等,[①]与上文呈现的汉代青铜器无论类别还是形制方面均存在较大差异。无疑,岭南所出汉代铜器具有一定的复杂性和多元化。

其复杂性和多元化,大致体现在几个方面:传统器与新兴器,外地输入器还是岭南本土制作。所谓的传统器,即汉代之前大规模出现的器类。新兴器即汉代出现,或者汉代之前存在、进入汉代始才大规模出现的器类。外地输入器,即岭南之外输入的器类。本土制作器,显然为岭南本地制作的,其大致可分为仿制、改造或者创新器。

第一节 分析:传统与新兴、输入与本土器

如何甄别哪些器类属传统器或新兴器,或输入器? 或者自何地输入,或本土制作? 对此,唯有依赖文化因素分析方法、结合分布地域进行综合考察。但是,需要注意的是,在两汉时期文化大一统的趋势下,存在文化风格相同而产地并不一致的情况,如模仿、工匠的迁徙等情况便容易导致这种现象。因此在本书中,将视器物的研究程度具体分析,尽可能对产地进行探究,无疑这种研究更能观察文化的交流。为此大致设计了以下确定产地和文化因素的考证原则:1. 有确切铭文记载产地的;2. 某个地区出土最多或仅某地所见;3. 若所出大致相当,则观察其类似陶器的分布状况;4. 传承有序并无中断。

另外,对于输入地来源的表达描述,鉴于部分器类除岭南外全国共有,无法具体推断确切区域,只好笼统概括为内地。

下面便按不同器类分别考证。

---

① 李龙章:《岭南地区出土青铜器研究》,文物出版社 2006 年版,第 28—222 页。

一、鼎

（一）分析

鼎分四大型，各型之间差异甚大，反映出不同的文化因素。

A 型鼎为本地的越式鼎，东周时期便较多出土，如罗定背夫山 M1①、揭阳面头岭②、宾阳韦坡③、贺县龙中④所出即是。B、C 型鼎亦是本地的越式鼎，东周时期便有出土，如乐昌对面山⑤、肇庆松山⑥、平乐银山岭⑦均有出土。（图九二）

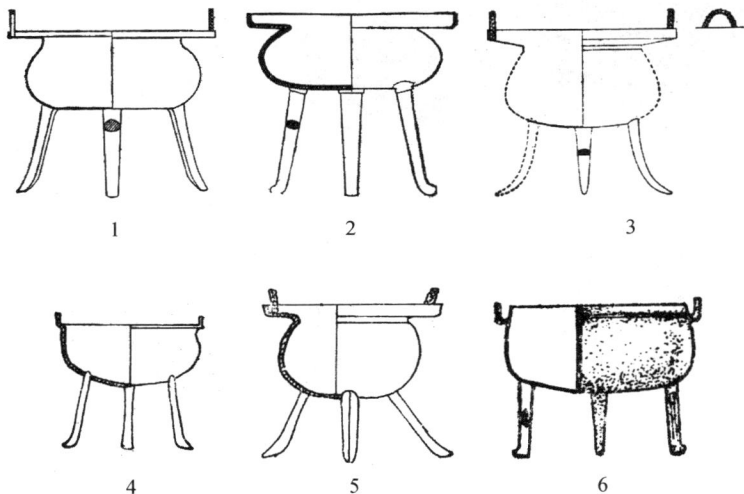

图九二　东周时期越式鼎

1.罗定背夫山 M1　2.揭阳面头岭　3.宾阳韦坡　4—5.贺县龙中

6.肇庆松山

①　广东省博物馆、罗定县文化局：《广东罗定背夫山战国墓》，《考古》1986 年第 3 期。

②　广东省博物馆、汕头市文管会、揭阳县博物馆：《广东揭阳县战国墓》，《考古》1992 年第 3 期。

③　广西壮族自治区文物工作队：《广西宾阳县发现战国墓葬》，《考古》1983 年第 2 期。

④　贺县博物馆：《广西贺县龙中岩洞墓清理简报》，《考古》1993 年第 4 期。

⑤　广东省文物考古研究所、乐昌市博物馆、和平县博物馆：《广东乐昌市对面山东周秦汉墓》，《考古》2000 年第 6 期。

⑥　广东省博物馆、肇庆市文化局发掘小组：《广东肇庆市北岭松山古墓发掘简报》，《文物》1974 年第 11 期。

⑦　广西壮族自治区文物工作队：《平乐银山岭战国墓》，《考古学报》1978 年第 2 期。

　　Da 型鼎为典型的楚式鼎,江陵雨台山 M354[1]、荆门包山 M2[2] 均有发现,岭南地区仅发现 1 例,可能为楚人或者秦人获得后在战国末期至秦代随身携带进入岭南。

　　Db 型较为复杂。半球腹、矮胖蹄足风格与关中地区所出甚是一致,如兴平西吴[3]、子长史家畔[4]、西安陈清士墓[5]等所出。(图九三:1—3)鉴于岭南发现甚少,而墓主均是罗泊湾 M1 或者南越王墓之类的王侯人物,推断可能属馈赠之物。

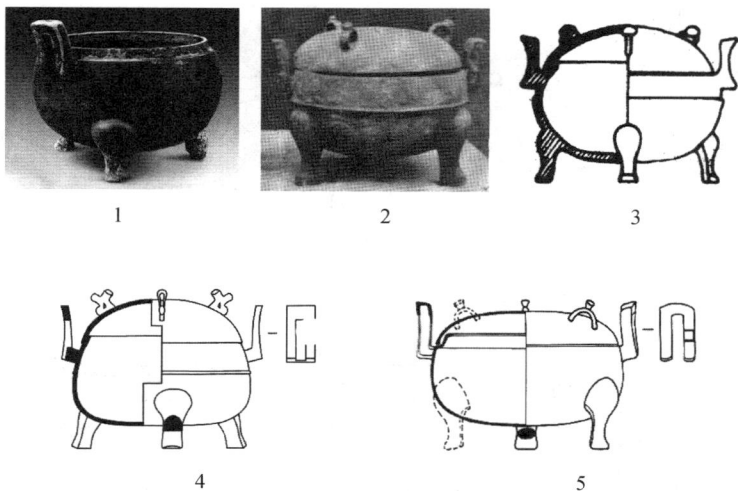

图九三　内地所出汉代铜鼎

1—3.关中境内所出(兴平西吴、子长史家畔、西安陈清士墓)　4—

5.湖南境内所出(常德 D3M27、龙山里耶 M1)

　　Dcaa 型仅合浦发现 1 例,类似铜鼎在常德、里耶一带出土甚多,如Ⅰ式与常德 D3M27 所出雷同[6](图九三:4),Ⅱ式在龙山里耶 M99、M1[7] 均有出土(图九三:5),应该来自湖南境内。Dcab 型Ⅰ式深弧腹风格接近关中所出,可能受到其影响,但高兽蹄足可能为楚式鼎的做法,属岭南特有器

①　湖北省荆州地区博物馆:《江陵雨台山楚墓》,文物出版社 1984 年版,第 73 页。

②　湖北省荆沙铁路考古队:《包山楚墓》(上),文物出版社 1991 年版,第 99 页。

③　王亚庆:《咸阳博物馆收藏的汉代铜器》,《文物》2009 年第 5 期。

④　李亮亮:《子长县发现的青铜器》,《文博》1992 年第 6 期。

⑤　程林泉、韩国河、杨军凯、吴春:《西安陈清士墓发掘简报》,《考古与文物》1992 年第 6 期。

⑥　湖南省常德市文物局、常德博物馆、鼎城区文物局、桃源县文物局、汉寿县文物局:《沅水下游汉墓》,文物出版社 2016 年版,第 65 页。

⑦　湖南省文物考古研究所:《里耶发掘报告》,岳麓书社 2006 年版,第 482—483 页。

类。Ⅱ式开始,地域特征开始显现并亦加强,如高扁蹄足、平顶盖的做法,并一直延续到东汉晚期。

Dcb 型Ⅰ式扁弧腹、高蹄足应该受到楚式鼎的影响,但亦并非完全模仿,而是改良,如腹更浅,兽蹄足也非楚式鬼脸风格,尤其是广州 M1097 所出盖顶三羊纽的出现,为其他地区所不见。Ⅱ式开始,地区特征显现并趋于强烈,如盖顶平、高扁蹄足不见他地所出。

(二)分类

根据上文所述,岭南所出铜鼎大致分类如下。

1. 传统器

(1)本土制作

有鼎 A、B、C 型。

(2)输入

A. 旧楚:Da 型。

B. 内地:Db、Dcaa 型。

2. 新兴器

本土改造。Dcab 和 Dcb 型。

二、锜

锜的源头乃鍪[1]。从形制方面来看,西汉早期锜的器身就是温鍪。但是从西汉晚期开始,其器身不断向壶的方向演化,而足的地方性特征逐渐明显,呈现出扁足化趋势,与上文 Dcab、Dcb 型鼎足相同。无疑,其是岭南工匠对外来物品进行改造的结果。

三、鐎壶

(一)分析

鐎壶乃由东周提梁盉演化而来,楚地所出甚多,如荆门包山 M2[2]、信阳长台关[3]均有出土。安吉五福 M1[4] 楚墓中便出现鐎壶。(图九四:1)从器型方面来看,Aa 型鐎壶均可在两湖等楚国故地找到原型,如Ⅰ式与宜昌

① 孙机:《汉代物质文化资料图说》(修订本),中华书局 2020 年版,第 410 页。

② 湖北省荆沙铁路考古队:《包山楚墓》,文物出版社 1991 年版。

③ 河南省文物研究所:《信阳楚墓》(上),文物出版社 1986 年版,第 110 页。

④ 浙江省文物考古研究所、安吉县博物馆:《浙江安吉五福楚墓》,《文物》2007 年第 7 期。

前坪 M14、襄樊岘山 M3① 所出相同（图九四：2—3）；Ⅱ式与资兴 M439②
所出相同（图九四：4）；Ⅲ式与衡阳荆田村 M6③、南岳万福村 M1④ 所出相
同。（图九四：5—6）Ab 型在湖南境内亦均可找到同类器。

　　B 型尚未发现其他例证，疑其为楚器改造而来。

　　C 型凤首流鐎壶在越南⑤出土 1 件、西昌杨家山⑥出土 1 件（图九四：
7）、昭通桂家院子⑦出土 1 件，但是越南境内长溪 M22、M10，闵山 M1b 均
有类似陶质出土⑧，相反岭南地区和内地并无发现，可知其源头在交趾。

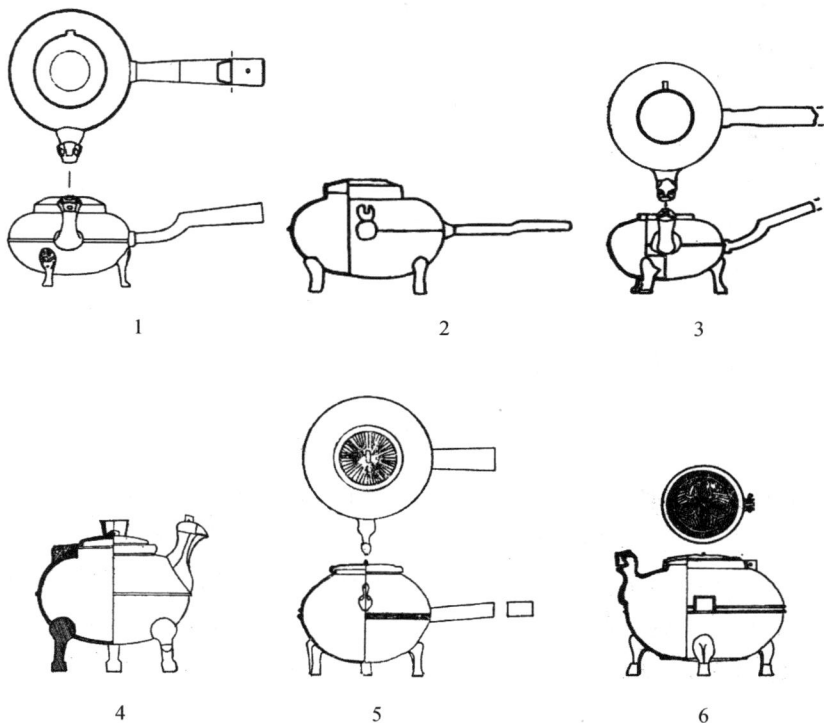

1　　　　　　　　　2　　　　　　　　　3

4　　　　　　　　　5　　　　　　　　　6

①　湖北省博物馆：《宜昌前坪战国两汉墓》，《考古学报》1976 年第 2 期。襄樊市博物馆：《湖北襄
　　樊市岘山汉墓清理简报》，《考古》1996 年第 5 期。
②　湖南省博物馆、湖南省文物考古研究所：《湖南资兴西汉墓》，《考古学报》1995 年第 4 期。
③　衡阳市文物工作队：《湖南衡阳荆田村发现东汉墓》，《考古》1991 年第 10 期。
④　衡阳市文物工作队：《湖南南岳万福村东汉墓》，《考古》1992 年第 5 期。
⑤　蒋廷瑜：《汉代錾刻花纹铜器研究》，《考古学报》2002 年第 3 期。韦伟燕：《越南境内汉墓的考
　　古学研究》，吉林大学 2017 年博士学位论文，第 93 页。
⑥　四川凉山彝族自治州博物馆：《四川西昌市杨家山一号东汉墓》，《考古》2007 年第 5 期。
⑦　云南省文物工作队：《云南昭通桂家院子东汉墓发掘》，《考古》1962 年第 8 期。
⑧　韦伟燕：《越南境内汉墓的考古学研究》，吉林大学 2017 年博士学位论文，第 93 页。

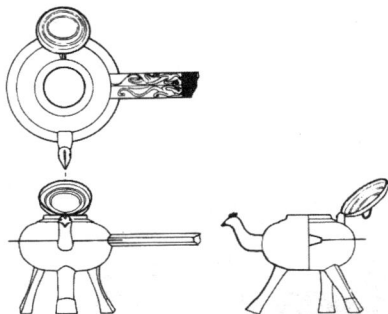

7

图九四　内地所出铜盉、鐎壶

1.安吉五福　2.宜昌前坪 M14　3.襄樊岘山 M3　4.资兴 M439

5.衡阳荆田村 M6　6.南岳万福村 M1　7.西昌杨家山 M1

(二)分类

根据上文分析,可知鐎壶属汉代新兴器,但其制作中心主要在楚国故地。岭南所出归属两类。

1.旧楚输入:A、B 型。

2.交趾输入:C 型。

四、鐎斗

目前国内所见最早的鐎斗为《陶斋吉金录》所载"建始二年六月十四日中尚方造鐎斗"[1],但其柄为龙首、矮蹄足与岭南地区所出存在较大差异。类似鐎斗在江东汉墓中出土甚多,如长兴七女墩 M2[2]、嵊州剡山 M68[3]、萧山瓜沥[4]、上虞驮山 M28[5]、金华马铺岭 M1[6] 即是。(图九五)岭南所出2 件应来自江东境内。

---

[1]　转引孙机:《汉代物质文化资料图说》(修订本),中华书局 2020 年版,第 398 页。

[2]　胡秋凉:《长兴七女墩墓葬群清理简报》,《东方博物》第四十三辑,浙江大学出版社 2012 年版,第 30 页。

[3]　张恒:《浙江嵊州市剡山汉墓》,《东南文化》2004 年第 2 期。

[4]　施加农:《发现萧山》,西泠印社出版社 2014 年版,第 180 页。

[5]　浙江省文物考古研究所:《沪杭甬高速公路考古报告》,文物出版社 2002 年版,第 233 页。

[6]　金华地区文管会:《浙江省金华马铺岭汉墓》,《考古》1982 年第 3 期。

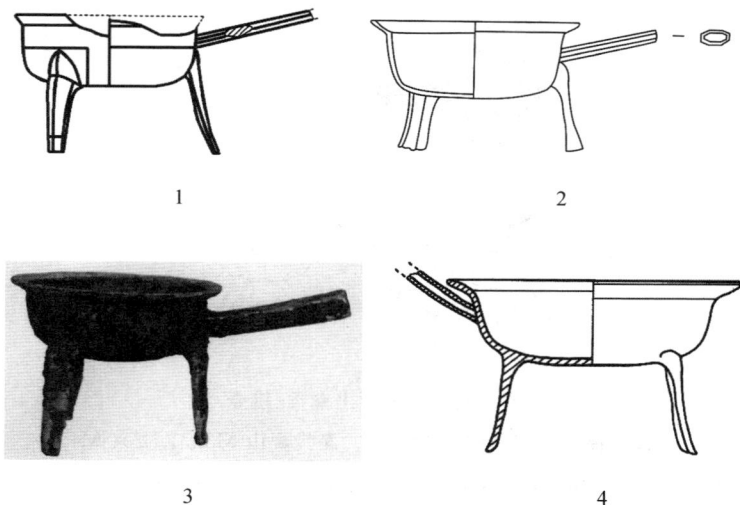

图九五　浙江出土的鐎斗

1.长兴七女墩 M2　2.嵊州剡山 M68　3.萧山瓜沥　4.上虞驮山 M28

五、鋬

岭南地区所出铜鋬均属西汉早期，而且主要出自两座王侯墓葬：贵县罗泊湾和广州南越王墓。鋬乃巴蜀器物，后随秦人征战才传播全国各地。岭南所出也可能与此有关。不过 A 型鋬与 B 型鋬的来源可能存在差异，A 型更多出土于陕西等中原地区，如襄汾司马村[①]、南阳丰泰 M36[②]、咸阳邰城 M247[③] 均有出土（图九六：1—3）；B 型则与湘西和峡江地区所出更为接近，如龙山里耶清水坪 M2、M3[④]，古丈白鹤湾 M13[⑤] 所出。（图九六：4—6）因此，推断 A 型鋬的直接源头可能来自秦人，B 型鋬来自湘西或者峡江地区的巴人。

分类如下。

传统输入器

① 临汾地区丁村文化工作站：《山西襄汾县出土一组秦代铜器》，《考古》1986 年第 5 期。

② 河南省南阳市文物考古研究所、武汉大学历史学院考古系：《南阳丰泰墓地》，科学出版社 2011 年版，第 166 页。

③ 陕西省考古研究院、杨凌区文物管理所：《邰城汉墓》，上海古籍出版社 2018 年版，第 609 页。

④ 湖南省文物考古研究所：《里耶发掘报告》，岳麓书社 2006 年版，第 491 页。

⑤ 湘西自治州文物管理处、古丈县文物管理所：《古丈县白鹤湾战国西汉墓发掘报告》，《湖南考古》2002，岳麓书社 2004 年版，第 163 页。

1. 关中输入：A 型。
2. 西南输入：B 型。

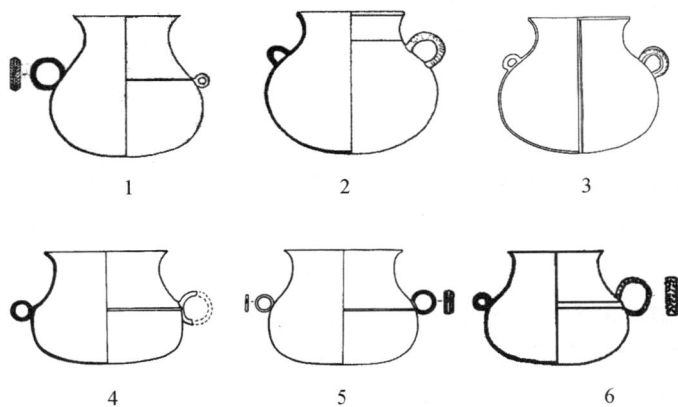

图九六　中原、湘西所出铜鍪

1—3.中原地区（襄汾司马村、南阳丰泰 M36、咸阳邸城 M247）　4—6.
湘西（龙山里耶清水坪 M2、M3,古丈白鹤湾 M13）

六、铫

作为大众用具,岭南发现不多,显然并非当地所作。类似铫在关中和
关东地区所出甚多,如西安北郊郑王村①出土 5 件、兴平西吴②出土 3 件、
三门峡向阳汉墓③出土近 10 件,济南魏家庄④亦有出土。（图九七:1—4）
可知其来源于关东和关中地区。

七、釜

(一)分析

釜分三类,各类差异甚大,反映源头不同。

甲类釜属典型的巴人炊具,早期双耳均带绹纹。此类釜在巴蜀和湘西

① 陕西省考古研究院:《西安北郊郑王村西汉墓》,三秦出版社 2008 年版,第 272 页。
② 张文玲:《茂陵博物馆收藏的几件铭文铜器》,《文物》2012 年第 2 期。
③ 三门峡文物考古研究所:《三门峡向阳汉墓》,北京燕山出版社 2007 年版,第 181 页。
④ 济南市考古研究所:《山东济南魏家庄汉墓发掘简报》,《华夏考古》2016 年第 4 期。

境内十分常见,如里耶清水坪①、大板墓地②、重庆临江支路③、丰都汇南④、成都东北郊⑤、重庆万州大地嘴⑥、忠县老鸹冲⑦等墓地均有出土。(图九七:5—10)岭南地区所出应来自上述地区。

乙类釜大致有两个主要出土区域,一个即在岭南本地,另一个在云贵地区。不过岭南所出更为丰富,大致有十几个墓地,数量接近30件,云贵地区所出则集中在个旧黑蚂井墓地⑧(图九七:11),数量大致在十几件;从时代方面来看,岭南地区最早,西汉中期开始出现且一直使用至东汉晚期,而云贵地区则主要集中在西汉晚期至东汉早期。云贵所出的源头应来自岭南,不过并非所出均为岭南输入,当地有大量仿制,对此第七章有考证。

丙类釜岭南境内仅发现1例,时代为西汉晚期。但在云贵地区则出土甚多,如个旧黑蚂井⑨、会泽水城⑩、昆明羊甫头墓地⑪均有出土(图九七:12—13),数量达几十件,时代为西汉中期至东汉初期。无疑岭南所出来自云贵境内。

(二)分类

根据上文分析,上述器类大致分类如下。

1.传统器

西南输入:甲类。

2.新兴器

(1)本土:乙类。

(2)云贵地区输入:丙类。

---

① 湖南省文物考古研究所:《里耶发掘报告》,岳麓书社2006年版,第492页。
② 湖南省文物考古研究所:《里耶发掘报告》,岳麓书社2006年版,第627页。
③ 重庆市博物馆:《重庆市临江支路西汉墓》,《考古》1986年第3期。
④ 四川省文物考古研究院、重庆市文化局、丰都县文物管理所:《重庆市丰都县汇南墓群2003年度发掘简报》,《四川文物》2013年第2期。
⑤ 四川省文物管理委员会:《成都东北郊西汉墓葬发掘简报》,《考古通讯》1958年第2期。
⑥ 青海省考古研究所、南京师大文博系、万州市文管会:《万州大地嘴墓地发掘报告》,《重庆库区考古报告集》(1999),科学出版社2006年版,第352页。
⑦ 重庆市文物考古所、重庆市文物局:《忠县老鸹冲遗址(墓葬部分)发掘简报》,《重庆库区考古报告集》(2000下),科学出版社2007年版,第860页。
⑧ 云南省文物考古研究所、红河哈尼族彝族自治州文物管理所、个旧市博物馆:《个旧市黑蚂井墓地第四次发掘报告》,科学出版社2013年版,第123页。
⑨ 云南省文物考古研究所、红河哈尼族彝族自治州文物管理所、个旧市博物馆:《个旧市黑蚂井墓地第四次发掘报告》,科学出版社2013年版,第123页。
⑩ 云南省文物考古研究所:《会泽水城古墓群发掘报告》,科学出版社2014年版,第47页。
⑪ 云南省文物考古研究所、昆明市博物馆、官渡区博物馆:《昆明羊甫头墓地》,科学出版社2005年版,第806页。

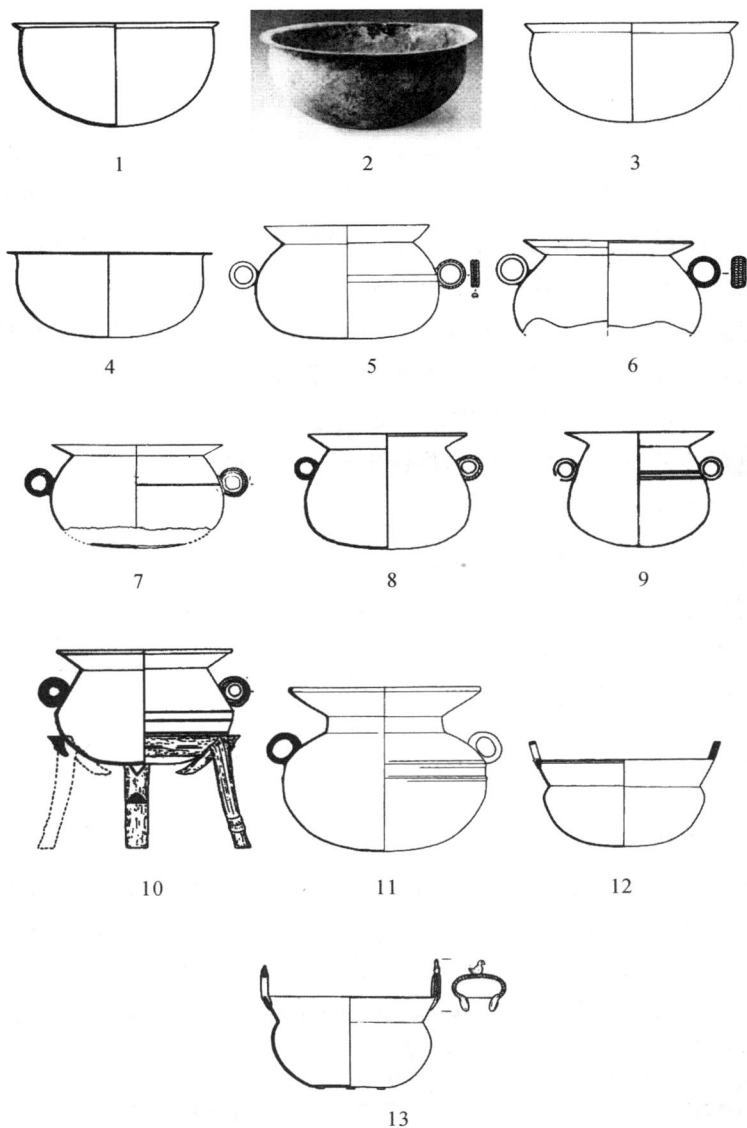

图九七 内地所出铜铫、巴式釜、盘口釜、鼓形釜

1—4.铫（西安北郊郑王村、兴平西吴、三门峡向阳、济南魏家庄） 5—
10.巴式釜（里耶清水坪、大板墓地、重庆临江支路、丰都汇南、万州大地嘴、
忠县老鸹冲） 11.盘口釜（个旧黑蚂井） 12—13.鼓形釜（个旧黑蚂井、会
泽水城）

八、锅

（一）分析

岭南所出锅有双耳、四耳、六耳，但以双耳为主，且形制相同，均为盘口、直腹、平底。数量在 20 件以上，类似锅云贵地区出土 9 件[①]、湖南出土 3 件[②]。无疑岭南本土有制作生产。从形制方面看来，此锅盘口直腹特征与上文的 C 型鼎十分接近，推测可能由后者演化所致。

但是，合浦岭脚村 M4、桂平金田理村和清远江口区所出内饰单鱼或者双鱼纹，为岭南罕见。汉代单鱼纹用于铜器，最早见于个旧黑蚂井墓地[③]；双鱼纹则多见于朱提堂狼器和蜀郡器、并传播于长江中游上[④]。鉴于其器型更加接近长江中游同类器，推断来自长江中游。

（二）分类

根据上文分析，可分类如下。
新兴器
1. 本土制作：Ⅰ、Ⅱ式。
2. 旧楚输入：Ⅲ式。

九、甑

（一）分析

上甑下釜的甑乃由鬲甑所演化而来，中原地区出现最早，大致始于战国晚期。汲县三彪镇 M1 所出鬲足尚存，至辉县赵固 M1 所出则为平底[⑤]。

---

① 云贵地区在曲靖八塔台、安顺宁谷跑马地 M28、个旧黑蚂井、昭通桂家院子、兴仁交乐、大关岔河、黔西绿化乡、兴义 M8 有出土。详情参看第七章。

② 湖南境内在常德、郴县有出土。详情参看第七章。

③ 个旧黑蚂井 M26 所出釜、89M4 所出刁斗、M27 所出整均内底模铸单鱼纹。时代为西汉晚期。

④ 有确切自铭为"堂狼"或者"朱提"有双鱼纹的铜器有 11 件，如：建初元年堂狼造，建初四年朱提造作，建初八年朱提造作，章和元年堂狼造，延平元年堂狼造作，永建元年朱提造，永建六年朱提造作工，汉安元年朱提造，汉案元年堂狼造作工，建宁三年堂狼，延熹四年朱提堂狼造作。蜀郡器如：浙江绍兴出土 1 件，内底为双鱼纹和"蜀郡成都作"；汝城城关镇出土 1 件，内底为双鱼和"蜀郡成都何师作富"。长江中游器多钱币纹、双鱼纹和吉语，如：鄂西博物馆收集一批铜洗、圆壶。圆壶内底有钱币纹，洗有"宜侯王"双鱼纹、"富贵昌宜侯王"双鱼纹、"富贵金造作吉"双鱼和四钱币纹饰；郴县同和乡出土"富贵昌宜侯王"双鱼纹铜洗、"富贵昌宜侯王"双耳锅；安化县苍场公社出土一批錞于、双鱼洗和圆壶；桃源兴隆街出土圆壶和洗，内底有单鱼和双钱币纹；桃源大池塘大队出土双鱼、双鱼＋"富贵昌宜侯"、双鱼＋"富贵昌宜侯王大吉"铜洗等。

⑤ 朱凤瀚：《古代中国青铜器》，南开大学出版社 1995 年版，第 177 页。

岭南地区所出 A 型仅发现 3—4 例，当由外地所输送。鉴于甑的差异较小，对其来源主要看釜。

　　Aaa 型斜肩釜在关中出土较多，如西安第二机砖厂①、咸阳马泉②所出均是此类风格（图九八：1—2），推断其源头应来自关中。

　　Aab 型在里耶清水坪墓③地有较多出土（图九八：3），可能来自湘西一带。

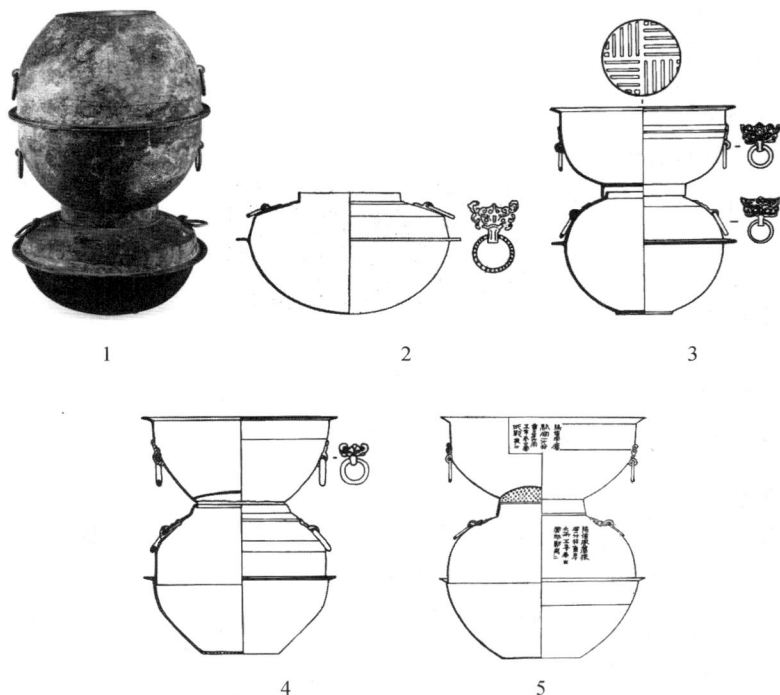

图九八　内地所出铜甗

1—2、4—5.关中所出（西安第二机砖厂、咸阳马泉、西安北郊郑王村、茂陵丛葬坑）　3.湘西所出（里耶清水坪）

　　Aac 型特色十分明显，釜由覆盆和盆两部分组成，此类陕西甚多且时代早，如西安北郊郑王村④、茂陵丛葬坑⑤均有出土（图九八：4—5），其源头

────────────

① 西安市文物保护考古所：《西安文物精华》（青铜器），世界图书出版西安公司 2005 年版，第 29 页。

② 咸阳市博物馆：《陕西咸阳马泉西汉墓》，《考古》1979 年第 2 期。

③ 湖南省文物考古研究所：《里耶发掘报告》，岳麓书社 2006 年版，第 248 页。

④ 陕西省考古研究院：《西安北郊郑王村西汉墓》，三秦出版社 2008 年版，第 272 页。

⑤ 咸阳地区文管会、茂陵博物馆：《陕西茂陵一号无名冢一号丛葬坑的发掘》，《文物》1982 年第 9 期。

大致为关中。

Ab 型釜为盘口釜,即本书的乙类,上文分析其属本地所创,无疑此类甗亦是本地制作。

B 型甗仅仅发现 2 例。Ba 型广州 M1174 所出釜宽棱风格十分接近荆州高台①所出,但是其扁足做法显然系后来加工改造。Bb 型则系 C 型釜添加三足而成。

(二)分类

新兴器分类如下。

1.内地输入

关中地区:Aaa、Aac 型。

湘西地区:Aab 型。

2.本土改造:Ab 和 B 型。

十、圆壶

(一)分析

圆壶共分两大类五型别,风格各异。

先看甲类。

A 型系典型楚式铜壶,类似壶见于寿县朱家集李孤三堆楚王墓②、湖北鄂城钢铁厂 M53③,岭南仅发现 1 例,属输入品。

B 型同样系典型的楚器,江陵马山 M1④、江陵雨台山 M480⑤ 均有出土,其可能由楚人或者秦人获取后带入岭南。

C 型铜壶西汉早中期内地所出颇多,如盱眙大云山 M1⑥、西安高窑三桥村所出"九江共"钟⑦、常德 D3M27⑧ 等均是。岭南所出不过数例,且时代均为东汉中晚期,推断非本地制作。

---

① 湖北省荆州博物馆:《荆州高台秦汉墓》,科学出版社 2000 年版,第 99 页。
② 转引朱凤瀚:《古代中国青铜器》,南开大学出版社 1995 年版,第 1067 页。
③ 湖北省鄂城县博物馆:《鄂城楚墓》,《考古学报》1983 年第 2 期。
④ 湖北省荆州地区博物馆:《江陵马山一号楚墓》,文物出版社 1985 年版,第 76 页。
⑤ 湖北省荆州地区博物馆:《江陵雨台山楚墓》,文物出版社 1984 年版,第 24 页。
⑥ 南京博物院、盱眙县文广新局:《江苏盱眙县大云山西汉江都王陵一号墓》,《考古》2013 年第 10 期。
⑦ 西安市文物保护考古所:《西安文物精华》(青铜器),世界图书出版西安公司 2005 年版,第 77 页。
⑧ 湖南省常德市文物局、常德博物馆、鼎城区文物局、桃源县文物局、汉寿县文物局:《沅水下游汉墓》,文物出版社 2016 年版,第 65 页。

再看乙类。

A 型尚未在其他地区发现出土，但岭南所出不过数件，且主要集中在西汉中期，推断应该另有源头。至于源头何在，有待以后资料补充考证。

Ba 型圈足上部弧曲的做法在战国中晚期主要集中在楚和关东地区。楚地如宜昌葛洲坝 M1[①]、江陵马山 M1[②]、长沙市烈士公园 M3[③] 所出；关东如济南千佛山[④]、中山王厝 M1[⑤]、河南陕县 M3401、M3411[⑥] 所出。此类铜壶后来成为关中地区常见模式，如西安的"大官"钟[⑦]、西安枣园 M1 所出的鎏金壶[⑧]、西安未央出土的"河间食官"钟[⑨]均是。（图九九：1—2）岭南所出基本与内地保持一致，但并非均为内地输入，合浦望牛岭所出满刻菱形锦纹表明当地也有制作。推断仅 I 式为输入品。结合第三章中的纹饰考证，I 式来源于楚地的可能性更大。

Bb 型器湖南所出十分丰富，如长沙 M217[⑩]、里耶清水坪 M31[⑪]、永州鹞子岭刘彊墓[⑫]、长沙汤家岭张端君墓[⑬]、桃源大池塘[⑭]、古丈白鹤湾[⑮]、巫山麦沱[⑯]等地（图九九：3—6，9—11），南方其他地区也有不少发现，如云贵地区有昭通得马寨[⑰]、兴仁交乐[⑱]、大关岔河[⑲]等（图九九：7—8）。发展序列完整，从西汉早期延续到东汉晚期。岭南所出最早为西汉中期，东汉中晚期仅 2 例。表明其深受湖南等南方地区影响。鉴于岭南和湖南等南方

① 湖北省博物馆：《宜昌前坪战国两汉墓》，《考古学报》1976 年第 2 期。
② 湖北省荆州地区博物馆：《江陵马山一号楚墓》，文物出版社 1985 年版，第 76 页。
③ 周世荣：《长沙烈士公园清理的战国墓葬》，《考古通讯》1958 年第 6 期。
④ 李晓峰、尹沛扬：《济南千佛山战国墓》，《考古》1991 年第 9 期。
⑤ 河北省文物管理处：《河北省平山县战国时期中山国墓葬发掘简报》，《文物》1979 年第 1 期。
⑥ 中国社会科学院考古研究所：《陕县东周秦汉墓》，科学出版社 1994 年版，第 130—131 页。
⑦ 西安市文物保护考古所：《西安文物精华》（青铜器），世界图书出版西安公司 2005 年版，第 73 页。
⑧ 西安市文物保护考古所：《西安北郊枣园大型西汉墓发掘简报》，《文物》2003 年第 12 期。
⑨ 西安市文物保护考古所：《西安文物精华》（青铜器），世界图书出版西安公司 2005 年版，第 74 页。
⑩ 中国科学院考古研究所：《长沙发掘报告》，科学出版社 1957 年版，第 111 页。
⑪ 湖南省文物考古研究所：《里耶发掘报告》，岳麓书社 2006 年版，第 566 页。
⑫ 零陵地区文物工作队：《湖南永州市鹞子岭西汉"刘彊"墓》，《考古》1990 年第 11 期。
⑬ 湖南省博物馆：《长沙汤家岭西汉墓清理报告》，《考古》1966 年第 4 期。
⑭ 高至喜：《湖南桃源大池塘东汉铜器》，《考古》1983 年第 7 期。
⑮ 湘西自治州文物管理处、古丈县文物管理所：《古丈县白鹤湾战国西汉墓发掘报告》，《湖南考古》2002，岳麓书社 2004 年版，第 163 页。
⑯ 重庆市文物局、重庆市移民局：《巫山麦沱墓地》，科学出版社 2018 年版，第 365 页。
⑰ 昭通市文物管理所：《昭通田野考古》（之一），云南人民出版社 2012 年版，第 178 页。
⑱ 贵州省博物馆考古研究所：《贵州兴仁交乐汉墓发掘报告》，《贵州田野考古四十年》，贵州民族出版社 1993 年版，第 258 页。
⑲ 云南省文物工作队：《云南大关、昭通东汉崖墓清理报告》，《考古》1965 年第 3 期。

所出器型高度一致,在没有科技测试等手段的支持下,难以区分其来源究竟是本地制作还是输入。不过,东汉中晚期仅发现 2 例,而湖南所出不下10 例,推测应该为输入品。

1   2

 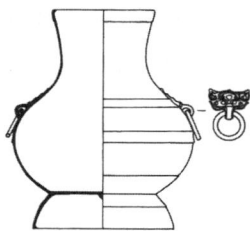 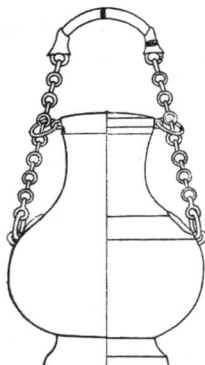

3   4   5

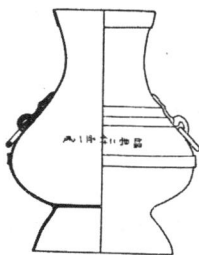 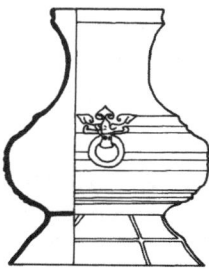 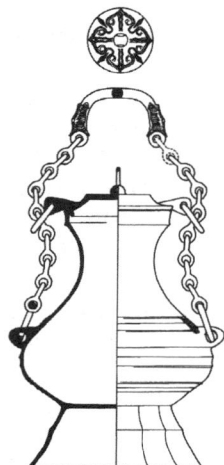

6   7   8

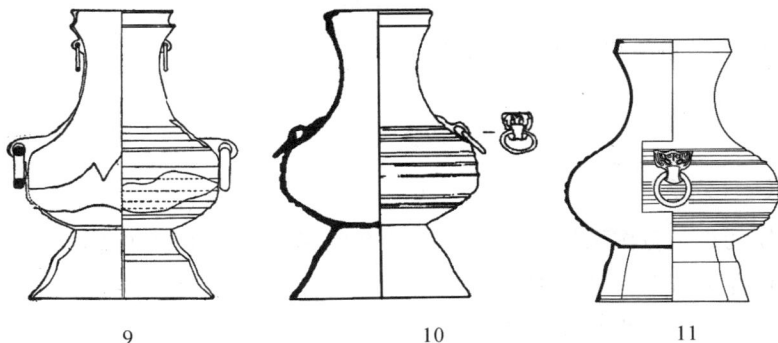

图九九 内地所出铜圆壶

1. "大官"钟 2. 西安枣园 M1 3. 长沙 M217 4. 龙山里耶清水坪
M31 5. 永州鹞子岭刘疆墓 6. 长沙张端君墓 7. 昭通得马寨 8. 大关
岔河 9. 桃源大池塘 10. 古丈白鹤湾 11. 巫山麦沱

(二)分类

如下。

1. 传统器

(1)旧楚输入:甲 A、B 型;乙 Ba Ⅰ。

2. 新兴器

(1)本土制作:乙 Ba Ⅱ—Ⅳ。

(2)旧楚输入:乙 Bb Ⅳ。

其他器类无法判别,有待以后补充。

十一、匏壶、提筒

此两壶不见于内地,也不见于先秦时期岭南地区,为当地汉代特有的
器类。据研究在越南海防越溪也出土 1 件,可能与汉武帝拓展疆土时所携
带入境。[1]

十二、蒜头壶

蒜头壶系典型秦人器物,战国中晚期便在关中地区出现,如凤翔高庄

---

① 李龙章:《岭南地区出土青铜器研究》,文物出版社 2006 年版,第 68、87 页。

野狐沟①所出。之后随着秦国统一全国进程而向外扩散,如四川涪陵②、河南邓县③、荆州高台④等均有出土。岭南所出显然亦属此类。

十三、钫

(一)分析

钫的出土范围东周时期大致有三个地区:关中、关东和楚地。关中如咸阳塔儿坡所出⑤,关东所出有陈璋壶⑥、长治分水岭 M12⑦、中山王厝⑧,楚地所出有湖北当阳季家湖⑨所出。

A 型国内仅在芜湖贺家园 M1⑩ 中有同款(图一〇〇:1),但其时代为西汉中期。虽然当前尚无法从形制方面考证其源头,但是其纹饰和布局却在楚地铜壶中大量使用,推断应该是楚器。

B I 均出自南越王墓和贵县罗泊湾 M1,其瘦长颈风格较为接近秦墓陕县 M2001、M3002⑪ 所出。(图一〇〇:2—3)另据罗泊湾 M1 刻有"犚",即今陕西武功县,可知其属关中秦人器物的输入。II 式仅发现 4 例,类似铜钫在丹江口金陵⑫、里耶⑬等两湖地区常有出土(图一〇〇:4—5),其可能系两湖地区的输入品。

(二)分类

根据上文分析,可知钫虽然东周已经出现,但汉代才大规模的出现,可归属新兴器类。

岭南所出输入器分类如下。

---

① 雍城考古队:《陕西凤翔高庄秦墓地发掘简报》,《考古与文物》1981 年第 1 期。
② 四川省文物管理委员会、涪陵县文化馆:《四川涪陵西汉土坑墓发掘简报》,《考古》1984 年第 4 期。
③ 南阳地区文物工作队、邓县文化馆:《河南邓县房山新石器时代遗址及秦汉墓调查》,《考古》1984 年第 1 期。
④ 湖北省荆州博物馆:《荆州高台秦汉墓》,科学出版社 2000 年版,第 101 页。
⑤ 咸阳市博物馆:《陕西咸阳塔儿坡出土的铜器》,《文物》1975 年第 6 期。
⑥ 转引李龙章:《岭南地区出土青铜器研究》,文物出版社 2006 年版,第 75 页。
⑦ 山西省文物管理委员会:《山西长治市分水岭古墓的清理》,《考古学报》1957 年第 1 期。
⑧ 河北省文物管理处:《河北省平山县战国时期中山国墓葬发掘简报》,《文物》1979 年第 1 期。
⑨ 宜昌地区博物馆:《当阳季家湖楚墓发掘简报》,《江汉考古》1991 年第 1 期。
⑩ 安徽省文物工作队、芜湖市文化局:《芜湖市贺家园西汉墓》,《考古学报》1983 年第 3 期。
⑪ 中国社会科学院考古研究所:《陕县东周秦汉墓》,科学出版社 1994 年版,第 132 页。
⑫ 荆州博物馆、湖北省文物局南水北调办公室:《湖北丹江口市金陵墓群的发掘》,《考古》2008 年第 4 期。
⑬ 湖南省文物考古研究所:《里耶发掘报告》,岳麓书社 2006 年版,第 489 页。

1. 旧楚：A 和 B Ⅱ 。
2. 关中：B Ⅰ 。

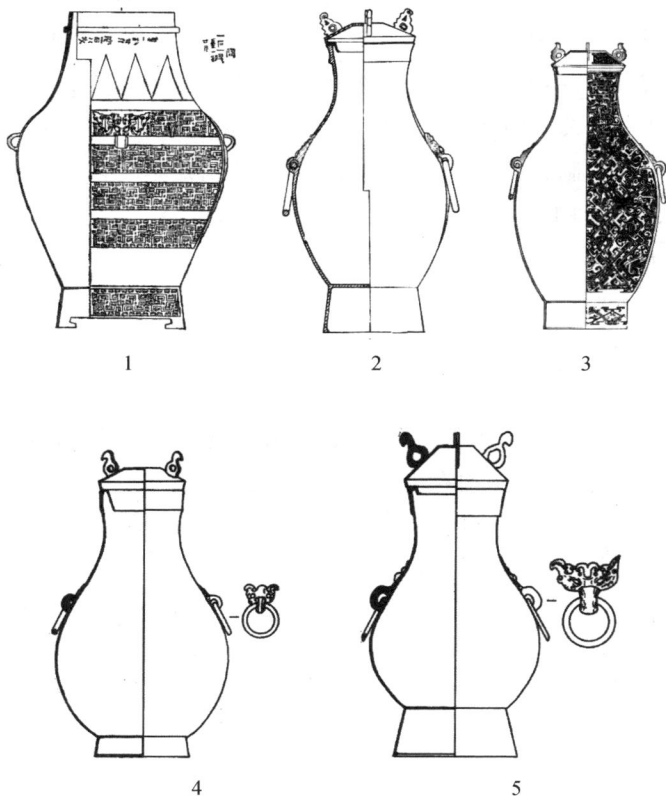

图一〇〇　内地所出铜钫

1. 芜湖贺家园 M1　2—3. 陕县 M2011、M3002

4—5. 丹江口金陂

十四、长颈壶

长颈壶主要出自岭南境内，其他地区很少发现。不过其源头可能来自秦人的蒜头壶，在江西新建海昏侯墓①中出土一件长颈壶，无蒜头，但形制基本与蒜头壶相同，应该是蒜头壶向长颈壶的过渡形态。

----

① 江西省文物考古研究所、首都博物馆：《五色炫曜：南昌汉代海昏侯国考古成果》，江西人民出版社 2016 年版，第 73 页。

十五、扁壶

扁壶东周时期主要见于三门峡上村岭①和榆次王湖岭②、云梦的秦人墓葬③中，西汉早期在汉中④、汉阴⑤、泾阳县⑥、宁强县⑦等地仍有较多出土，应该是典型的秦人器物。其后来在巴蜀、两湖和岭南的出土，当与秦人一统全国各地有关。因此 A 型和 B I 的广州 M1095 所出应该是秦人携带或者在岭南所仿制。但是从西汉晚期开始，其纹饰不见内地，当属本地制作。因此，分类如下。

1. 关中输入：A、B I 。
2. 本土改造：B II 、III 。

十六、象鼻壶

此类壶国内亦仅岭南所出，但类似陶壶大量发现于越南汉墓中，如长溪 M6、M4 和横钟 M2⑧均有出土，应该是交趾输送。

十七、杯形壶

岭南地区仅发现 1 例，类似铜壶在山东诸城战国墓⑨、河南叶县旧县 M1⑩出土，而陶器则见于黔阳县黔城 M7、汨罗楚塘村 M85⑪楚墓中，疑其属楚器。

---

① 河南省博物馆：《河南三门峡市上村岭出土的几件战国铜器》，《文物》1976 年第 3 期。
② 王克林：《山西榆次古墓发掘记》，《文物》1974 年第 12 期。
③ 湖北省博物馆：《云梦大坟头一号汉墓》，《文物资料丛刊》(4)，文物出版社 1981 年版，第 14 页。
④ 赵化成：《陕西汉中市清理两座西汉前期墓》，《考古与文物》1982 年第 2 期。
⑤ 丁义前：《汉阴出土一批汉代铜器》，《文博》1989 年第 1 期。
⑥ 刘随群：《泾阳县博物馆收藏的青铜器》，《考古与文物》1994 年第 4 期。
⑦ 李烨：《宁强县馆藏铜器选介》，《文博》1995 年第 1 期。
⑧ 韦伟燕：《越南境内汉墓的考古学研究》，吉林大学 2017 年博士学位论文，第 76 页。
⑨ 齐文涛：《概述近年来山东出土的商周青铜器》，《文物》1972 年第 5 期。
⑩ 河南省文物研究所、平顶山市文物管理委员会、叶县文化馆：《河南省叶县旧县 1 号墓的清理》，《华夏考古》1988 年第 3 期。
⑪ 转引高至喜：《楚文物图典》，湖北教育出版社 2000 年版，第 70 页。

十八、酒樽

（一）分析

酒樽楚地所出最早，但数量不多，如江陵望山 M2[①]、荆门包山 M2[②]、长沙砚瓦池 M790[③] 均有出土，时代大致在战国中晚期。但是进入西汉早期几乎未见出土，西汉中期始才兴盛起来。

A 型方面，目前除了湖南出土 2 例外，余均出自岭南，可知属岭南自制。

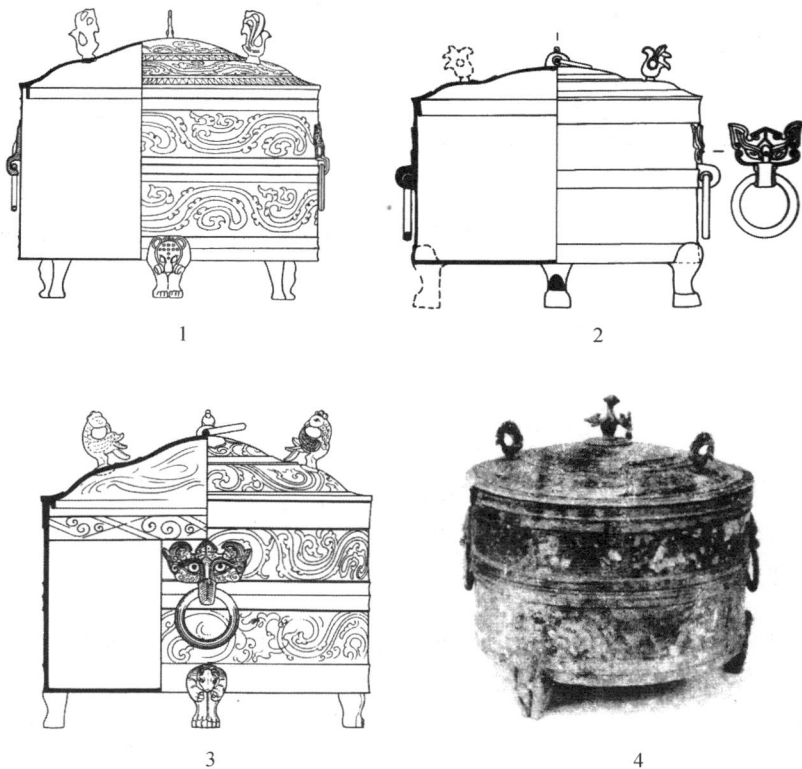

1

2

3

4

---

①　湖北省文化局文物工作队：《湖北江陵三座楚墓出土大批重要文物》，《文物》1966 年第 5 期。

②　湖北省荆沙铁路考古队：《包山楚墓》(上)，文物出版社 1991 年版，第 189 页。

③　转引高至喜：《楚文物图典》，湖北教育出版社 2000 年版，第 68 页。

5　　　　　　　6

 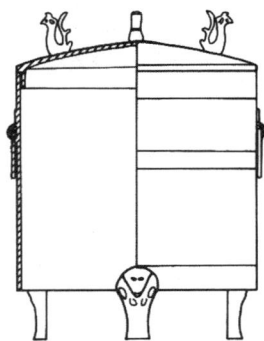

7　　　　　　　8

图一〇一　内地所出铜三雀纽酒樽

1.长沙 M211　2.龙山里耶清水坪 M250　3.西安芙蓉南路 M1　4.邗
江杨寿乡宝女墩　5.邗江姚庄 M101　6.东海尹湾 M6　7.右玉大川村　8.
徐州碧螺山 M5

Ba 型方面,岭南与湖南所出起始时代大致相当,风格和出土数量基本一致,推断西汉中期两地存在一定的范式。但是从Ⅲ式即西汉晚期开始,岭南所出数量大增,且传承有序,相比而言其他地区罕见。无疑为本地自制。

Bb 型方面,岭南仅发现 2 处,可见三雀纽做法并非岭南传统。目前在长沙 M211①、里耶清水坪 M250②、西安芙蓉南路 M1③、邗江杨寿乡宝女

①　中国科学院考古研究所:《长沙发掘报告》,科学出版社 1957 年版,第 113 页。
②　湖南省文物考古研究所:《里耶发掘报告》,岳麓书社 2006 年版,第 498 页。
③　西安市文物保护考古所、郑州大学考古专业:《长安汉墓》,陕西人民出版社 2004 年版,第701 页。

墩①、邗江姚庄 M101②、东海尹湾 M6③、右玉大川村④等所出器型一致，（图一〇一：1—7）似乎在西汉晚期此类樽存在共同的范式。有学者曾根据纹饰和鎏金做法结合其他器物铭文对此进行了推断，认为部分属蜀郡工官器物⑤。但是，上述器物年代大致在西汉晚期至东汉初，而广州 M202 属西汉中期，也未鎏金刻划，其并非蜀郡工官制作。鉴于徐州碧螺山 M5⑥年代大致在西汉中期，（图一〇一：8）广州所出可能来自此地，但是其腹部两侧置双鼠可能为本地后来增加所致。

Bc 型三羊纽做法不见它地，当属岭南自制。

（二）分类

根据上文分析，可知酒樽属新兴器类，岭南所出分类如下。

（1）本土制作：A、Ba、Bc 型。

（2）内地输入：Bb 型。

一九、洗、铞

整个两汉时期岭南仅发现几件铜洗、铞，说明当地没有使用这类器物的传统和习惯。类似器在内地多有发现，如 Aa 型与宝鸡苟家岭⑦、西安白鹿原绕 M36⑧所出相同（图一〇二：1—2），Ab 型与里耶清水坪⑨、淅川仓房李沟⑩所出相同（图一〇二：3—4）。BⅠ与秭归卜庄河⑪所出相同（图一〇二：5），Ⅱ式与长沙汤家岭⑫（图一〇二：6）、资兴西汉墓⑬所出，Ⅲ式器类和双鱼纹均在长江中游有出土。

---

① 扬州博物馆、邗江县图书馆：《江苏邗江县杨寿乡宝女墩新莽墓》，《文物》1991 年第 10 期。
② 扬州博物馆：《江苏邗江姚庄 101 号西汉墓》，《文物》1988 年第 2 期。
③ 连云港市博物馆：《江苏东海县尹湾汉墓群发掘简报》，《文物》1996 年第 8 期。
④ 郭勇：《山西省右玉县出土的西汉铜器》，《文物》1963 年第 11 期。
⑤ 吴小平：《汉代中原系刻纹铜器研究》，《考古与文物》2014 年第 4 期。
⑥ 徐州博物馆：《徐州碧螺山五号西汉墓》，《文物》2005 年第 2 期。
⑦ 陕西省考古研究院、宝鸡市考古研究所：《陕西宝鸡苟家岭西汉墓葬发掘简报》，《考古与文物》2012 年 1 期。
⑧ 陕西省考古研究所：《白鹿原汉墓》，三秦出版社 2003 年版，第 157 页。
⑨ 湖南省文物考古研究所：《里耶发掘报告》，岳麓书社 2006 年版，第 495 页。
⑩ 湖北文理学院襄阳及三国历史文化研究所、河南省文物局南水北调中线管理办公室、岳阳市文物考古研究所：《河南淅川李沟汉墓发掘报告》，《考古学报》2015 年第 3 期。
⑪ 国务院三峡工程建设委员会办公室、国家文物局：《秭归卜庄河》，科学出版社 2008 年版，第 326 页。
⑫ 湖南省博物馆：《长沙汤家岭西汉墓清理简报》，《考古》1966 年第 4 期。
⑬ 湖南省博物馆、湖南省文物考古研究所：《湖南资兴西汉墓》，《考古学报》1995 年第 4 期。

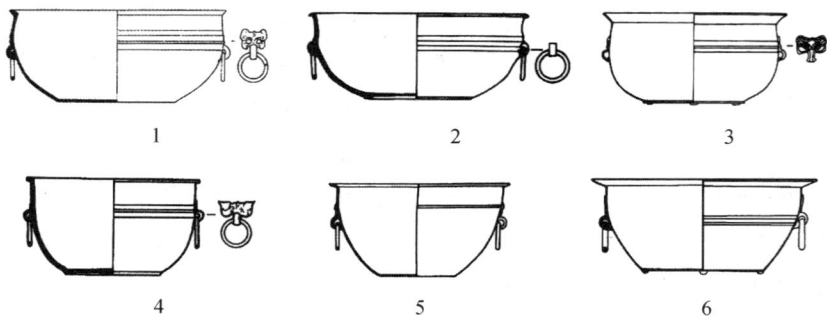

图一〇二　内地出土的铜洗

1.宝鸡苟家岭　2.西安白鹿原绕 M36　3.里耶清水坪　4.淅川仓房李沟　5.秭归卜庄河　6.长沙汤家岭

因此,新兴器可分类如下。

1.内地输入:A 型。

2.长江中游输入:B 型。

二〇、匜

匜属东周盛行的礼器。岭南所出基本来自西汉早期的南越王墓和贵县罗泊湾 M1 之中,之前并无发现,说明其使用传统来自内地。目前在荆州高台①、云梦大坟头②等故楚均发现同类铜匜来看,其受到上述地区影响的可能性较大。

二一、鋞

鋞大量发现在中原地区,其中属西汉早中期的主要集中在关中境内,如西安北郊郑王村 M174③、咸阳马泉④、兴平西吴⑤所出即是(图一〇三:1—2);西汉中晚期主要分布在关中和关东地区及其邻近的苏皖一带,如三门峡向阳⑥、济南魏家庄⑦(图一〇三:3)、巢湖放王岗(图一〇三:4)⑧、邢

---

① 湖北省荆州博物馆:《荆州高台秦汉墓》,科学出版社 2000 年版,第 98 页。
② 湖北省博物馆:《云梦大坟头一号汉墓》,《文物资料丛刊》(4),文物出版社 1981 年版。
③ 陕西省考古研究院:《西安北郊郑王村西汉墓》,三秦出版社 2008 年版,第 390 页。
④ 咸阳市博物馆:《陕西咸阳马泉西汉墓》,《考古》1979 年第 2 期。
⑤ 王亚庆:《咸阳博物馆收藏的汉代铜器》,《文物》2009 年第 5 期。
⑥ 三门峡市文物考古研究所:《三门峡向阳汉墓》,北京燕山出版社 2007 年版,第 189 页。
⑦ 济南市考古研究所:《山东济南魏家庄汉墓发掘简报》,《华夏考古》2016 年第 4 期。
⑧ 安徽省文物考古研究所、巢湖市文物管理所:《巢湖汉墓》,文物出版社 2007 年版,第 31 页。

江姚庄 M101①、沙金套海 M34②、日照海曲③（图一○三：5）均有出土。从形制方面来看，罗泊湾 M1 所出与关中地区更为接近，腹部偏瘦长，而关东所出时代略晚且腹偏浅粗，但是 M1 所出无三足，而内地所出均带三蹄足。从其腹部漆绘纹饰来看，笔者疑其由关中所输入后再由楚人工匠漆绘而成，属再次加工品。

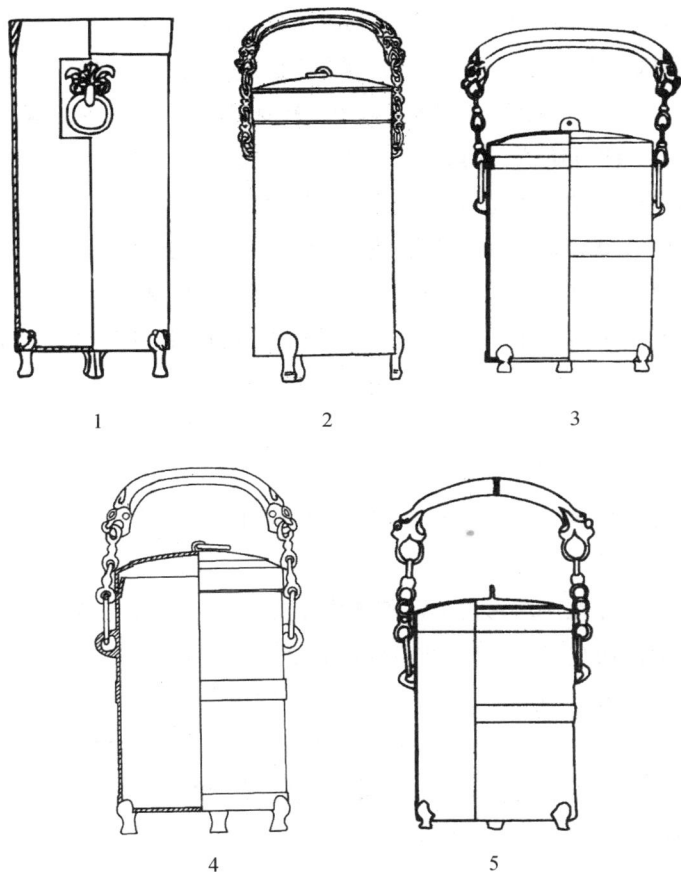

图一○三　关中、关东地区出土铜鋞
1.西安北郊郑王村 M174　2.咸阳马泉
3.济南魏家庄　4.巢湖放王岗　5.日照海曲

① 扬州博物馆：《江苏邗江姚庄 101 号西汉墓》，《文物》1988 年第 2 期。
② 内蒙古文物考古研究所：《内蒙古中南部汉代墓葬》，中国大百科全书出版社 1998 年版，第 100 页。
③ 山东省文物考古研究所：《山东日照海曲西汉墓（M106）发掘简报》，《文物》2010 年第 1 期。

二二、瓿

秦汉时期的瓿据分析为岭南福建等越人流行器物。①

二三、鏂

鏂与碗较为接近,均为侈口、颈略内凹,弧腹,平底,矮圈足,腹部均带数道弦纹,区别在于鏂的口径较大,目前所见一般在 25 厘米以上,且腹部置铺首衔环,而碗一般在 22 厘米以下,无铺首。湖南长沙汤家岭张端君墓②中出土一件自铭器,故知此类器名"鏂"。

鏂与中国传统的敦盒差异甚大,后者为子母敛口。从器型方面来看,其与外来的玻璃杯除了大小有别外,并无二致。鉴于国内所出当前所见最早时代在西汉晚期,推断其为中国工匠模仿外来玻璃杯碗所致。

岭南所出来自何地? 是本地还是外地? 为此,本书大致收集了国内几个主要出土地,如下。

岭南所出大致在十几件,时代为西汉晚期至东汉中晚期,其中基本属西汉晚期至东汉早期。

江浙地区也大致有十几件③,其基本属西汉末期至东汉早期,西汉晚期的仅 1 至 2 件。

湖南所出亦在 10 件左右④,基本集中在西汉晚期至东汉早期。

云贵地区所出较多⑤,近 20 件,时代集中在西汉晚期至东汉早期。

湖南所出数量略少,且出土地集中在邻近岭南的资兴、郴州一带,其可能属岭南输入地区。江浙地区时代略晚,应该是外地影响所致,而非起源地。因此剩下的唯有云贵地区,其数量和时代均与岭南相当。笔者认为,鏂的起源地应该在岭南,原因如下。

A. 合浦一带发现数量最多的外来玻璃器皿。

B. 结合下面对仿玻璃的碗、杯来看,此类仿玻璃铜器数量在合浦、贵港一带最为集中,不仅数量且种类最为丰富。

C. 结合同时期的其他物品来看,岭南地区的其他器物在云贵地区有

①　李龙章:《岭南地区出土青铜器研究》,文物出版社 2006 年版,第 89 页。

②　湖南省博物馆:《长沙汤家岭西汉墓》,《考古》1966 年第 3 期。

③　详情可参看第七章。

④　详情可参看第七章。

⑤　详情可参看第七章。

较多出土,如刻纹铜器、瓷器等,相反在岭南基本未发现来自云贵地区的产品。

但是,鉴于上述各地所出器型十分接近、数量也相差不大的情况,应该存在大量模仿岭南制作的可能,其模仿的时代大致在东汉。关于此点将在下章详述。

二四、碗、杯、钵

关于碗甲、杯、钵的形制,除了发现了两件 A、B 型钵外,上面在鍑的部分已经提及其深受外来玻璃杯的影响。岭南所出形制多样、时代从西汉晚期一直沿袭到东汉中晚期,说明其当由本地自制。A 型钵国内其他地区不见,但其腹部纹饰为中国传统的交尾龙纹,B 型钵仅长沙 M217 出土,两器均刻有莲瓣纹,为国内所不见,疑其来自境外,A 型可能在国内进行纹饰加工。另外,梧州、德庆所出 2 件碗内底模铸五铢钱币纹,岭南罕见此类做法,鉴于同类器较多发现在长江中游,推断由后者输入。

碗乙类在中原和江淮地区所出颇多,如咸阳北二道塬 M34[①]、济宁潘庙[②]、天长三角圩 M10[③]均有发现,(图一〇四)而岭南所出仅 3 例,可知应该属输入器,而其来源当在江淮及以北地区。

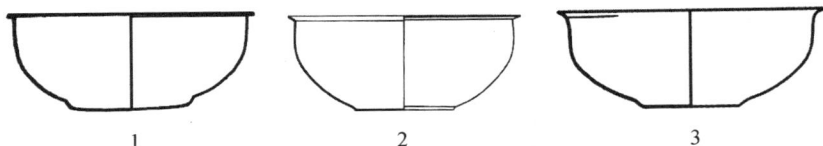

图一〇四　江淮、关中、关东地区出土的铜碗
1. 咸阳北二道塬 M34　2. 济宁潘庙　3. 天长三角圩 M10

二五、厄

(一)分析

A、B 形厄器身均为上文的碗、钵,因此属当地自制无疑。

C 型,樽形厄岭南境内仅发现 3 例,且其时代大致仅在西汉中晚期,应另有源头。此类型在外地甚多,如:重庆临江支路[④]出土 2 件(图一〇五:

---

①　咸阳市文管会、咸阳市博物馆:《咸阳市空心砖汉墓清理简报》,《考古》1982 年第 3 期。
②　国家文物局考古领队培训班:《山东济宁郊区潘庙汉代墓地》《文物》1991 年第 12 期。
③　安徽省文物考古研究所:《天长三角圩墓地》,科学出版社 2013 年版,第 192 页。
④　重庆市博物馆:《重庆市临江支路西汉墓》,《考古》1986 年第 3 期。

1—2），时代在西汉中期；万州大地嘴 M38① 出土 1 件（图一〇五：3），时代
为西汉晚期；丰都镇江 2005FRTDM9② 出土 1 件（图一〇五：4），时代为西
汉晚器，M21 出土 1 件，为西汉中期；云阳风箱背③、万州礁芭石④、绵阳涪
城区⑤各出土 1 件（图一〇五：5—7）；安徽涡阳稽山⑥出土 1 件，时代大致
为西汉早中期；湖南所出略多，里耶清水坪 M1（图一〇五：8）、M34⑦（图一
〇五：9）、保靖黄连 M9⑧、溆浦茅坪坳 M20⑨（图一〇五：10）各有出土，时
代为西汉中期。从出土区域来看，大致在峡江地区和湘西各形成集中地，
岭南所出应大致来自上述两地。

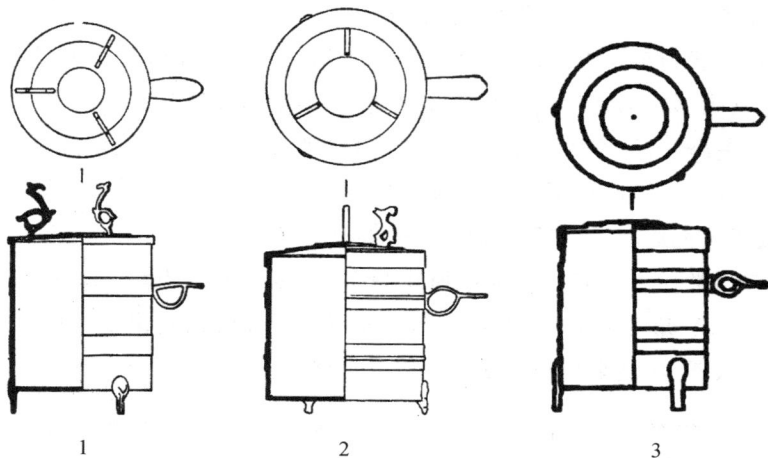

1   2   3

---

① 青海省文物考古研究所三峡考古队、重庆市文物局、重庆市万州区文物管理所：《万州大地嘴
遗址青龙嘴墓地发掘报告》，《重庆库区考古报告集》（2001 中），科学出版社 2007 年版，第
753 页。

② 重庆市文物局、重庆市移民局：《丰都镇江汉至六朝墓葬》，科学出版社 2013 年版，第 117 页。

③ 四川大学历史文化学院考古系、四川大学考古学国家级实验教学示范中心、重庆市文物局、云
阳县文物管理所：《重庆云阳风箱背一号汉墓》，《考古学报》2018 年第 4 期。

④ 广东省文物考古研究所、重庆市文化局、重庆市万州区文物管理所：《万州礁芭石墓地第二次
发掘报告》，《重庆库区考古报告集》（2002 中），科学出版社 2010 年版，第 859 页。

⑤ 何志国、胥泽蓉：《四川绵阳市发现一座王莽时期砖室墓》，《考古》2003 年第 1 期。

⑥ 刘海超、杨玉彬：《安徽涡阳稽山汉代崖墓》，《文物》2003 年第 9 期。

⑦ 湖南省文物考古研究所：《里耶发掘报告》，岳麓书社 2006 年版，第 499 页。

⑧ 湘西自治州文物管理处、保靖县文物管理所：《湖南保靖黄连古墓葬发掘报告》，《湖南考古》
2002，岳麓书社 2004 年版，第 246 页。

⑨ 怀化市文物事业管理处：《湖南溆浦县茅坪坳战国西汉墓》，《考古》1999 年第 8 期。

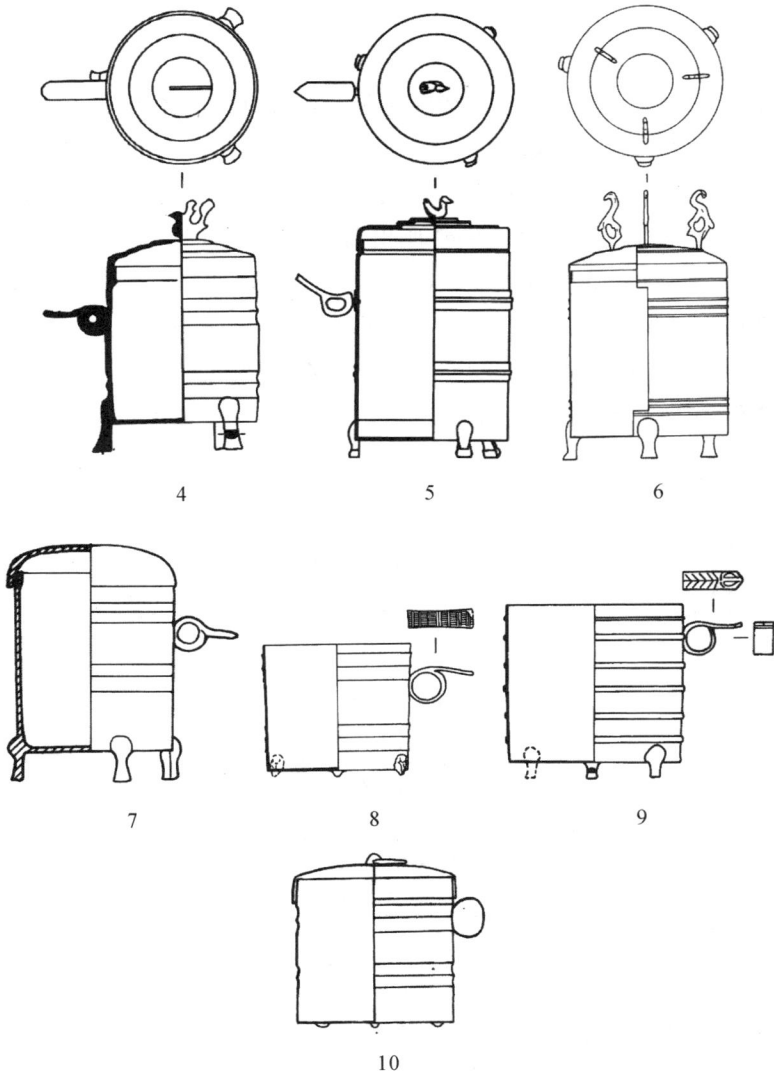

图一〇五　峡江、湘西出土的铜樽形卮

1—2.重庆临江支路　3.万州大地嘴 M38　4.丰都镇江　5.云阳风箱背　6.万州礁芭石　7.绵阳　8—9.里耶清水坪 M1、M34　10.溆浦茅坪坳 M20

(二)分类

根据上文分析,岭南所出新兴器可分类如下。

1.本土制作:A、B 型。

2.输入西南和湘西:C 型。

二六、盒

盒与鼎、壶乃中原和楚地区战国晚期以来的随葬礼器,但是铜盒的出土却主要在楚地,如荆门包山 M4[①]、溆浦马田坪 M24[②]、枣阳九连墩(图一〇六:1)[③]、江陵张家山 M201(图一〇六:2)[④]所出即是,不过数量不多。进入汉代,铜盒呈现地方差异性。峡江所出盖与身同大且难以区分,如丰都镇江 2005FRTDM9(图一〇六:3—4)、M12[⑤]、万州礁芭石[⑥](图一〇六:5)、重庆临江支路 M3(图一〇六:6)[⑦]所出即是,腹部均无铺首衔环;而湖南所出则盖、身分明,腹部置铺首衔环,如长沙 M327 所出(图一〇六:7)[⑧]。从形制来看,无疑岭南所出源于楚地。但从其纹饰均为刻纹可知为岭南所制。

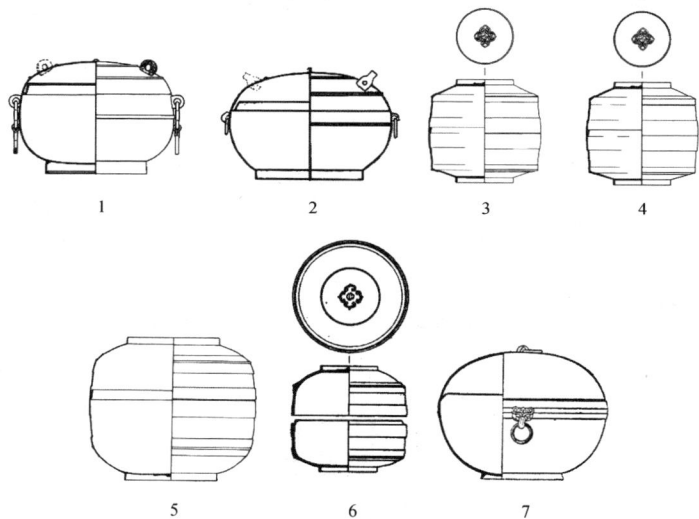

图一〇六　峡江和楚地所出铜盒

1. 枣阳九连墩　2. 江陵张家山 M201　3—4. 丰都镇江
2005FRTDM9　5. 万州礁芭石　6. 重庆临江支路 M3　7. 长沙 M327

---

① 湖北省荆沙铁路考古队:《包山楚墓》,文物出版社 1991 年版,第 294 页。
② 湖南省博物馆、怀化地区文物工作队:《湖南溆浦马田坪战国西汉墓发掘报告》,《湖南考古辑刊》(二),岳麓书社 1984 年版,第 51 页。
③ 湖北省文物考古研究所、襄阳市文物考古研究所:《湖北枣阳九连墩 M1 发掘简报》,《江汉考古》2019 年第 3 期。
④ 荆州地区博物馆:《江陵张家山 201 号楚墓清理简报》,《江汉考古》1984 年第 2 期。
⑤ 重庆市文物局、重庆市移民局:《丰都镇江汉至六朝墓群》,科学出版社 2013 年版,第 117 页。
⑥ 广东省文物考古研究搜、重庆市文化局、重庆市万州区文物管理所:《万州礁芭石墓地第二次发掘报告》,《重庆库区考古报告集》(2002 中),科学出版社 2010 年版,第 859 页。
⑦ 重庆市博物馆:《重庆市临江支路西汉墓》,《考古》1986 年第 3 期。
⑧ 中国科学院考古研究所:《长沙发掘报告》,科学出版社 1957 年版,第 111 页。

二七、耳杯

耳杯东周时期已经出现,但数量并不多。汉代所出上千,且主要集中在西南地区。岭南境内所出各类耳杯不过几十件,可知当地并无使用的习惯和传统。鉴于耳杯各地所出形制大致相同,无法准确从形制方面判断其确切来源。不过根据全国汉代铜耳杯的出土状况来看,耳杯的最大集中地为西南地区,而合浦岭脚村 M4 所出 7 件耳面模铸水波纹或复线菱形,大量发现于峡江地区,推断其来源亦属峡江境内。

二八、盘

(一)分析

盘的地域性差别甚小,要准确判断岭南所出的来源较为困难。

第一类,战国时期便已出现,如寿县朱家集李三孤堆[①]、江陵天星观[②]即是,西汉时期如荣成梁南庄[③]、满城汉墓[④]、天长三角圩[⑤]均有出土。从其主要出土在楚国和故楚来看,属楚器的可能性很大。

第二类,多作为熏炉或者灯的承托盘,广泛见于全国各地。难以准确推定其产地。

第三类,为盥洗水器或者盛器,全国较为普遍。其中合浦岭脚村、梧州旺步所出 2 件内底均模铸单鱼纹。鉴于长江中游东汉中晚期铜器大量使用此类纹饰,推测可能来自此地。其他难以推定。

二九、三足盘

A、B 型三足盘时代为西汉早期,且数量相当有限。李龙章先生对其来源进行了探讨,认为其大致属中原流入的商品或岭南越人的仿制[⑥],可从。

C 型系樽的承托盘,有自铭为"承旋"。从其所出均有刻纹来看,系当地铸造。

因此可分类如下。

---

① 李景聃:《寿县楚墓调查报告》,《田野考古报告》第一册,1936 年版。
② 湖北省荆州地区博物馆:《江陵天星观 1 号楚墓》,《考古学报》1982 年第 1 期。
③ 烟台市文物管理委员会:《山东荣成梁南庄汉墓发掘简报》,《考古》1994 年第 12 期。
④ 中国社会科学院考古研究所、河北省文物管理处:《满城汉墓发掘报告》,文物出版社 1980 年版,第 58 页。
⑤ 安徽省文物考古研究所:《天长三角圩墓地》,科学出版社 2013 年版,第 17 页。
⑥ 李龙章:《岭南地区出土青铜器研究》,文物出版社 2006 年版,第 70—71 页。

1.本土传统：A、B 型。

2.本土新兴器：C 型。

三○、案

案、耳杯、盘乃东汉中晚期常见的祭奠器，各地所出甚多。但是岭南所出均刻花纹，可知为当地所造。

三一、三足罐、榼

当前仅岭南出土，推断为本地所造。

三二、熏炉

（一）分析

我国所出铜熏炉大致有鼎形和豆形两种，鼎形在西汉除了偶见于巢湖北山头 M1[①] 外，则一般出现在东汉晚期至西晋。豆形起始时代略早，战国中晚期便有发现，如陕县 M3138、M2011 即有出土[②]（图一○七：1—2），柄极粗短，后来在西汉早期徐州小金山墓[③]（图一○七：3）、武功县车站公社（图一○七：4）[④]也有类似出土。

我国所出汉代铜熏炉数量虽多，但形制却大同小异，岭南地区也不例外，欲确定辨别其产地若仅仅从形制方面则困难不少。

甲 Aa 型仅发现 1 件，类似熏炉在常德 M2020、天长三角圩 M27、邗江姚庄 M101 均有出土，可能为长江中下游的输入品。

甲 Ab 亦仅发现 1 例，类似熏炉在巨野红土山（图一○七：5）[⑤]、龙山里耶清水坪（图一○七：6）[⑥]、长沙风盘岭（图一○七：7）[⑦]、涡阳稽山（图一○七：8）[⑧]、荆州高台（图一○七：9）[⑨]、临淄齐王坑（图一○七：10）[⑩]、荆沙瓦

① 安徽省文物考古研究所、巢湖市文物管理所：《巢湖汉墓》，文物出版社 2007 年版，第 101 页。

② 中国社会科学院考古研究所：《陕县东周秦汉墓》，科学出版社 1994 年版，第 140 页。

③ 徐州博物馆：《徐州小金山西汉墓清理简报》，《东南文化》1992 年第 2 期。

④ 吴镇烽、罗英杰：《记武功县出土的汉代铜器》，《考古与文物》1980 年第 2 期。

⑤ 山东省菏泽地区汉墓发掘小组：《巨野红土山西汉墓》，《考古学报》1983 年第 4 期。

⑥ 湖南省文物考古研究所：《里耶发掘报告》，岳麓书社 2006 年版，第 496 页。

⑦ 长沙市文物考古研究所、长沙市望城区文物管理局：《湖南长沙风盘岭汉墓发掘简报》，《文物》2013 年第 6 期。

⑧ 刘海超、杨玉彬：《安徽涡阳稽山汉代崖墓》，《文物》2003 年第 9 期。

⑨ 湖北省荆州博物馆：《荆州高台秦汉墓》，科学出版社 2000 年版，第 98 页。

⑩ 山东省临淄市博物馆：《西汉齐王墓随葬器物坑》，《考古学报》1985 年第 2 期。

坟园（图一〇七：11）①、常州兰陵恽家墩（图一〇七：12）②均有出土，不过其出土地区大致集中在故楚。岭南所出不排除为故楚流入的可能。

甲 B 型几乎都有刻纹，说明其产自本地。

乙类尚未发现于外地，说明其亦属本地制作。

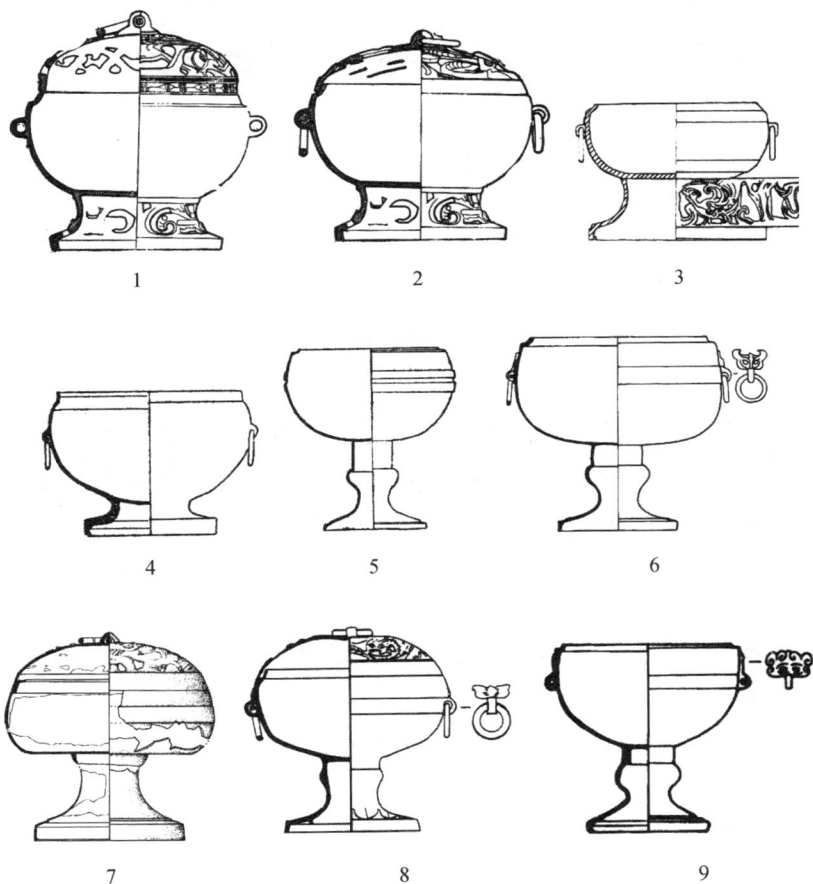

---

① 荆州博物馆：《湖北荆沙市瓦坟园西汉墓发掘简报》，《考古》1995 年第 11 期。

② 江苏常州博物馆：《江苏常州兰陵恽家墩汉墓发掘简报》，《南方文物》2011 年第 3 期。

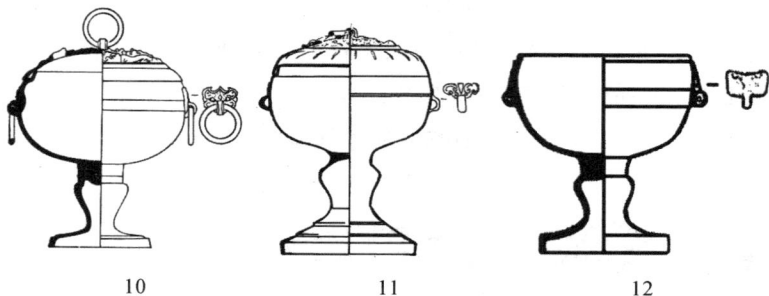

图一〇七　内地所出铜熏炉

1—2.陕县 M3138、M2011　3.徐州小金山墓　4.武功车站公社　5.
巨野红土山　6.里耶清水坪　7.长沙风盘岭　8.涡阳稽山　9.荆州高台
10.临淄齐王坑　11.荆沙瓦坟园　12.常州兰陵恽家墩

三三、灯

灯作为日常用具,产地无疑也多,要根据形制推断其地域存在困难。

第一类甲 Bb 型岭南仅发现 1 例,类似灯主要发现在黄河中下游地区,如眉县常兴 M22、盐池宛记沟、固原九龙山均有出土。可能为后者输入。乙类 A 型最早发现在荆州高台 M9 中,时代为西汉早期,西汉中期之后峡江地区逐渐出现并增多,如重庆临江支路 M4、涪陵江北转转堡 M1 以及石柱砖瓦溪 M11、M23 均有出土。是否由外地输入还是本地模仿制作,当前难以推断。

第三类盒灯、第四类孔雀灯和第五类乙型,均面刻细线纹饰,可知为当地制作。

其他类别,全国所出甚多,难以准确推断。

三四、染炉

染炉较多出现在关中和关东地区,如西安东郊国棉五厂①、咸阳马泉②、太原尖草坪③等,后来才逐渐向外扩散。岭南仅发现 1 例,其形制接近陕县 M3003④、邗江姚庄 M102⑤所出,属输入品。

① 呼林贵、孙铁山、李恭:《西安东郊国棉五厂汉墓发掘简报》,《文博》1991 年第 4 期。
② 咸阳市博物馆:《陕西咸阳马泉西汉墓》,《考古》1979 年第 2 期。
③ 山西省博物馆:《太原市尖草坪汉墓》,《考古》1985 年第 6 期。
④ 中国社会科学院考古研究所:《陕县东周秦汉墓》,科学出版社 1994 年版,第 184 页。
⑤ 扬州博物馆:《江苏邗江县姚庄 102 号汉墓》,《考古》2000 年第 4 期。

第二节　构成、来源及特点

从上可知,岭南地区所出铜器来源复杂,有外地输入、也有本地特有、也不乏本地仿制后来逐渐形成自己特点的。下面便根据其来源,将岭南汉代铜器的构成大致分为几个部分,然后观察其在不同时期的变化和在当时社会生活中的地位。

根据上节的分析,归纳各类器的属性列表如下(表一五)。

表一五　岭南各类铜器来源地

属性			器类
传统器	本土制作		鼎 A、B、C 型;瓿;三足盘 A、B、C 型
	外地输入	楚地	鼎 Da 型,圆壶甲 A、B;杯形壶;匜;鐎;盘第一类
		关中、关东	鼎 Db;鍪 A 型;蒜头壶;扁壶 A、BⅠ型
		西南	鍪 B 型;釜甲类;温鍪
新兴器	本土制作		鼎 Dcab、Dcb 型;锜;釜乙类;锅Ⅰ、Ⅱ式;匏壶;提筒;瓿 Ab、B 型;圆壶乙 A、BaⅡ-Ⅳ型;长颈壶;扁壶 B 型;酒樽 A、Ba、Bc 型;鑑;碗甲、杯、钵;卮 A、B 型;盒;三足盘 C 型;案;三足罐;槅;熏炉甲 B、乙;灯(第三、四、五类乙)
	外地输入	楚地	鼎 Dcaa;鐎壶 A、B 型;锅Ⅲ;瓿 Aab 型;钫 A、BⅡ;洗铜 BⅡ、Ⅲ;盘第三类 2 件;熏炉甲 Aa、Ab;圆壶乙 BbⅣ;碗甲(部分)
		内地(无法准确)	酒樽 Bb 型;洗铜 A;染炉;圆壶甲 C
		交趾	鐎壶 C 型;象鼻壶
		江东	鐎斗
		关中、关东	铫;瓿 Aaa、Aac 型;钫 BⅠ;碗乙
		云贵	釜丙类
		峡江或者楚地	圆壶乙 BbⅣ;卮 C 型;耳杯

从上可知,岭南所出铜器构成复杂,既有传统器,也有新兴器类。其来源广泛,除了本土制作外,来源有南方、西南和中原地区,也不乏更南方的交趾。这些器类在岭南铜器中发挥了什么作用,影响如何?有必要结合数量分阶段进行观察。为此,各类属性铜器的数量列表如下(表一六)。

表一六　岭南各类来源铜器数量统计

属性		器类	西汉早期	西汉中期	西汉晚期	东汉早期	东汉中晚期
传统器 (206)	本土制作 (80)	鼎 A、B、C	64				
		瓿	13				
		三足盘 A、B	3				
		合计	80				
	外地输入 (126)	楚地 (38)	鼎 Da	1				
		圆壶甲 A、B	3		1		
		杯形壶	1				
		匜	29				
		鋞	1				
		盘第一类	2				
		小计	37		1		
		关中、关东 (37)	鼎 Db	26				
		鋈 A	2				
		蒜头壶	3				
		扁壶 A、B I	6				
		小计	37				
		西南—峡江 (51)	鋈 B	41				
		釜甲	2	1	4	2	
		温鋈	1				
		小计	44	1	4	2	
	合计		198	1	5	2	

属性		器类	西汉早期	西汉中期	西汉晚期	东汉早期	东汉中晚期
新兴器 (543)	本土制作 (425)	鼎 Dcab、Dcb	3	4	21	8	5
		锜	1	2	22	12	6
		釜乙		2	14	1	2
		锅 Ⅰ、Ⅱ		2	13		
		提筒	17				
		魁			2		
		匏壶	2	1			
		瓿 Ab、B	1	1	3		1
		圆壶乙 A、Ba Ⅱ—Ⅳ		3	5	2	
		长颈壶			3	4	1
		扁壶 B	5		7	2	
		酒樽 A、Ba、Bc		4	16	15	7
		鏂			4	3	4
		碗甲			3	17	33
		杯		4	19	7	
		钵			15	12	6
		卮 A、B			8	3	
		盒			11	2	
		三足盘 C			18	5	
		案					3
		三足罐			2	1	
		槅			1		
		熏炉甲 B、乙	8	5	7	7	2
		灯（第三、四、五类乙）			1	3	1
		合计	37	28	195	104	71

续表

属性			器类	西汉早期	西汉中期	西汉晚期	东汉早期	东汉中晚期
新兴器(543)	外地输入(118)	楚地(42)	鐎壶 A、B	5	1	4	2	
			鼎 Dcaa		1	3		
			锅 III					3
			瓿 Aab			4		
			钫 A、B II	2	2	2		
			洗 B	1		2		2
			盘(第三类部分)					2
			熏炉甲 A	1		1		
			碗甲(部分)					2
			圆壶乙 BbIV					2
			小计	9	4	16	2	11
		内地(无法准确)(9)	圆壶甲 C					2
			酒樽 Bb		1	2		
			洗 A		1	2		
			染炉			1		
			小计		2	5		2
		交趾(2)	鐎壶 C					1
			象鼻壶					1
		江东(2)	鐎斗			1	1	
		关中、关东(18)	铫	10	1	4		
			碗乙			1	1	1
		西南或楚地(45) 云贵	釜丙			1		
		峡江或者楚地	卮 C		1	2		
			耳杯		1	15	1	24
			小计		2	18	1	24
		合计		19	9	45	5	40
	合计			56	37	240	109	111

根据上表,可看出岭南铜器大致的总体构成特征,归纳如下。

1.岭南所出铜器虽然由传统器和新兴器构成,但明显新兴器占绝对主导地位。

2.时段方面。传统器基本集中在西汉早期,西汉中期急剧衰败。新兴器则不然,西汉早中期出现,西汉晚期快速发展并到达兴盛期,进入东汉才逐渐衰落。

3.在传统器中,本地制作约占 2/5,输入器为 3/5。但在新兴器中,本地制作则居绝对统治地位,超过 80%。若总体考虑,则明显以本土制作为主,输入为辅,体现了岭南铜器自主性。

4.输入区域广泛,有中原、西南、楚地、江东等区域,但主要集中在三个区域:西南、内地(包括关中、关东)、楚地,其中西南和楚地所出比重较大。

具体到不同阶段,其构成变化特征归纳如下。

第一阶段:西汉早期。

传统器有 198 件、新兴器为 56 件,显然传统器占主导地位。

其中输入器为 118 件,本土器 80 件,可知两者大致接近。

在各类输入器中,炊具约 80 件,是最主要的输入器类,如楚式鼎、中原式鼎、西南地区的鍪。另外,其主要来源于楚地、西南和关中在内的内地。

本土器中,炊具同样占了主导,鼎近 70 件。

因此,可知此阶段岭南铜器本地制作和输入并重,其构成以炊具为主。

第二阶段:西汉中期。

传统器急剧衰落,仅发现 1 例,而本土器绝迹。

新兴器有 37 件。虽然铜器总量无法与西汉早期相比,但其构成已经发生了重大变化,也显示了新兴器已经超过传统器,成为铜器主体。

在新兴器类中,输入器 9 件,本土器有 28 件,说明此阶段本土制作占了绝对主导。

但需要注意的是,本土制作器基本以模仿为主,如熏炉 Baba、酒樽 BaⅠ、BbⅠ、圆壶乙 A、鼎 DcabⅡ式之类。其中,炊具、杂器、酒器数量大致相当,并非早期炊具一家独大的格局。

因此,西汉中期为本土仿制阶段。

第三阶段:西汉晚期。

传统器 5 件,均来自外地。

新兴器 249 件,其中本土器占了 5/6 以上,不过输入器也有 45 件。其说明岭南地区西汉晚期的铜器在坚持本土制作的同时,同样也输入部分器类。从输出来源地观察,楚地和西南占主导,器类多饮、食器和酒器,有耳杯、卮、鐎壶、酒樽之类。需要注意的是,出土外地输入器的墓葬并非普通百姓,如合浦望牛岭墓,墓主乃九真太守。

本土器中,其构成也发生较大变化,即不再以模仿改造旧有的器物为主,一些以前尚未出现的器类迅速产生并成为主体,其数量占70%以上,其器类多样复杂,如鍪、碗、钵、杯、锜、长颈壶、盒、三足盘、锅、釜,饮食器比重较大。另外,需要注意的是,这些新兴器中,鍪、碗、钵、杯、卮的器类十分接近,器身类似外来的玻璃器皿。

总之,此阶段在岭南,形成当地独具一格的器类,其纹饰和造型与内地差异较大,因此为本土创新阶段。

第四阶段:东汉早期。

传统器基本不见,仅剩有新兴器。其中本土制作有94件,而外地输入才5件,显然输入器在此阶段微不足道。

本土制作器中,其结构与上期相比,变化不大。饮食器如碗、杯、钵、卮依然占主导,温器如锜,酒器有酒樽、圆壶,炊具有鼎、釜、锅,杂器有熏炉、灯,盛或水器如盘等数量也不少。可知岭南本土制作门类齐全。

第五阶段:东汉中晚期。

格局与上期相比并未发生变化,本土器依然占主导,但外地输入器数量虽然不多,却占比重1/5以上。来源地则主要为峡江、湘西一带,器类以饮食器的耳杯为主。

本土器方面,炊具、杂器、温器、酒器等器类基本衰落,而饮食器的碗、钵却逆势回升。其反映了此阶段铜器结构与上期相比呈现出的较大差异。

第三节　背景分析

岭南所出汉代铜器构成的变化,实乃汉代边疆地区在大一统文化之下完成本地化进程的缩影。

先秦时期岭南为百越文化区,细分有越、西瓯、骆越等土著文化,其传统铜器大致包括越式鼎、提筒和扁茎短剑、扇形钺、刮刀、人首柱形器、铜鼓、羊角钮钟、靴形钺等器具。由于临近文化较为发达的楚地,因此与内地的交往对象亦主要为楚,故岭南境内也偶见楚式器物或者仿楚器①。

据《史记》,前 214 年,"发诸尝发诸尝逋亡人、赘婿、贾人略取陆梁地,为桂林、象郡、南海,以适遣戍";"又使尉佗逾五岭攻百越。尉佗知中国劳极,止王不来,使人上书,求女无夫家者三万人,以为士卒衣补。秦皇帝可其万五千人"。类似记载如《资治通鉴》,"发诸尝逋亡人、赘婿、贾人为兵,略取南越陆梁地,置桂林、南海、象郡;以谪徙民五十万人戍五岭,与越杂处"。

在大量涌入的内地汉人中,除了秦人外,应该还有为秦所灭的东方六国和其他地区的人群,尉佗即为赵人,原籍真定。

随着大量内地汉人的进入,必定有不少内地器物出现在岭南境内。据贵县罗泊湾 M1 所出《从器志》,便记载有中土食物和中土瓿、东阳田器。因此在岭南境内西汉早期阶段出现巴蜀、关中、关东、楚式铜器不足为奇。

另,赵佗立国后,为笼络当地土著,"化南夷之俗,椎髻箕坐",从而汉越相安,自然越式器物得以延续。

此外,通过以下的几次活动,可知岭南应该继续得到不少来自内地的器类。

高帝十一年,汉高祖派陆贾出使南越。作为正式的首次交往,见面礼自然不可能不在其中。在确定明确的从属关系后,南越与内地的通商、器物的流入就更为频繁,以致高后四年高后听信朝臣意见禁止与南越通商从而引起赵佗的激烈反抗。

之后对长沙国的攻战中,除了占据地盘外,也不乏长沙国内的器物。

文帝继位后,再次派陆贾出使南越并加以安抚,自然少不了物质方面的"厚赐"。

两者较为温和的关系一直延续到武帝元鼎时期,自然内地的不少器物得以流入岭南。

元鼎五年,随着汉越关系的破坏,武帝五路大军齐聚番禺,南越国亡。之后岭南地区相继设置儋耳、珠崖、南海、苍梧、郁林、合浦、交趾、九真、日南九郡,其中后三郡现属越南境内。郡县的设置,扫荡了以前国与国之间的关隘,岭南与内地的交往自然较以往更为顺畅和便利。

岭南由于其特殊的地理位置,盛产内地所不见的珍异之物,史载"旧交阯土多珍产,明玑、翠羽、犀、象、玳瑁、异香、美木之属,莫不自出"。因此,

---

① 蒋廷瑜:《楚国的南界和楚文化对岭南的影响》,《中国考古学会第二次年会论文集》,文物出版社 1982 年版,第 72 页。

自汉初开始,岭南便不断向内地贡献,"旧交趾七郡贡献转运,皆从东冶泛海而至,风波艰阻,没溺相系"即是例证。

除了盛产自然界的珍禽异兽外,岭南的铜矿资源也不少。目前在广西北流即发现汉代时期的炼铜遗址。另据蒋廷瑜先生的研究,岭南地区在商周时期便出现青铜冶铸技术,多地铜范的发现、铜鼓、提筒等独具特色的器类出土,均反映出岭南地区铜矿开采和青铜冶炼铸造技术水平。

因此随着与内地交往的密切,为满足岭南数郡县治不同人群的需要,内地的铜器和当地的模仿铜器便不时出现。

从西汉中晚期开始,随着国内对西方器物的迷恋,在北方地区出现了以长安为起点通往西域至西亚的贸易之路,在南方出现了以合浦、徐闻为起点通往东南亚和南亚的海上航线。因此,岭南逐渐形成在南方地区舶来品的集散地,其中尤以玻璃器、串珠、金珠、香料著名。鉴于玻璃器皿的稀缺,仿冒器便应时而生,因此西汉晚期出现较多的仿玻璃的铜碗、杯、卮等。[1]

西汉中晚期在我国西南有一重大事件,即汉武帝对西南的征服和郡县设置。随着汉王朝对夜郎、滇等部落首领的分封,对其地的经济自然加以利用。汉王朝对滇王"赐滇王金印,复长其民",表面对滇王尊崇,其实不过让其食其租赋而已。原先当地发达的青铜制作自然由滇王转变至郡县政府部门控制,因此不难理解滇文化的衰败其实在考古学上的体现就是滇式青铜器的衰亡,而内因便是汉王朝对其铜业的控制和利用。有学者通过刻纹铜器的兴衰过程得出一个结论,即滇国的青铜工匠可能被分流到蜀郡,从而刺激了蜀郡工官刻纹铜器在西汉晚期的兴盛。[2]

同样,岭南刻纹铜器的兴起也离不开滇式刻纹技术。上文可知,岭南刻纹铜器出现在西汉中期,盛于西汉晚期至东汉早期,而滇系刻纹铜器盛行于战国晚期西汉早期,西汉中期衰败,一枯一荣并无时间差。在部分纹饰方面,两地亦较类似,如短线刻划、三角锯齿、虫、鸟、勾连涡纹、羽状等纹饰在两地器物上均可找到。另外,纹饰布局也出现一定的相似,如均以三角锯齿作为图案的边界。当然,两地的纹饰在较多方面存在差异,如大量的动物撕咬图像出现在滇地,岭南所出则以羽状锦纹、菱形锦纹和四神为主,但是这种差异应是不同时期、不同地域产生的文化之别。关于这方面,将在下章中详述。

---

① 对此,本书提出了一个仿玻璃铜器的概念。具体论述见第六章。

② 吴小平:《汉代中原系刻纹铜器研究》,《考古与文物》2014年第4期。

汉代岭南地区利用本土的青铜制作技术，模仿外来玻璃器、吸收内地刻纹技术，最终形成本地特色的青铜器器类和纹饰，从而在国内汉代青铜器文化谱系中独树一帜。

从西汉晚期到东汉早期，虽然有二征之乱，但经过锡光、马援、任延等循吏的统治下，岭南一带还算是祥和。

进入东汉中晚期，岭南政治生态剧变。上文提及"旧交阯土多珍产，明玑、翠羽、犀、象、玳瑁、异香、美木之属，莫不自出。前后刺史率多无清行，上承权贵，下积私赂，财计盈给，辄复求见迁代，故吏民怨叛"①，各种怨叛如下所示。

《后汉书·南蛮传》："元初二年，苍梧蛮夷反叛，明年，遂招诱郁林、合浦蛮汉数千人攻苍梧郡。邓太后遣侍御史任逴。奉诏赦之，贼皆降散。"

《资治通鉴》卷第五十二载："（永和二年）象林蛮区怜等攻县寺，杀长吏。交阯刺史樊演发交阯、九真兵万余人救之；兵士惮远役，秋，七月，二郡兵反，攻其府。府虽击破反者，而蛮势转盛。"

《资治通鉴》卷第五十四载："（延熹五年）夏，四月，长沙贼起，寇桂阳、苍梧……长沙、零陵贼入桂阳、苍梧、南海，交阯刺史及苍梧太守望风逃奔，遣御史中丞盛修督州郡募兵讨之，不能克。"

《资治通鉴》卷第五十五载："（延熹八年）苍梧太守张叙为贼所执，及任胤皆征弃市。胡兰余党南走苍梧，交阯刺史张磐击破之，贼复还入荆州界。"

《后汉书·灵帝纪》云："光和元年春正月，合浦、交阯乌浒蛮叛，招引九真、日南民攻没郡县。"

《后汉书·贾琮列传》载："中平元年，交阯屯兵反，执刺史及合浦太守，自称'柱天将军'……（贾）琮即移书告示，各使安其资业，招抚荒散，蠲复徭役，诛斩渠帅为大害者，简选良吏试守诸县，岁间荡定，百姓以安。"

《资治通鉴》卷第五十七载："苍梧、桂阳贼攻郡县，零陵太守杨璇制马车数十乘，以排囊盛石灰于车上，系布索于马尾；又为兵车，专毂弓弩。及战，令马车居前，顺风鼓灰，贼不得视，因以火烧布然，马惊，奔突贼阵，因使后车弓弩乱发，钲鼓鸣震，群盗波骇破散，追逐伤斩无数，枭其渠帅，郡境以清。"

《资治通鉴》卷第五十八载："（光和四年）交阯乌浒蛮久为乱，牧守不能

① 《后汉书·贾琮列传》，中华书局 2007 年版，第 328 页。

禁。交趾人梁龙等复反,攻破郡县。诏拜兰陵令会稽朱俊为交趾刺史,击斩梁龙,降者数万人,旬月尽定;以功封都亭侯,征为谏议大夫。"

从上可知,差不多每隔几年便发生较大的动乱。

上述战乱发生地多集中在合浦、苍梧、郁林、交趾一带,即使发生在长沙、桂阳、南海等地,也往往受到波及。在这种环境下,早先铜器制作和使用的经济、生活基础荡然无存,岭南原先繁荣发展的铜器便也走到了尽头。

第六章　汉代岭南系铜器

——地域性铜器文化特征及形成

通过以上几个章可知，汉代岭南本土的铜器特色十分明显，无论是器类、还是器型和装饰手法、纹饰方面。

据林沄先生观点[①]，"中国的北方系青铜器是指中国北部地区在青铜时代所使用的青铜器。中国北方地区青铜时代的文化遗存面貌各异，在中国考古学中被分成许多考古学文化，但在青铜器方面有相当多的共同特征。它们一方面有别于中原地区的青铜器，另一方面又有别于中国东北地区和新疆地区的青铜器"。可以看出，北方系青铜器具有相对稳定的器物群，具有一定的文化特征、时间维度和地域跨度。若此，两汉时期岭南地区具有的一些特色青铜器物，亦可统称为岭南系青铜器。

岭南系青铜器究竟有哪些特征？下面便展开分析探讨。

第一节　地域性文化特征内涵

岭南系铜器的地域性文化内涵大致体现在以下两个方面。

1.独特的装饰工艺及其纹饰。

即流行细线錾刻，纹饰以几何纹为主。

2.具有地域特色的器类。

可分三组。

A组：上述细线錾刻铜器（鼎、盒、圆壶、长颈壶、锜、酒樽、三足盘、分格盒、三足罐、卮、杯、鐎壶、熏炉、灯、魁、泥筒等）。

B组：仿玻璃铜器（鏂、碗、杯、钵、卮）。

C组：其他器类（扁足鼎、锜、三羊纽酒樽、盘口釜、双耳锅）。

何以把上述作为岭南特色？为此下面便一一分析。

---

① 林沄：《夏代的中国北方系青铜器》，《边疆考古研究》第 1 辑，科学出版社 2002 年版，第 1 页。

一、装饰工艺及其纹饰

岭南地区装饰工艺的独特性在于大量的细线錾刻，且其纹饰图案亦有明显的地域性，大致体现在以下几个方面。

（一）盛行细线錾刻

錾刻工艺并非岭南首创且特有。中国最早的细线錾刻大致在西周时期，欧洲布鲁塞尔皇家艺术与历史博物馆所藏三角援戈[①]所刻饕餮纹即是，但是器物表面中心仍然还有铸造的饕餮纹，线刻仅出现在刃部，所占篇幅很小。此时期刻纹技术出于萌芽状态，其真正的出现要到东周时期。汉代除了岭南外，其他地区也盛行，但是工艺和纹饰图案方面存在很大差异。为此，列举对比如下。

1. 东周时期的刻纹

用线刻图案作为铜器的主体装饰，时代大致在春秋中晚期，目前所发现的东周刻纹铜器便是例证。其器类主要集中为盆、匜、鎣、缶、算器，偶见其他如匕、杯器物。

纹饰方面，大致有以下几类。

（1）各种神异动物图案

淮阴高庄 M1:0138，腹内壁以绹纹为界刻画有四组图案，最上层为一列树状图形，其下三组均刻画异兽，如一头两身兽、鸟首人身兽、虎、蛇、鹿、雀等图案。其流内亦刻三组异兽图案，两侧同样为异兽。（图一〇八:1）M1:0137，同样以绹纹为间隔带将腹外壁分隔为三层，上、中层为异兽，下层为龙蛇纹饰带。[②]（图一〇八:2）

（2）燕乐场景图案

长治分水岭 M79:8，残，内壁和底大面积刻画一屋宇，下刻四柱，每柱间刻数人执觚跽坐状。屋顶及两侧分刻数雀鸟。残片所刻可能为人们种植庄稼场景（疑原图线描不准）。流内则三首尾倒置的鱼。（图一〇八:3）长治分水岭 M12 所出，中心为一楼宇，中心置一案几，上有三尊，旁数人做执觚状，台阶上人或持戈，或带剑。流内纹饰分三层：上层为树、中层为双鱼、下层为一独角兽。边缘纹饰均为树、鸟纹。[③]（图一〇八:4）

---

① 李学勤、艾兰：《欧洲所藏中国青铜器遗珠》，文物出版社 1995 年版，第 98 页。
② 淮安市博物馆：《淮阴高庄战国墓》，文物出版社 2009 年版，第 156 页。
③ 山西省考古研究所、山西博物院、长治市博物馆：《长治分水岭东周墓地》，文物出版社 2010 年版，第 238、280 页。

（3）攻战

山西潞城潞河 M7：156，由于过于残缺，仅能略观大貌。残片 1 流内刻三带长鳍鱼，其下一屋宇，屋顶两侧分刻飞鸟，屋内所刻人不明。残片 2、3刻有大量人物，可能是攻战图，两队相向，或执弓箭、执矛、盾，有的击鼓，地上躺有两人，有的腹部有一矛头状。[①]（图一〇八：5）

（4）几何纹

有柿蒂纹、云气纹、三角纹、水波纹、绚纹等。

（5）灵异神兽纹

主要为蟠螭纹和各种神灵、异兽。

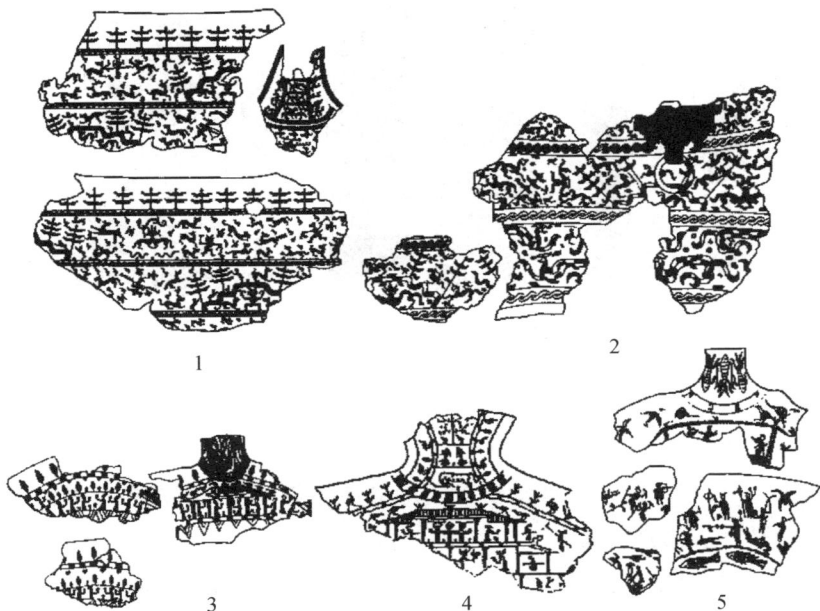

图一〇八　东周铜器刻纹

1—2.淮阴高庄 M1：0138、0137　3—4.长治分水岭 M79、M12　5.潞城潞河 M7

纹饰布局方面，存在明显的主次分明。主纹主要为神异动物、攻战、燕乐，几何纹大致承担了边界的作用。立面物体方面，主体纹饰均在腹部，肩、底为次纹；平面物体则用几何纹分割出内区和外区。

结合器物的主要出土和纹饰人物和动物图像的分析，楚越应该是此类

---

① 山西省考古研究所、山西省晋东地区文化局：《山西省潞城县潞河战国墓》，《文物》1986 年第 6 期。

器物制作的中心和源头。

　　2.汉代其他地区刻纹

　　进入汉代,刻纹铜器进入新的阶段。除了岭南所出刻纹铜器外,在滇地和内地也有发现。

　　(1)滇地刻纹

　　滇地是战国晚期至西汉中期刻纹铜器的中心区域,其纹饰大致分为三类。(图一〇九)

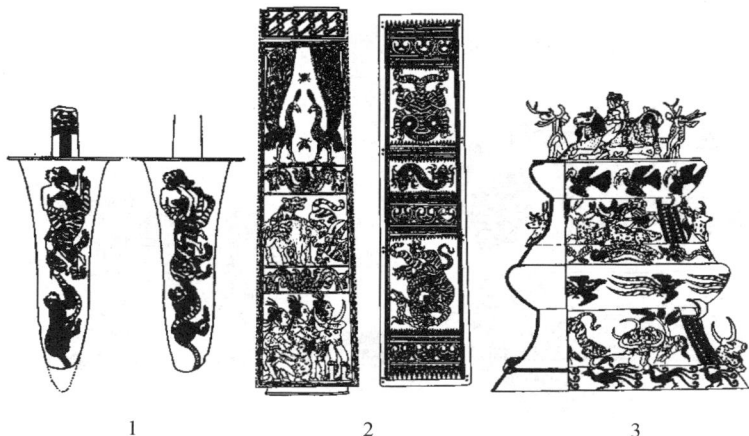

图一〇九　滇地所出铜器刻纹

1.晋宁石寨山 M6　2.昆明羊甫头 M113　3.晋宁石寨山 M71

　　第一类:单个的写实性动物图案。主要有虎、蛙、孔雀之类。其主要施刻在工具、武器的柄、面上。

　　第二类:简单几何纹图案。有三角锯齿、三角折线、波浪、绚纹、网格、菱形、短直线、太阳、五角、平行线、回纹、刺点、连涡。多用于口沿和底,或用于图案的边缘和分界。

　　第三类:组合性的写实性图像。其除了虎、豹、猴、牛、蛙、鸡、羊之类动物的嗜咬等搏斗场景,也有祭祀、狩猎之类人类活动的场面。此类图像均出自体积大的贮贝器、剑葙上。

　　器类方面,虽然其几乎涉及所有的领域,如农业生产、兵器、酒器、祭祀用具等,但也存在偏重。从数量来看,多限于兵器及工具方面,除零星几件贮贝器、鼓、长颈壶使用外,大量的炊酒具未发现刻画纹饰。

　　时代为战国中晚期至西汉中期。

　　鉴于其分布集中在滇池的昆明、江川和呈贡一带,纹饰多为写实的动物图案,器类亦属典型的滇文化。笔者曾撰文推断其为滇地专门为滇贵族所制作。①

(2)内地所出刻纹

在中原及邻近地区,有一种鎏金线刻工艺,器类大致有博山炉、酒樽、圆壶、盆、盘和其他杂器,其纹饰图案如下所示。(图一一〇)

从上图可看出,此类刻纹铜器纹饰以云气纹为主,三角锯齿纹为辅,鎏金。时代方面,此类刻纹铜器西汉中期未有发现,西汉晚期至东汉初期出现爆发性的增长,东汉中晚期急剧消亡。器类方面,以樽、盆为主体,炊具方面首次发现甑大量刻画纹饰的现象。笔者曾据铭文和使用对象,大致推断其属蜀郡工官制作的皇家御用器类。②

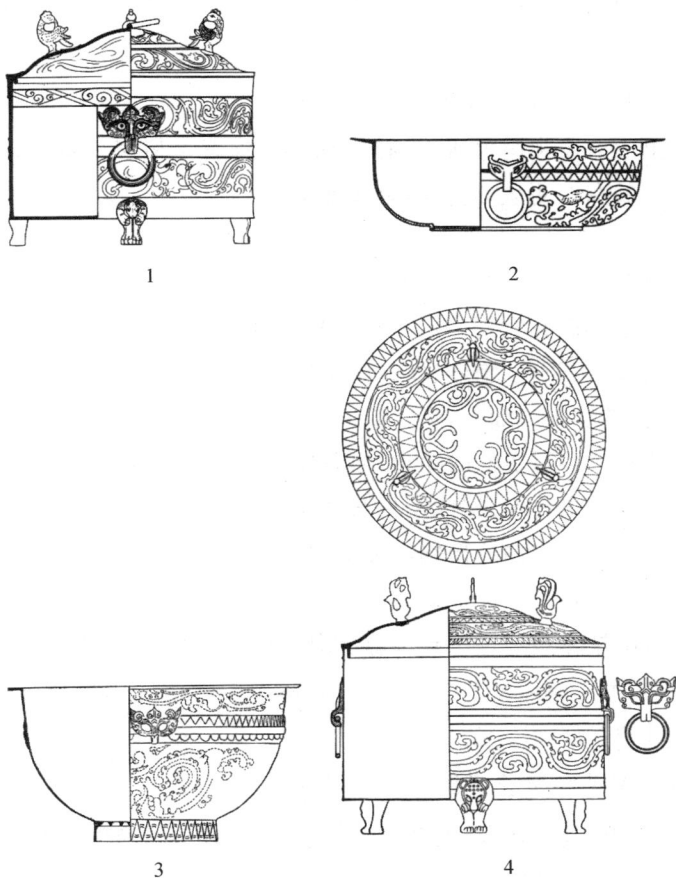

① 吴小平:《汉代滇系刻纹铜器考古研究》,《边疆考古研究》第 12 辑,科学出版社 2012 年版,第262 页。
② 吴小平:《汉代中原系刻纹铜器研究》,《考古与文物》2014 年第 4 期。

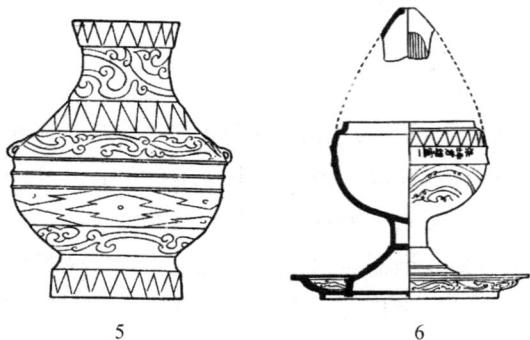

图一一〇 内地出土铜器刻纹

1.西安芙蓉南路 2.邗江姚庄 M102 3.巩县芝田公社 4.长沙 M211 5—6.长沙汤家岭

3.岭南与滇、内地所出差异

通过上面对滇和内地所出刻纹的介绍,结合本地所出进行对比,可知岭南所出与其存在明显的差异,具体如下。

（1）器类方面

滇地所出主要集中在剑、戈、矛、锛、剑鞘、盔甲之类的工具上,贮贝器提桶之类的容器偶有发现。内地所出则集中为盆和樽。岭南所出较为丰富,有樽、圆壶、长颈壶、扁壶、盒、灯、熏炉。

（2）典型性纹饰方面

滇地流行各种写实性的动物,偶有反映当时现实存在的祭祀狩猎等人物场景。内地所出均为云气纹,间插神异动物纹饰,器表鎏金。岭南所出则为复杂性几何纹饰如菱形锦纹和羽状锦纹,以及虚幻性动物纹如四神。

（3）数量方面

滇地所出排除兵器等工具性器类外,使用在炊具、酒水器方面的不足 10 件。内地所出据本人收集不超过 30 件。而岭南所出据公开发表的资料已经超过 200 件。

（二）其他装饰工艺式微

除了细线錾刻外,岭南地区还有漆绘、鎏金和模铸纹饰的装饰工艺,但是数量十分有限。具体如下。

1.模铸纹饰和吉语仅发现零星几例

除了早期出现部分模铸蟠螭或者铜鼓上的羽人竞渡之类纹饰外,西汉中期以后则仅合浦岭脚村 M4 出土 3 件器物内底模铸双鱼纹,德庆大辽山出土 1 件铜碗内底模铸五铢钱。模铸吉语之类则尚未发现。

看看其他地区所出情况。

模铸纹饰和吉语做法西南尤为盛行。为观察其使用情况，收集部分西南境内考古发掘所出铜器列表如下（表一七）。

表一七　西南地区出土铜器部分模铸纹饰和吉语一览

器类	出土地点	纹饰图案或吉语	资料出处
洗	盐亭黄甸	双鱼纹	《文物》1974 年第 5 期
盘	郫县新胜公社	西王母、龙凤纹	《文物》1981 年第 11 期
洗	简阳东溪	"宜侯王"	《文物》1987 年第 2 期
洗	三台永安电厂	双鱼纹和"富贵昌宜侯王"	《考古》1976 年第 6 期
双耳釜	西昌礼州	单鱼	《考古》2007 年第 5 期
洗		凤鸟	
盘		单鱼	
耳杯	西昌杨家山	西王母、仙人、玉兔、蟾蜍	《考古》2007 年第 5 期
耳杯	忠县将军村	单鱼	《考古》2011 年第 1 期
耳杯	巫山土城坡	凤鸟	《江汉考古》2009 年第 2 期
双耳釜	重庆水泥厂	单鱼	《四川文物》1987 年第 2 期
洗	宜宾南广乡	双鱼	《四川文物》1988 年第 4 期
		双鹭	
耳杯	成都高新区	翼马	《四川文物》2004 年第 4 期
牌饰	汉源桃坪	双鱼	《四川文物》2006 年第 5 期
洗	开县红华村	双鱼、"宜侯王"	《考古与文物》1989 年第 1 期
		双鱼、"富贵昌宜侯王"	
耳杯		单鱼	
盘		二龙衔钱	
耳杯	万州武陵	单鱼	《万州武陵墓群》
		西王母	
耳杯	万州金狮湾	动物、鱼	《万州金狮湾墓群》
耳杯	巫山双堰塘	"富贵昌乐未央"	《重庆库区考古报告集》（1999）
耳杯	丰都镇江	单鱼	《丰都镇江汉至六朝墓群》
盘口釜	赫章可乐	单鱼	《考古学报》1986 年第 3 期

续表

器类	出土地点	纹饰图案或吉语	资料出处
甑	赫章可乐	"富贵昌乐未央"	《考古学报》1986 年第 3 期
盆	赫章可乐	单鱼	《考古学报》1986 年第 3 期
刁斗	赫章可乐	单鱼	《考古》1966 年第 1 期
耳杯	清镇	单鱼	《考古学报》1959 年第 1 期
洗	安顺宁谷	"富贵昌宜侯"	《考古》1972 年第 2 期
洗	兴仁交乐	单鱼	《贵州田野考古四十年》
碗	兴仁交乐	钱币	
耳杯	兴义	单鱼	
盆	兴义	单鱼	
双耳釜	江川李家山	单鱼	《江川李家山第二次发掘报告》
洗	昆明羊甫头	双鱼	《昆明羊甫头墓地》
耳杯	昆明羊甫头	单鱼	
洗	昆明羊甫头	鹭鸟、鱼	
双耳釜	个旧黑蚂井	单鱼	《个旧市黑蚂井墓地第四次发掘报告》
盘口釜	个旧黑蚂井	单鱼	
鉴	个旧黑蚂井	单鱼	
刁斗	个旧黑蚂井	单鱼	
洗	砚山	双鱼	《云南边境地区(文山州和红河州)》考古调查报告
耳杯	昭通白泥井	单鱼	《昭通田野考古》(之一)
耳杯	水富楼坝	单鱼	
洗	大关岔河	凤鸟	
刁斗	大关岔河	单鱼	
洗	禄丰张通	单鱼	《文物资料丛刊》年第 9 期

比较可知,岭南所出相当有限。

2.鎏金、漆绘等其他工艺可忽略

鎏金器类,岭南所出除了西汉早期南越王墓所出外,西汉中期之后仅合浦望牛岭和韶关西河出土 3 件。

内地汉代铜器使用鎏金工艺的区域亦以西南为盛行,大致收集所出列表如下（表一八）。

表一八　西南地区出土部分鎏金铜器一览

器类	出土地点	资料出处
圆壶	重庆江北陈家馆	《文物》1987 年第 3 期
圆壶	重庆临江支路	《考古》1986 年第 3 期
盘		
卮		
案	巫山土城坡	《江汉考古》2008 年第 3 期
圆壶	重庆江北四马溪	《四川文物》2015 年第 3 期
锔	万州礁芭石	《重庆库区考古报告集》(2002)
熏炉		
灯	涪陵太平村	《重庆库区考古报告集》(2000)
盒	丰都镇江	《丰都镇江汉至六朝墓群》
卮		
盒	赫章可乐	《考古学报》1986 年第 3 期
鉴		
洗	安顺宁谷	《文物资料丛刊》年第 4 期
圆壶	晋宁石寨山	《云南晋宁石寨山发掘报告》
尊		《考古》1959 年第 9 期
卮	江川李家山	《江川李家山第二次发掘报告》
耳杯	彝良夏家堡	《昭通田野考古》(之一)

除了表一七、一八所列出的器物外，西南境内更多的是鎏金铜扣器，如耳杯的耳、盆口沿，数量不低于百件。另外，需补充的是上述内地刻纹铜器均通体鎏金，而其制作地其实主要为蜀郡和广汉。如《后汉书》卷 10《和熹邓皇后纪》所载"太后敕止日杀省珍费，自是裁数千万。及郡国所贡，皆减其过半。悉斥卖上林鹰犬。其蜀、汉釦器九带佩刀，并不复调"，《汉书》卷 72《贡禹传》载"蜀广汉主金银器，岁各用五百万"所载即是。

至于漆绘工艺或者错金银类，仅贵县罗泊湾 M1 有几件出土。

总之，在装饰工艺方面，岭南所出与其他地区差异甚大，即盛行细线鋬刻，纹饰为菱形锦纹、羽状锦纹或者瑞兽动物图案，其他工艺基本可以忽略。

二、器类

岭南系铜器的器类也与内地有明显的差异,其表现在一些特有的器类方面。

(一)岭南特有器类

有刻纹铜器、仿玻璃铜器和其他器类三种。

1. 刻纹铜器

岭南系的刻纹铜器与众不同,上文已有考证。

排除刻纹本身的特色外,部分器类也不见于它地,具体如下。

长颈壶。岭南所出大约有 10 余件,大致在西汉晚期至东汉中期;而内地所出最早 1 件当属南昌海昏侯墓。从图中对比可知两者的差异。(图一一一:1—2)

锜。源于鍪而发展变化所形成,岭南所出不下百件,岭南以外地区所出不过 10 余件,均为岭南所流散。(图一一一:3)

扁壶。发轫于关中,内地在西汉中期基本绝迹,但是西汉晚期岭南却出土不少。(图一一一:4)

三足盘。内地几乎未有出土,岭南所出不下于 20 件。(图一一一:5)

酒樽。内地所出为弧顶盖,上置三雀纽,而岭南所出为博山盖和平顶(环钮或者三羊纽)。(图一一一:6—8)

盒。内地所出多为子母敛口,盖、身相同,而岭南则变化多样,盖顶有三羊、三雀之类。(图一一一:9—10)

博山炉。胡人叉腰形柄、下为神兽或者博山底座亦是岭南特色。(图一一一:11)

2. 仿玻璃铜器

仿玻璃铜器有碗、杯、卮、鎘、钵五类,其形态基本接近,均为侈口、颈略内凹、弧腹、平底或者圜底,与中国传统的盛装器差异甚大,关于此点将在下节详细探讨。另外此类器在岭南所出具有以下特征。

(1)数量最多

岭南地区所出,据第一章中所述,数量十分巨大。类似仿玻璃铜器在内地也有出土,如云贵、湖南、江西、江浙等地。

(2)起始时间早且延续

岭南所出始于西汉晚期,盛行于西汉晚期至东汉早期,东汉中晚期衰落。对比其他地区,西汉晚期零零星星出现,西汉末期至东汉早期才盛行起来。

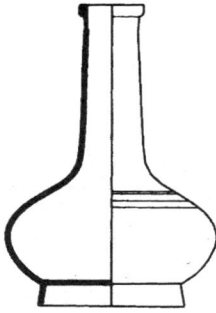

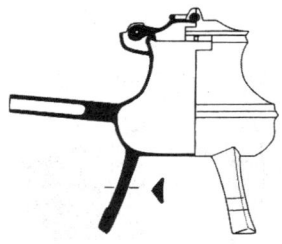

1　　　　　　　　2　　　　　　　　3

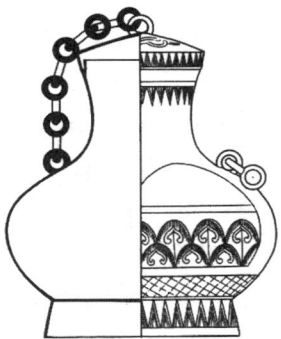

4　　　　　　　　　　5

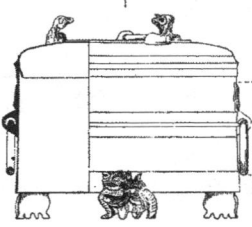

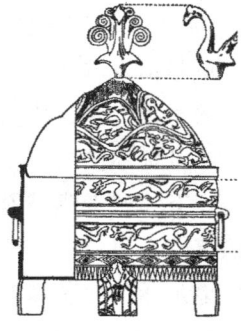

6　　　　　　　　7　　　　　　　　8

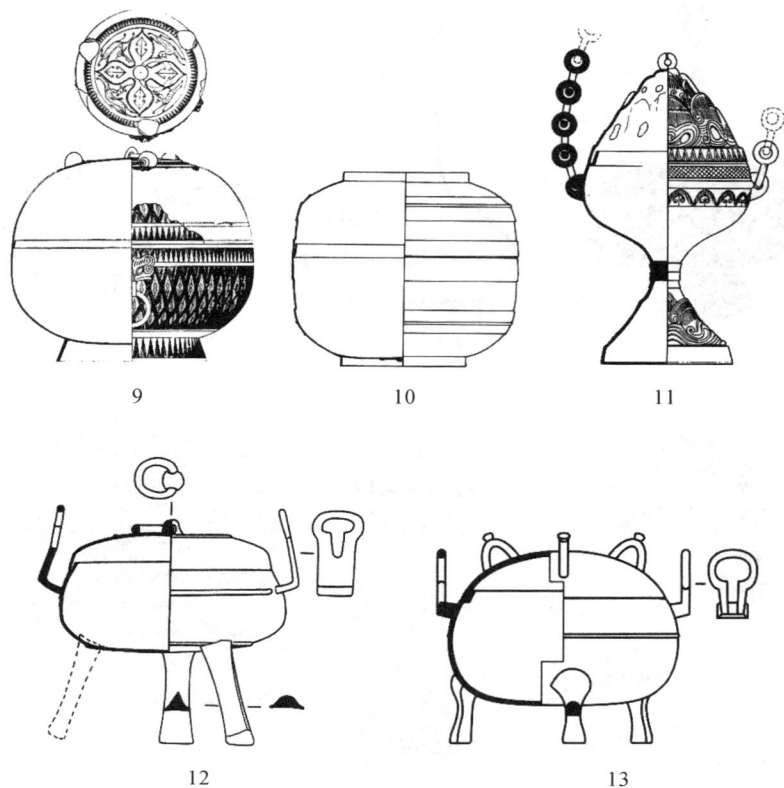

图一一一　部分岭南铜器与内地所出比较

（3）器物发展演变的延续性

岭南所出从西汉晚期至东汉中晚期，器物演变规律十分明显，并无中断。内地所出在某些数量偏少地区基本无法形成明显的演变谱系。

（4）出土地的高度集中

从目前发表的资料来看，岭南境内以合浦一带所出最为丰富和密集，其次为贵港一带。内地所出则较为分散。

3.其他器类

还有一些器类具有典型的岭南地域性特征，大致有扁足鼎、盘口釜、双耳锅等。

扁足鼎。瘦长扁蹄足、盖顶平，单环钮或者三羊钮的做法并未见于内地，到东汉中晚期且其仍有较多出土。（图一一一：12）而内地所出基本截止至西汉晚期，东汉便不常见，其器形多蹄足，盖面多三环钮。（图一一一：13）

盘口釜。在第二章中考证了盘口釜可能起源于越式盘口鼎的可能，说明盘口釜是当地越式器物演化所致。其在岭南出现最早，出土最多，使用时间最长。

双耳锅。其情况与盘口釜相同，不再赘述。

(二)对比其他地区所出特色铜器

先看西南地区。据不完全统计，出土铜鍪不低于 1000 件、双耳釜 300 件、铟 400 余件，洗不低于 200 件，另外尊形壶、立耳釜等数量也不少。其时代从西汉早期一直延续到东汉晚期。器形图如下。（图一一二）

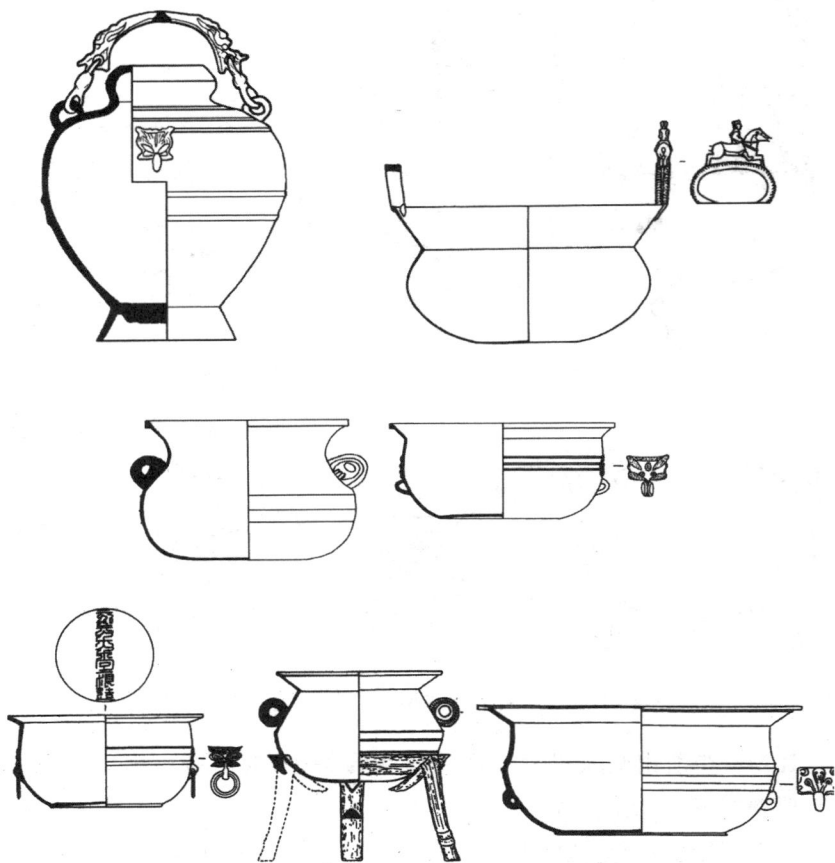

图一一二　西南地区所出特色铜器

中原等黄河中下游地区。其铜器的使用大致在西汉，东汉时期少见。器类主要有鼎、鋞、鋗镂、钫、釜甑、铫、染炉和灯、熏炉、人形足尊。器形图如下。（图一一三）

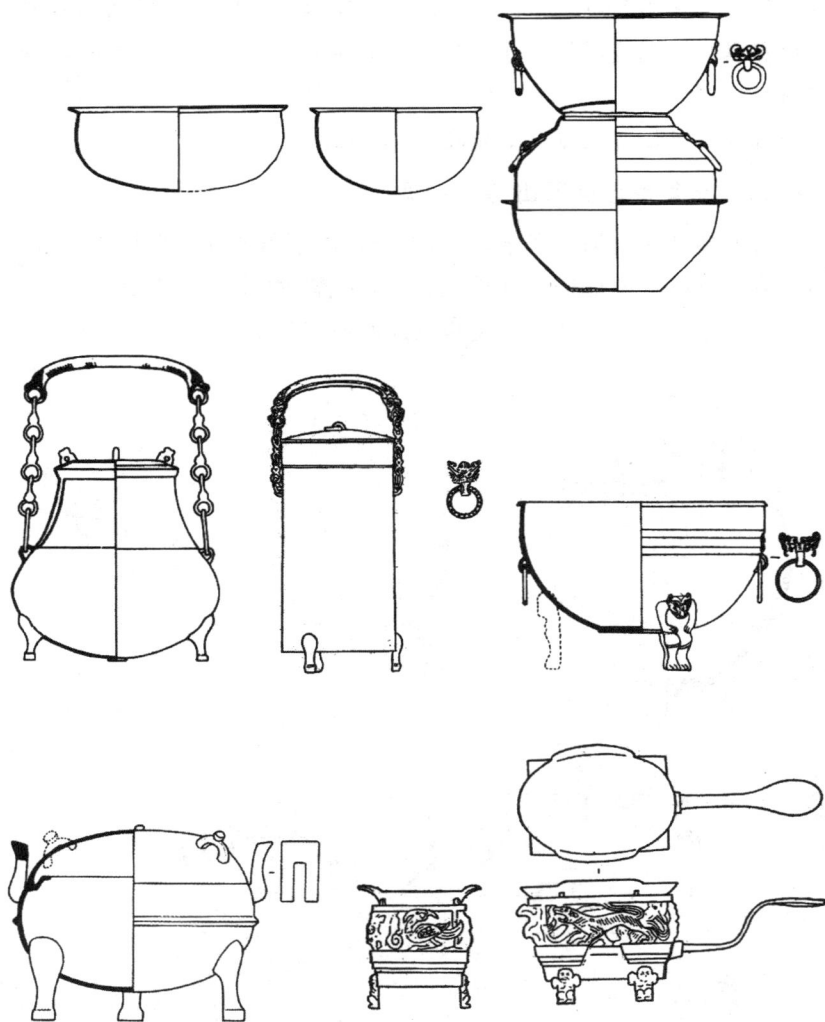

图一一三　关中、关东地区出土汉代特色铜器

　　江浙一带所出则颇以鐎斗和双耳锅为特色，湖南所出则以鐎壶为特色。器型如下。（图一一四）

　　从上图看出，岭南地区所出与其他地区不仅器类不同，在器形方面差异也很大，显示出其明显的地域特征。

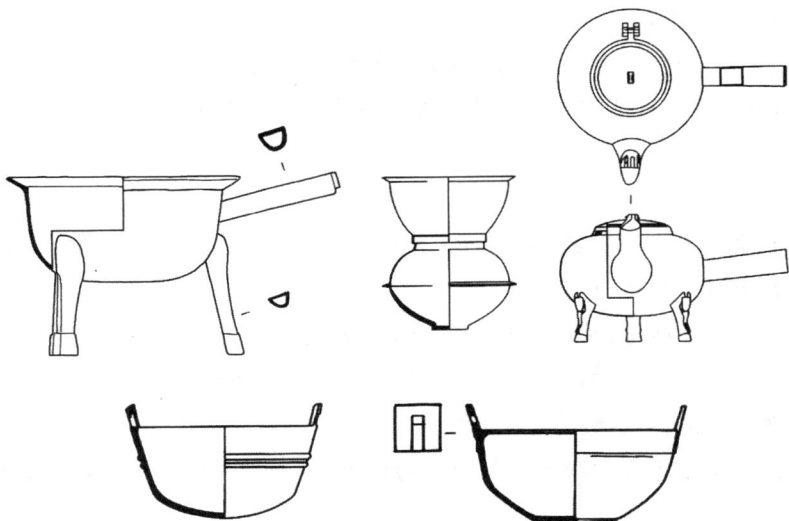

图一一四　江浙和湖南一带出土汉代特色铜器

第二节　形成的文化基础

岭南系铜器的形成较为复杂,源于其内涵的多元,从而存在不同的文化基础。为完整揭示岭南系铜器的形成基础,下面便按其内涵分别探讨。

一、刻纹铜器

在上节中可以看到岭南系铜器与其他刻纹铜器的差异,但显然其并非自创,而是受到外来技术影响所致。其与其他刻纹铜器的共性便显现这点,如下。

1. 与滇地刻纹的共性

A. 纹饰的布局

先看滇系,其大幅的图案往往以三角锯齿纹或绦纹作为边界的装饰,如昆明羊甫头 M113 所出剑鞘,左右两侧为绦纹,正面自上而下各刻三组卷云纹和虎蛇图案,其分隔纹饰为两组三角锯齿纹和绦纹。晋宁石寨山 M15 所出铜盒亦大致相同,腹部两端均为三角锯齿纹,盒盖面亦以三角锯齿纹作为边饰。类似布局在晋宁石寨山 M13 所出铜鼓、M12 所出铜锄上也出现。

相同纹饰布局手法在岭南系刻纹铜器上比比皆是。如下的壶和盒,无一不是以三角锯齿纹作为分隔将器身划分为几个纹饰区。

B. 具体纹饰方面

三角锯齿纹。滇地常用此类纹饰作为分界,如昆明羊甫头 M113 所出剑箙,其用八组作为装饰。岭南系也不例外,几乎所有刻纹器物均有此类纹饰和用法。

虫、雀图案。滇地所出不少,如昆明羊甫头 M113 所出剑箙中即有。雀在岭南系中出现较多,如合浦文昌塔 M1 扁壶、德庆大辽山所出铜案中均有。虫在铜案中也有出现。

绚纹。在两地,绚纹经常作为边饰出现和使用。滇地如昆明羊甫头所出剑箙、江川李家山的臂甲、晋宁石寨山的记事铜片即是。岭南系铜器中,所出案均有此类纹饰。

而铜案中出现的双雀啄鱼图案与滇系中出现的虎嗜牛之类风格异曲同工。

另外,均用短线刻画动物细部。

2. 与内地铜器刻纹的共性

A. 纹饰布局方面

均有主次纹饰之分,其中三角锯齿纹成为两地常见边饰。如巩县芝田公社所出铜甗,在腹部用三角锯齿划分出上下两部,圈足亦是一周三角锯齿。岭南系所出如合浦风门岭 M26 所出长颈壶,则使用了三周三角锯齿。

B. 具体纹饰方面

三角锯齿。上面已经提及,不再赘述。

柿蒂纹。长沙 M211 所出酒樽顶部以纽为中心刻一柿蒂纹,类似图案和做法在岭南十分普遍。

3. 与东周刻纹的共性

A. 纹饰布局方面

主次分明。在平面物体上用次要纹饰作为分界出内外两区,在立面物体方面,腹部、肩、颈部的纹饰分界十分明显。如淮阴高庄所出熏炉盖,用绚纹将盖面分出内外两区,辉县琉璃阁所出奁则用绚纹和三角锯齿纹将腹部分为上下两部。岭南系铜器上文已经提及。

B. 具体纹饰方面

柿蒂纹。襄阳山湾 M19 所出盘内底中心即有一柿蒂纹,其四叶间围绕一周变形龙纹。[①] 这种做法和纹饰在岭南所见甚多,如合浦母猪岭 M4

---

① 湖北省博物馆:《襄阳山湾东周墓葬发掘报告》,《江汉考古》1983 年第 2 期。

出土铜盒盖顶、三足盘即是。

三角锯齿纹。两地十分普遍，东周刻纹如辉县琉璃阁、淮阴高庄所出即是。

绹纹。东周刻纹使用绹纹集中发现在淮阴高庄器物如所出甑箅、熏炉盖、匜上，亦是边界纹饰。岭南所出上述提及，主要为案面。

以上种种证据表明，岭南所出与滇、内地和东周刻纹均存在一定的关联。从共性的多寡方面来看，其与滇地和东周刻纹关系更为密切。东周刻纹兴盛于春秋中晚期至战国早中期，衰落于战国晚期；滇地刻纹兴盛于战国晚期至西汉中期，西汉晚期衰亡；岭南所出兴盛于西汉晚期至东汉早期，环环相扣，几乎没有时间缺环。据此可以推断，岭南铜器刻画技术可能来源滇地，其早期源头则为东周刻纹。

岭南地区刻纹的出现为西汉中期，但纹饰的地域特征并不明显，如合浦风门岭 M27 熏炉盖顶出现的纹饰，仅有短线纹，类似刻纹在里耶清水坪 M1、M34 所出的匜柄上也有，同样这种做法大量发现在滇系或者内地刻纹铜器上。西汉晚期开始，菱形锦纹、羽状锦纹的出现，才标志着具有典型岭南风格的刻纹正式形成。

二、仿玻璃铜器

要观察仿玻璃铜器的形成基础，首先有必要了解东周秦汉时期中国传统的饮食。

（一）仿玻璃铜器与中国传统饮、食器的对比观察

在汉代之前内地的饮食器主要有豆、敦、盒、铢，进入汉代主要有盒、耳杯。

1.豆　豆在新石器时期便有出现，商周时期陶豆仍然是最常见的日用器具。据研究[①]，铜豆始见于晚商时期，通行于两周，盛行于春秋晚期至战国。其形态多为子母敛口，弧腹，圜底或平底，有柄和圈足底座。进入汉代，真正用豆作为盛器已经不见，仅灯和熏炉沿用其形制，但用途迥异。

2.敦　敦为东周时期的器类，战国晚期为盒所取代。其形制大致有两类：一类为器、盖相同，另一类器、盖不同，但是器身的形制接近，大致呈现为子母敛口，弧腹，圜底或平底。有三足或者纽之类。

3.盒　盒作为盛食器与鼎、壶、钫成为战国晚期周地常见的礼器组合，陶盒所出甚多。铜盒目前所见最早，为楚地所出，如襄阳蔡坡 M4 所出时

---

① 　朱凤瀚：《古代中国青铜器》，南开大学出版社 1995 年版，第 85 页。

代大致在战国早期,战国晚期的如江陵张家山所出。汉代铜盒除了岭南所出外,还见于峡江地区。其形制大致相同,子母敛口,弧腹,平底,或有矮圈足。

4.铷　其大致出现在春秋中期,通行于战国,进入汉代为耳杯所取代。平面大致为椭圆形,敛口居多,少量侈口,弧腹或鼓腹,平底或有三足、圈足之类。

5.耳杯　耳杯汉代流行,但出现在战国晚期,如江陵马山 M1、安徽寿县朱家集楚王墓均有发现。其均为敞口,弧腹,平底。

从上看出,仿玻璃铜器与中国传统的饮食器在形制方面差异甚大,两者没有关联。

(二)仿玻璃铜器与外来玻璃器皿的关系

岭南地区在合浦、贵港一带出土一批玻璃器,器类有杯、高足杯、钵之类[1],如下。(图一一五:1—5)

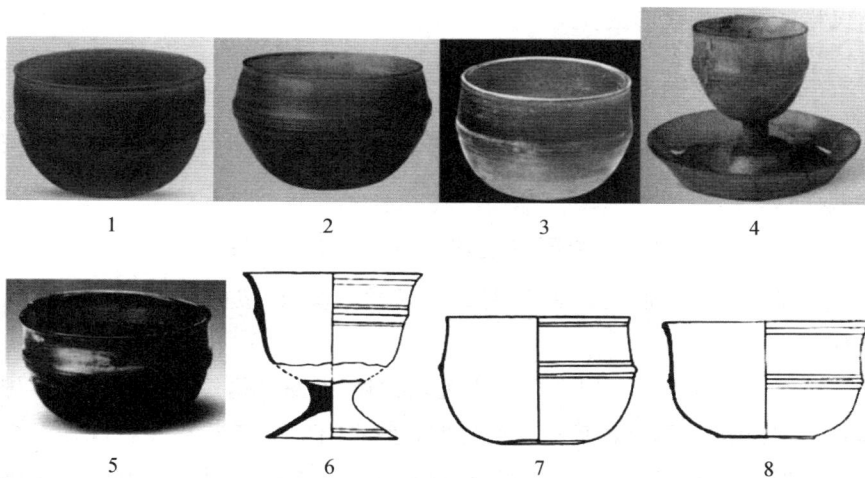

图一一五　岭南出土的玻璃器

玻璃器:1—3、5.杯(合浦红岭头 M34、合浦文昌塔 M70、合浦黄泥岗 M1、贵港深钉岭 M12)　4.高柄杯(贵县南斗村 M8)

仿玻璃铜器:6.高柄杯(合浦文昌塔 M69)　7—8.杯(合浦 11HFPM12、合浦文昌塔 M157)

---

① 　熊昭明:《汉代合浦港考古与海上丝绸之路》,文物出版社 2015 年版,第 54—56 页。黄启善:《广西古代玻璃制品的发现及其研究》,《考古》1988 年第 3 期。广西壮族自治区文物工作队、贵港市文物管理所:《广西贵港深钉岭汉墓发掘报告》,《考古学报》2006 年第 1 期。

可以看出，这些玻璃器皿在器型方面具有一定的共性特征，如口或稍侈或稍敛，颈略内凹，弧腹。腹部有数周弦纹。上述玻璃器在岭南地区均可找到相同的铜器。（图一一五∶6—8）

从上可知，上述铜杯、钵乃直接对外来玻璃的仿制，几乎没有任何改动。但是这种现象随着时空的变化而必将改变。如碗的圈足的出现则可能受到汉文化盒的影响；鎜的影响更深，除了圈足外，腹部同样模仿盒置铺首衔环。（图一一六）

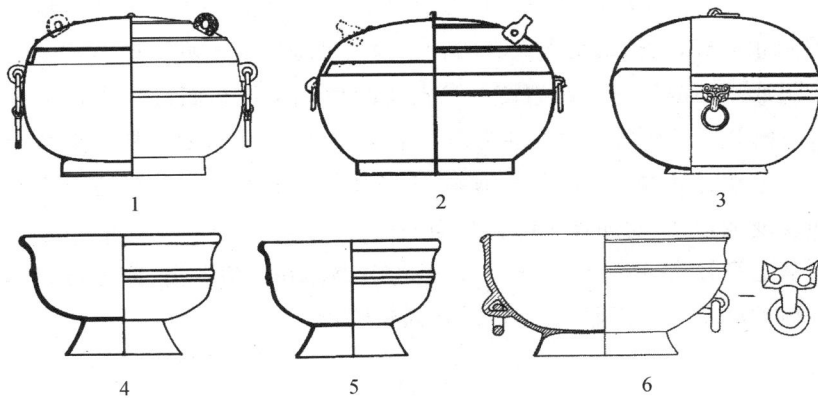

图一一六　东周铜盒和汉代仿玻璃铜碗、鎜
1.枣阳九连墩　2.江陵张家山　3.长沙 M211　4—6.番禺 M8

无疑铜碗、鎜圈足的出现和鎜铺首衔环的使用，便是在仿玻璃铜器制作上的本土化体现。类似对外来物的改造，并非没有先例，晋宁石寨山 M11、M12、南越王墓等所出凸瓣纹铜盒或银盒器型即模仿西方的纹饰而改造。①

无疑，这种现象与西汉中晚期海上航线的开辟息息相关。在此航线上，合浦借助其中心位置从而成为舶来品的集散地。在汉人对西方玻璃器的追崇风气之下，仿玻璃器类自然而兴。

仿玻璃铜器的出现始于西汉中期后段，西汉晚期到东汉早期大规模流行，东汉中晚期趋于衰败。

三、其他器类

主要有盘口釜、双耳锅和非刻纹的扁足鼎、锜及平底环钮或者三羊钮

---

① 赵德云∶《凸瓣纹银、铜盒三题》，《文物》2007 年第 7 期。

酒樽。

盘口釜和双耳锅源于当地早期的越式鼎，其出现和盛行均为西汉晚期。

扁足鼎其实主要是 Dcab、Dcb 型鼎。其西汉中期特征开始显现，西汉晚期特征十分明显，体现在两个方面：1. 高足，足越来越扁；2. 器盖，盖顶逐渐变平。

锜乃岭南对巴蜀鍪的改造之物。其虽然在西汉早期便已出现，但特征并不明显，类似器物在湖南郴州①也有发现。西汉晚期锜作为岭南地方性器类始才形成，瘦长蹄足和壶身的特征为其他地区所不见。

平底环钮或者三羊钮酒樽。三雀钮酒樽上文可知属汉代内地常见样式，Ba 型单环钮在西汉中晚期为内地常见，但盖顶平的做法是岭南特有风格。三羊钮也同样，其盖顶平，顶施三羊为内地不见。其特征的形成亦见于西汉晚期，东汉时期最为明显和强烈。

从上可知，无论是刻纹铜器、还是仿玻璃器和其他器类，作为具有典型岭南地域的岭南系铜器，其形成均在西汉晚期。

第三节　形成过程

岭南系铜器，其实就是岭南汉代地方性铜器，其形成过程如何？

在上章中，可知岭南在汉代以前为越人生活区，后来随着秦汉中原人南下，并于公元前 112 年被纳入汉王朝的统治，相应的其铜器也发生了变化。其变化过程如何？

为清晰显示其变化过程，对此本文将其大致划分三个阶段：西汉早期，族群性铜器阶段；西汉中期，汉大一统铜器阶段；西汉晚期开始，岭南地方性铜器阶段。

一、族群性铜器阶段

西汉早期除了典型的越式器外，虽然出现了不少来自内地的铜器，但这些器类多具有典型的族群性，尚未纳入汉文化的体系。因此，统称之为族群性铜器。分析如下。

---

① 湖南师范大学历史文化学院、郴州市文物处：《湖南郴州飞机坪西汉墓发掘简报》，《江汉考古》2014 年第 3 期。

越人器类，有鼎、匏壶、瓿、提筒。其中鼎有 13 件，匏壶 3 件、瓿 13 件、提筒 10 件、三足盘数件。

巴蜀器类，主要为鍪和温鍪、釜。鍪的数量略多，大致有十几件，温鍪仅 1 件，釜数件。

秦器，主要为蒜头壶和蒜头扁壶。各类数量均不多，总共不过十件。

楚器，主要为镶壶、钫、鼎、圆壶、杯型壶之类，不超过 10 件。

相比而言，汉式器类如匜、甗、铫和鼎，数量显然无法与上述器相提并论。

不过，上章也提及，西汉早期阶段为输入性阶段，巴蜀、秦、楚和汉式器均来自外地。

二、汉大一统铜器阶段

随着南越国消亡，原先具有典型族群性的器类也渐趋衰落，代表大一统的郡县制度在岭南推广，岭南铜器也进入了大一统阶段。

西汉中期，器类主要有鼎、圆壶、酒樽、熏炉、樽型卮、镶壶、铫、甗、灯、盆盘、耳杯，这些器类基本在内地找到同类。如鼎，为 D 类，其子母敛口、扁鼓腹的做法与内地并无二致，其瘦长蹄足显然来自楚式鼎；圆壶乙类、酒樽、樽型卮多发现与湖南境内；熏炉与湖南常德 M2020、西安东郊国棉五厂、天长三角圩 M27、山西朔县所出并无差异；多枝灯、高灯、行灯、铫也最早出现在内地。

数量方面，虽然总量不多，在百件以下，但与同时期的族群性器类如鍪、蒜头壶或者越式器鼎、提筒之类零零星星出土相比，明显具有很大的优势。

三、岭南地方性铜器阶段

岭南地方性铜器的形成，大致有两个标志：一批特色的器类和具有地域特色的装饰工艺及纹饰。

一批特色的器类，上文已有叙述，如瘦高足鼎、三羊盖纽酒樽、锜、长颈壶、盘口釜、双耳锅、碗、钵、杯、卮、鏂。

具有地域特色的装饰工艺，即细线錾刻；主要纹饰为菱形锦纹、羽状锦纹或者神兽祥瑞等图案。

其形成并非凭空产生，可从两方面看出其形成过程。

A. 器类方面

1. 对汉大一统铜器器类的改造。

有鼎、酒樽、盒。

2. 对族群性器类的改造。

有盘口釜、双耳锅、锜、长颈壶。

3. 对域外器物的模仿改造。

有鐎、碗、钵、杯、卮(A、B)。

B. 装饰工艺和纹饰方面

西汉晚期岭南境内大量细线錾刻工艺的出现,同样存在早期的基础,即东周中原地区和战国西汉中期滇式的刻纹工艺。

必须看到,汉大一统铜器器类所占比重十分有限,表现如下。

1. 器类不多。仅有鼎、酒樽和盒三种。

2. 数量有限。鼎、酒樽大致各有三十几件,盒不过 20 例。

对比其他器类,据不完全统计,岭南所出双耳锅 40、锜 120、长颈壶 17、鐎 15、碗 135、钵 121、卮 20、杯 68、盘口釜二十几例。

因此,可以看出,岭南地方性铜器器类的形成,汉大一统文化对其影响十分有限,具有地域性的铜器群左右了其形成过程。

至于装饰工艺方面,影响较大的无疑是滇地。纹饰方面,如菱形锦纹和羽状锦纹,尚不清楚其源头,而祥瑞动物等图案则深受大一统的汉文化影响而趋于一致。

必须指出的是,虽然如上文所述汉文化对于岭南系铜器的影响十分有限,但是并无法否定岭南地区作为汉文化统一下的地方性铜器的事实。因为岭南地区西汉晚期除了岭南系铜器外,还有其他的铜器,如鋬、鐎壶、圆壶、扁壶、洗、盆盘、耳杯、灯、熏炉,而这些器类均与内地所出并无二致。另外,部分刻纹铜器的器类亦可与内地相同。

第七章　输出与被仿

——异地所出岭南风格铜器研究

从上可知,岭南系铜器的形成有其深远的历史基础,或基于本土,或基于外地器形。需要说明的是,岭南系铜器虽然发轫于岭南境内,却并非仅仅分布在岭南,也绝非仅仅在岭南地区制作和生产。

目前在江西、湖南、浙江、江苏、安徽、河南、陕西、辽宁、湖北等地区均发现岭南风格青铜器。在越南也有发现。这些地区所出器类、年代如何?为此本章将详细考证。

第一节　出土与分布

为了观察不同区域所出差异,将全国划分为几个区域,每个区域具体如下。

(一)长江中游

大致范围包括今日湖南、江西和湖北的南部。

资兴。M123 出土 1 件圆壶,M157、M439 等出土 3 件鎜,M405 等出土 3 件碗,M372、M132 出土 6 件钵,M108 出土 1 件杯,M204 等出土 8 件盘口釜。[①]

大庸。M44 出土 1 件钵。[②]

耒阳。M257 出土 1 件圆壶,M37、M5 和白洋渡各出土 1 件锜,

---

① 湖南省博物馆:《湖南资兴东汉墓》,《考古学报》1984 年第 1 期。湖南省博物馆、湖南省文物考古研究所:《湖南资兴西汉墓》,《考古学报》1995 年第 4 期。

② 湖南省文物考古研究所、湘西自治州文物工作队、大庸市文物管理所:《湖南大庸东汉砖室墓》,《考古》1994 年第 12 期。湖南省文物考古研究所、湘西自治州文物工作队、大庸市文物管理所:《1986—1987 大庸城区西汉墓发掘报告》,《湖南考古辑刊》(五),《求索》杂志社 1989 年版。

M260、M15 出土 3 件酒樽，M387 等出土 11 件碗。① 西郊出土 1 件碗和锜。②

永州。鹞子岭刘彊墓、M2 出土 3 件圆壶、1 件熏炉、1 件酒樽、4 件碗、1 件长颈壶、1 件熨斗、2 件碗、1 件钵和 1 件卮。③

零陵。东门外出土 1 件熏炉④，李家园出土 2 件碗⑤。

衡阳。蒋家山 M4 出土 1 件锜、1 件熏炉、1 件熨斗、1 件奁、1 件鍪和 1 件碗。⑥

常德。D3M24、D3M30 等出土 3 件熏炉、4 件盒、1 件熨斗、4 件钵和 2 件鼎。东江公社出土 1 件碗，M2401 出土 1 件碗，M2429 出土 1 件碗，M2048 出土 1 件双耳锅。⑦

南岳。万福村出土 1 件盘口釜。⑧

长沙。五里牌出土 1 件熏炉、1 件锜、1 件双耳锅和 2 件鼎⑨，汤家岭出土熨斗和鍪各 1 件⑩，北山区出土 1 件碗⑪，雷家嘴出土 2 件⑫，小林冲子出土 2 件碗。⑬

安乡。余家台子出土 1 件鐎壶。⑭

---

① 湖南省文物管理委员会：《湖南耒阳东汉墓清理简报》，《考古通讯》1956 年第 4 期。衡阳市博物馆：《湖南耒阳市东汉墓发掘报告》，《考古学集刊》(13)，中国大百科全书出版社 2000 年版，第 142—144 页。衡阳市文物处、耒阳市文物局：《湖南耒阳白洋渡汉晋南朝墓》，《考古学报》2008 年第 4 期。

② 湖南省文物管理委员会：《耒阳西郊古墓清理简报》，《文物参考资料》1956 年第 1 期。

③ 零陵地区文物工作队：《湖南永州市鹞子山西汉"刘彊"墓》，《考古》1990 年第 11 期。湖南省文物考古研究所、永州市芝山区文物管理所：《湖南永州市鹞子岭二号西汉墓》，《考古》2001 年第 4 期。

④ 湖南省文物管理委员会：《湖南零陵东门外汉墓清理简报》，《考古通讯》1957 年第 1 期。

⑤ 周世荣：《湖南零陵李家园发现新莽墓》，《考古》1964 年第 9 期。

⑥ 湖南省文物考古研究所：《湖南古墓与古窑址》，岳麓书社 2004 年版，第 111 页。

⑦ 湖南省常德市文物局、常德博物馆、鼎城区文物局、桃源县文物局、汉寿县文物局：《沅水下游汉墓》，文物出版社 2016 年版，第 599—645 页。

⑧ 衡阳市文物工作队：《湖南南岳万福村东汉墓》，《考古》1992 年第 5 期。

⑨ 湖南省博物馆：《长沙五里牌古墓葬清理简报》，《文物》1960 年第 3 期。

⑩ 湖南省博物馆：《长沙汤家岭西汉墓清理报告》，《考古》1966 年第 4 期。

⑪ 长沙市文物工作队：《长沙县北山区东汉砖室墓清理记》，《湖南考古辑刊》(三)，岳麓书社 1986 年版，第 267 页。

⑫ 张鑫如：《长沙东郊雷家嘴东汉墓的清理》，《考古通讯》1958 年第 2 期。

⑬ 湖南省文物管理委员会：《湖南长沙小林子冲工地战国、东汉、唐墓清理简报》，《考古》1958 年第 12 期。

⑭ 安乡县文化馆：《安乡余家台子发现东汉墓》，《湖南考古辑刊》(二)，岳麓书社 1984 年版，第 207 页。

龙山。里耶出土1件盒、1件钵。①

古丈。河西出土2件钵。②

郴州。市区M12出土1件鍪。③ 五里堆出土2件钵。④ 同和乡出土1件双耳锅。⑤

桃源。大池塘出土1件鍪。⑥ 竹园村窖藏出土2件鍪。⑦

南昌。塘山出土1件圆壶和1件锜。京山M1出土1件碗。⑧ 京家山出土1件酒樽和1件承旋。⑨ 青云谱一带出土1件承旋、3件碗和3件双耳锅。⑩ 蛟桥出土1件碗。⑪ 纺织厂出土3件碗。⑫ 丝网塘出土1件耳杯盒灯。⑬

南康。荒塘出土2件碗、1件锜。⑭

蕲春。陈家大地M9出土鼎1件和灯1件。M3出土1件圆壶、1件锜和1件灯。M4出土熏炉1件。M11出土1件鍪。另外,该墓地还出土9件碗。鳡鱼嘴M7出土1件碗、1件双耳锅。⑮

荆门。十里九堰出土1件鍪。⑯ 玉皇阁出土1件锜。⑰

宜都。刘家屋场出土1件碗。⑱

① 湖南省文物考古研究所:《里耶发掘报告》,岳麓书社2006年版,第494、502页。
② 湘西自治州文物管理处、古丈县文物管理所:《湘西古丈河西战国、汉墓发掘简报》,《江汉考古》2007第2期。
③ 湖南省郴州地区文物工作队:《湖南郴州汉墓清理简报》,《考古》1985年第8期。
④ 龙福廷:《湖南郴州清理一座新莽时期墓葬》,《考古》1987年第4期。
⑤ 郴州地区文物队:《湖南汝城县、郴县发现一批古代青铜器》,《考古》1992年第8期。
⑥ 高至喜:《湖南桃源大池塘东汉铜器》,《考古》1983年第7期。
⑦ 王英党:《湖南桃源县出土一批东汉铜器》,《考古》1993年第7期。
⑧ 江西省博物馆:《江西南昌地区东汉墓》,《考古》1981年第5期。
⑨ 江西省文物工作队、南昌市博物馆:《南昌市京家山汉墓》,《考古》1989年第8期。
⑩ 程应林:《江西南昌市区汉墓发掘简报》,《文物资料丛刊》(1),文物出版社1977年版,第118页。江西省文物管理委员会:《江西南昌青云谱汉墓》,《考古》1960年第10期。
⑪ 江西省文物考古研究所:《江西南昌蛟桥东汉墓发掘简报》,《文物》2011年第4期。
⑫ 江西省文物管理委员会:《江西的汉墓与六朝墓葬》,《考古学报》1957年第1期。
⑬ 江西省博物馆:《江西南昌市南郊汉六朝墓清理简报》,《考古》1966年第3期。
⑭ 赣州地区博物馆、南康县博物馆:《江西南康县荒塘东汉墓》,《考古》1996年第9期。朱思维、王雄球:《南康三益东汉铜盉》,《南方文物》2001年第4期。
⑮ 黄冈市博物馆、湖北省文物考古研究所、湖北省京九铁路考古队:《罗州城与汉墓》,科学出版社2000年版,第106、109页。
⑯ 荆门市博物馆:《荆门十里九堰东汉墓》,《江汉考古》1987年第3期。
⑰ 荆门市博物馆:《荆门市玉皇阁东汉墓》,《江汉考古》1990年第4期。
⑱ 宜昌地区博物馆、宜都县文化馆:《湖北宜都县刘家屋场东汉墓》,《考古》1987年第10期。

随县。古城岗出土 1 件鍪。① 东城区出土 1 件鍪。②

襄阳。城东街出土 1 件碗。③

（二）西南

范围大致包括今日的云南、贵州、四川、重庆和汉中地区。

个旧。黑蚂井 M43 出土 1 件圆壶、1 件鍪、1 件钵和 1 件盘口釜。95GHM8 出土 1 件熏炉、1 件碗、1 件鼎、1 件承旋、1 件锜和 1 件盘口釜。M16 出土 1 件灯、1 件鍪、1 件熏炉、1 件盘口釜和 1 件承旋。采集到 1 件盒。M29 出土 2 件盒、1 件鍪。M34 出土 1 件泥筒。M24 出土 1 件三足罐。M22 出土鍪、碗、杯和锜各 1 件。M19 出土 1 件碗、2 件钵、1 件盘口釜。89GHM4 出土 1 件碗、3 件盘口釜。89GHM3 出土 1 件碗。M28 出土 2 件钵、1 件盘口釜。M18 出土 1 件钵和 1 件双耳锅。M39 出土 2 件卮、1 件锜、1 件盘口釜。M25 出土 1 件锜、1 件盘口釜。M26 出土 1 件盘口釜。M35 出土 1 件盘口釜。④

昭通。得马寨出土 1 件圆壶。⑤ 鸡窝院子出土 1 件熏炉。⑥ 桂家院子出土 1 件鐎壶、1 件双耳锅、1 件盘口釜。⑦ 大关岔河出土 1 件双耳锅、1 件盘口釜。⑧

曲靖。八塔台出土 1 件长颈壶、1 件鍪、2 件碗、1 件双耳锅和 1 件盘口釜。⑨

昆明。羊甫头出土 1 件盘口釜。⑩ 晋宁金砂山出土 1 件鍪、1 件酒樽和 1 件锜。⑪ 呈贡小松山出土 1 件鍪。⑫

---

① 湖北省文物管理委员会：《湖北随县塔儿湾古城岗发现汉墓》，《考古》1966 年第 3 期。

② 王善才、王世振：《湖北随州东城区东汉墓发掘报告》，《文物》1993 年第 7 期。王善才、王世振：《湖北随州西城区东汉墓发掘报告》，《文物》1993 年第 7 期。

③ 襄樊市文物考古研究所：《襄阳城东街汉晋墓地发掘报告》，《襄樊考古文集》（第一辑），科学出版社 2007 年版，第 292 页。

④ 云南省文物考古研究所、红河哈尼族彝族自治州文物管理所、个旧市博物馆：《个旧市黑蚂井墓地第四次发掘报告》，科学出版社 2013 年版，第 123—133 页。

⑤ 昭通市文物管理所：《昭通田野考古》（之一），云南人民出版社 2012 年版，第 178 页。

⑥ 昭通地区文物管理所：《云南昭通市鸡窝院子汉墓》，《考古》1986 年第 11 期。

⑦ 云南省文物工作队：《云南昭通桂家院子东汉墓发掘》，《考古》1962 年第 8 期。

⑧ 昭通市文物管理所：《昭通田野考古》（之一），云南人民出版社 2012 年版，第 184 页。

⑨ 云南省文物考古研究所：《曲靖八塔台与横大路》，科学出版社 2003 年版，第 77—79 页。

⑩ 云南省文物考古研究所、昆明市博物馆、官渡区博物馆：《昆明羊甫头墓地》，科学出版社 2005 年版，第 792 页。

⑪ 昆明市博物馆、晋宁县文物管理所：《晋宁县金砂山古墓地清理简报》，《石寨山文化考古发掘报告集》，科学出版社 2016 年版，第 619 页。

⑫ 昆明市博物馆、呈贡县文管所：《呈贡小松山古墓群发掘简报》，《云南文物》2015 年第 1 期。

兴仁。交乐 M6 出土圆壶、酒樽、长颈壶、鍪和碗各 1 件；M19 出土 1
件碗；M14 出土 2 件碗；M7 出土 4 件碗；顶郊开发区出土 1 件锜；追讨一
件双耳锅。① 万家屯出土 1 件承旋、1 件碗。②

兴义。M8 出土三足罐、鍪和双耳锅各 1 件。③

安龙。出土 1 件双耳锅。④

赫章。M3 出土 1 件行灯。⑤ 可乐 M8 出土 1 件长颈壶、4 件鍪。⑥

威宁。中水张出土 1 件碗。⑦

清镇平坝。M2 出土 1 件圆壶。M15 出土 1 件长颈壶。M18 出土鍪 1
件。M83 出土 1 件鍪。另外出土 8 件碗。⑧ 平坝天龙出土鍪 1 件。⑨

安顺。宁谷出土 1 件碗。⑩

黔西。林泉出土 1 件碗。⑪ 绿化乡出土 1 件双耳锅。⑫ 火电厂 M31
出土 1 件盘口釜。⑬

西昌。杨家山 M1 出土 2 件圆壶和 1 件鐎壶、1 件鍪、1 件碗、1 件盘口
釜。⑭ 凉山电视台基地出土 1 件鍪、1 件双耳锅。⑮

芦山。出土 1 件灯座。⑯

成都。大湾出土 1 件酒樽、1 件扁壶。⑰ 高新区出土 1 件碗。⑱

---

① 贵州省文物考古研究所：《贵州兴仁县交乐十九号汉墓》，《考古》2004 年第 3 期。贵州省博物
馆考古研究所：《贵州田野考古四十年》(1953—1993)，贵州民族出版社 1993 年版，第 251—
253 页。

② 贵州省博物馆考古组：《贵州兴义、兴仁汉墓》，《文物》1979 年第 5 期。

③ 贵州省博物馆考古组：《贵州兴义、兴仁汉墓》，《文物》1979 年第 5 期。

④ 李飞：《贵州安龙新出铜器——兼论贵州西南地区的青铜文化》，《四川文物》2009 年第 3 期。

⑤ 贵州省博物馆：《贵州赫章县汉墓发掘简报》，《考古》1966 年第 1 期。

⑥ 贵州省博物馆考古组、贵州省赫章县文化馆：《赫章可乐发掘报告》，《考古学报》1986 年第 2 期。

⑦ 贵州省博物馆考古组、威宁县文化局：《威宁中水汉墓》，《考古学报》1981 年第 2 期。

⑧ 贵州博物馆：《贵州清镇平坝汉墓发掘报告》，《考古学报》1959 年第 1 期。贵州省文物管理委
员会：《贵州清镇平坝汉至宋墓发掘简报》，《考古》1961 年第 4 期。

⑨ 贵州省博物馆考古组：《贵州平坝天龙汉墓》，《文物资料丛刊》(4)，文物出版社 1981 年版，第
129—131 页。

⑩ 贵州省文物考古研究所：《贵州安顺市宁谷汉代遗址与墓葬的发掘》，《考古》2004 年第 6 期。

⑪ 贵州省博物馆：《贵州黔西县汉墓发掘简报》，《文物》1972 年第 11 期。

⑫ 贵州省文物考古研究所：《贵州田野考古报告集》，科学出版社 2014 年版，第 224 页。

⑬ 贵州省文物考古研究所、黔西县文物管理所：《贵州黔西县汉墓的发掘》，《考古》2006 年第 8 期。

⑭ 四川凉山彝族自治州博物馆：《四川西昌市杨家山一号东汉墓》，《考古》2007 年第 5 期。

⑮ 张正宁：《西昌出土东汉永和元年铭文双鱼洗》，《四川文物》1993 年第 4 期。

⑯ 芦山县博物馆：《芦山发现一尊汉代青铜人像》，《文物》1987 年第 10 期。

⑰ 成都博物馆：《花重锦官城——成都博物馆历史文物撷珍》，四川美术出版社 2018 年版，第
116—119 页。

⑱ 成都市文物考古研究所：《成都市高新区勤俭村发现汉代砖室墓》，《四川文物》2004 年第 4 期。

郫县。新胜出土 2 件碗。①

绵阳。何家山出土 1 件鎏。②

汉源。桃坪出土 1 件钵、扁壶。③

宜宾。翠屏山出土 1 件扁壶。④

泸州。出土 1 件双耳锅。⑤

巫山。双堰塘出土 1 件鎏。⑥ 水田湾 M8 出土 1 件碗、1 件盘口釜。⑦ 土城坡 M36 出土 1 件碗。土城坡 M5、M50、M16 各出土 1 件钵。⑧ 乌鸡沟出土 1 件钵。⑨ 神女路 M2 出土 1 件钵。⑩ 龙门口出土 1 件钵⑪。

万州。钟嘴出土 1 件碗。⑫ 金狮湾出土 2 件碗。⑬ 大坪 M40 出土 1 件钵。⑭

重庆。枣子岚垭 M2 出土 2 件圆壶。⑮

丰都。二仙堡 M2 出土 1 件熏炉。⑯

---

① 梁文骏、潘瑞明：《郫县出土东汉铜器》，《文物》1981 年第 11 期。

② 绵阳博物馆：《四川绵阳何家山 1 号东汉崖墓清理简报》，《文物》1991 年第 3 期。绵阳博物：《四川绵阳何家山 2 号东汉崖墓清理简报》，《文物》1991 年第 3 期。

③ 四川省文物考古研究院、雅安市文物管理所、汉源县文物管理所：《四川汉源桃坪遗址及墓地发掘报告》，《四川文物》2006 年第 5 期。雅安市博物馆、四川省文物考古研究院：《清风雅雨间：雅安文物精萃》，文物出版社 2010 年版，第 63 页。

④ 匡远滢：《四川宜宾市翠屏村汉墓清理简报》，《考古通讯》1957 年第 3 期。

⑤ 晏满玲：《泸州地区崖墓刍议》，《四川文物》2009 年第 4 期。

⑥ 中国社会科学院考古研究所长江三峡工作队、巫山县文物管理所：《巫山双堰塘遗址发掘报告》，《重庆库区考古报告》(1999 卷)，科学出版社 2006 年版，第 129 页。

⑦ 重庆市文物考古所、武汉市文物考古研究所、重庆市文物局、巫山县文物管理所：《巫山水田湾东周、两汉墓葬发掘简报》，《重庆库区考古报告》(2000 卷)，科学出版社 2007 年版，第 141 页。

⑧ 武汉市考古研究所、巫山县文物管理所：《重庆巫山土城坡墓地 2006 年度发掘简报》，《四川文物》2008 年第 3 期。武汉市文物考古研究所、巫山县文物管理所：《重庆巫山土城坡墓地Ⅲ区东汉墓葬发掘报告》，《江汉考古》2008 年第 1 期。武汉市文物考古研究所、巫山县文物管理所：《重庆巫山土城坡墓地 2004 年发掘简报》，《江汉考古》2009 年第 2 期。

⑨ 武汉市文物考古研究所、巫山县文物管理所：《巫山乌鸡沟墓地 2003 年度发掘简报》，《江汉考古》2006 年第 4 期。

⑩ 重庆市文物考古研究所、武汉市文物考古研究所：《重庆巫山县神女路秦汉墓葬发掘简报》，《江汉考古》2008 年第 2 期。

⑪ 南京博物院考古研究所、巫山县文物管理所：《巫山龙门口墓群 2003 年度发掘简报》，《重庆库区考古报告集.2003 卷(四)》，科学出版社 2019 年版，第 2844 页。

⑫ 山东省博物馆、重庆市文物考古所、重庆市文物局、重庆市万州区文物管理所：《万州钟嘴墓群发掘简报》，《重庆库区考古报告》(2000 卷)，科学出版社 2007 年版，第 775 页。

⑬ 南京市博物馆、南京市文物研究所、重庆市文物局：《万州金狮湾墓群发掘报告》，《重庆库区考古报告》(2001 卷)，科学出版社 2007 年版，第 1383 页。

⑭ 重庆市文物局、重庆市移民局：《万州大坪墓地》，科学出版社 2006 年版，第 132 页。

⑮ 林必忠、冯庆豪：《重庆市枣子岚垭汉墓清理简报》，《四川文物》1991 年第 2 期。

⑯ 重庆市文物局、重庆市移民局：《丰都二仙堡墓地》，科学出版社 2016 年版，第 139 页。

云阳。风箱背出土 1 件奁、1 件唾壶、3 件钵。① 佘家嘴出土 2 件碗。②
江口黄 M3 出土 1 件钵。③ 大囟子出土 1 件三足罐。④

汉中。铺镇出土 2 件鍪。⑤

勉县。红庙出土 1 件鍪。⑥

开县。铺溪出土 1 件碗。⑦ 红华村出土 2 件鍪。⑧

(三)江淮地区

范围大致包括安徽、江苏长江以北至淮河沿线。

盱眙。东阳出土熏炉、长颈壶、鍪和卮各 1 件。⑨

仪征。螃蟹地 M7 出土 1 件熏炉和 2 件鍪。⑩ 胥浦出土 1 件耳杯盒灯。⑪

扬州。市郊出土 1 件泥筒、1 件锜。⑫ 东风砖瓦厂出土 1 件鍪。⑬

阜阳。医药公司出土 1 件鍪。⑭

天长。槽坊出土 2 件鍪。⑮

淮南。刘家古堆出土 1 件鍪、1 件双耳锅。⑯

---

① 四川大学历史文化学院考古系、四川大学考古学国家级实验教学示范中心、重庆市文物局、云阳县文物管理所:《重庆云阳风箱背一号汉墓》,《考古学报》2018 年第 4 期。

② 厦门大学三峡考古队、重庆市文化局"三峡办"、云阳县文物保护管理所:《2000 年云阳巴阳镇佘家嘴墓葬发掘报告》,《重庆库区考古报告》(2002 卷),科学出版社 2010 年版,第 1525 页。

③ 重庆市文物考古所、云阳县文物管理所:《云阳县江口汉墓群发掘报告》,《重庆公路考古报告集》,科学出版社 2010 年版,第 117 页。

④ 重庆市文化遗产研究院、云阳县博物馆:《重庆市云阳县大囟子墓群 2014、2015 年度发掘简报》,《四川文物》2020 年第 1 期。

⑤ 何新成:《陕西汉中市铺镇砖厂汉墓清理简报》,《考古与文物》1989 年第 6 期。

⑥ 唐金裕、郭清华:《陕西勉县红庙东汉墓清理简报》,《考古与文物》1983 年第 4 期。

⑦ 山东大学考古学与博物馆学系、重庆市文化局、开州文物管理所:《重庆市开州铺溪四组汉代墓葬发掘简报》,《考古与文物》2019 年第 5 期。

⑧ 四川省文物管理委员会、开县图书馆:《四川开县红华村崖墓清理简报》,《考古与文物》1989 年第 1 期。

⑨ 南京博物院:《江苏盱眙东阳汉墓》,《考古》1979 年第 5 期。

⑩ 仪征市博物馆:《仪征新集螃蟹地七号汉墓发掘简报》,《东南文化》2009 年第 4 期。

⑪ 江苏省文化局驻仪征化纤文物工作队:《仪征胥浦发现东吴墓葬》,《东南文化》1991 年第 5 期。

⑫ 扬州博物馆:《扬州市郊发现两座新莽时期墓》,《考古》1986 年第 11 期。

⑬ 扬州博物馆:《扬州东风砖瓦厂汉代木椁墓群》,《考古》1980 年第 5 期。

⑭ 刘建生、董波、杨玉彬:《安徽阜阳出土汉代铜器》,《考古与文物》1998 年第 6 期。

⑮ 天长市博物馆、天长市文物管理所:《安徽天长市槽坊汉墓群发掘简报》,《文物研究》第 19 辑,科学出版社 2012 年版,第 128 页。

⑯ 淮南市文化局:《安徽省淮南市刘家古堆汉墓发掘简报》,《文物资料丛刊》(4),文物出版社 1981 年版,第 110 页。

寿县。茶庵古堆出土 1 件耳杯盒灯。①

淮安。山头出土 2 件碗。②

合肥。东郊出土 1 件钵。③

新沂。高庄出土 1 件卮。④

(四)两京地区

范围即陕西、河南。

南阳。出土 1 件熏炉。⑤ 百里奚出土 1 件长颈壶。⑥

新蔡。葛陵出土 1 件长颈壶、1 件扁壶。⑦

郏县。黑庙出土 2 件碗、1 件酒樽。⑧

西安。郭家滩出土 1 件酒樽。⑨ 长安城窖藏出土 1 件盒、2 件长颈壶。⑩ 万达广场出土 1 件长颈壶。⑪

陇县。店子村出土 1 件碗。⑫

(五)江东地区

范围即今日的浙江、苏南和皖南。

苏州。冠鑫公司基地出土 1 件錪。⑬ 虎丘出土 1 件双耳锅。⑭

杭州。老和山 M129 出土 1 件耳杯盒灯、1 件锜和 1 件卮。M66 出土

① 安徽省文化局文物工作队、寿县博物馆:《安徽寿县茶菴马家古堆东汉墓》,《考古》1966 年第 3 期。
② 江苏省淮安市博物馆:《江苏淮安山头遗址墓地发掘简报》,《考古与文物》2010 年第 6 期。
③ 安徽省博物馆清理小组:《安徽合肥东郊古砖墓清理简报》,《考古通讯》1957 年第 1 期。
④ 江苏省文物局:《江苏考古》(2014—2015),南京出版社 2017 年版,第 104 页。
⑤ 李国灿:《东汉青铜天鸡羽人炉》,《中原文物》1983 年第 1 期。
⑥ 刘兴长、张居超:《河南南阳百里奚村汉墓的调查》,《考古通讯》1957 年第 6 期。
⑦ 杨焕成:《河南新蔡葛陵汉墓出土的铜器》,《文物》1989 年第 9 期。
⑧ 河南省文物局南水北调办公室、河南省文物考古研究所、平顶山市文物管理局:《河南郏县黑庙 M79 发掘简报》,《华夏考古》2013 年第 1 期。
⑨ 西安市文物保护考古所:《西安文物精华青铜器》,世界图书出版西安公司 2005 年版,第 66 页。
⑩ 中国社会科学院考古研究所汉长安城工作队:《汉长安城发现西汉窖藏铜器》,《考古》1985 年第 5 期。
⑪ 西安市文物保护考古研究院:《西安北郊万达广场汉代砖椁墓发掘简报》,《考古与文物》2017 年第 1 期。
⑫ 陕西省考古研究所宝中铁路考古队:《陕西陇县店子村汉唐墓葬》,《考古与文物》1999 年第 4 期。
⑬ 苏州博物馆:《苏州冠鑫公司工地东汉墓的清理》,《东南文化》2003 年第 7 期。
⑭ 苏州博物馆:《苏州虎丘乡汉墓发掘简报》,《东南文化》2003 年第 5 期。

1 件钵。① 萧山衙前出土 1 件卮。② 余杭经济开发区出土 1 件卮。③

　　龙游。东华山出土 1 件鐎、1 件碗。④

　　嵊州。剡山出土 1 件鐎。⑤

　　金华。马铺岭出土 2 件鐎、1 件钵、1 件双耳锅。⑥

　　上虞。牛头山出土 1 件鐎。周家山 M27 出土 1 件盘口釜。⑦

　　长兴。七女墩出土 1 件鐎。⑧

　　湖州。杨家埠出土 1 件碗、1 件卮。⑨

　　安吉。出土 1 件锜。⑩

　　宁波。火车站出土 1 件锜。⑪

　　南京。栖霞山出土 1 件碗、2 件卮。⑫ 六合李岗出土 1 件卮。⑬

　　高淳。下坝出土 5 件。⑭

　　句容。出土 1 件锜。⑮

　　溧阳。蒋笪里出土盒、鐎、钵各 1 件。⑯

(六) 黄河下游及以北

　　泛指山东、山西、辽宁等地。

　　大连。营城子出土 1 件承旋、1 件鐎。⑰

① 浙江省文物考古研究所:《浙江省杭州市老和山汉墓发掘报告》,《浙江省文物考古研究所学刊》(第七辑),杭州出版社 2005 年版,第 374 页。

② 施加农:《发现萧山》,西泠印社出版社 2014 年版,第 181 页。

③ 中国江南水乡文化博物馆:《考古余杭》(秦汉时期),西泠印社出版社 2014 年版,第 146 页。

④ 朱土生:《浙江龙游县东华山汉墓》,《考古》1993 年第 4 期。

⑤ 张恒:《浙江嵊州市剡山汉墓》,《东南文化》2004 年第 2 期。

⑥ 金华地区文管会:《浙江省金华马铺岭汉墓》,《考古》1982 年第 3 期。

⑦ 浙江省文物考古研究所:《沪杭甬高速公路考古报告》,文物出版社 2002 年版,第 144、199 页。

⑧ 胡秋凉:《长兴七女墩墓葬群清理简报》,《东方博物》第四十三辑,浙江大学出版社 2012 年版,第 29 页。

⑨ 胡继根:《浙江汉墓》,文物出版社 2016 年版,第 199 页。

⑩ 安吉县博物馆:《苕水流长》,浙江摄影出版社 2012 年版,第 201 页。

⑪ 浙江省博物馆:《越地范金》,浙江古籍出版社 2009 年版,第 84 页。

⑫ 葛家瑾:《南京栖霞山及其附近汉墓清理简报》,《考古》1959 年第 1 期。

⑬ 南京市博物馆、南京市六合区文化局:《南京六合李岗汉墓(M1)发掘简报》,《文物》2013 年第 11 期。

⑭ 李文明、郝明华:《江苏高淳县下坝东汉墓》,《东南文化》1988 年第 1 期。

⑮ 王根富:《江苏句容出土一批汉代铜器》,《东南文化》1991 年第 6 期。

⑯ 南京博物院、溧阳市博物馆:《江苏溧阳蒋笪里墓地汉墓发掘简报》,《东南文化》2020 年第 2 期。

⑰ 大连市文物考古研究所:《大连汉墓博物馆馆藏文物图录》,辽宁美术出版社 2016 年版,第 12—15 页。

临淄。金岭出土1件耳杯盒灯。[1]

抚宁。安庄村出土1件鍑。[2]

据上所述,可知岭南风格铜器的对外分布十分广泛,最北到达辽西,西部有西昌、雅安一带,东部则有宁波、扬州地区。不过其分布重心在湖南南部、湖南西部、云南东南部、贵州黔中地区、峡江沿线、江淮地区南部和江东地区,并形成几个重要的聚集中心:个旧、清镇平坝、资兴—末阳、常德、蕲春、扬州。

但是,上述岭南风格铜器的扩散局面并非一蹴而成,其不同阶段如何?另外,岭南风格铜器并非等同岭南铜器,岭南铜器的扩散状况如何?需要对各类器物进行具体分析方可了解。

第二节 器类分析

上述所出,大致分为两类。

一、刻纹铜器

器类有鼎、圆壶、锜、博山炉、灯、鐎壶、酒樽、盒、碗、长颈壶、熨斗、三足盘、扁壶、泥筒、三足罐。

1.鼎 仅1件,湖北蕲春陈家大地M9出土。(图一一七:1)子母敛口,弧腹,圜底,腹部两侧置环耳,三扁足外撇。器盖顶部以环钮为中心刻一柿蒂纹,四叶间穿插龙纹。时代为东汉早期。

2.圆壶 共13件。根据纹饰的差异分两类。

甲类:全部刻满纹饰。纹饰在颈部为羽状锦纹、腹部菱形锦纹,器盖的边沿和圈足为三角锯齿。器盖以环钮为中心,纹饰分内外两圈,外圈为三角锯齿纹,内圈或柿蒂纹或双鹤。

根据颈和腹部的变化分两式。

Ⅰ式:颈略短,鼓腹。永州鹞子岭刘彊墓、M2、资兴M123出土。时代为西汉晚期至东汉早期。(图一一七:2—4)

Ⅱ式:颈略长,腹部扁鼓。末阳M257出土,时代为东汉早期。(图一一七:5)

---

[1] 山东省文物考古研究所:《山东临淄金岭镇一号东汉墓》,《考古学报》1999年第1期。

[2] 吴克贤:《河北抚宁县安庄村发现窖藏铜器》,《考古》2001年第10期。

乙类：局部刻划纹饰，纹饰刻在盖面，均为柿蒂纹。

7件，根据口沿、颈、腹和圈足的变化分四式。

Ⅰ式：浅盘口，短颈，扁鼓腹。矮喇叭状圈足。个旧黑蚂井 M43 出土 1 件，时代为西汉晚期。（图一一七：6）

Ⅱ式：颈略长。西昌杨家山 M1 出土 1 件，墓葬时代为东汉中期，但器型时代可能在东汉早期。（图一一七：7）

Ⅲ式：扁折腹，圈足略高。南昌塘山、蕲春陈家大地 M3、西昌杨家山 M1、清镇 M2 出土，时代为东汉早期至中期。（图一一七：8—11）

Ⅳ式：颈长，扁折腹，瓦楞状高圈足呈喇叭形外撇。昭通得马寨和兴仁交乐 M6 出土，时代为东汉中晚期。（图一一七：12—13）

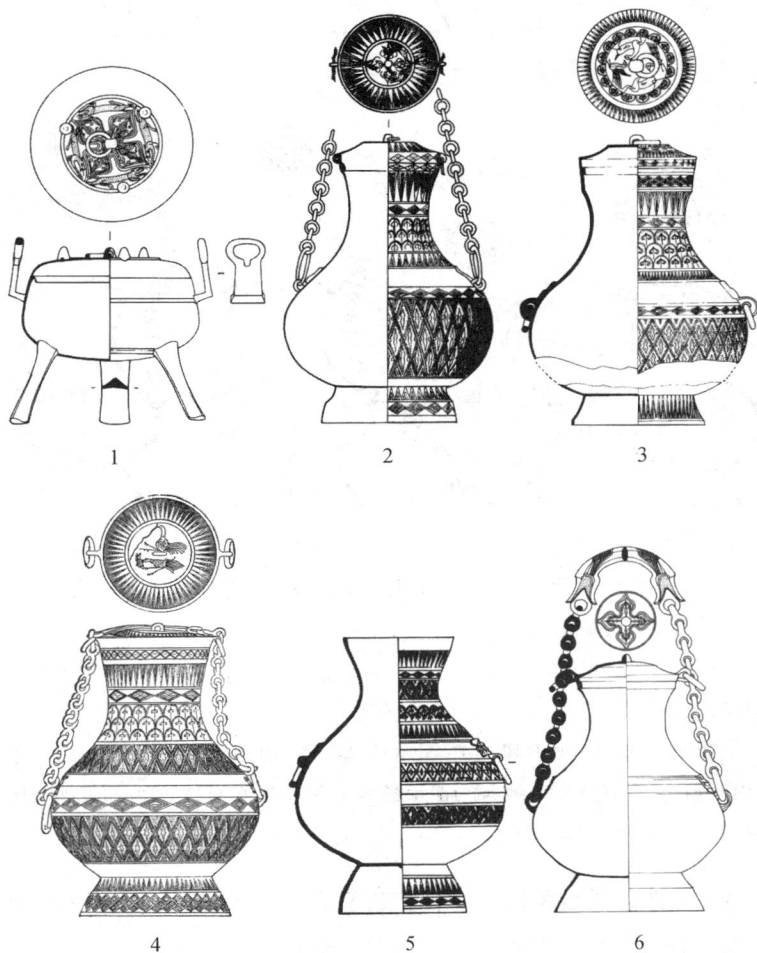

1　2　3

4　5　6

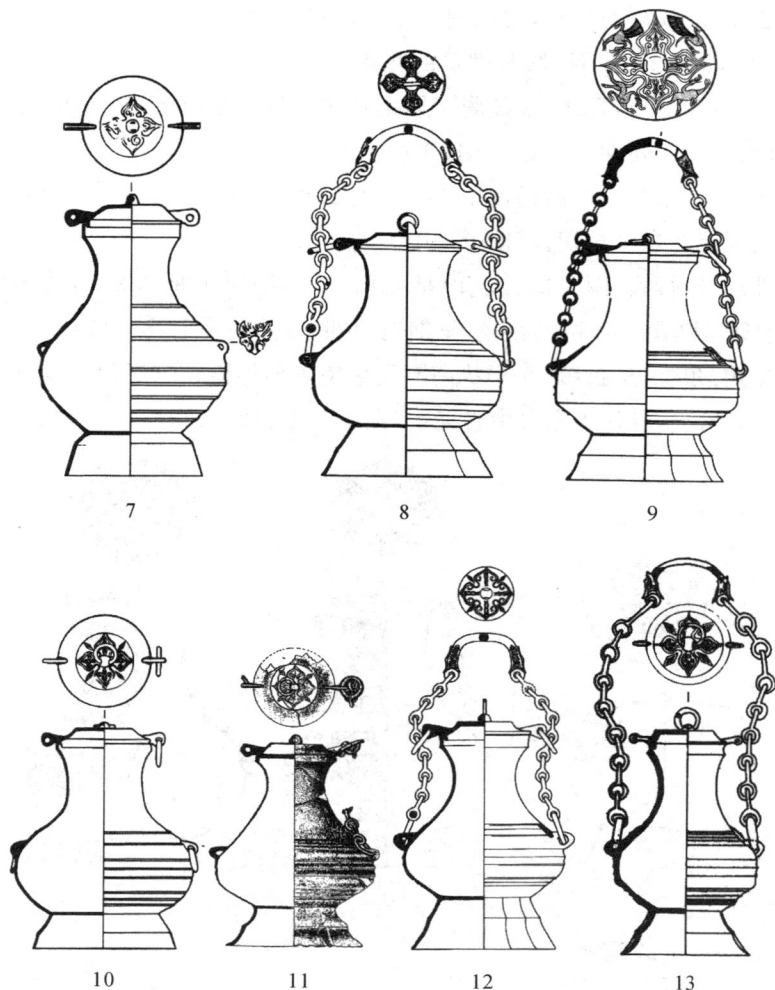

图一一七　异地所出刻纹铜鼎、圆壶

　　鼎:1.(蕲春陈家大地 M9)

　　圆壶甲:2—4.Ⅰ(永州鹞子岭刘彊墓、M2、资兴 M123)　5.Ⅱ(耒阳
M257)

　　圆壶乙:6.Ⅰ(个旧黑蚂井 M43)　7.Ⅱ(西昌杨家山)　8—11.Ⅲ
(南昌塘山、蕲春陈家大地 M3、西昌杨家山 M1、清镇 M2)　12—13.Ⅳ(昭
通得马寨和兴仁交乐 M6)

　　3.锜　4件。器型相同,均为盘口、短颈,扁折腹,平底,三扁蹄足。腹
部有一周宽棱,腹部一侧为扁棱空心柄。南昌塘山所出纹饰不详,其余三
件接近,在盖面以环钮为中心为一周柿蒂纹,其四叶间穿插菱形锦纹;在柄

面为双向龙纹,柄两端为三角锯齿。蕲春陈家大地 M3(图一一八:1)、耒阳
M37(图一一八:2)所出时代为东汉早期;衡阳蒋家山 M4、南昌塘山 M3 所
出为东汉中晚期。

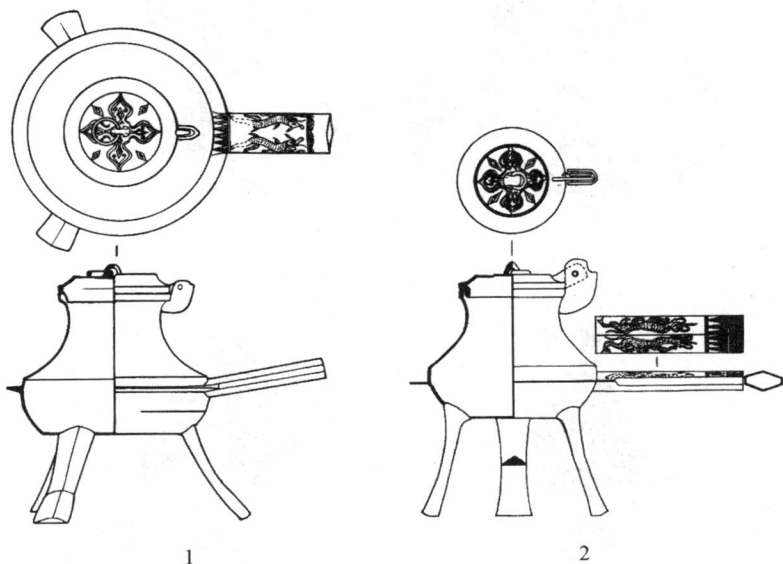

图一一八　异地所出刻纹铜锜

1. 蕲春陈家大地 M3　2. 耒阳 M37

4.熏炉　14 件,均为豆盘器身、博山盖。根据柄的差异分两类。

甲类:柄为胡人叉腰。8 件。造型相同,博山盖顶置一雀,底座为一组
神兽。纹饰也基本一致,豆盘腹部先模铸一组四神图像,然后用细线錾刻
动物的细部特征。器盖和豆盘口沿及底座沿面刻一周三角锯齿或复线菱
形。至于其他部位,如博山、雀、神兽、胡人轮廓均模铸,然后用细线刻划出
细部。永州鹞子岭 M2、常德 D3M24(2)时代为西汉晚期;蕲春陈家大地
M4、盱眙东阳、昭通鸡窝院子和南阳所出时代为东汉早期;衡阳蒋家山 M4
时代为东汉中晚期。(图一一九:1—7)

乙类:矮圆柱柄。喇叭形底座。4 件。常德 D3M30、个旧黑蚂井
M16、95GHM8、仪征螃蟹地 M7 出土。(图一一九:8—11)器盖做法相同,
首先模铸出博山轮廓,然后用细线刻出细部。口沿和盖沿纹饰亦一致,盖
沿刻一周三角锯齿,口沿为一周三角锯齿和复线菱形纹。常德 D3M30 所
出腹部未发现纹饰,其他三件相同均为两周羽状锦纹。时代为西汉晚期。

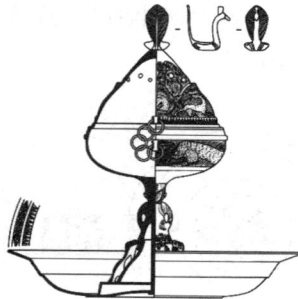

1

2

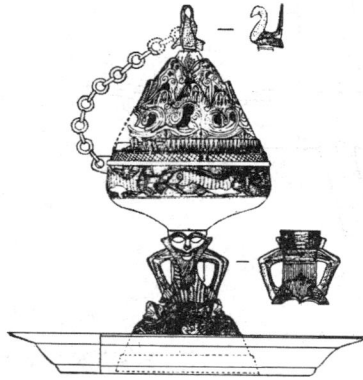

3

4

5

6

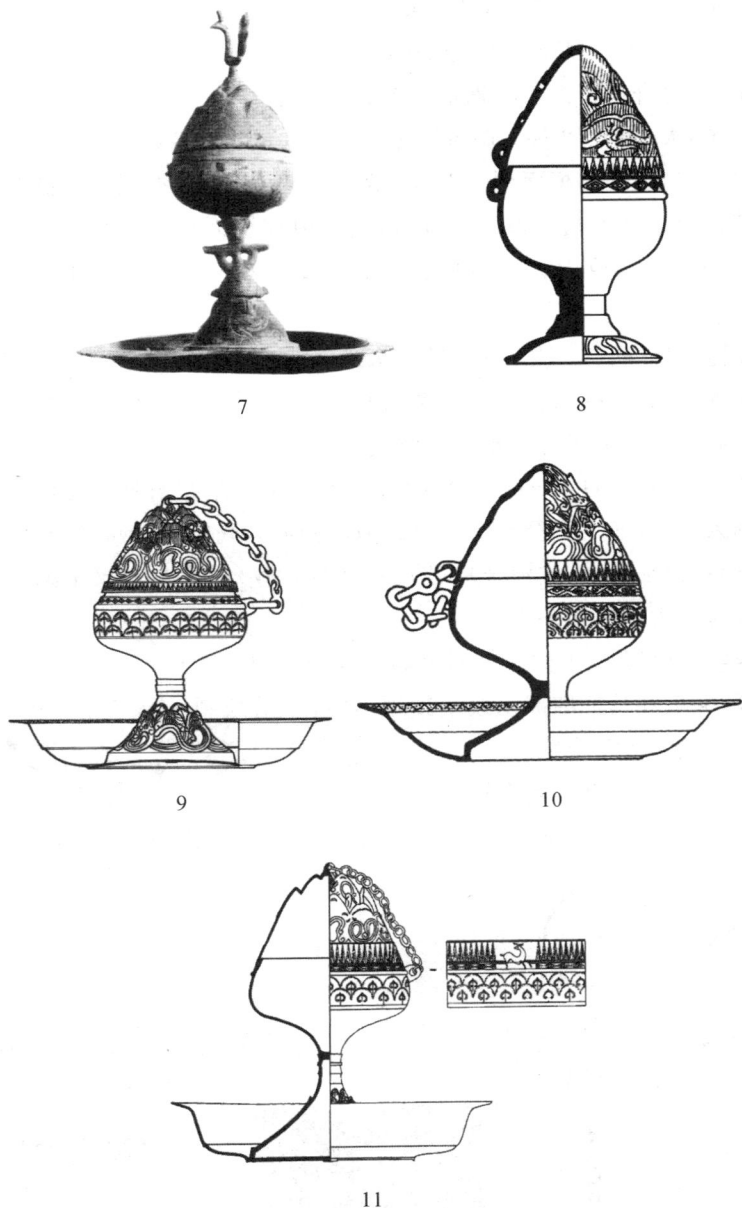

图一一九　异地所出刻纹铜熏炉

1—7.甲类（永州鹞子岭 M2、常德 D3M24、蕲春陈家大地 M4、盱眙东阳、昭通鸡窝院子、南阳、衡阳蒋家山 M4）　8—11.乙类（常德 D3M30、个旧黑蚂井 M16、95GHM8、仪征螃蟹地 M7）

另外，长沙五里牌和零陵东门外所出 2 件博山炉，器型和纹饰均不明，时代分别为东汉早期和东汉中晚期。

5.灯　10件。根据形状分四类。

甲类:复合型行灯。根据柄的差异分两小类。

A类:人形柄。2件。蕲春陈家大地 M3 出土 1 件(图一二〇:1),灯盘为一扁柄三足浅盒,柄面刻一龙纹,柄为一胡人叉腰,头顶一细圆柱,底座为一组神兽。胡人和神兽均模铸出轮廓,用细线刻划细部特征,座沿刻一周三角锯齿纹。芦山大同村所出灯盘残缺。(图一二〇:2)时代在东汉早期。

B类:圆柱柄。1件。蕲春陈家大地 M9 出土(图一二〇:3),灯盘形制与上文 M3 相同,柄面纹饰亦一致,但灯盘腹部刻有三角锯齿纹和复线菱形纹。底座亦为一周神兽动物。时代为东汉早期。

乙类:耳杯盒灯。5件。纹饰相同,盖面用三角锯齿划分出四小区,各区内刻朱雀、青龙、白虎图案,耳面或为四神或云气纹。杭州老和山 M129、寿县茶菴、仪征胥浦、临淄金岭(图一二〇:4—7)时代为东汉早期,南昌丝网塘的时代为中晚期。

丙类:雁形灯。1件。个旧黑蚂井 M16 出土。(图一二〇:8)灯的造型为一雁,羽毛和其他细部用短线刻划,灯罩口沿处刻一周三角锯齿和一组四神。时代为西汉晚期。

丁类:简单行灯。扁平柄,柄面刻一龙,器身为浅直腹盒,下置三蹄足。腹部刻龙虎图案。赫章 M3 出土。(图一二〇:9)时代为东汉早期。

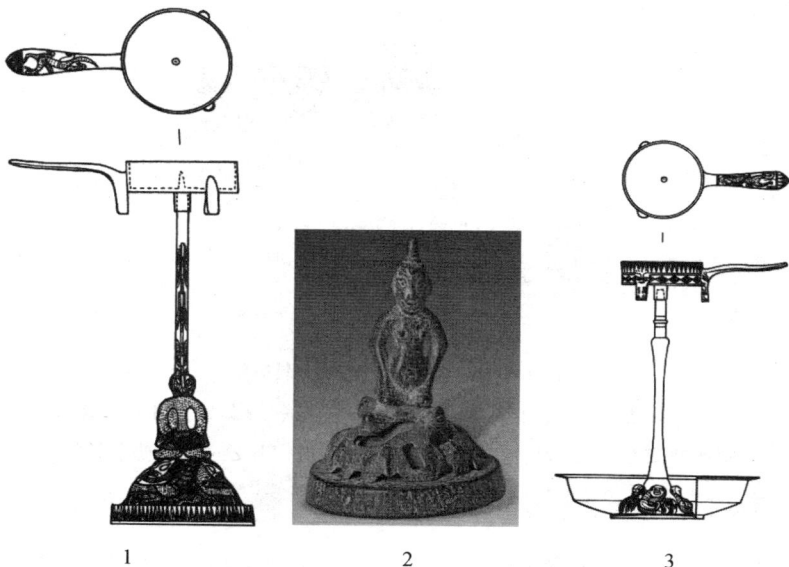

1　　　　　　　　　2　　　　　　　　　3

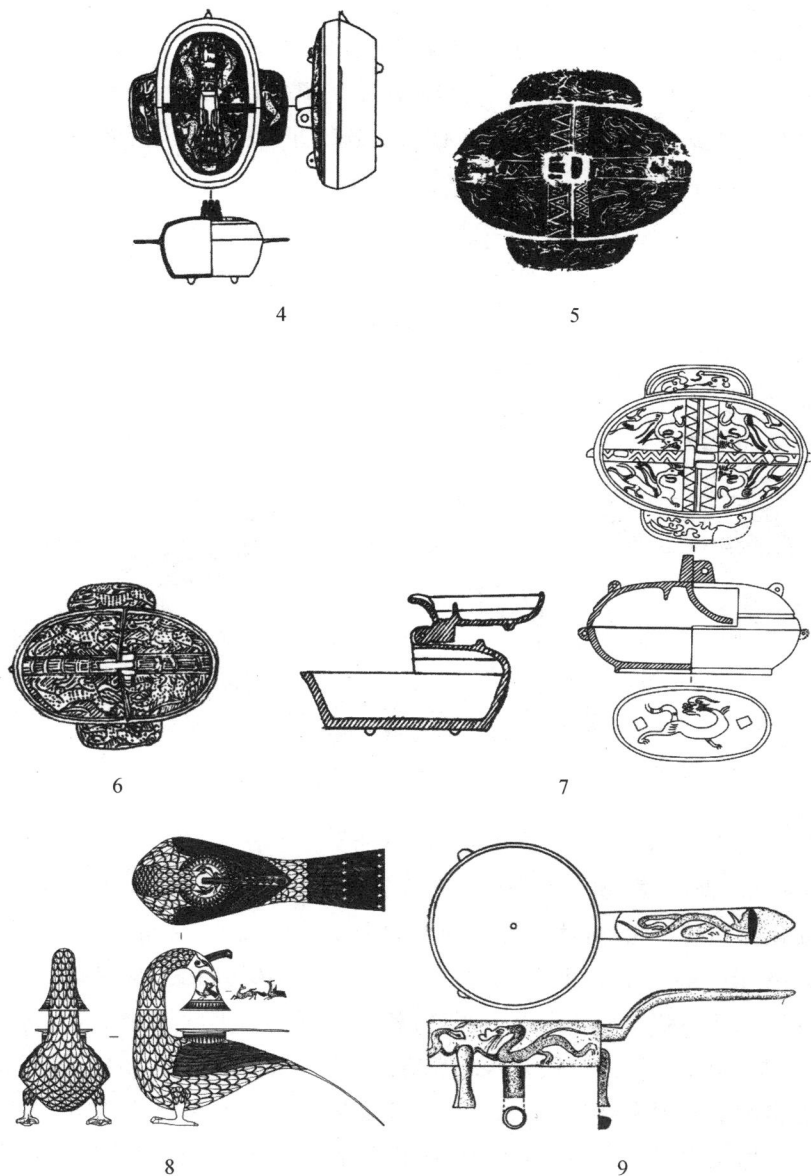

图一二〇　异地所出刻纹铜灯

1—2.甲 A(蕲春陈家大地 M3、芦山大同村)

2.甲 B(蕲春陈家大地 M9)

4—7.乙(杭州老和山 M129、寿县茶菴、仪征胥浦、临淄金岭)

8.丙(个旧黑蚂井 M16)

9.丁(赫章 M3)

6.鐎壶　3件，均为凤首流。安乡余家台子所出扁鼓腹，三高蹄足。器盖刻一柿蒂纹，腹部为一周四神图案(图一二一:1)，时代为东汉早期。西昌杨家山 M1[①](图一二一:2)、昭通桂家院子(图一二一:3)所出相同，扁鼓腹有一周宽棱，扁足，扁六边空心柄。盖顶亦可柿蒂纹，柄面为双龙纹。时代为东汉中晚期。

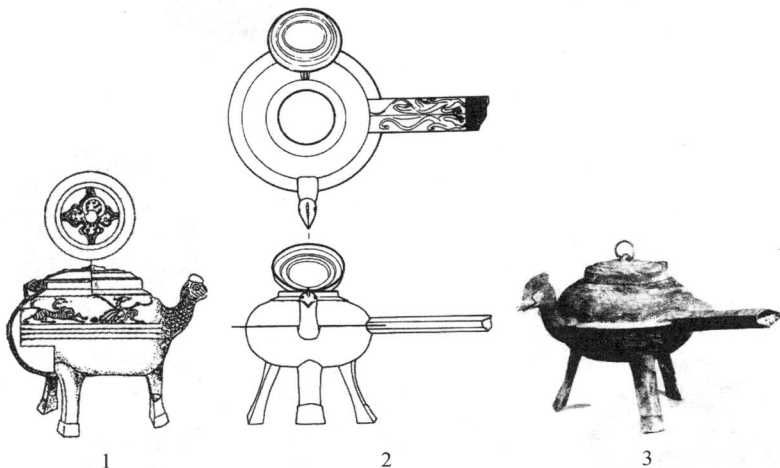

图一二一　异地所出刻纹铜鐎壶

1.安乡余家台子　2.西昌杨家山　3.昭通桂家院子

7.酒樽　8件。根据器盖的差异分两类。

甲类:博山盖，顶部有一雀。6件。器型大致接近，盖面纹饰亦一致，首先模铸出博山轮廓，然后再以细线刻划出博山细部，仅足存在差异。成都大湾(图一二二:1)、耒阳 M260(2)(图一二二:2)所出为矮兽蹄足，器身腹部以三条凸弦纹划分为上下两栏，各栏内刻三周羽状锦纹，口沿和底部为一周三角锯齿纹。时代为西汉晚期。南昌京家山所出为熊足，腹部纹饰为射猎和瑞兽图案(图一二二:3)，西安郭家滩所出纹饰与之接近(图一二二:4)，器型方面仅足为胡人踞坐，时代分别东汉早期和西汉晚期。永州鹞子岭 M2 所出为麒麟状足，腹部纹饰不明。(图一二二:5)时代为西汉晚期至东汉早期。

乙类:非博山盖，盖缘隆起，顶平，环纽，盖面置三羊卧坐。耒阳 M15 出土 1件(图一二二:6)，盖面刻画一柿蒂纹，三羊细部用细线刻划，腹部纹

---

① 　四川凉山彝族自治州博物馆:《四川西昌市杨家山一号东汉墓》，《考古》2007 年第 5 期。

饰不详,三麒麟状足。时代为东汉中晚期。兴仁交乐 M6 出土 1 件(图一二二:7),由于器盖缺失,无法归类。但器身造型与上述耒阳所出相同,腹部以数道三角锯齿为界分上下两栏,各栏刻划神兽动物图案,时代为东汉中晚期。

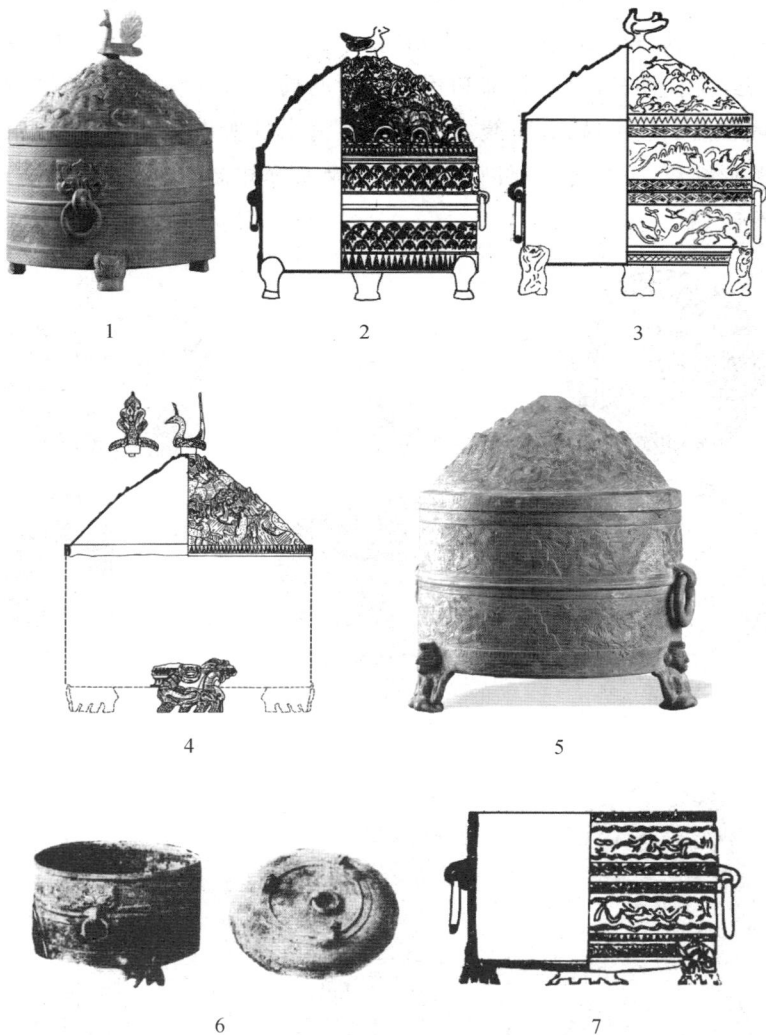

图一二二　异地所出刻纹铜酒樽

1—5.甲(成都大湾、耒阳 M260、南昌京家山、西安郭家滩、永州鹞子岭 M2)　6—7.乙(耒阳 M15、兴仁交乐 M6)

8.盒 10件,均为子母敛口。

根据腹部的差异分两类。

甲类:弧腹,圜底,矮圈足。

盖缘隆起。仅盖顶略有差异,分两型。

A 型:盖顶平。6件,常德发现 4 件,仅 D3M24 所出 2 件较为完整(图一二三:1),其与个旧黑蚂井采集相同(图一二三:2),盖顶有三羊,盖面为一柿蒂纹穿插四神图案,腹部和盖缘均为两周菱形锦纹,以三角锯齿作为圈足或者沿面装饰纹饰,下腹空白。里耶清水坪所出顶部有三雀,腹部为三周菱形锦纹,下腹为一周网格纹带,其余纹饰相同。(图一二三:3)时代为西汉晚期。

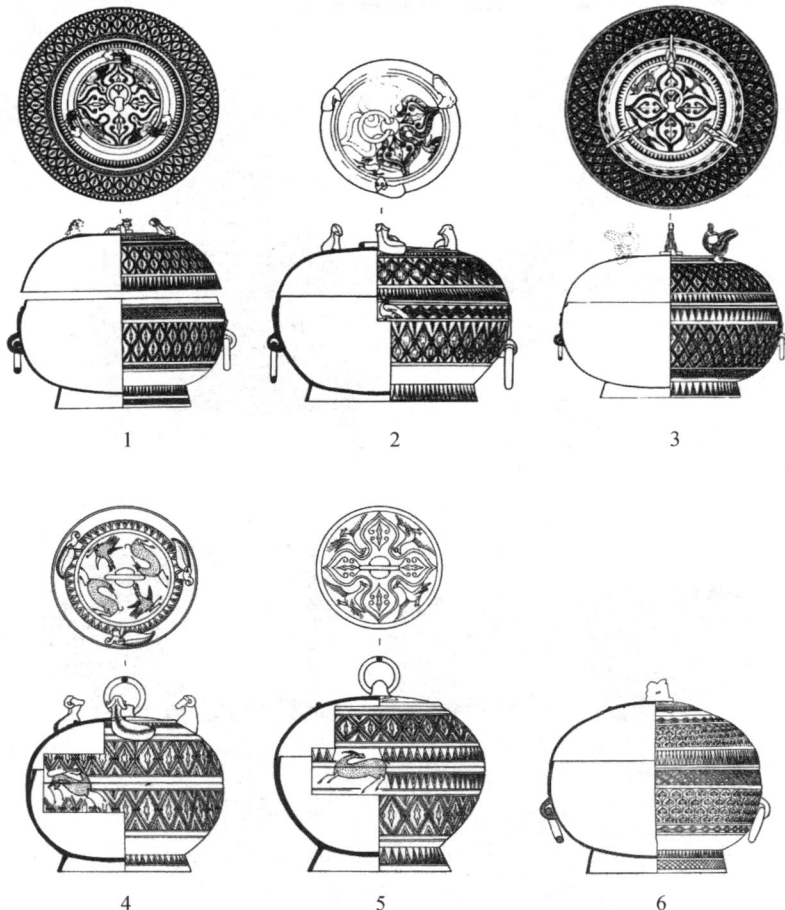

7

图一二三　异地所出刻纹铜盒

1—3.甲 A（常德 D3M24、个旧黑蚂井采集、里耶清水坪）　4—6.甲 B
（个旧黑蚂井 M29：14、27，汉长安窖藏）　7.乙类（溧阳蒋笪里 M35）

B 型：盖顶隆起。个旧黑蚂井 M29 出土 2 件较为接近，盖顶为大环钮，盖和器身在口沿处均刻一鹿，腹部和盖缘刻一周大菱形锦纹。M29：14，盖顶有三羊，纹饰为一周四神和三角锯齿（图一二三：4）；M29：27，为一周柿蒂纹穿插四神图案。（图一二三：5）长安汉城窖藏出土 1 件（图一二三：6），腹部和盖面各刻四周和三周羽状锦纹，口沿和圈足底部刻三角锯齿纹和网格纹。时代为西汉晚期。

乙类：垂腹，平底。仅溧阳蒋笪里 M35 出土，时代为西汉晚期。（图一二三：7）

9.碗　6 件。根据圈足的差异分两类。

甲类：矮圈足。5 件。根据口沿的差异再分两小类。

A 类：卷沿。4 件。永州鹞子岭 M2 和刘彊墓出土，侈口，颈略内弧，弧腹，平底。M2 所出 2 件，纹饰更为丰满，颈部为一周三角锯齿和复线菱形纹，腹部为三周菱形锦纹和一周网格纹。（图一二四：1）刘彊墓出土 2 件，仅腹部为一周大菱形锦纹，圈足刻一周三角锯齿。（图一二四：2）时代为西汉晚期。

B 类：折沿。常德东江公社出土 1 件，仅圈足刻一周三角锯齿。（图一二四：3）时代为东汉中晚期。

乙类：喇叭状高圈足。1 件。兴仁交乐 M19 出土。（图一二四：4）侈口，直腹斜内收，平底。盖面刻有一柿蒂纹。时代为东汉中晚期。

10.卮　1 件。杭州老和山 M129 出土。（图一二四：5）侈口，颈略内弧，深弧腹，平底，矮圈足。腹上部一侧置"6"柄。盖面隆起，环钮，以其为中心刻一柿蒂纹，外为一周三角锯齿。盖沿为一周瑞兽图案。柄面为三角锯齿。时代为东汉早期。

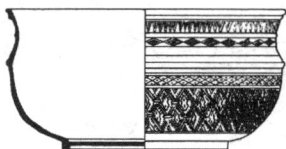
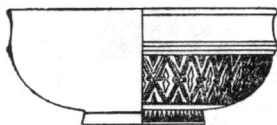

1　　　　　　　　　　　　　2

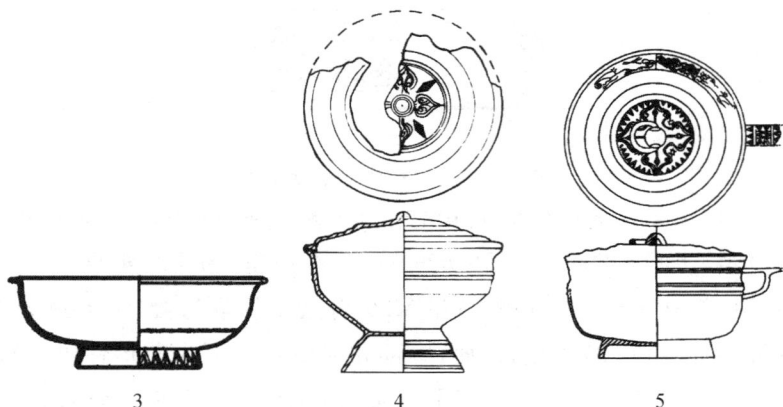

图一二四　异地所出刻纹铜碗和卮

1—2.碗甲 A(永州鹞子岭 M2、刘疆墓)　3.碗甲 B(常德东江公社)

4.碗乙(兴仁交乐 M19)　5.卮(杭州老和山 M129)

11.长颈壶　10件,根据腹部和圈足的差异分两式。

Ⅰ式:腹略扁鼓,矮圈足。

6件。永州鹞子岭刘疆墓(图一二五:1)、曲靖八塔台(图一二五:2)、长安汉城窖藏(图一二五:3)、盱眙东阳(图一二五:4)、赫章可乐(图一二五:5)、新蔡葛陵出土。永州所出纹饰略为独特,腹部和颈部的中心位置均为一周大菱形锦纹,其余腹部均为两周菱形锦纹,但颈部曲靖所出为两周羽状锦纹和一周大菱形锦纹,另两件为羽状锦纹。赫章所出颈部不详。新蔡葛陵据报告描述有羽状锦纹、三角锯齿之类,推测归属此类。时代为西汉晚期至东汉早期。

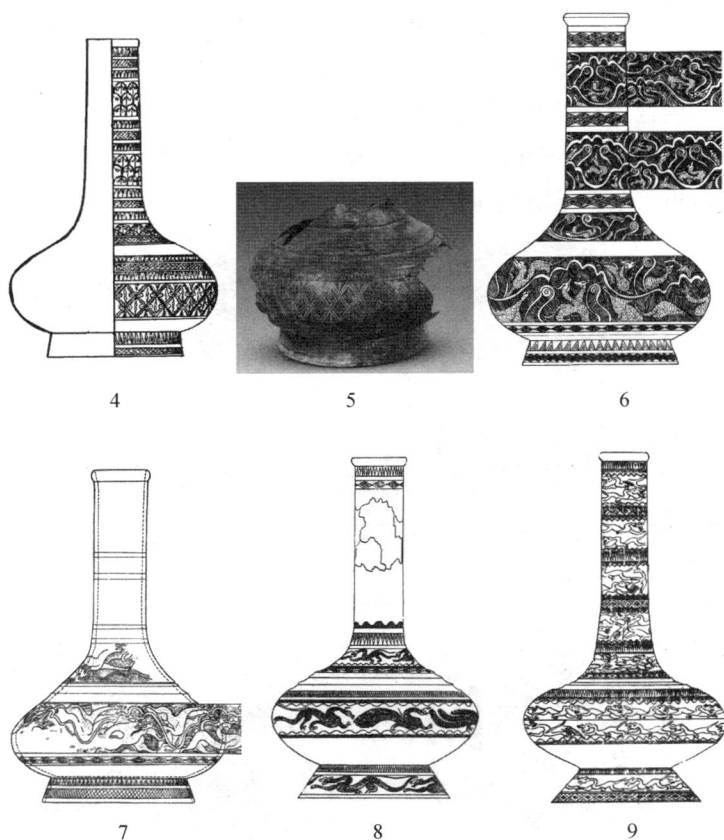

图一二五　异地所出刻纹铜长颈壶

Ⅰ式：1—7（永州鹞子岭刘彊墓、曲靖八塔台、长安汉城窖藏、盱眙东
阳、赫章可乐、西安万广场、长安汉城窖藏）

Ⅱ式：8—9（清镇 M15、兴仁交乐 M6）

　　3 件。西安万达广场（图一二五：6）、长安汉城窖藏（图一二五：7）所
出。先模铸出纹饰轮廓，再线刻划出细部。南阳百里奚所出据报告描述纹
饰多为神兽之类，推测应该归属此类。时代为东汉早期。

　　Ⅱ式：扁鼓腹，圈足略高。

　　2 件。清镇 M15（图一二五：8）、兴仁交乐 M6（图一二五：9）、南阳百里奚出
土。纹饰方面，均在腹部刻四神等动物图案。时代为东汉早期至东汉晚期。

　　12. 三足盘　　6 件。南昌青云谱、南昌京家山、个旧黑蚂井 M16、
95GHM8、大连营城子和兴仁出土。纹饰均为各种瑞兽动物图案，以三角
锯齿或者小菱形纹为分界，但布局存在差异。大致分两类。

　　甲类：盘面分内外两区。4 件。根据内区主体纹饰的差异细分两小类。

A 类:内区为一朱雀,外区以四棵树木均匀划分四小区,内各置一神兽。南昌青云谱出土(图一二六:1),时代为东汉早期。

B 类:内区为柿蒂纹,其四叶间穿插瑞兽,外区的分区雷同青云谱所出,但在小区内的动物各不相同。南昌京家山(图一二六:2)、大连营城子(图一二六:4)所出为东汉早期,个旧黑蚂井 M16(图一二六:3)时代为西汉晚期。

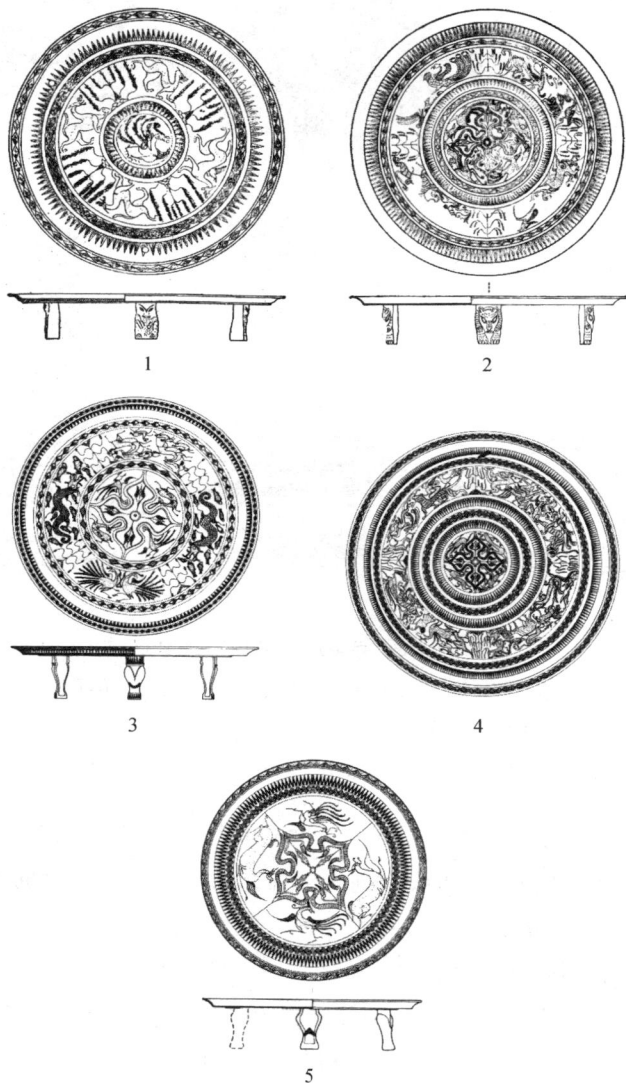

图一二六　异地所出刻纹铜三足盘

1.甲 A(南昌青云谱)　2—4.甲 B(南昌京家山、个旧黑蚂井
M16、大连营城子)　5.乙(个旧黑蚂井 95GHM8)

乙类:盘面不分区,为一大柿蒂纹,四叶件穿插四神动物。1件。个旧黑蚂井 95GHM8 出土(图一二六:5),时代为西汉晚期。

兴仁所出不明。时代为东汉早期。

13. 熨斗 3件。永州鹞子岭 M2(图一二七:1)、长沙汤家岭(图一二七:2)、常德 D3M24(图一二七:3)所出均为宽折沿,浅弧腹,大平底。一侧附长空心柄。纹饰方面,3件大同小异,在柄和沿面均刻三角锯齿和网格纹。时代为西汉晚期。衡阳蒋家山所出形制不明,柄面刻菱形纹和龙纹,沿面刻三角锯齿纹,时代为东汉中晚期。

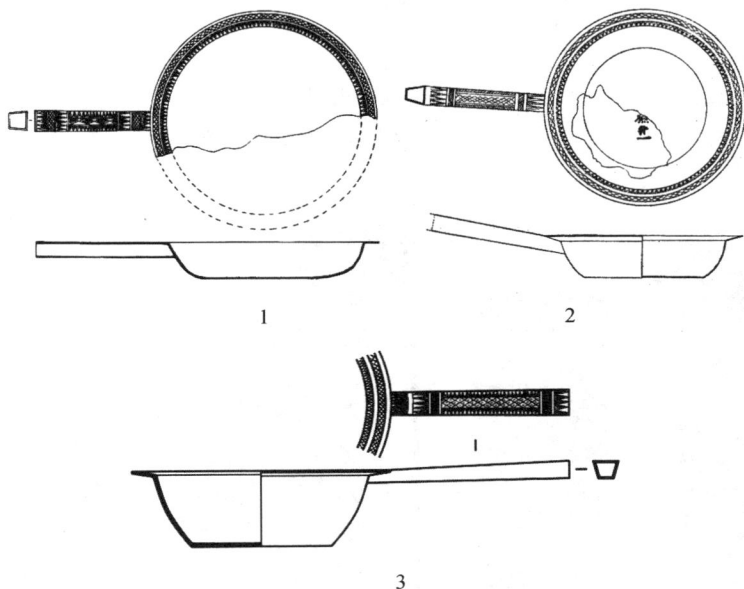

图一二七 异地所出刻纹铜熨斗
1. 永州鹞子岭 M2 2. 长沙汤家岭 3. 常德 D3M24

14. 扁壶 4件。汉源桃坪74 出土1件。(图一二八:1)颈部为三角锯齿纹,肩部为一周神兽,腹部为一周大菱形锦纹,圈足刻一周三角锯齿纹。新蔡葛陵出土2件,纹饰与雅安相同。(图一二八:2)另1件出自成都大湾墓地(图一二八:3),腹部纹饰为两层三角锯齿和一层菱形纹为界分为两栏,各栏可羽状锦纹,其余纹饰相同。时代为西汉晚期。

15. 泥筒 3件。器型差别不大,纹饰也大致接近,主体为神兽动物。但技法方面可分两类。

甲类:直接刻出所有纹饰。徐州博物馆藏1件,时代为西汉晚期。(图一二九:1)

图一二八　异地所出刻纹铜扁壶

1.雅安　2.新蔡葛陵　3.成都大湾

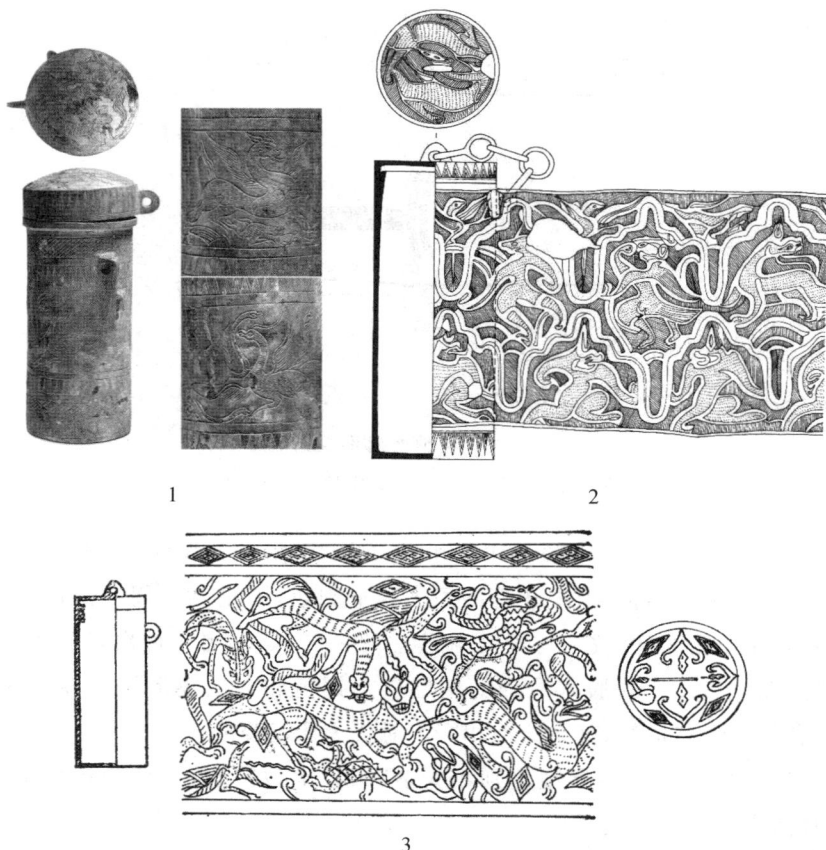

图一二九　异地所出刻纹铜泥筒

1.甲（徐州博物馆藏）　2—3.乙（个旧黑蚂井 M34、扬州市郊）

乙类:先模铸出纹饰轮廓,再线刻出细部。个旧黑蚂井 M34、扬州市郊所出即是。(图一二九:2—3)时代在西汉晚期至东汉早期。

16.三足罐　3件。

兴义 M8 和个旧黑蚂井 M24 出土。(图一三〇:1—2)器型基本相同,直口,圆鼓腹,圜底近平,兴义 M8 所出为矮蹄足,个旧所出为人面足。纹饰方面差异较大。兴义所出盖面为一柿蒂纹,外围为一周网格纹;器身方面,肩部为两周三角锯齿夹一周网格,腹部为两周网格夹两层羽状锦纹。时代为东汉晚期。个旧所出盖面仅有一柿蒂纹,盖沿刻有一周复线菱形纹,器身方面近口沿处为一周三角锯齿,腹部为一周大菱形锦纹和复线菱形纹。

云阳大凼子所出腹略扁鼓,纹饰则为四神之类。(图一三〇:3)

个旧所出时代为西汉晚期,兴义 M8 和云阳所出为东汉中期。

17.唾壶　1件。云阳风箱背 M1 出土。喇叭口,束颈,圆鼓腹,圈足。腹部中部为一周四神动物纹饰,圈足和口沿颈部等均为三角锯齿纹。时代为西汉晚期。(图一三〇:4)

18.奁　2件。云阳风箱背和衡阳蒋家山出土。(图一三〇:5—6)两者形制相同,器盖为单环钮,顶平。器身直腹,平底。但纹饰差异较大。云阳所出盖面和腹部均为羽状锦纹,时代为西汉晚期。衡阳所出盖沿为一周三角锯齿纹,顶部以环钮为中心,刻一柿蒂纹,四叶间有龙纹,其外围两周龙纹;器身腹部为一周青龙白虎,上下则为一周复线菱形纹,底部为一周三角锯齿纹。时代在东汉中期。

1　　　　　2　　　　　3

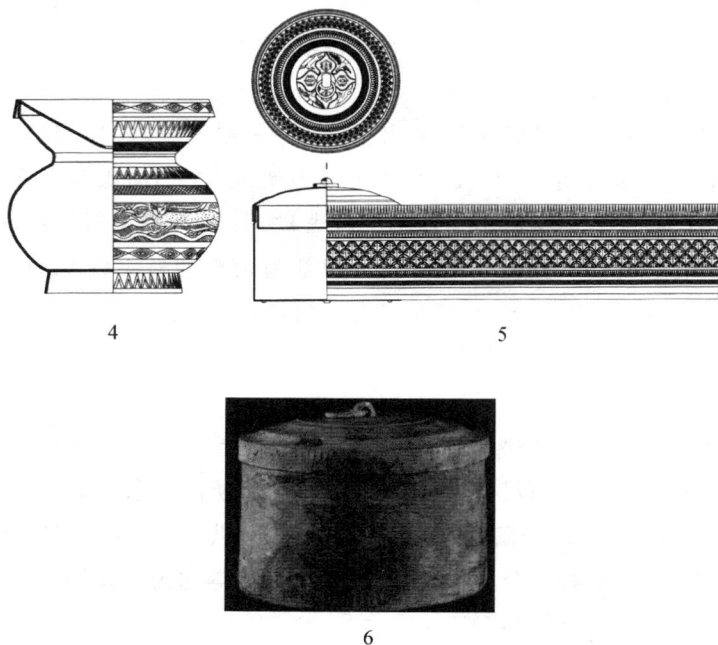

图一三〇　异地所出刻纹铜三足罐、唾壶、奁

1—3.三足罐（兴义 M8、个旧黑蚂井 M24、云阳大囟子）　4.唾壶（云阳风箱背）　5—6.奁（云阳风箱背、衡阳蒋家山 M4）

（二）非刻纹铜器

器类较多，有鍪、碗、钵、卮、鼎、酒樽等。

1.鍪　口微侈、弧腹，平底下置圈足，腹部一侧有铺首衔环。除了个别器外，口径一般在 22 厘米以上。共 52 件，根据颈、腹部和圈足的变化分三式。

Ⅰ式：40 件。颈内弧明显，深弧腹，矮圈足。个旧黑蚂井 M16、M22，蕲春陈家大地 M11，上虞牛头山，龙游东华山，郴州市区等出土。（图一三一：1—6）时代为东汉早期。

Ⅱ式：9 件。圈足略高。巫山双堰塘、抚宁安庄村、绵阳何家山、西昌杨家山等出土。（图一三一：7—8）时代为东汉中晚期。

Ⅲ式：7 件。颈不明显，腹浅，喇叭状高圈足。清镇、兴仁交乐 M6、桃源竹园村窖藏出土。（图一三一：9）时代为东汉晚期。

出土铜鍪情况如下表所示（表一九）

表一九　异地所出铜鍪一览

型式	出土地点	尺寸 (口径、高)	出处	时代
I	个旧黑蚂井 M16:15	23.8、14	《个旧市黑蚂井墓地第四次发掘报告》	西汉晚期
	个旧黑蚂井 M43:14	25、15	《个旧市黑蚂井墓地第四次发掘报告》	西汉晚期
	个旧黑蚂井 M22:23	28、18	《个旧市黑蚂井墓地第四次发掘报告》	西汉晚期
	曲靖八塔台 M69:11	23.2、13.2	《曲靖八塔台与横大路》	西汉晚期
	蕲春陈家大地 M11:18	29.2、17.4	《罗州城与汉墓》	东汉早期
	随县古城岗	24.5、14.8	《考古》1966 年第 3 期	西汉晚期
	资兴 M157:26	24、12.8	《考古学报》1995 年第 1 期	西汉晚期
	长沙汤家岭	22.4、12	《考古》1966 年第 4 期	西汉晚期
	清镇 M18	24、13	《考古学报》1959 年第 1 期	西汉晚期
	平坝天龙	22.8、12.2	《文物资料丛刊》(4)	西汉晚期
	赫章可乐 M8(4)	33.6、20.4	《考古学报》1986 年第 4 期	西汉晚期
	仪征螃蟹地 M7(2)	29、14.5；26.6、14.3	《东南文化》2009 年第 4 期	西汉晚期
	晋宁金砂山 JS:26	残高 13.2	《石寨山文化考古发掘报告集》	西汉晚期
	呈贡小松山	不详	《石寨山文化考古发掘报告集》	西汉晚期
	个旧黑蚂井 M29:12	26、16	《个旧市黑蚂井墓地第四次发掘报告》	西汉晚期
	溧阳蒋笪里 M25	24.2、12.4	《东南文化》2020 年第 2 期	西汉晚期
	荆门十里九堰	23.8、12.8	《江汉考古》1987 年第 3 期	东汉早期
	淮南刘家古堆	22.7、12.5	《文物资料丛刊》(4)	东汉早期
	郴州市区 M12:2	24.4、12.4	《考古》1985 年第 8 期	东汉早期
	资兴 M439:7(2)	? 12(另一件未公布)	《考古学报》1984 年第 1 期	东汉早期
	龙游东华山 M5:1	25.2、12	《考古》1993 年第 4 期	东汉早期
	嵊州剡山 M65:15	25.3、12.8	《东南文化》2004 年第 2 期	东汉早期
	金华马铺岭 M1(2)	28.8、14	《考古》1982 年第 3 期	东汉早期
	上虞牛头山 M24:5	28、14.8	《沪杭甬高速公路考古报告》	东汉早期
	长兴七女墩 M4:17	20.4、10.5	《东方博物》(43)	东汉早期

续表

型式	出土地点	尺寸 （口径、高）	出处	时代
I	阜阳医药公司	25.5、13	《考古与文物》1998 年第 6 期	东汉早期
	天长槽坊 M2：9、M1：8	23.3、11.6；25.2、12.1	《文物研究》(19)	东汉
	早期淮北相山渠沟 M50	24.8、12.6	《东南文化》2018 年第 6 期	东汉早期
	盱眙东阳 M4：3	14.2、7.3	《考古》1979 年第 5 期	东汉早期
	扬州东风砖瓦厂 M6：21	23.5、12	《考古》1980 年第 5 期	东汉早期
	苏州冠鑫	26.8、14	《东南文化》2003 年第 7 期	东汉早期
	衡阳空 M4：35	23.2、12.4	《湖南古墓与古窑址》	东汉中期
	桃源大池塘	25.7、12.4	《考古》1983 年第 7 期	东汉晚期
II	抚宁安庄村	25.6、15	《考古》2001 年第 10 期	东汉早中期
	大连营城子 M5	25.4、15.2	《大连汉墓博物馆馆藏文物图录》	东汉早期
	随州东城区 M1：46	21.5、13.8	《文物》1993 年第 7 期	东汉中期
	汉中铺镇砖厂 85M3：3，M3：3	23、15；23、14	《考古与文物》1989 年第 6 期	东汉中期
	绵阳何家山 M1：49	23.3、14.8	《文物》1991 年第 3 期	东汉中期
	巫山双堰塘 M711：2	22.2、13.8	《重庆库区考古报告集》(1999)	东汉中期
	西昌杨家山 M1：49	23.3、14.8	《考古》2007 年第 5 期	东汉中期
	开县红华村	26.4、14.2；25.8、15.4	《考古与文物》1989 年第 1 期	东汉晚期
III	凉山电视台	25、19	《四川文物》1993 年第 4 期	东汉晚期
	勉县红庙	22.3、15.2	《考古与文物》1983 年第 4 期	东汉晚期
	兴义 M8：9	22、14.6	《文物》1979 年第 5 期	东汉晚期
	清镇 M83	不详	《考古》1961 年第 4 期	东汉晚期
	兴仁交乐 M6：9	22.4、15.2	《贵州田野考古四十年》	东汉晚期
	桃源竹园村(2)	18、14	《考古》1993 年第 7 期	东汉晚期
	昭通白泥井	21、17.3	《考古》1965 年第 2 期	东汉晚期

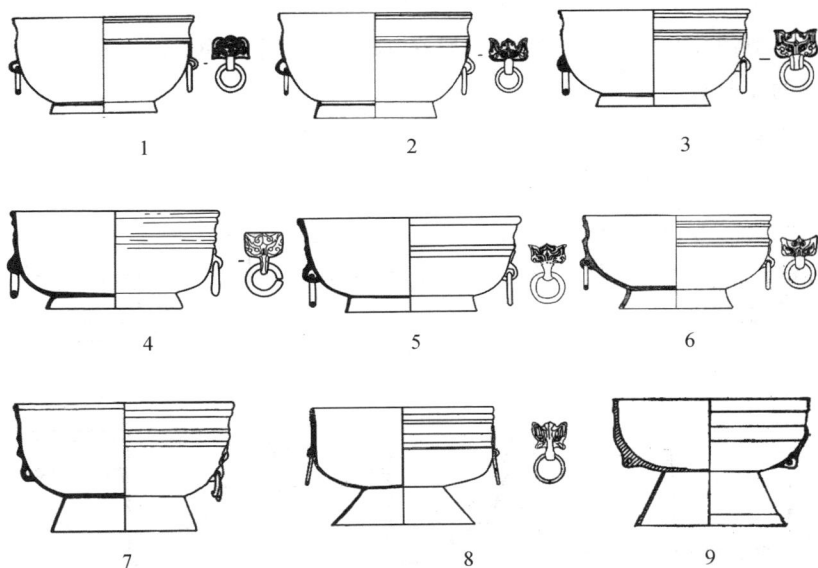

图一三一 异地所出铜鍪

1—6. Ⅰ(个旧黑蚂井 M16、M22,蕲春陈家大地 M11,上虞牛头山,龙游
东华山,郴州市区) 7—8. Ⅱ(巫山双堰塘、兴仁交乐 M6) 9. Ⅲ(桃源竹园
村窖藏)

2.碗 侈口、弧腹,平底,圈足。腹中部有数道弦纹。97件。根据口
径大小和圈足的差异分三型。

A型:矮圈足。口径较大,一般在14—20厘米之内。11件。根据颈、
腹部和圈足的变化分两式。

Ⅰ式:颈内弧明显,弧腹,圈足矮。7件。个旧黑蚂井 M22、龙游东华
山 M9等出土。(图一三二:1—2)时代为西汉晚期至东汉早期。

Ⅱ式:颈不明显,弧腹略直。4件。巫山水田湾、湖州杨家埠等出土。
(图一三二:3—4)时代为东汉早期。

B型:喇叭状高圈足,口微侈。口径一般在10厘米之内。70件。根据
颈、腹部的变化分三式。

Ⅰ式:颈内弧明显,弧腹深,圈足略矮。15件。零陵李家园、资兴
M405(图一三二:5)等出土。时代为东汉早期。

Ⅱ式:腹变浅,圈足变高。50件。蕲春陈家大地、云阳佘家嘴等出土。
(图一三二:6—7)时代为东汉早期至中晚期。

Ⅲ式:颈不明显,直腹斜内收,高圈足。5件。西昌杨家山和兴仁交乐

M7 等出土。(图一三二:8—9)时代为东汉中晚期。

　　C 型:假圈足。口径较大,一般在 15—20 厘米之间。16 件。根据颈、腹部的变化分三式。

　　Ⅰ式:颈内弧明显,弧腹略深。2 件。永州鹞子岭刘疆墓出土。(图一三二:10)时代为西汉晚期。

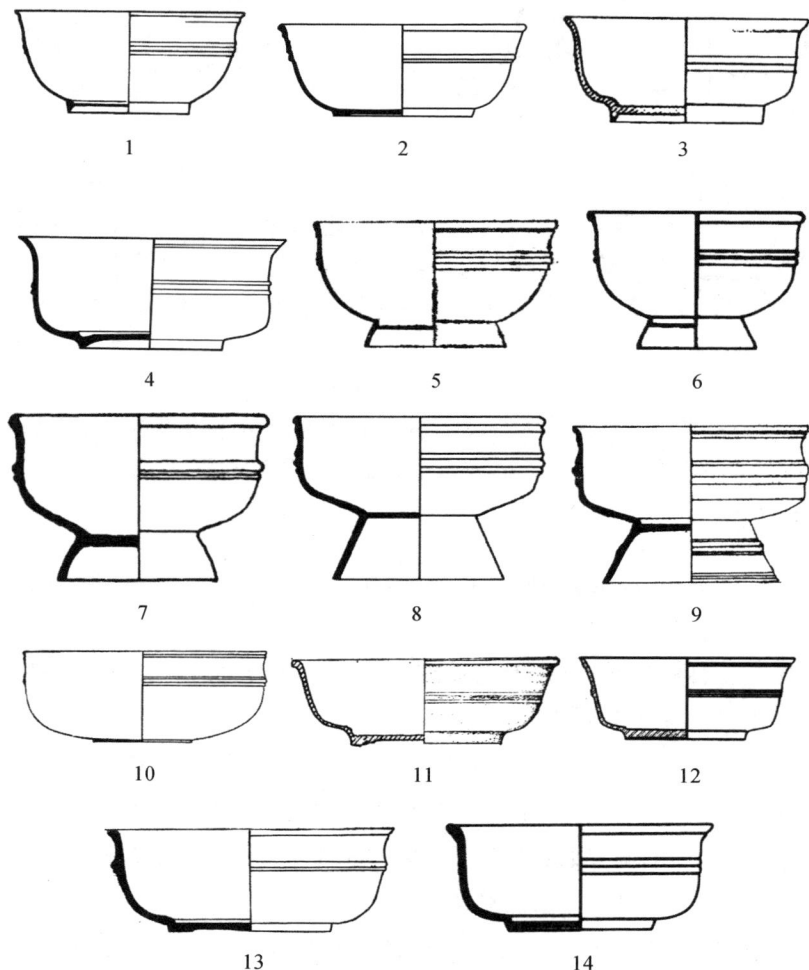

图一三二　异地所出铜碗

　　1—2.AⅠ(个旧黑蚂井 M22、龙游东华山 M9)　3—4.AⅡ(巫山水田湾、湖州杨家埠)　5.BⅠ(资兴 M405)　6—7.BⅡ(蕲春陈家大地、云阳佘家嘴)　8—9.Ⅲ(西昌杨家山、兴仁交乐 M7)　10.CⅠ(永州鹞子岭刘疆墓)　11—12.CⅡ(威宁中水张 M1、淮安山头 M39)　13—14.CⅢ(兴仁交乐 M7、常德 M2429)

Ⅱ式：颈部不明显，浅敞弧腹。10件。威宁中水张 M1、零陵李家园、淮安山头 M39 等出土。（图一三二：11—12）时代为东汉早期至东汉中晚期。

Ⅲ式：弧腹近直。4件。兴仁交乐 M7、南康荒塘 M2、常德 M2429 等出土。（图一三二：13—14）时代为东汉中晚期。

各型铜碗所出如下表所示（表二〇）

表二〇　异地所出铜碗一览

型式	出土地点	尺寸 （口径、高）	出处	时代
AⅠ	长沙北山区：38	17.4、7.3	《湖南考古辑刊》(3)	东汉早期
	龙游东华山 M9：20	19.6、7.6	《考古》1993 年第 4 期	东汉早期
	个旧黑蚂井 M22：19	14.8、6.8	《个旧市黑蚂井墓地第四次发掘报告》	西汉晚期
	个旧黑蚂井 M19：8	15.1、6.8	《个旧市黑蚂井墓地第四次发掘报告》	西汉晚期
	个旧黑蚂井 95GHM8：7、89GHM4：32、89GHM3：3	14.9、7.3（仅公布 1 件）	《个旧市黑蚂井墓地第四次发掘报告》	西汉晚期
AⅡ	巫山水田湾Ⅲ M8：6	14.9、6.4	《文物》2005 年第 9 期	东汉早期
	湖州杨家埠 D23M1：34	21、8.8	《浙江汉墓》	东汉早期
	兴仁 M3	15.8、5.65	《文物》1979 年第 5 期	东汉早期
	南京栖霞	21、14	《考古》1959 年第 1 期	东汉早期
BⅠ	零陵李家园	9.4、	《考古》1964 年第 9 期	东汉早期
	资兴 M405：33(3)	？7	《考古学报》1984 年第 1 期	东汉早期
	耒阳 M387：3(10)	11、6.8	《考古学集刊》(13)	东汉早期
	淮安山头 M14：4	10、6.2	《考古与文物》2010 年第 6 期	东汉早期
BⅡ	蕲春陈家大地(9)	12、7.8；9.3、6.3；12.4、7.9（公布了 3 件）	《罗州城与汉墓》	东汉早期
	蕲春鳡鱼嘴 M7：3	10.8、7	《罗州城与汉墓》	东汉早期
	衡阳空 M4：79	10.1、6.8	《湖南古墓与古窑址》	东汉中期
	长沙雷家嘴(2 件)	不详	《考古通讯》1958 年第 2 期	东汉中期
	长沙小林子冲(2)	？6.3	《考古通讯》1958 年第 12 期	东汉中期

续表

型式	出土地点	尺寸 (口径、高)	出处	时代
BⅡ	常德 M2401:11	10.8、6.8	《沅水下游汉墓》	东汉晚期
	南昌青云谱 M1(3)	11、7;8.5、5 (2 件相同)	《考古》1960 年第 10 期	东汉早期
	南昌蛟桥 M1:10	9.3、5.6	《文物》2011 年第 4 期	东汉中期
	南昌纺织厂(3)	不详	《考古学报》1957 年第 1 期	东汉早期
BⅡ	南昌京山 M1	11.5?	《考古》1981 年第 5 期	东汉中期
	巫山土城坡Ⅱ M36:14	9.7、6.3	《江汉考古》2009 年第 2 期	东汉早期
	万州钟嘴 M1:4	10.8、6.2	《重庆库区考古报告集》(2000下)	东汉早期
	成都高新区勤俭村 M1:4	10.8、6.4	《四川文物》2004 年第 4 期	东汉早期
	万州金狮湾 M5(2)	不详	《重庆库区考古报告集》(2001下)	东汉晚期
	云阳佘家嘴 M8:10(2)	8、5.4 (2 件相同)	《重庆库区考古报告集》(2002下)	东汉早期
	郫县新胜(2)	10.4、7.2 (相同)	《文物》1981 年第 11 期	东汉晚期
	高淳下坝 M1:2(2件)	10、6.8; 10.5、6.5	《东南文化》1988 年第 1 期	东汉早期
	曲靖八塔台 M8:2(2)	11.6、7.3 (仅公布 1 件)	《曲靖八塔台与横大路》	东汉早期
	清镇平坝(8)	不详	《考古学报》1959 年第 1 期	东汉早期
	黔西林泉	6.2、6.2	《文物》1972 年第 11 期	东汉早期
	兴仁交乐 M14:4(2)	11.6、7.3 (仅公布 1 件)	《贵州田野考古四十年》	东汉晚期
	郏县黑庙 M79(2)	9.2、6 (2 件相同)	《华夏考古》2013 年第 1 期	东汉早期
	陇县店子村 M42	10、6.4	《考古与文物》1999 年第 4 期	东汉晚期
	耒阳西郊	不详	《文物参考资料》1956 年第 1 期	东汉中期
BⅢ	宜都刘家屋场 M12:7	9.5、7	《考古》1987 年第 10 期	东汉晚期
	西昌杨家山 M1:30	10、6.7	《考古》2007 年第 5 期	东汉中期
	兴仁交乐 M7:16(3)	16、11	《贵州田野考古四十年》	东汉晚期

续表

型式	出土地点	尺寸 （口径、高）	出处	时代
C I	永州鹞子岭刘彊墓 （2）	18.7、7.2 （大小相同）	《考古》1990 年第 11 期	西汉晚期
C II	威宁中水张 M1∶1	14.5、5.8	《考古学报》1981 年第 2 期	东汉早期
	零陵李家园	15.4、5.6	《考古》1964 年第 9 期	东汉早期
	淮安山头 M39∶1	21、8.1	《考古与文物》2010 年第 6 期	东汉早期
	高淳下坝 M1（3 件）	23.8、9.8； 18.6、7.2	《东南文化》1988 年第 1 期	东汉早期
	耒阳 M400∶5	22.2、8.4	《考古学集刊》(13)	东汉中晚期
	襄阳城东街 M4∶5	21、7.8	《襄樊考古文集》	东汉晚期
	兴仁交乐 M7∶12	不明	《贵州田野考古四十年》	东汉晚期
	安顺宁谷 M28∶8	27、11	《考古》2004 年第 6 期	东汉晚期
	开州铺溪 M2	20.4、8.2	《考古与文物》2019 年第 5 期	东汉中期
C III	兴仁交乐 M7∶17	18、7	《贵州田野考古四十年》	东汉晚期
	南康荒塘 M2∶20(2)	17.2、7.5	《考古》1996 年第 9 期	东汉中晚期
	常德 M2429∶4	15.2、6	《沅水下游汉墓》	东汉晚期

3. 钵　敞口、无颈，浅敞弧腹。肩腹部施数道弦纹。圜底或平底。37件。根据底部的差异分三型。

A 型：圜底。弧腹，腹部多施数道弦纹。5 件。里耶清水坪 M248、云阳风箱背、永州鹞子岭 M2 等出土。（图一三三∶1—3）时代为西汉晚期至东汉早期。

B 型：凹圜底。敞弧腹。6 件，根据弦纹的有无分两亚型。

Ba 型：有弦纹。4 件。个旧黑蚂井 M19、M28 等出土。（图一三三∶4）时代为西汉晚期。

Bb 型：素面。2 件。巫山土城坡出土。（图一三三∶5—6）时代为东汉早期。

C 型：平底，弧腹。27 件，根据弦纹的有无分两亚型。

Ca 型：有弦纹。18 件。个旧黑蚂井 M28、杭州老和山 M66、云阳风箱背等出土。（图一三三∶7—10）时代为西汉晚期至东汉早期。

Cb 型：素面。11 件。常德 D3M14、长沙县北等出土。（图一三三∶11—12）时代为西汉晚期至东汉晚期。

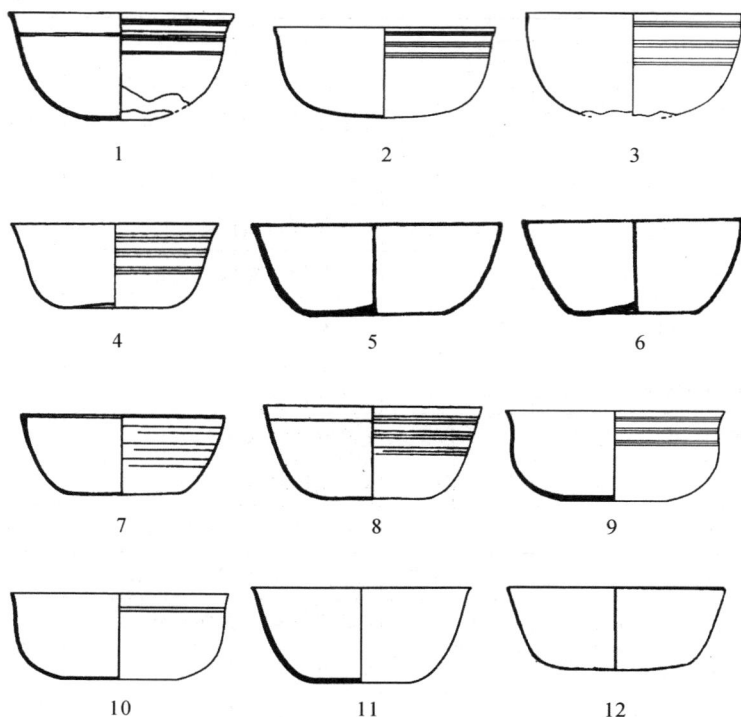

图一三三　异地所出铜钵

　　1—3.A（里耶清水坪 M248、云阳风箱背、永州鹞子岭 M2）　4.Ba（个旧黑蚂井 M19）　5—6.Bb（巫山土城坡 M16、M50）　7—10.Ca（个旧黑蚂井 M28、杭州老和山 M66、云阳风箱背）　11—12.Cb（常德 D3M14、长沙县北）

各地所出铜钵如下表所示（表二一）。

表二一　异地所出铜钵一览

型式	出土地点	尺寸 （口径、高）	出处	时代
A	里耶清水坪 M248：28	14.4、7.2	《里耶发掘报告》	西汉晚期
	永州鹞子岭 M2：39	14.3、7.2	《考古》2001 年第 4 期	西汉晚期
	云阳风箱背 M1：73	15.4、6.4	《考古学报》2018 年第 4 期	西汉晚期
	金华马铺岭 M1（2）	15、6.5	《考古》1982 年第 3 期	东汉早期

续表

型式		出土地点	尺寸 （口径、高）	出处	时代
B	a	个旧黑蚂井 M19（2）	15.2、6.8； 13.6、6.6	《个旧市黑蚂井墓地第四次发掘报告》	西汉晚期
		个旧黑蚂井 M28：16 －1	15.2、6.1	《个旧市黑蚂井墓地第四次发掘报告》	西汉晚期
		个旧黑蚂井 M43：19	14.8、6	《个旧市黑蚂井墓地第四次发掘报告》	西汉晚期
		溧阳蒋笪里（2）	14.2、6	《东南文化》2020 年第 2 期	西汉晚期
	b	巫山土城坡Ⅱ M50：15	14.2、6	《江汉考古》2009 年第 2 期	东汉早期
		巫山土城坡Ⅲ M16：36	13.6、6	《江汉考古》2008 年第 1 期	东汉早期
C	a	资兴 M372：9（3）	16.2、8（另外 2 件未公布）	《考古学报》1995 年第 4 期	西汉晚期
		大庸 M44：5	14.6？	《湖南考古辑刊》（5）	东汉早期
		常德 D3M24：21（2）	相同。16、5.6	《沅水下游汉墓》	西汉晚期
		常德 D3M28：1	14.8、6.4	《沅水下游汉墓》	西汉晚期
		郴州五里堆（2）	15.3、7.9	《考古》1987 年第 4 期	东汉早期
		资兴 M132：22（3）	？5.9（另外 2 件未公布）	《考古学报》1984 年第 1 期	东汉早期
		云阳江口 M3：4	14.8、6	《重庆公路考古报告集》	东汉早期
		杭州老和山 M66：7	13.6、6	《浙江汉墓》	东汉早期
		个旧黑蚂井 M18：10	16、6.2	《个旧市黑蚂井墓地第四次发掘报告》	西汉晚期
		个旧黑蚂井 M28：16	15、6	《个旧市黑蚂井墓地第四次发掘报告》	西汉晚期
		云阳风箱背 M1（2）	14.7、6.2； 14.3、5.8	《考古学报》2018 年第 4 期	西汉晚期
	b	长沙县北	14.2、5.4	《湖南考古辑刊》（3）	东汉早期
		古丈河西 M7：3（2）	14.8、6.6	《江汉考古》2007 年第 2 期	东汉早期
		巫山乌鸡沟 M6：2	13.2、5	《江汉考古》2006 年第 4 期	东汉早期
		万州大坪 M40：26	15、6.6	《万州大坪墓地》	西汉晚期
		汉源桃坪 M1：5	16.6、8	《四川文物》2006 年第 5 期	西汉晚期
		常德 D3M14：14	15.2、7.4	《沅水下游汉墓》	西汉晚期
		巫山神女路 M2：58	10.8、4.4	《江汉考古》2008 年第 2 期	东汉早期
		巫山土城坡 ⅨM5：5	14.7、6.1；	《四川文物》2008 年第 3 期	东汉早期

续表

型式		出土地点	尺寸 （口径、高）	出处	时代
C	a	南京栖霞	不明	《考古》1959 年第 1 期	东汉早期
		合肥东郊 M3	14.7/6.2	《考古通讯》1957 年第 1 期	东汉中晚期

4.杯　仅发现 2 例。资兴 M108:4,口微侈,弧腹,平底,假圈足。腹部有数道弦纹。时代为西汉晚期。个旧黑蚂井 M22:2(图一三四:1),侈口,颈略内弧,弧腹,平底。腹部有数道弦纹,时代为西汉晚期。

5.卮　11 件。如下表表二二所示。均为侈口,颈略内弧,弧腹内收为平底。不分式。个旧黑蚂井 M39(图一三四:2—3)、盱眙东阳(图一三四:4)、六合李岗(图一三四:5)等出土。时代为西汉晚期至东汉早期。

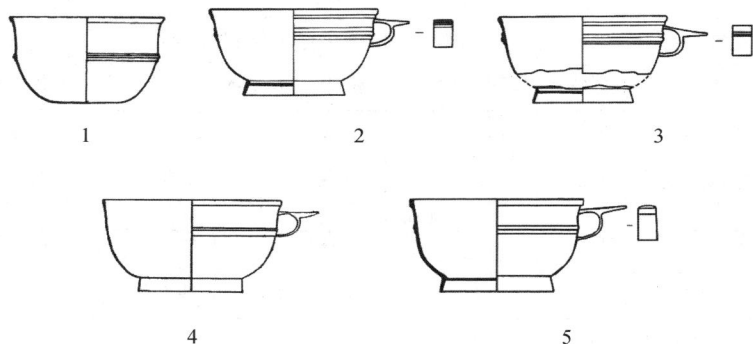

图一三四　异地所出铜杯、卮

1.杯(个旧黑蚂井 M22)　2—5.卮(个旧黑蚂井 M39、盱眙东阳、六合李岗)

表二二　异地铜卮出土一览

出土地点	尺寸 （口径、底径）	出处	时代
个旧黑蚂井 M39(2)	14、7.4 （大小相同）	《个旧市黑蚂井墓地第四次发掘报告》	西汉晚期
盱眙东阳 M4:11	14、7.4	《考古》1979 年第 5 期	东汉早期
六合李岗 M1	12.8、7	《文物》2013 年第 11 期	东汉早期
永州鹞子岭刘彊墓:9	16、7.8	《考古》1990 年第 11 期	西汉晚期
萧山衙前	不详	《发现萧山》	东汉早期

出土地点	尺寸 （口径、底径）	出处	时代
余杭经济开发区玉架山 M7	不详	《考古余杭》	东汉早期
南京栖霞（2）	不详	《考古》1959年第1期	东汉早期
新沂高庄 M34	不详	《江苏考古》（2014—2015）	东汉早期
湖州杨家埠 D73M10:2	13.6、8	《浙江汉墓》	东汉早期

6. 锜　　18件。根据口、颈、腹部、底和足的变化分五式。

Ⅰ式：侈口，短颈，圆鼓腹，圜底，兽蹄足。2件。海盐博物馆（图一三五:1）、安吉良朋（图一三五:2）出土。时代为西汉晚期。

Ⅱ式：腹略扁鼓，平底。6件。荆门玉皇阁，个旧黑蚂井 M22（图一三五:3）、M25（图一三五:4）、95GHM8（图一三五:5）、M39，扬州市郊出土。时代为西汉晚期至东汉早期。

Ⅲ式：浅盘口，颈略长，折腹。3件。耒阳白洋渡 M32（图一三五:6）、句容南门、长沙五里牌出土。时代为东汉早期。

Ⅳ式：盘口，扁足。3件。耒阳西郊、杭州老和山 M129 出土。（图一三五:7—8）时代为东汉早期。

Ⅴ式：腹部出现一周宽棱，瓦足。5件。耒阳 M5、南康荒塘（图一三五:9）、宁波火车站、黔西南顶郊开发区、兴仁交乐出土。时代为东汉中晚期。

  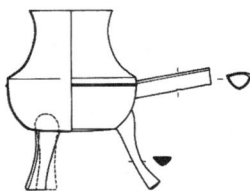

　　　　1　　　　　　　　　　2　　　　　　　　　　3

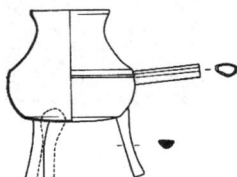 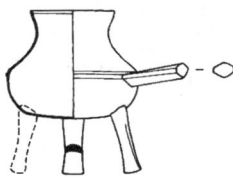 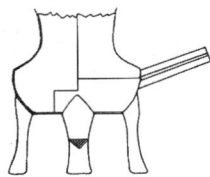

　　　　4　　　　　　　　　　5　　　　　　　　　　6

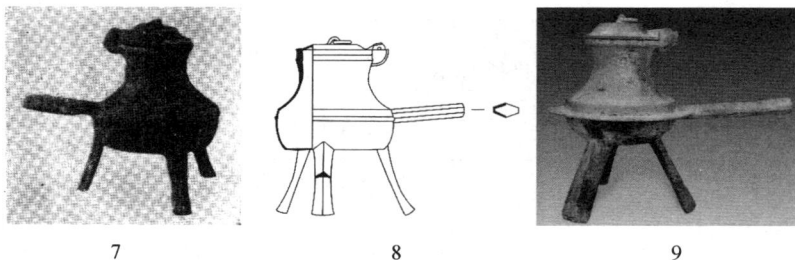

图一三五　异地所出铜锜

1—2. I（海盐博物馆、安吉良朋）　3—5. II 式（个旧黑蚂井 M22、M25、95GHM8）　6. III（耒阳白洋渡 M32）　7—8. IV（耒阳西郊、杭州老和山 M129）　9. V（南康荒塘）

7.盘口双耳锅　23 件。（表二三）根据盘口和腹部深浅的差异分三类。

甲类：盘口不深、深弧腹。7 件。曲靖八塔台（图一三六：1）、蕲春鳙鱼嘴（图一三六：2）、苏州虎丘、南昌青云谱 M1 等出土。时代为西汉晚期至东汉早期。

乙类：盘口深、浅弧腹。6 件。个旧黑蚂井 M18（图一三六：3）、常德 M2408（图一三六：4）、郴县回龙村（图一三六：5）、海盐南抬头、淮南刘家古堆、长沙五里牌出土。时代为西汉晚期至东汉中晚期。

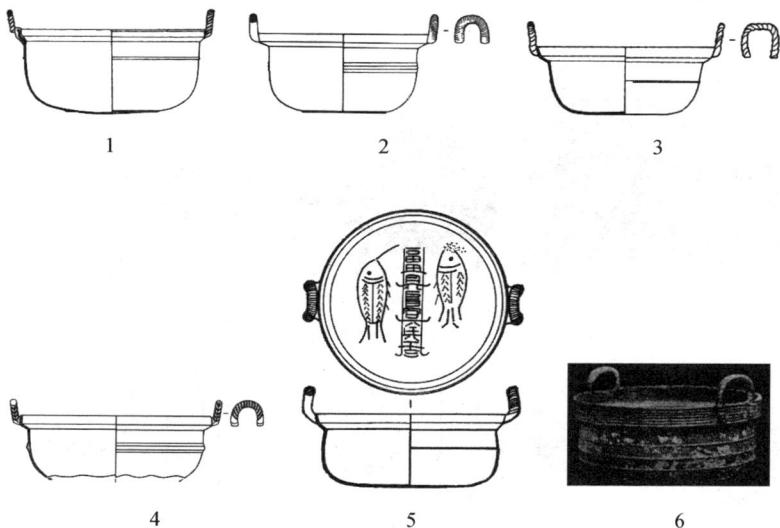

图一三六　异地所出盘口双耳锅

1—2.甲（曲靖八塔台、蕲春鳡鱼嘴）

3—5.乙（个旧黑蚂井 M18、常德 M2408、郴县回龙村）

6—9.丙（西昌凉山州电视台基地、大关岔河 M3、安龙、兴仁交乐 M6）

丙类：深盘口，深弧腹。10 件。西昌凉山州电视台基地（图一三六：6）、泸州、大关岔河 M3（图一三六：7）、昭通"建初八年"、安龙（图一三六：8）、兴仁交乐 M6（图一三六：9）、黔西绿化乡等出土。时代为东汉早期至中晚期。

表二三　盘口双耳锅出土一览

	出土地点	尺寸（口径、高）	出处	时代
甲类	曲靖八塔台 M7:5	25.5、12.8	《曲靖八塔台与横大路》	西汉晚期
	苏州虎丘 SM1:11	24、13.5	《东南文化》2003 年第 5 期	西汉晚期
	蕲春鳡鱼嘴 M7:1	20、12	《罗州城与汉墓》	东汉中期
	南昌青云谱（3）	16.5—17、7—7.5	《考古》1960 年第 10 期	东汉早期
	金华马铺岭 M1	26、11	《考古》1982 年第 3 期	东汉早期
乙类	个旧黑蚂井 M18:12	18.4、9.6	《个旧市黑蚂井墓地第四次发掘报告》	西汉晚期
	常德 M2048:10	23.2、残高 9.8	《沅水下游汉墓》	东汉中晚期
	长沙五里牌	20.3、9.5	《文物》1960 年第 3 期	东汉早期
	淮南刘家古堆	19、8.2	《文物资料丛刊》(4)	东汉中晚期
	海盐南抬头	不详	《盐邑瑰宝——海盐县博物馆馆藏文物精选》	西汉晚期
	郴县同和乡	19.2、10.4	《考古》1992 年第 8 期	东汉中晚期
丙类	昭通桂家院子 M1（2）	27、12.5（相同）	《考古》1962 年第 8 期	东汉中期
	大关岔河 M3:25	27、17	《考古》1965 年第 3 期	东汉中晚期
	黔西绿化乡 M27:1	26.3、14.8	《贵州田野考古报告集》	东汉中晚期

续表

	出土地点	尺寸 (口径、高)	出处	时代
丙类	兴仁交乐 M6：4，追盗	32、20.8； 29、17.3	《贵州田野考古四十年》	东汉晚期
	兴义 M8:11	28.8、15.2	《文物》1979 年第 5 期	东汉晚期
	安龙	23.8、23.5	《四川文物》2009 年第 3 期	延光元年 (122)
	泸州地区	不详	《四川文物》2009 年第 4 期	东汉中晚期
	西昌电视台	28、14.5	《四川文物》1993 年第 4 期	永和元年 (136)
	昭通	不详	《昭通文物藏品图录》	建初八年 (83)

8. 鼎　共 5 件。个旧黑蚂井 95GHM8 出土 1 件，长沙五里牌和常德 D3M26 各出土 2 件。均为子母敛口，浅弧腹，圜底近平。根据器盖和足的差异分两式。

Ⅰ式：盖顶隆起，半圆蹄足。1 件。个旧黑蚂井 95GHM8 出土。（图一三七：1）时代为西汉晚期。

Ⅱ式：盖顶平。4 件。长沙五里牌（图一三七：2）、常德 D3M26（图一三七：3）出土。时代为西汉晚期至东汉早期。

9. 盘口釜

共 29 件（表二四）。根据盘口的不同分两型。

A 型：盘口单唇。根据盘口的变化分两式。

Ⅰ式：浅盘口。15 件。上虞周家山（图一三七：4）、个旧黑蚂井 M19（图一三七：5）、M39（图一三七：6）等出土。时代为西汉晚期至东汉早期。

Ⅱ式：盘口略深。10 件。南岳万福村 M1（图一三七：7）、资兴 M204（图一三七：8）等出土，时代为东汉早期。

B 型：有内外双唇。根据盘口的变化分两式。

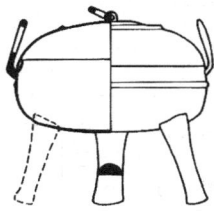

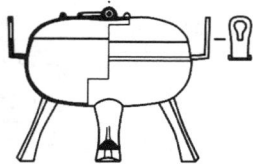

1　　　　　　　　　2　　　　　　　　　3

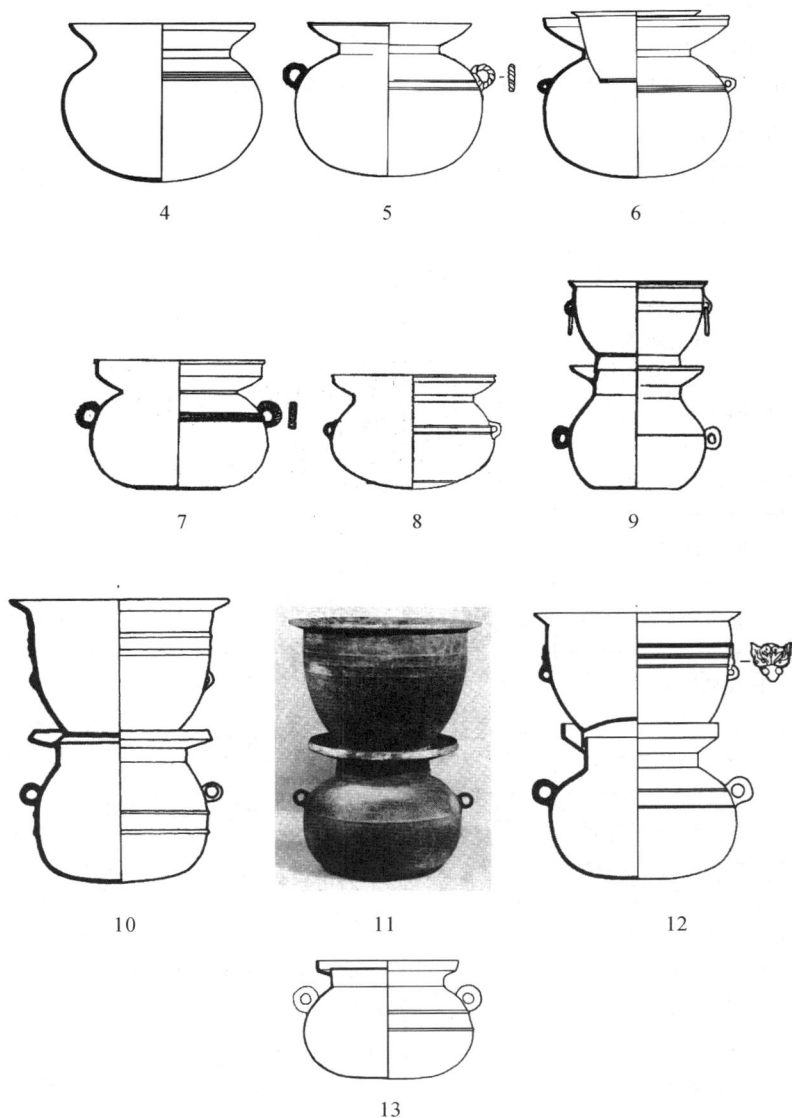

图一三七　异地所出鼎、盘口釜

鼎:1. Ⅰ（个旧黑蚂井 95GHM8）　2—3. Ⅱ（长沙五里牌、常德 D3M26）

盘口釜:4—6. AⅠ（上虞周家山个旧黑蚂井 M19、M39）　7—8. AⅡ（南岳万福村 M1、资兴 M204）　9—11. BⅠ（巫山水田湾 M8、大关岔河、昭通桂家院子）　12—13. BⅡ（西昌杨家山、昆明羊甫头 M316）

Ⅰ式:浅盘口。

巫山水田湾 M8(图一三七:9)、大关岔河(图一三七:10)、昭通桂家院子(图一三七:11)出土。时代为东汉早期至东汉中期。

Ⅱ式:盘口略深。

西昌杨家山(图一三七:12)、昆明羊甫头 M316(图一三七:13)出土,时代为东汉中晚期。

表二四 异地盘口釜出土一览

	出土地点	尺寸 (口径、高)	出处	时代
AⅠ	个旧黑蚂井 M25:11	12.8、12	《个旧市黑蚂井墓地第四次发掘报告》	西汉晚期
	个旧黑蚂井 M19:11	24、23.2	《个旧市黑蚂井墓地第四次发掘报告》	西汉晚期
	个旧黑蚂井 M39:3	18.8、16.4	《个旧市黑蚂井墓地第四次发掘报告》	西汉晚期
	个旧黑蚂井 M26:1	26.7、24.3	《个旧市黑蚂井墓地第四次发掘报告》	西汉晚期
	个旧黑蚂井 M35:17	21、18.9	《个旧市黑蚂井墓地第四次发掘报告》	西汉晚期
	个旧黑蚂井 M43:13	23、19.2	《个旧市黑蚂井墓地第四次发掘报告》	西汉晚期
	个旧黑蚂井 M28:10	22.2、?	《个旧市黑蚂井墓地第四次发掘报告》	西汉晚期
	个旧黑蚂井 95GHM8:20—2	15.3、12.6	《个旧市黑蚂井墓地第四次发掘报告》	西汉晚期
	个旧黑蚂井 89GHM4(3)	25、19.5;17.2、16;另 1 件残	《个旧市黑蚂井墓地第四次发掘报告》	西汉晚期
	个旧黑蚂井 M16:5	28.8、24.4	《个旧黑蚂井墓地第四次发掘报告》	西汉晚期
	黔西 M31:6	33.2、28	《考古》2006 年第 8 期	东汉早期
	曲靖八塔台 M19:1	16.9、14.3	《曲靖八塔台与横大路》	西汉晚期
	上虞周家山 M27:7	22、19.2	《沪杭甬高速公路考古报告》	东汉早期
AⅡ	资兴 M204(8)	? 13.5	《考古学报》1984 年第 1 期	东汉早期
	南岳万福村 M1:2	20.8、16	《考古》1992 年第 5 期	东汉中晚期

续表

	出土地点	尺寸（口径、高）	出处	时代
B I	巫山水田湾 M8	不详	《重庆库区考古报告》(2000下)	东汉早期
	大关岔河 M3:39	25、22	《考古》1965年第3期	东汉中期
	昭通桂家院子 M1:6	？20.6	《考古》1962年第8期	东汉中期
B II	西昌杨家山 M1:38	19、19	《考古》2007年第5期	东汉中晚期
	昆明羊甫头 M316:14	21、18.6	《昆明羊甫头墓地》	东汉晚期

根据上文，可知其分布时段情况如下表所列（表二五）。

表二五　各时段内地所出岭南风格铜器数据

	鼎	唾壶	圆壶 甲	圆壶 乙A	圆壶 乙B	圆壶 乙C	锜	熏炉 甲	熏炉 乙	熏炉 不明	灯 甲A	灯 甲B	灯 乙	灯 丙	灯 丁	鐎壶	酒樽 甲	酒樽 乙	盒 甲	盒 乙	碗 甲A	碗 甲B	碗 乙
西汉晚期		1	5	1				5	4	2			1				6		6	3	4		
东汉早期	1			1	2	2		2			2	1	1			1	1						
东汉中晚期			2	2	2			1					4				2		2		1		1

（以上为刻纹铜器）

	卮	长颈壶 甲	长颈壶 乙	三足盘 甲	三足盘 乙	三足盘 不明	熨斗	扁壶	泥筒	三足罐	奁	鍪	碗	杯	钵	卮	锜	盘口双耳锅	鼎	盘口釜
西汉晚期	5	1		3	1		3	4	2	1	1	26	10	2	21	3	8	6	5	13
东汉早期	1	1		2	1							11	60		15	8		3		11
东汉中晚期			1				1					15	27		1			5	13	5

（左为刻纹铜器，右为非刻纹铜器）

根据上表可知，西汉晚期有153件；东汉早期有133件；东汉中晚期有87件。可见异地所见岭南风格铜器始盛于西汉晚期，并延续到东汉晚期。

第三节　输出还是被仿？

上述近 400 件器物，与岭南究竟有何关系，是否系岭南输入还是当地仿制？为此，有必要将上述器类与岭南所出进行比较。

（一）刻纹铜器

在上文中可知岭南境内所出刻纹铜器总数大致有 130 件。而上述地区所出数量亦不过百件，且基本上在岭南境内可以找到同类，可知这些刻纹铜器主要为岭南产品，系由岭南输入。

但是，不排除少量铜器为当地仿制的可能性。如乙类圆壶异地所出有 8 件，风格特征属扁折腹高圈足，但此类铜壶岭南境内目前仅合浦岭脚村和合浦禁山七星岭各发现 1 例，相反在湖南、云贵和川渝所出有几十件之多[①]，也就是说扁折腹高圈足铜壶并非岭南铜壶的主流。因此此类扁折腹刻纹铜壶不太可能为岭南所制作，而是另有其地。从此类圆壶集中出土在云贵境内来看，云贵地区可能是制作地。

另外，部分耳杯盒灯亦非全部由岭南制作。此类灯岭南当前仅广州汉墓出土 1 件，其器表线刻浅细，与其他刻纹铜器做法相同，可知为岭南制作。与之相同的乃杭州老和山所出，其余所出纹饰多模铸，仅部分线刻且线条粗宽，推断为仿制。

还有甲 B 型碗，常德东江公社出土，其折沿的做法不见于岭南系铜器，而是中原地区特征。其仅圈足錾刻三角锯齿纹，与长江中游所出刻纹铜壶接近。[②] 当属仿制。

---

① 在湖南桃源大池塘、安化县苍场公社、古丈白鹤湾、吉首万溶江公社等均出土此类铜壶，数量在 10 件以上。高至喜：《湖南桃源大池塘东汉铜器》，《考古》1983 年第 7 期。熊传新：《湖南发现的古代巴人遗物》，《文物资料丛刊》(7)，文物出版社 1983 年版，第 31 页。湘西自治州文物管理处、古丈县文物管理所：《古丈县白鹤湾战国西汉墓发掘报告》，《湖南考古》2002，岳麓书社 2004 年版，第 163 页。林时九：《湘西吉首出土锌于》，《文物》1984 年第 11 期。西南地区所出有安顺宁谷大寨村、昭通桂家院子、大关芝河、开县红华村、重庆枣子岚垭、巫山土城坡等，数量在 20 件以上。贵州省博物馆：《贵州安顺宁谷发现东汉墓》，《考古》1972 年第 2 期。云南省文物工作队：《云南昭通桂家院子东汉墓发掘》，《考古》1962 年第 8 期。云南省文物工作队：《云南大关、昭通东汉崖墓清理报告》，《考古》1965 年第 3 期。四川省文物管理委员会、开县图书馆：《四川开县红华村崖墓清理简报》，《考古与文物》1989 年第 1 期。林必忠、冯庆豪：《重庆市枣子岚垭汉墓清理简报》，《四川文物》1991 年第 2 期。武汉市文物考古研究所、巫山县文物管理所：《重庆巫山土城坡墓地Ⅲ区东汉墓葬发掘报告》，《江汉考古》2008 年第 1 期。

② 周世荣：《湖南战国秦汉魏晋铜器铭文补记》，《古文字研究》19 辑，中华书局 1992 年版，第 230 页。

(二)非刻纹铜器

1. 鍪

岭南境内根据前文可知所出有十几件。

对比异地所出情况。根据表一九可知,云贵等西南地区有 23 件,其中 13 件属Ⅰ式、10 件属Ⅲ式;湖南地区出土 9 件,2 件属Ⅰ式、3 件属Ⅱ、2 件属Ⅲ式、2 件属Ⅳ式;湖北境内出土 4 件,2 件属Ⅰ式、1 件属Ⅱ、1 件属Ⅲ式;江浙 11 件,2 件属Ⅰ式,9 件属Ⅱ式;安徽 4 件均属Ⅱ式;渤海湾的大连、抚宁各 1 件,为Ⅱ式。

岭南、云贵、湖南和江浙所出Ⅰ、Ⅱ数量大致接近,其中云贵所出略多,说明铜鍪并非岭南一地所制作,而是上述四地在西汉晚期至东汉早期均有生产。但是Ⅲ式的东汉中晚期,云贵地区一枝独秀,仍然有 10 件,而湖南仅 4 件、岭南仅 1 件,其他地区衰落殆尽。无疑,铜鍪的主要生产地在云贵地区,其次为岭南、湖南和江浙地区。其他地区如安徽、湖北可能也有生产,但不排除部分来自外地。大连营城子和抚宁所出为孤例,并非当地所造,据墓地同出有岭南的刻纹铜三足盘,推断为岭南输送。

2. 钵

岭南出土 40 件,其中西汉晚期至东汉早期有 27 件、东汉中晚期有 13 件。

根据表二一可知,异地所出亦有 40 余件。其中湖南出土 18 件均属西汉晚期至东汉早期;巴蜀地区出土 9 件,其中东汉早期 8 件、东汉中晚期 1 件;云贵地区出土 5 件均为西汉晚期至东汉早期;另外在浙江发现几件,属东汉早期。

岭南地区所出无论在西汉晚期至东汉早期或者东汉中晚期,均占绝对主导地位,应当是主要生产地。但是湖南和云贵地区西汉晚期所出也颇多,并延续到东汉早期,可能亦是制作地。巴蜀地区西汉晚期并未发现,可能其始于东汉早期仿制。浙江所出为孤例,推测属外来所输入。

3. 卮

卮在岭南仅出土 14 件,其中 11 件为西汉晚期,3 件为东汉早期。

从表二二可知,江浙一带所出最多,有 8 件,均属东汉早期;云南所出 2 例属西汉晚期;湖南境内所出孤例,时代为西汉晚期。

无疑,岭南地区所出时代最早,数量也不少,合浦 10HTQM6a 所出刻有菱形锦纹,充分说明岭南地区当时制作卮。但是江浙地区所出在东汉早期远远多于岭南,表明东汉早期当地可能已经仿制。至于云贵和湖南所出,数量极少,是否为岭南输入有待以后更多的证据。

4. 杯

岭南出土有 33 件,主产地在以合浦为中心地区。另据合浦文昌塔 M015、文昌塔 M51 所出刻满了菱形锦纹充分说明岭南地区为生产制作地。异地所出仅 2 件,应该系岭南输入。

5. 碗

先看甲 A 型。岭南目前发现 17 件,属 A I 的有 7 件,如广州 M4029、增城金兰寺 M1、合浦 11HEPM5 和合浦文昌塔 M10 等所出,时代大致在西汉晚期至东汉初期;属 A II 的有梧州旺步 M2,合浦风门岭 M24b,徐闻凸仔岭 M1,贵港马鞍岭 M3、M2,合浦 13HYGM4、10HJGM12 所出,时代在东汉早期至东汉晚期。

根据表二〇,云贵有 6 件、湘地、巫山和浙江的龙游各 1 件。

结合永州鹞子岭刘彊墓出土 2 件器表錾刻菱形锦纹,可知岭南地区应该是主要产地。但上述铜碗是否均出自岭南? 有必要进行个案分析。

湖南、巫山、龙游所出均为孤例,当地制作的可能性不大,疑属输送品。

云贵地区 6 件,有 5 件来自个旧黑蚂井墓地,时代均在西汉晚期;1 件来自兴仁 M3,时代为东汉早期。岭南所出目前仅增城金兰寺所出的时代略早,为西汉末期。若均为岭南制作,按理岭南所出应该更多和更早。因此不排除个旧所出为当地仿制的可能性。

甲 B 型方面。岭南出土 22 件,分布在广州、番禺、合浦文昌塔、合浦岭脚村等汉代墓地。根据表二〇可知,湖南出土 20 件、江西 8 件、云贵 9 件、巴蜀地区 9 件、湖北 11 件,剩余几件发现于江苏、河南等地。从分布时段来看,东汉早期所分布的区域如下:岭南 7 件、湖北 10 件、湖南 20 件、江西 6 件、云贵地区 2 件、巴蜀 5 件,江苏 3 件、河南 2 件。东汉中晚期所分布的区域如下:岭南 15 件、湖北 1 件、江西 2 件、云贵 7 件、巴蜀 4 件。

从出土数量看来,显然并非一地所独揽制作,而东汉早期岭南所出还不如湖南和湖北,同样说明此类碗不可能仅岭南一地所制作。江苏和河南所出甚少,大致排除本地制作,其他地区应该存在当地制作的可能。

甲 C 型方面。岭南出土有 10 件,分布在广州、梧州鹤头山、兴安石马坪、合浦岭脚村等汉代墓地。根据表二〇可知,此类碗异地所出较为零散,湖南 3 件、云贵地区 4 件,江苏 4 件、江西 2 件、湖北 1 件。从时段的分布来看,东汉早期岭南出土 12 件,云贵地区 2 件,江苏 4 件,湖南 2 件;东汉中晚期岭南 2 件、云贵 2 件、湖南 1 件、湖北 1 件。

这些表明,岭南地区始终是此类碗的主要分布地,其制作主体也应该在岭南境内,但是有证据显示云贵和长江中游地区在东汉中晚期也制作此类铜碗,如兴仁交乐 M6(图一三八:1)、M14(图一三八:2)、南康荒塘(图一三八:3)所出内底均发现模印的钱纹,此类做法不见岭南。

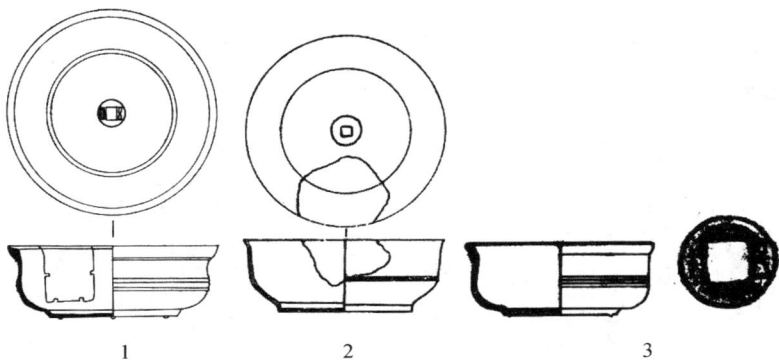

图一三八　铜碗钱纹
1—2.兴仁交乐　3.南康荒塘

6.锜

岭南出土的铜锜已达百件,分布在合浦风门岭、文昌塔、兴安石马坪、合浦九只岭、合浦母猪岭等墓地,时代为西汉中期至东汉晚期。

异地所出 20 余件,其中浙江 5 件、云贵 6 件、湖南 3 件、江苏 2 件、江西 1、湖北 1 件等地。浙江所出西汉晚期 2 件、东汉早期 2 件、东汉晚期 1 件;云贵所出西汉晚期 4 件、东汉晚期 2 件。

鉴于上述所出数量少,时代也不连贯,应该均为岭南输入。

7.盘口双耳锅

此类锅岭南所出甚早,西汉中期便已出现,其盘口极浅、鼓腹,如合浦风门岭 M23 所出。西汉晚期至东汉早期所出甚多,数量大致在 30 件以上,如合浦望牛岭、文昌塔、临高等墓地均有出土;东汉中晚期衰落,仅广州 M5036 和合浦岭脚村发现 2 例。

在异地所出各类中,甲类均可在岭南境内发现同类,且数量不多,分散在 5 个区域,当地制作的可能性不大。

乙类岭南境内仅有两处,时代在东汉中晚期。而此类锅云南个旧黑蚂井 M18、长沙五里牌、海盐南抬头所出时代较早,为东汉初期,说明其并非岭南所传入。同样可以根据纹饰进行分析。目前发现 3 例乙类盘口双耳锅内底均模印双鱼纹,淮南刘家古堆所出未公布图案,从下图比较可知合浦岭脚村 M4:17(图一三九:1)与郴县回龙村(图一三九:2)所出存在较大差异,且后者还模印"富贵昌宜侯王"铭文。鉴于此类纹饰和图案集中发现在长江中游一带,应该当地有制作。

丙类所出仅限于云贵境内,岭南及其他地区未发现。从昭通所出内底模印双鱼纹和"建初八年朱提造作"铭文(图一三九:3)、安龙所出内底模印"延光元年朱提作",可知昭通一带为制作地。

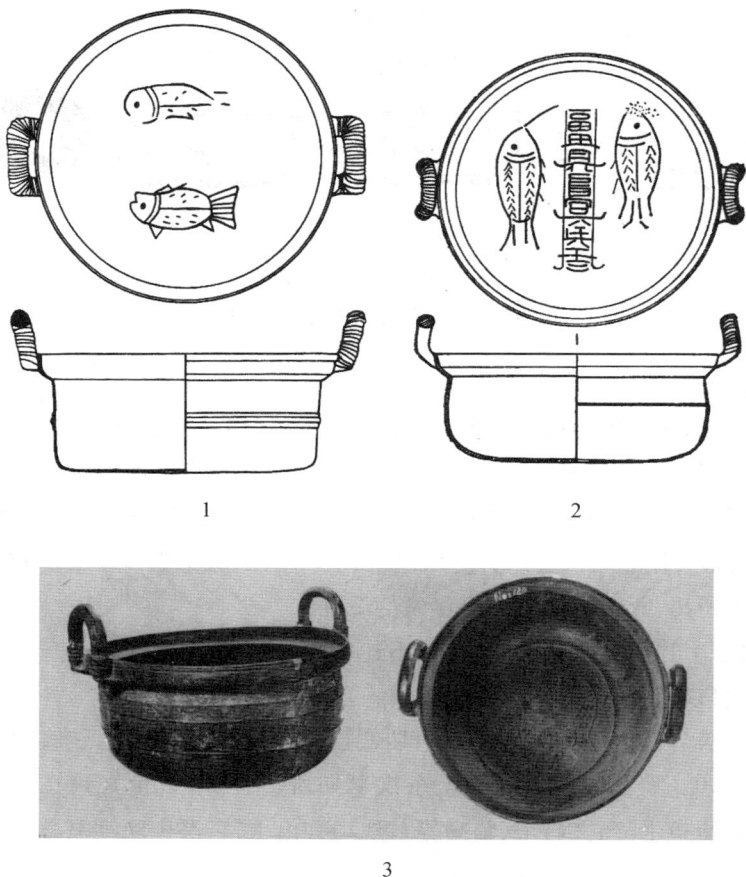

1　2

3

图一三九　铜锅双鱼纹

1.合浦岭脚村　2.郴县回龙村　3.昭通"建初八年朱提造作"

8.鼎

岭南所出铜鼎近百件,分布在合浦文昌塔、广州、合浦风门岭等墓地,时代从西汉中期一直延续到东汉晚期,并无缺环。异地所出仅 5 件,且分散在云南和湖南两地,时代仅西汉晚期至东汉初期,可知并非当地制作,确定为岭南产品。

9. 盘口釜

岭南所出在 20 件以上,时代从西汉中期延续到东汉晚期,不过主要集中在西汉晚期至东汉早期,如合浦文昌塔一个墓地就出土近 10 件;东汉中晚期衰落,仅梧州鹤头山、兴安界首、合浦岭脚村出土几件。虽然异地也有出土,但并非所有器物均系岭南输入。

A. 异地所出地区高度集中

在 28 件中,出土于云贵及周围的便有 17 件,数量接近岭南。湖南所出即有 9 件,数量也不少。

B. 部分盘口釜的装饰和变动手法不见于岭南

内底模印动物的做法始于云贵境内,如个旧黑蚂井^① M26 所出盘口釜(图一四〇:1)、M16 所出双耳釜(图一四〇:2)和 M27 所出铜鍪(图一四〇:3),均在内底模印一鱼,时代为西汉晚期。东汉早期风气渐开,昭通朱提堂狼器除了使用鱼外,还有鹭和鱼组合,而蜀地则有鼎、羊和鹭等不同组合。^② 内底模印双鱼纹的做法,而目前仅发现于岭脚村 M1,说明此类做法并非岭南传统。

M28 所出铜甗的下半部增加三足(图一四〇:4),同样做法也出现在 M24 所出的鼎上(图一四〇:5),其系当地的鼓形铜釜增加三足,类似做法亦不见岭南境内。可见个旧黑蚂井 M26、M29 所出乃当地仿制和改制。

C. 盘口釜 B 型不见于岭南境内

B 型有内外双唇,当前仅发现于西南地区,可知为西南本地制作。

综合以上分析,大致归纳如下。

1. 刻纹铜器主要来自岭南,但乙类圆壶为西南模仿制作,涉及数量 8 件。此外还有耳杯盒灯和折沿碗,同样为仿制器。

2. 非刻纹铜器方面。铜鍑的主要制作地在云贵地区,其次为岭南、湖南和江浙地区,安徽、湖北可能也有生产。但各地所出之中应该有岭南输入品,否则无法仿制。不过至少东汉中晚期岭南基本退出了铜鍑的制作,涉及的数量 15 件。

---

① 云南省文物考古研究所、红河哈尼族彝族自治州文物管理所、个旧市博物馆:《个旧市黑蚂井墓地第四次发掘报告》,科学出版社 2013 年版。

② 孙太初:《朱提堂狼铜洗考》,《云南青铜器论丛》,文物出版社 1981 年版,第 178—191 页。

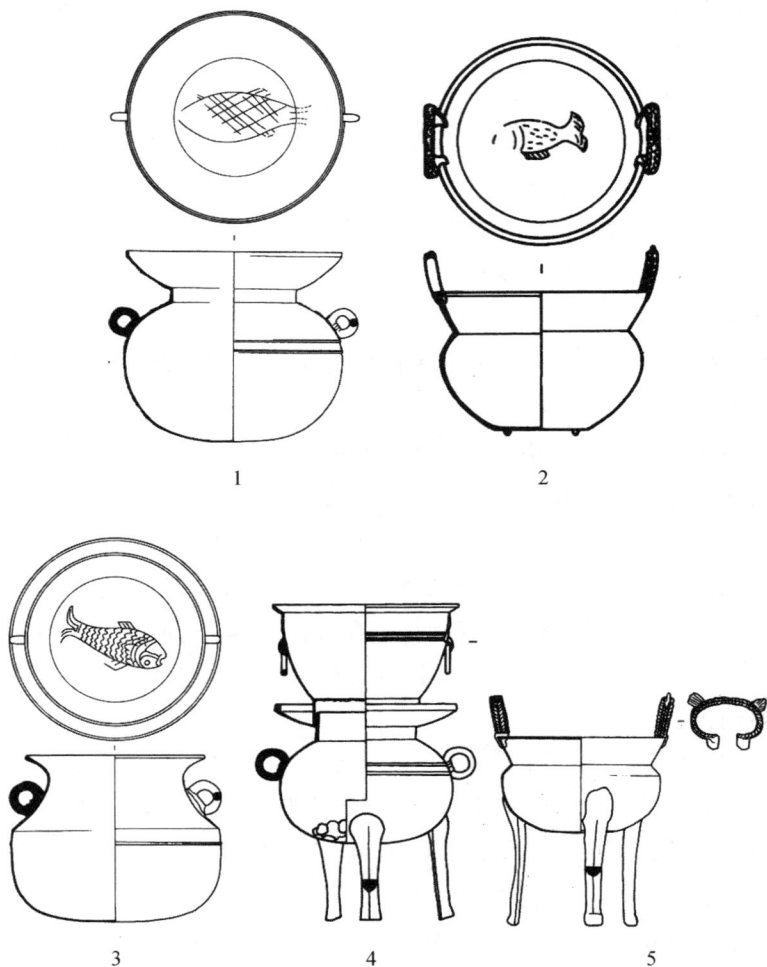

图一四〇　个旧黑蚂井墓地出土的部分铜器
1. M26　2. M16　3. M27　4. M28　5. M24

　　岭南地区是钵的主要生产地,湖南和云贵地区西汉晚期开始模仿制
作,巴蜀地区始于东汉早期仿制。但具体数量多寡,尚无法推定。

　　厄在西汉晚期开始岭南地区大量制作,江浙地区东汉早期大量仿制,
但数量同样无法推定。

　　碗 A 类除了个旧所出可能为当地仿制外,其余均系岭南产品;B 类湖
南、江西、云贵、巴蜀地区、湖北均有仿制;C 类云贵地区在东汉中晚期仿
制。但数量无法推定。

　　盘口双耳锅乙类为长江中游产品,丙类为云贵产品。

盘口釜如巫山水田湾、西昌杨家山等所出为云南昭通制作，另外南岳所出可能为湖南当地制作，涉及的数量至少在14件以上。

其余均来自岭南。

第四节　输出阶段性特征及其背景分析

从上可知异地所出岭南风格铜器并非全部为岭南所输入，各类有进行不同程度的仿制，其中刻纹铜器仿制程度较低，仿玻璃铜器和其他铜器较高，原因可能与刻纹技术繁杂、不易模仿有关。但总体而言仿制品的数量并不多，岭南制作的产品占主体。

从总体分布区域来看，岭南风格铜器的对外分布，大致形成以岭南为中心的扇面辐射网络：第一圈为湖南和云贵，第二圈为江浙、江西，第三圈为四川、河南、陕西、湖北甚至更远的山东和辽宁。

每个阶段流通特征如何？下面便按不同阶段进行分析论述。

(一)西汉晚期

岭南铜器的输出主要集中在三个区域，一个是西南，另两个分别是湘南和湘西。西南则以个旧为中心，湘南则以永州和资兴一带为中心，常德则为湘西中心。其他地区虽然零星出土，但均处于郡国治所或者京畿地区之类的政治中心，如清镇平坝一带为牂牁郡、成都为蜀郡、西安为京畿、长沙为长沙国、南昌为豫章郡、昆明为益州郡、仪征为广陵国治所在地。

这种分布状态与其岭南铜器的贵重性质关系密切。

在所出的120多件器物中，除了70余件非刻纹器类外（多为鍪、碗、钵之类的盛器），有50件为满刻的刻纹铜器。如西安所出4件，有酒樽、长颈壶和盒；仪征所出有1件熏炉；新蔡为2件扁壶和1件长颈壶；南昌所出有1件承旋；常德所出有3件熏炉、1件熨斗、4件盒；龙山里耶所出有1件盒；长沙所出有1件钵和1件熨斗；成都有1件酒樽和1件扁壶；雅安有1件扁壶；赫章可乐有1件长颈壶；曲靖有1件长颈壶；永州有1件长颈壶、3件圆壶、2件碗、1件酒樽、2件熏炉、1件熨斗；资兴有1件圆壶；耒阳有1件圆壶、1件酒樽；云阳有1件夌和1件唾壶；个旧有10件，器类有灯、熏炉、盒、承旋、泥筒、三足罐。这些刻纹铜器的使用对象，一般为六百石以上的官吏或者贵族使用。① 无疑郡县治所在地自然是显贵的集中地区,因此才可能出土如此丰富的刻纹铜器。

但是,并非所有的郡国治所均为岭南铜器所到达,如黄淮以北地区便很少出土,其乃岭南的对外交通条件所决定。

汉代时期,岭南的对内交通一般大致有四条路线。

1. 东线

东线即海上航线,即从岭南至会稽及广陵等路线。

据《后汉书·郑弘列传》,"建初八年,代郑众为大司农。旧交阯七郡贡献转运,皆从东冶,泛海而至,风波艰阻,沈溺相系"。此说虽然言过其实②,但也应该反映出海路在当时交通岭南与内地的重要地位。

此线路何时开通,文献尚不足征。但是显然西汉时期便是重要通道,且在东汉之后仍然发挥重要的作用。

据《后汉书》卷四五,"及天下大乱,忠弃官客会稽上虞。一见太守王朗,徒从整饰,心嫌之,遂称病自绝。后孙策破会稽,忠等浮海南投阯"。

同书载恒晔"初平中,天下乱,避地会稽,遂浮海客交阯"。

据《三国志》,"建安元年,孙策临郡,察齐孝廉。时王朗奔东冶,候官长商升为朗起兵"。另据《虞翻传》,虞翻"朗不能用,拒战败绩,亡走浮海。翻追随营护,到东部候官。……权积怒非一,遂徙翻交州"。

海上线路的开通,必然加强沿线各地的物资文化交流。岭南铜器在仪征和苏州等江淮南部和江东的出土应该与此线路有关。

2. 中线

所谓中线即岭南向北通往湘赣等内地的线路。

此线路最早为官方所开通,大致在秦始皇时期。据《史记》卷6《秦始皇本纪》,"三十三年,发诸尝通亡人、赘婿、贾人略取陆梁地,为桂林、象郡、南海,以适遣戍"。据《淮南子·人间训》,"又利越之犀角象齿、翡翠珠玑,乃使尉屠睢发卒五十万为五军:一军塞镡城之岭,一军守九疑之塞,一军处番禺之都,一军守南野之界,一军结余干之水"。

---

① 蒋廷瑜:《汉代錾刻花纹铜器研究》,《考古学报》2002 年第 3 期。吴小平、蒋璐:《汉代刻纹铜器考古研究》,浙江大学出版社 2015 年版,第 81—84 页。

② 《后汉书·岑彭列传》中也记载此事,"又遣偏将军屈充移檄江南,班行诏命。于是让与江夏太守侯登、武陵太守王常、长沙相韩福、桂阳太守张隆、零陵太守田翕、苍梧太守杜穆、交阯太守锡光等,相率遣使贡献,悉封为列侯。或遣子将兵助彭征伐。于是江南之珍始流通焉"。但据《后汉书·和帝纪》,和帝时期"旧南海献龙眼、荔支,十里一置,五里一候,奔腾阻险,死者继路"。可知贡献之路线并非仅有海路。

另据《史记·西南夷列传》，"嚣死，佗即移檄告横浦、阳山、湟谿关"。据徐广曰："在桂阳，通四会也。""元鼎五年秋，卫尉路博德为伏波将军，出桂阳，下汇水。主爵都尉杨仆为楼船将军，出豫章，下横浦。故归义越侯二人为戈船、下厉将军，出零陵，或下离水，或抵苍梧。"可知中线主要有三条路线：零陵下漓水、桂阳下汇水和豫章下横浦。

从零陵下漓水，此线开通始自史禄。据《淮南子·人间训》，"三年不解甲弛弩，使监禄无以转饷，又以卒凿渠而通粮道，以与越人战，杀西呕君译吁宋"。此线路在很长一段时间内仍然是进入岭南西部的主要通道。如后来的马援平二征之乱，进军交趾的路线，便是从湘江入灵渠，经过桂林至合浦。① 另据考证，吴国时期步骘夺取交州同样也是从零陵过漓水往苍梧。②

据《后汉书·卫飒列传》，"先是含洭、浈阳、曲江三县，越之故地，武帝平之，内属桂阳。民居深山，滨溪谷，习其风土，不出田租。去郡远者，或且千里。吏事往来，辄发民乘船，名曰'传役'。每一吏出，徭及数家，百姓苦之。飒乃凿山通道五百余里，列亭传，置邮驿"；《后汉书·和帝纪》，"旧南海献龙眼、荔支，十里一置，五里一候，奔腾阻险，死者继路。时临武长汝南唐羌，县接南海，乃上书陈状"。可知从桂阳到岭南的路线主要是交通岭南东部地区。

上述两道直接交通岭南与湖南，因此湖南境内所出岭南风格器类颇多，尤其是刻纹铜器无论数量还是种类在全国仅次于岭南本地，如铜壶、镳壶、酒樽、锜、盒、碗、长颈壶、熏炉、熨斗、灯之类，数量高达四十几件。除了铜器外，大量的岭南青瓷器也源源不断输入湖南境内，其中尤以资兴、郴州、耒阳所出颇多③。其中永州所出应该由桂岭通过漓水过零陵，而郴州、资兴和耒阳所出应该由岭南东部通过桂阳的线路。至于长沙、常德所出应该也由此两条线路向北延伸所致。

此两线当然不可能仅局限于湖南境内，其继续向北延伸，通过随枣走廊从而进入两京地区，因此在沿线的湖北、河南、陕西境内有岭南铜器发现。

至于从豫章翻越大庾岭进入岭南，有学者认为两汉时期并不多，其真正开通并为世人常用大致要到东晋及之后④。若此，江西所出可能也由湖

---

① 胡守为：《岭南古史》（增订本），广东人民出版社 2014 年版，第 202 页。

② 胡守为：《岭南古史》（增订本），广东人民出版社 2014 年版，第 64、202 页。

③ 吴小平、蒋璐：《长江中游汉墓出土瓷器研究》，《考古学报》2016 年第 1 期。

④ 胡守为：《岭南古史》（增订本），广东人民出版社 2014 年版，第 204 页。

南的线路辗转所致。

3.西线

所谓的西线即岭南通往西南的云贵、川渝的线路。

此线路大致有两道:进桑麇泠道和牂牁道。

(1)牂牁道。即通过红水河、北盘江进入西南地区,对此学界关注较多[1],不再赘述。清镇平坝所出应该与此线路有关。

(2)进桑麇泠道。关于此道,历史学界探讨较多,一般认为其战国晚期即已有之,如蜀王子征文郎之类;之后便成为交趾与滇之间的重要交通线路,如西汉末期文齐"遣使由交趾贡献河北"、建武一九年马援上书所言"从麇泠水道出进桑王国至益州贲古县,转输通利"、至晋泰始元年南中监军霍弋遣建宁大姓领部曲兵至交趾与孙吴争战,均是利用进桑麇泠道[2]。从考古遗存来看,此线路大致始于战国晚期西汉初期。目前在越南的红河三角洲地区发现不少典型赫章可乐风格一致的镂空牌形剑首[3],说明大致在战国晚期开始云贵地区即通过红河水道与交趾地区交往。此道起点为交趾郡西于、龙编、麇泠,沿红河水道,上溯至进桑,然后通过陆路至贲古。当时岭南中心在合浦贵港一带,云南南部与岭南的交通可能以合浦贵港作为始发地,沿海南下交趾,以龙编、西于为中转站然后溯江而上所进入。贲古作为此道进入云南的门户,自然成为岭南风格器类的集散地,因此个旧黑蚂井可发现大量岭南铜器。

至于昆明盆地和成都平原所出,应该与个旧作为沟通岭南的门户有关,其往北进入益州郡治所,然后通过清溪道进入雅安和成都等地。

不过总体比较而言,汉代岭南铜器的对外输出,西汉晚期阶段以西线的进桑麇泠道和中线的零陵道及桂阳道为主,牂牁道和海上航线发挥作用其次。

(二)东汉早期

与上期相比总数 127 件相比,此阶段数量大致相当,有 138 件左右。

分布范围方面,也基本与上期相同。

分布区域,仅西南的云贵地区发生较大变化。原先西南分布的重心和门户个旧未有出土,清镇平坝一带成为岭南铜器在西南的根据地。

湘南仍然维持了早期的状态,有 20 多件出土,但原先的零陵郡所出明

---

① 罗二虎:《秦汉时代的中国西南》,天地出版社 2000 年版,第 55 页。

② 陆韧:《云南对外交通史》,云南民族出版社 1997 年版,第 42—47 页。

③ 杨勇:《可乐文化因素在中南半岛的发现及初步认识》,《考古》2013 年第 9 期。

显减少,桂阳郡所属的资兴、耒阳一带成为重心。湘西所出亦大幅减少,湘中的长沙和赣中的南昌所出得到增加。增幅较大的是蕲春和江东和江淮南部一带,仅蕲春一地便出现16件。

其他地区,变化不大。

器类方面。

刻纹铜器23件。如蕲春有1件鼎、1件锜、1件熏炉和2件灯;耒阳有1件锜;安乡有1件鐎壶;南昌有1件承旋;昭通有1件熏炉;万家屯有1件承旋;赫章有1件灯;芦山有1件灯座;宜宾有1件扁壶;丰都有1件熏炉;盱眙东阳有1件熏炉、1件长颈壶;扬州有1件泥筒;南阳有1件熏炉和1件长颈壶;西安有1件长颈壶;杭州有1件卮和1件耳杯盒灯;大连出土1件承旋。需要提醒的是,这些刻纹铜器仅6件满刻,其余均局部刻划。

非刻纹铜器类,仍然以鍪、碗、钵、卮等盛器为主。

器类的这些变化,与岭南刻纹铜器的兴衰变化息息相关。进入东汉,岭南刻纹铜器进入衰退阶段。其原因,应该与东汉早期二征的动乱有关,战乱波及区域便有刻纹铜器中心合浦、贵港一带。

输出线路方面。进桑麋泠道几乎失去地位,零陵道的作用也基本式微,牂牁道和桂阳道得到维持,东线的海上航线进一步有所加强。从所出数量比较来看,东线的海上航线和中线的桂阳道大致旗鼓相当。

这种变化,与输入地的政治生态变化存在紧密关联。如滇东南地区,原为句町国领域,西汉晚期开始的战乱,对其产生了极大的伤害和打击,致使句町国在东汉时期便再无文献记载。

另外,线路的重修开通对上述流通变化产生极大的影响。

据《后汉书·卫飒列传》,"飒乃凿山通道五百余里,列亭传,置邮驿",无疑此道成为东汉内地沟通岭南的最为重要路道。据《后汉书·郑弘列传》,"建初八年,代郑众为大司农。旧交阯七郡贡献转运,皆从东冶,泛海而至,风波艰阻,沈溺相系。弘奏开零陵、桂阳峤道,于是夷通,至今遂为常路"。两文献均涉及桂阳道,另外,"于是役省劳息,奸吏杜绝。流民稍还,渐成聚邑,使输租赋,同之平民。又耒阳县出铁石,佗郡民庶常依因聚会,私为冶铸,遂招来亡命,多致奸盗。飒乃上起铁官,罢斥私铸,岁所增入五百余万。飒理恤民事,居官如家,其所施政,莫不合于物宜。视事十年,郡内清理",沿线经济的发展,同样刺激了岭南铜器的消费需求。

东线的海上航线在此阶段的地位上升,与上文献所引的"旧交阯七郡贡献转运,皆从东冶,泛海而至"存在关系,其目的应该就在长江下游地区。

为何要跨海转运,原因便在于早期中线的重重困难。大连所出,不排除以海上航线向北延伸的可能。

至于牂牁道,东汉初期亦得到重视。史载"公孙述时,大姓龙、傅、尹、董氏,与郡功曹谢暹保境为汉,乃遣使从番禺江奉贡",无疑,岭南方物亦可从番禺江进入牂牁郡内。

(三)东汉中晚期

与上阶段相比,此阶段无论是出土数量还是分布区域,均有明显的下降。

需要注意的是,此阶段所出刻纹铜器甚少,仅衡阳蒋家山 M4 出土几件,其余所出均为锜、碗钵之类。

从分布区域来看,湘南依然是最为集中之地,另外西南的黔西南一带也相对不少。

岭南铜器的上述变化,除了岭南刻纹铜器的衰退等本身原因外,更大的因素应该与各地模仿制作的兴盛有关,如上文所言,碗、双耳锅、盘口釜、鍪、圆壶在多地均有制作。仿制品的出现,无疑削弱了对岭南产地的需求。

线路方面,依然可以观察出其变化。中线的桂阳道,无疑仍然是最为重要的输出路线,据上述所引"至今遂为常路"可为证。兴仁兴义所出,与牂牁道有关,说明东汉时期牂牁道一直维持着牂牁与岭南的关系。南康出土 1 件锜,是否意味着赣中从大庾岭进入岭南的线路重新开通和利用,有待以后资料的补充。宁波所出 1 件锜,同样说明了海上航线的存在,但此线路作为铜器运输的作用基本终结。

第八章　使用之考察

　　铜器在汉代的地位虽然不如商周,但是也绝非普通百姓所用之物。在南越王墓中,所出铜器据报告"绝大多数可见到丝绢包裹的痕迹";在贵县罗泊湾 M1 和广州 M1172 中,还可看到铜器修补的迹象,这些现象无不说明当时人们对于铜器的珍视。无疑墓主身份等级越高,大致所出铜器越丰富。本章之所以对铜器使用状况进行考察,乃出于观察使用对象与器物的对应等级关系和空间区域变化。为客观揭示这种差异和变化,下面仅对保持完整或者基本完整的墓葬进行考察。

第一节　本土使用情况

　　在岭南境内,岭南系铜器和非岭南系铜器的使用差异很大,其不仅空间有变动,在早晚也各异。

　　一、非岭南系铜器使用

　　上文可知,非岭南系铜器其实是岭南系出现之前的铜器,即主要为西汉早中期的铜器。有南越王墓和贵县罗泊湾汉墓及广州等地出土的一批墓葬。

　　1. 南越王墓铜器情况

　　据报告,有:钫 4、圆壶 9、瓿 4、提筒 8、熏炉 11、鼎 36、鍪 16、匜 16、锅 9、盆 14、釜甑 1、鐎壶 1、蒜头壶 1、鉴 3、灯 2,共计 135 件铜器。此外尚有大量的编钟、勾鑃、车马器具和印章之类。

　　2. 贵县罗泊湾 M1

　　提筒 4、鼎 6、钫 1、圆壶 1、蒜头扁壶 1、杯形壶 1、鐎壶 1、铿 1、三足盘 2、盘 4、盆 6、钵 1、锅 1、匜 3、灯 1。共计 34 件铜器。尚有铜鼓等其他铜器和玉器、漆器。

　　3. 广州汉墓

　　根据铜器数量的出土数量,大致分三类。

A 类：铜器较多，大致在 5 件以上。如 M1095 出土 7 件，M1097 出土 11 件，M1144 出土 6 件，M1149 出土 8 件，M1152 出土 5 件，M1172 出土 11 件，M1175 出土 10 件，M1180 出土 11 件，M2029 出土 11 件。此类墓葬一般还出土其他玉器和铜器、漆器。

B 类：2 至 5 件之间，有：M1178、M1177、M1174、M1150、M1134、M1103、M1125、M1121、M1120、M1116、M1094、M1070、M1068、M1066、M1065、M1063、M1048、M1041、M1047、M1026、M1094。此类墓葬也出土玉器、铜镜、剑和漆器。

C 类：1 件。共有 M1010、M1034 等 21 座墓葬。此类墓葬偶见玉和漆器。

4. 广州淘金坑

仅 M24 出土 2 件，M20 等 6 座墓葬出土 1 件。部分墓葬出土有琉璃和玉器。

5. 广州先烈南路 M6

出土鼎、镳壶、蒜头壶、鋞、盆、杯等 6 件铜器。

6. 贺县河东高寨

M4、M7、M8 出土铜器 10 件铜器。另外 M4 出土玉印章和其他玉器。

7. 平乐银山岭

M7、M119、M22、M110、M135 等出土铜器 39 件铜器，但具体所出不详。

8. 合浦文昌塔

仅 6 座墓葬有出土铜器，其中 M43 出土 2 件，M61、M79、M83、M99 各出土 1 件。

从上可以看出，铜器的使用分化十分明显。大致可分为五个等级。

第一等级：南越王墓。墓主为第二代南越王赵眜。

第二等级：贵县罗泊湾 M1。据研究墓主为桂林郡守之类官员。①

第三等级：广州汉墓 M1095 等和先烈南路 M6 共 10 座墓葬。出土铜器近 10 件，还出土玉器、漆器和其他铜器。

第四等级：广州汉墓 M1178 等 21 座墓葬和贺县高寨 M4 等墓葬。出土 2 至 4 件左右的铜器，也出土有玉器、漆器和其他贵重器物。

据贺县河东高寨 M4 出土有"须甲"和虎纽金印来看，其身份并不低。

---

① 蒋廷瑜：《贵县罗泊湾汉墓墓主族属的再分析》，《学术论坛》1987 年第 1 期。

很可能是南越国王室成员。其他第三、四等级墓主可能为南越国的县级官吏或者王室成员。

第五等级：广州汉墓有21座，还有贺县河东高寨、平乐银山岭、合浦文昌塔墓葬。出土1件铜器，也有个别墓葬出土漆器或者玉器之类贵重物品。显然并非普通百姓。

当然并非所有的贵族必须埋葬铜器，如贺县金钟M1出土龟钮铜印和左夫人玉印，并未发现铜器皿，但是其身份并不低，可能为南越国下属的侯一级官员。但是必须看到，所有埋葬铜器皿的无一不是贵族，且身份越高、铜器则越多。

另外，西汉早期铜器的出土十分集中，岭南东部地区则仅发现于广州，西部则集中在贺县、贵县一带。从出土数量来看，东部所出远超西部。无疑其与南越国的政治中心有关。

西汉中期情况如何，是否发生变化？

先看东部。目前仅广州汉墓发现较为确定的西汉中期墓葬，具体如下。

M2030 出土8件铜器，还有滑石器。

M2044 出土2件铜器，还有剑、带钩之类。

M2050 出土2件铜器，另出土大量漆器

M2060 出土4件铜器，尚有较多漆器。

M2061 出土2件铜器，还出土琉璃碗等贵重物品。

M2062 出土6件铜器，还出土铜印章、剑等。

M2063 出土2件铜器。

西部较为可靠属西汉中期的墓葬有平乐银山岭和合浦文昌塔，但平乐银山岭未发现铜器，因此下面所列仅为文昌塔所出。

M158 出土2件铜器，还有滑石器。

M151 出土1件铜器，另出土铜镜和串饰。

M149 出土2件铜器和铜剑、滑石器等。

M129 出土1件铜器。

M125 出土2件铜器和铁器。

M105 出土1件铜器和2件铜镜。

M74 出土4件铜器和铜镜、带钩、玉器等。

M66 出土4件铜器和玉器、串饰。

M18 出土6件铜器。

M14 出土 3 件铜器。

M5 出土 1 件铜器和铜镜。

M09 出土 8 件铜器和铜剑、铁刀。

M05b 出土 7 件铜器和铜镜、铁器。

M04 出土 3 件铜器和串饰。

M03 出土 3 件铜器和铜镜 2 件。

M02 出土 1 件铜器和串饰、滑石器。

首先可以看到,在出土铜器的所有墓葬中,分化不是十分明显。最高的也有 8 件,但非早期罗泊湾 M1 或者南越王墓所出的几十至上百件之多。

无疑,上述现象反映出一个事实,即南越国亡后,随着郡县的设置,岭南全境并无出现比肩中央的特权人物存在。其等级最高的也仅为郡守官员。当前尚无法确定其具体铜器使用者的身份等级,不过倒是可以参照西汉晚期时期的合浦望牛岭墓进行大致推测。合浦望牛岭出土铜器共 50 件,还出土有铜灶、屋、金饼、水晶、玛瑙之类贵重物品,墓主为九真太守。若以此标准,上述墓葬的等级大致为县令一级或者以下。

此外,还可以看出在总体数量方面,西部已经超过东部所出。大致可知岭南地区的政治中心已经发生转移,由原先的东部改变至西部了。

二、岭南系铜器的使用

上文可知,岭南系铜器可分刻纹和非刻纹两类。按常理,刻纹铜器纹饰繁缛精美,其应较一般铜器贵重,所以使用的等级更高。但究竟实情如何,不妨分开进行探讨。另外,鉴于西汉晚期至东汉早期为岭南系铜器的兴盛时期,东汉中晚期为衰败时期,易出现不同时期身份等级相同但使用铜器数量有明显差异的现象,因此为避免此种干扰,这些墓葬将分两个时期进行观察比较。

(一)西汉晚期至东汉早期阶段

1.刻纹铜器使用分析

先看岭南东部。目前仅广州发现一座墓葬随葬刻纹铜器。即 M3028,出土 1 件盒。

岭南西部地区则不同,列表如下(表二六)。

表二六　岭南西部西汉晚期至东汉早期出土刻纹铜器墓葬一览

墓号		刻纹铜器	非刻纹铜器	其他贵重品
合浦	望牛岭	雁灯 2、博山炉 2、魁 2、卮 2、圆壶 4、长颈壶 2、三足盘 2	鼎 2、灯 2、锜 2、小壶 2、锅 2、碗 2、高足杯 2、钫 4、鎏金樽 2、铞 2、盆 4、三足盘 2	金饼 2、金珠 12、水晶、玛瑙、琥珀、琉璃串饰
	风门岭 M26	分格盒、长颈壶、扁壶、三足罐 2、三足盘、熏炉 2、池塘模型	鼎 4、盒 3、壶 5、锜 3、钫 2、樽 2、盘 3、三足盘、案、盆 3、碗 19、钵 11、高足杯 2、卮 2、釜甑 2、锅 2、熨斗、灯	金串珠、银碗、银戒指、玉碗、琉璃串珠
	九只岭 M5	樽、三足盘、熏炉	鼎、壶 3、锜、盆 2、盘、杯、碗、釜、灯、耳杯	玉璧、金戒指、银手镯、水晶、玛瑙、琉璃、琥珀
	堂排 M2	长颈壶、盒 4、钵、樽	鼎 2、壶 2、盒 2、樽 2、鐎壶、锅、盘口釜 2、釜甑 2、熏炉、灯 2	玉璧、琥珀、玛瑙；漆器若干
	母猪岭 M4	三足盘、盒 2、熏炉	鼎、壶、锜、灯、杯 3、盆	银印章、玉璧、银戒指、银手镯 2、水晶、玛瑙、琥珀
	母猪岭 M6	灯、樽	盘、盆、碗、杯	银戒指、玛瑙、水晶、琥珀、琉璃饰件
	风门岭 M10	熏炉	壶 2、樽、鼎、锜、碗、盆、灯	漆器；铜扣漆器；金戒指、金珠、玉器、玛瑙、水晶、琉璃、琥珀
	母猪岭 M1	三足盘	樽、锜、杯、盘 2、灯、熏炉	金戒指、银戒指、银手镯、琉璃珠
	寮尾 M13	樽、熏炉、钹	鼎、锜、樽、锜	玉器
	寮尾 M14	扁壶	灯、熏炉	玉器、玻璃杯
	文昌塔 M53	杯	盆、锅、灯	串饰
	文昌塔 M70	盒	锜、熏炉、鼎 2、壶 2、甑、盆 2、锅、杯 2、钵	串饰 3
	文昌塔 M69	鼎、三足盘、熏炉	壶、锜、盆 4、锅、杯 2、樽、灯、碗	
	文昌塔 M015	扁壶	鼎、壶 2、锜、盆 2、锅、杯 2、樽、灯、碗、三足盘	串饰 2
	文昌塔 M51	杯	锜、盆、锅、樽、灯	串饰

续表

墓号		刻纹铜器	非刻纹铜器	其他贵重品
合浦	汽齿厂 M6a	盒、卮	鼎、壶 2、盆 3、三足盘、熏炉、灯、耳杯 13	
	二炮厂 M30a	三足盘	樽、盆、灯	
	二炮厂 M20	钵	壶、盆、灯	
	二炮厂 M6	长颈壶	鼎、壶 2、锜、樽、盆、灯、碗	
兴安	石马坪 M21	长颈壶、扁壶、熏炉	鼎、锜 2、盆 2、钵 2、碗 2、卮	琉璃、玛瑙
贵港	深钉岭 M1	樽、三足盘	三足盘、杯、碗 3、鼎、熏炉	
	深钉岭 M2	盒	碗	玛瑙、水晶、金珠
	深钉岭 M31	三足盘	鼎、锅、锜、樽、壶、钵、灯	玛瑙器

需说明的是,在贵港、梧州、合浦早期的考古发掘中,有较多刻纹铜器,惜资料尚未公开。

根据上述资料,大致可以看出以下现象。

(1)岭南西部所出无论是刻纹铜器还是非刻纹铜器,数量、种类和出土地域均远远超过东部。无疑,进入西汉晚期以后,西部成为岭南政治经济中心的趋势一直得到延续。此外,还需注意到,在西部地区,合浦和贵港所出尤为集中,梧州、兴安一带略少。其说明当时中心区域应该就在合浦和贵港。

(2)出土刻纹铜器的墓葬,同时也出土其他铜器。在这些铜器墓葬中,有明显的分化现象。大致可分为四个等级,如下。

A.刻纹铜器在 10 件左右。合浦望牛岭、合浦风门岭 M26。前者刻纹铜器有 16 件,其中不乏十分精美的雁形灯,还出土 28 件一般铜器和大量的玛瑙、水晶等贵重奢侈物。后者有 9 件刻纹铜器,其中不乏复杂的池塘模型,还有 57 件一般铜器和较多的奢侈品。

B.出土刻纹铜器在 3 件以上。有合浦九只岭 M5、合浦堂排 M2b、母猪岭 M4、文昌塔 M69、兴安石马坪 M21。这些墓葬均出土 10 件以上的一般铜器,还有一定数量的奢侈品。

C.出土刻纹铜器在 2 件以上。此类墓葬有母猪岭 M6、M1,风门岭

M10,寮尾 M13,二炮厂 M6a,贵港深钉岭 M1。这些墓葬均出土 7 件以上的一般铜器,还有一定数量的奢侈品。

D.出土 1 件刻纹铜器。如贵港深钉岭 M2、文昌塔 M70 等,基本都出土 2 至 5 件左右的一般铜器,有的还出土奢侈品。

身份级别方面。根据望牛岭出土九真太守铭文提筒,可知其为郡守一级官吏。若此,合浦风门岭 M26 也是两千石太守一级。B 类无论是刻纹还是一般铜器均少于 A 类,推断墓主大致属千石官吏。C 类为六百石以上的郡掾守或县令一级的官员。D 类可能为六百石以下的官吏。

2.非刻纹铜器使用情况

鉴于此类墓葬数量惊人,下面便以资料公布最为详尽的几个墓地进行观察。

(1)先看岭南东部。以《广州汉墓》为例。

出土 1 件铜器的有:M3001、M3004、M3014、M3021、M4003、M4011、M4016、M4021、M4026、M4027、M4029、M4036。

出土 2 件铜器的有:M3028、M4001、M4013。

出土 3 件铜器的有:M3006。

出土 4 件的有:M3030。

(2)再看岭南西部。

A.《合浦汉晋墓发掘报告》

出土 1 件铜器的有:汽齿厂 M8。

出土 2 件铜器的有:汽齿厂 M7、电厂 M1、机械厂 M8。

出土 4 件的有:二炮厂 M30、官塘岭 M5。

出土 6 件的有:二炮厂 M4。

出土 8 件的有:二炮厂 M12。

出土 9 件的有:汽齿厂 M9。

B.《合浦文昌塔汉墓》

出土 1 件的有:M06b、M75、M100、M150、M156、M159、M194。

出土 2 件的有 M016a、M131。

出土 3 件的有 M15。

出土 4 件的有 M22、M53、M124、M184。

出土 5 件的有 M010b、M54、M119。

出土 6 件的:M06a、M07。

出土 7 件的有 M05b、M20、M51。

出土 8 件的有 M05A、M09、M46、M157。

出土 9 件的有：M01、M117。

出土 11 件的有 M189。

可以看出，非刻纹铜器的使用存在一定差距，最多的高达 11 件，较多的墓葬大致在 1—2 件。结合上面对刻纹铜器墓葬所出非刻纹铜器的数量分析，这些非刻纹铜器墓葬大致可分为两个等级。

第一等级：5 件以上墓葬。若按照非刻纹铜器数量，此类墓葬与刻纹铜器墓葬 B 类相当。但是鉴于后者出土精美的刻纹铜器，其身份应该要略逊于后者。因此，推测此类墓葬大致与 C 类相当，为六百石以下官吏。

第二等级：5 件以下墓葬。低于 C 类墓葬，更低级官吏或者富豪地主之类。

（二）东汉中晚期阶段

1. 刻纹铜器使用分析

先看岭南东部。仍然仅广州发现一批汉墓，列表如下（表二七）。

表二七 广州地区东汉中晚期出土刻纹铜器墓葬一览

墓号	刻纹铜器	非刻纹铜器（有下划线的为岭南系非刻纹铜器类）	其他贵重品
M5028	长颈壶	无	无
M5003	酒樽	盆	银带钩、银指环
M5036	酒樽、熏炉、鼎、灯	壶、长颈壶、碗 2、案、盆 3、锜、釜甑、锅	琉璃
M5054	酒樽、案	碗、耳杯 17、	金指环、银镯 3、玛瑙等
M5060	灯		

岭南西部地区。亦列表如下（表二八）。

表二八 岭南西部东汉中晚期出土刻纹铜器墓葬一览

	墓号	刻纹铜器	非刻纹铜器	其他贵重品
合浦	七星岭 M3	鼎、鐎壶	盆 2、碗 3、碟 4、锜、壶	
	文昌塔 M82	樽	鼎、锜、盆 2、灯、熏炉、碗、杯 2	串饰
	二炮厂 M5	樽、熏炉	鼎、锜、灯、盆 3、盘 4、碗 2	玻璃珠
	岭脚村 M4	鼎、樽、壶	甗、盘、洗、锜、象鼻壶、釜、锅 2、壶 2、碗 3、耳杯 7、灯	金饰、琉璃
	二炮厂 M8	锜	盆	漆器、琉璃珠

墓号		刻纹铜器	非刻纹铜器	其他贵重品
梧州	旺步 M2	案	碗，其他不明	
	大圹 M4	灯	不明	
	鹤头山	熏炉	鼎、碗 3、樽、锜、洗、长颈壶	
德庆	大辽山	案	碗 2、壶	马蹄金、玛瑙珠、银器

根据上述两表格，大致可以看出以下现象。

(1)刻纹铜器墓葬明显减少。

(2)岭南东、西两部差距不大。

(3)各墓之间刻纹铜器的数量相差不大，最多的才 4 件。

必须看到，东汉中晚期的刻纹铜器除了少量几件案全身刻画纹饰外，其余所谓的刻纹仅局部出现在器盖或者柄面上，所占器物的幅度很少，与非刻纹铜器相比区别不大。因此，在各墓葬等级的比较中作用不大。但是，使用刻纹铜器的墓葬，其一般铜器必定随葬多。这点倒是与西汉晚期至东汉早期墓葬一致。结合非刻纹铜器的数量进行对照，大致可分三个等级。

第一等级：铜器数量大致在 10 件。如合浦岭脚村 M4 出土 13 件，广州 M5036 出土 14 件，梧州鹤头山出土 10 件，二炮厂 M5 出土 14 件，七星岭 M3 出土 13 件，文昌塔 M82 出土有 9 件。

第二等级：铜器数量在 10 件以下、5 件以上，或者刻纹铜器十分繁缛精美。如梧州旺步，德庆大辽山，广州 M5054、M5003。

第三等级：铜器在 5 件以下。合浦二炮厂 M8，梧州大圹，广州 M5028、M5060 等。

其身份如何？当前只能依据西汉晚期至东汉早期的研究成果进行大致推断。可以看出，东汉中晚期的第一等级墓葬所出铜器数量与西汉晚期至东汉早期第二等级墓葬所出相当。考虑到整个东汉中晚期岭南铜业的衰败，显然不能以早期标准进行对照。因此，推断第一等级为两千石左右、第二等级为六百石以上、第三等级为六百石以下。

2.非刻纹铜器使用分析

同样以《广州汉墓》《合浦汉晋墓发掘报告》和《合浦文昌塔汉墓》进行观察。

（1）《广州汉墓》

M5001,5 件；M5002,1 件；M5010,1 件；M5013,1 件；M5018,1 件；M5032,1 件；M5039,2 件；M5052,1 件；M5059,1 件；M5060,1 件。

（2）《合浦汉晋墓发掘报告》

二炮厂 M14b,1 件；M16,1 件；公务员小区 M4a,1 件；M5,1 件；官塘岭 M12,1 件；二炮厂 M1,6 件；罗屋村 M6,1 件；沿海铁路 M3,2 件；机械厂 M6,1 件；火车站 M1,4 件。

（3）《合浦文昌塔汉墓》

M187b,2 件；M187a,6 件；M82,10 件；M71,1 件；M1,1 件；M010b,5 件。

数量最多的有 10 件，其次为 6 件，绝大多数仅 1 件。可大致分三个级别，如下。

A.5 件以上。有广州 M5001,合浦二炮厂 M1,合浦文昌塔 M187、M82、M010b。

B.2—4 件之间。广州 M5039、合浦火车站 M1、合浦沿海铁路 M3、文昌塔 M187b。

C.1 件。剩余均是此类。

身份级别情况，可参照刻纹铜器墓葬进行。A 级相当于刻纹铜器的第二等级的所出非刻纹铜器数量，其大致属低于六百石的官吏。B 级所出相当于刻纹铜器第三等级所出非刻纹铜器数量，其身份更低。C 级地位则大致属一般地主之类。

从上看出，岭南境内铜器的使用大致呈现四个时期的变化。

西汉早期，由于南越国政治中心分布在广州一带，因此铜器的使用基本集中此地。铜器的使用分化十分明显，大致分为五个等级，墓主有最高等级的南越王，也不乏罗泊湾郡守、南越国王室和高级官吏、中下层的县吏和底层官员。

西汉中期，随着南越国的灭亡、郡县设置，比肩中央的特权阶层消亡，各墓葬使用铜器的分化现象不甚明显，且铜器的出土使用以西部地区为主，岭南政治经济中心开始转向西部。

进入西汉晚期至东汉早期，大批的刻纹铜器出现在合浦、贵港一带，而广州仅出现 1 件，说明西部为当时政治经济中心的地位继续延续。在铜器的使用身份方面，分化较为明显。刻纹铜器方面，最高等级为两千石的郡守，其次为六百石以上的县令或者郡掾，再次为六百石以下的低级官员；非刻纹铜器方面,分化不甚明显,为六百石以下的低级官员和地主所使用。

东汉中晚期,铜器的使用急剧衰退。刻纹铜器已经濒临衰亡,多为局部刻划,因此刻纹铜器的使用差别并不明显。各墓之间的差异主要在非刻纹铜器,分四个等级:两千石的郡守、六百至两千石之间的郡掾、县令、六百石以下的官吏和更低的底层官员或者地主。

第二节 内地使用情况

岭南系铜器在岭南境内的使用既有两千石的官吏,也不乏六百石以下的底层官员。不过,其在内地的使用如何?为方便观察各地的使用情况,仍然按不同区域分别论述。

一、湖北

为方便观察岭南系铜器的使用情况,各墓所出列表如下(表二九)。

表二九 湖北出土刻纹铜器墓葬一览

墓号	岭南系铜器		非岭南系铜器	其他贵重品	时代
	刻纹铜器	非刻纹铜器			
蕲春陈 M9	鼎、灯	锜、碗 2	瓿、锅、盘		东汉早期
陈 M3	锜、圆壶、灯	碗 6	鼎、壶、盘、锅	银手镯、银珠	东汉早期
陈 M4	熏炉		鼎 2、壶 2、瓿、锅、洗	漆盘	东汉早期
陈 M11		鐎	鼎		东汉早期
鱤鱼嘴 M7		锅、碗		漆盘	东汉中期
襄阳城东 M4		碗			东汉晚期
荆州西胡家台 M9		锅、碗			东汉早期
荆门十里九堰		鐎、碗 2		钱币 256	东汉中期
荆沙瓦坟园 M4		锜	瓿、鼎、钫、鍪、熏炉、壶、盘	钱币 968 枚	西汉晚期
宜都刘家屋场 M12		碗			东汉晚期
随县古城岗		鐎	樽		西汉末东汉初
随州东城区 M1		鐎			东汉中晚期
荆门玉皇阁		锜	灯、鍪、洗、鼎	钱币 216 枚	东汉初期

从表二九可知,使用刻纹铜器的墓葬差异不大,3 座墓所出铜器总数在 10 件左右。但是西汉晚期至东汉早期,刻纹铜器墓和非刻纹铜器墓之间差异较大。大致可分三个类别。

1.西汉晚期至东汉早期

A 类:刻纹铜器。所出其他铜器均在 6 件以上,为蕲春陈 M3、M9、M4。

B 类:其他铜器为 5 件以上,为荆沙瓦坟园和荆门玉皇阁。

C 类:其他铜器为 1—2 件。

2.东汉中晚期

未发现刻纹铜器使用的墓葬,各墓几乎没有差异,均出土 1—2 件铜器。

为观察使用岭南系铜器墓的身份等级情况,有必要与境内同时期其他铜器墓进行比较。鉴于铜器墓资料十分丰富,下面仅收集 2 件铜器以上的墓葬,列表如下(表三〇)。

表三〇　湖北出土 2 件铜器墓葬一览

墓号	铜器	其他贵重品	时代
蕲春陈 M15	鼎、壶、瓿、熏炉		西汉晚期
孝感田家岗	瓿、锅		东汉早期
谷城田家凹	洗、盆		西汉晚期
襄樊团山	洗、锏		西汉晚期
南漳城关	镳壶、鋻		西汉末期
武汉辛冲 M401	盆 2、瓿、锅、壶、鼎	钱币 50 枚	西汉末期
随州义地岗	鋻、鼎		西汉晚期
宜都陆城	灯、熏炉		西汉晚期
随州安居镇	壶、瓿、盆		东汉中晚期
宜都陆城	洗、釜 2、碗 3、熨斗	金器 14、琥珀、银器 17	东汉晚期
襄樊蔡越	灯、熨斗 2、熏炉 2、瓿、钵 2、洗 4、盘 4、壶 2	漆器有奁、樽、罐、耳杯;玉器 2、金银饼、银碗、玛瑙和大量铜器	东汉末期

先看西汉晚期至东汉早期墓。可以看出,整个湖北境内在此阶段铜器

的使用并不频繁。从铜器的总数来看,使用刻纹铜器的墓葬所出最多,看来使用刻纹铜器的墓葬等级在此地区身份最高。需注意到,使用岭南系非刻纹铜器与否则区别不大,如武汉辛冲所出铜器数量远超随县古城岗。东汉中晚期,随着刻纹铜器的不再出现,岭南系铜器墓葬与一般的非岭南系铜器墓葬之间的差异消失。

身份方面,襄樊蔡越墓主为列侯一级的将军夫妇合葬墓,是目前所见公布的等级最高的墓葬,其所出铜器有近 20 件,还出土大量漆器等奢侈品。若此,上述三座刻纹铜器墓应低于其级别,大致为六百以上的郡掾或者县令。非刻纹的岭南系铜器墓则身份更低。

二、湖南境内

境内岭南系铜器的使用情况列表如下(表三一)。

表三一　湖南出土刻纹铜器墓葬一览

墓号	岭南系铜器		非岭南系铜器	其他贵重品	时代
	刻纹铜器	非刻纹铜器			
长沙 M217	钵		壶、灯	较多玻璃、玉器	西汉晚期
长沙砚瓦池		碗 2	盘 2	银器	东汉中晚期
长沙雷家嘴		碗			东汉中晚期
长沙小林子冲		碗 2			东汉中晚期
长沙东北郊		碗 1	尺	银手镯、戒指	东汉中晚期
长沙五里牌 M007	熏炉	鼎 2、锜、长颈壶、锅	樽、盆、盘、釜甑、多枝灯	银碗、玉璧	西汉末期
长沙汤家岭	熨斗	鍢	博山炉 2、盘 3、壶 4、鐎壶 2、洗 2、鼎、钫、釜、樽、灯	金饼、玛瑙、大量漆器	西汉晚期
长沙县北山区		碗、钵	鐎壶、釜		东汉中晚期
益阳赫山庙	罐	碗、杯		印章、银戒指、水晶、玛瑙器	东汉中晚期

续表

墓号	岭南系铜器		非岭南系铜器	其他贵重品	时代
	刻纹铜器	非刻纹铜器			
衡阳蒋家山	锜2、樽、熏炉、灯、熨斗	鐎、碗	鍪2、鐎壶2、爵、觯、盆2、壶2	金饼、银碗、银手镯6、戒指3、金器、玉器、水晶、玛瑙、琥珀、琉璃和大量漆器	东汉早期
南岳万福村		盘口釜	鐎壶、洗		东汉中晚期
安乡余家台子	鐎壶				东汉晚期
零陵东门外	熏炉	锜	鼎、壶、樽、盘、碗、耳杯、洗	大量琥珀、玻璃、金银玉器	东汉早期
零陵李家园		碗2			西汉末期
永州刘彊墓	长颈壶、壶、碗2	长颈壶、碗2、卮	壶2、灯	钱币两千枚、大量漆器	西汉晚期
永州鹞子岭M2	壶2、碗2、樽、熏炉2、熨斗	钵2	壶、盆2、釜	大量漆器、玉器、金器	西汉晚期
耒阳M5		锜	耳杯15	银器15	东汉中晚期
耒阳M15	樽	锜、碗		大量漆器、银器	东汉中晚期
资兴M123	壶	鐎	洗	铜印章	东汉早期
资兴M132		碗	鐎壶、盆	银盏、银戒指	东汉初期
资兴M439		鐎、盘口釜	灯、鐎壶	琉璃	东汉早期
资兴M204		盘口釜		玛瑙、玉器、银戒指	东汉中期
资兴M405		碗、盘口釜	盘	银手镯、戒指、玛瑙	东汉晚期
资兴M287		碗			东汉中期
资兴M497		碗		玛瑙、琉璃	东汉晚期

墓号	岭南系铜器		非岭南系铜器	其他贵重品	时代
	刻纹铜器	非刻纹铜器			
资兴 M157		鍪、灯、鐎壶			西汉晚期
资兴 M372		钵 2		铜印章	西汉晚期
资兴 M108		杯			
资兴 M160		钵	洗、灯		西汉末期
资兴 M399		钵			东汉早期
资兴 M502		钵			东汉早期
郴州市区 M12		鍪	盘 2		西汉末期 东汉初期
郴州五里堆		钵 2			东汉早期
耒阳城区 M257	壶	碗、锜	盘、灯、樽		东汉早期
耒阳城区 M260	樽	碗 3、锜	盘、灯、樽		东汉早期
耒阳城区 M37	锜				东汉中期
耒阳城区 M140		碗、锜			东汉中期
耒阳城区 M172		锜			东汉中期
耒阳城区 M198		锜			东汉中期
耒阳城区 M272		碗			东汉中期
耒阳白洋渡		锜		琉璃、水晶、玛瑙	东汉中期
常德 D3M24	熨斗、盒 2、熏炉	钵 2	鼎 5、壶 2、钫 2、洗 2、盆 2、鐎壶、灯	玉器、玻璃杯漆器、大泉五十 5341 枚	西汉末期
常德 D3M26		鼎 2	钫 2、熏炉、灯	漆器、玉器、玉印章、大泉五十 2031 枚	西汉末期
常德 D3M14		钵	鼎、壶 2、甑、鐎壶	漆器、大泉五十 300 枚	西汉末期

续表

墓号	岭南系铜器		非岭南系铜器	其他贵重品	时代
	刻纹铜器	非刻纹铜器			
常德 D3M28		钵		大泉五十百枚	西汉末期
常德 D3M30	熏炉	鼎 2、钫 2、鐎壶			
常德 M2098	盒 2、熏炉		鼎 3、壶、钫 2、鐎壶	金饼 6、五铢万枚	西汉末期
龙山里耶 M248	盒	钵	瓿、鍪 3、钫 2、洗、熏炉、鼎、鐎壶、壶、灯、盆、盒		西汉末期
大庸 M44		钵、长颈壶、碗 2	壶 2、钫、熏炉、灯	琉璃珠 1183	西汉末期

先看西汉晚期至东汉早期,大致有以下特点。

1. 使用刻纹铜器与否,差别很大。出土刻纹铜器的墓葬,基本同时出土较多的其他铜器和贵重物品。而未出土刻纹铜器的墓葬,所出其他铜器和贵重品则较少。

2. 刻纹铜器出土越多,其他铜器和贵重品也越多。

3. 使用非刻纹的岭南系铜器与否,基本与身份等级没有关系。如郴州五里堆出土 2 件岭南系的钵,而未出土其他铜器或者奢侈品,说明其身份等级并不高。

因此,刻纹铜器在判读墓葬等级方面具有重要的参考意义。根据上述墓葬所出刻纹铜器的多寡,大致分为两类。

A 类:出土刻纹铜器在 3—4 件以上。有常德 M2098、常德 D3M24、永州刘疆墓、永州鹞子岭 M2、衡阳蒋家山 M4。长沙汤家岭虽然仅出土 1 件岭南系刻纹铜器,但是其同出 4 件鎏金线刻铜器,因此可算此类。此类墓葬所出其他铜器数量惊人,或者出土较多贵重奢侈品。

B 类:出土 1 件刻纹铜器。其内部差异也略大,主要为一般铜器方面。有的高达十多件,有的仅几件。可再分两类。

Ba 类:有长沙五里牌、零陵东门外、龙山里耶 M248 以及耒阳 M260、M257。所出其他铜器一般在 5—6 件以上,还同出贵重品。

Bb 类:有长沙 M217、耒阳 M15、耒阳 M123、常德 D3M30、资兴 M123、益阳赫山庙。所出其他铜器在 5 件以下。

需要注意的是,并非所有的大墓一定使用岭南系刻纹铜器。如长沙

M211，出土铜盆 4、釜甑、壶 2、鼎 2、樽、炉、熏炉、灯，还有金饼、金环、漆盒 2、玉璧、琥珀、水晶、绿松石和两千枚五铢。其身份一定在二千石左右。但无疑使用刻纹铜器的墓葬，其身份并不低。

身份等级方面。刘彊墓和鹞子岭 M2 为泉陵侯，常德 M2098 发掘报告推断为二千石官吏甚至王侯。常德 D3M24 出土有 5 鼎，鉴于其时代为王莽改制时期，若此，其身份相当于大夫，为郡守一级。长沙汤家岭和衡阳蒋家山所出不低于常德。因此，A 类墓葬大致为侯或者二千石官吏。

B 类墓葬方面。常德 D3M26 据所出印章发掘报告推断为千石的官吏，若此可以其为对照参考。Ba 类墓所出铜器均超过此墓，所出奢侈品大致相当，可知至少也属六百石至千石官吏阶层。Bb 类所出铜器与其相当，但奢侈品略低，疑其属六百石以下。

至于东汉中晚期的刻纹铜器，由于仅局部刻划，基本沦为一般的铜器，因此不做探讨。

三、江西等其他地区所出刻纹铜器使用情况

鉴于非刻纹的岭南系铜器和局部刻纹的铜器对于探讨使用者身份方面的意义不大，因此，本书将仅限于对满身刻纹的铜器进行探讨。

（一）江西境内

仅两座墓葬使用刻纹铜器，如下。

南昌京家山，刻纹铜器有酒樽、三足盘。

南昌青云谱，有三足盘。

南昌京家山是汉代除了新建海昏侯墓之外目前江西公布所出器物最为丰富的墓葬，除了上述两件刻纹铜器外，还有铜鼎、壶、长颈壶、灯、大量漆器、玉带钩和 8800 枚铜钱。南昌青云谱墓所出也不少，铜器还有釜甑、锅等，之外还出土金戒指、银手镯和水晶、琥珀等贵重物品。

蒋廷瑜先生推断京家山墓主为身份较高的军事长官，若根据对湖南所出做出的推断标准，应该至少为千石官吏，青云谱墓主大致在六百石。

（二）川渝地区

云阳风箱背 M1、成都大湾是迄今川渝地区发现的最多刻纹铜器的两座墓葬，前者出土有唾壶、奁，后者出土有扁壶和酒樽。风箱背 M1 还出土大量其他的青铜器，墓主身份应该不低。丰都二仙堡出土 1 件熏炉，同出大量的鎏金漆器和鎏金铜扣耳杯，表明墓主身份并非普通官吏。至于芦山

大同村所出的灯座、汉源桃坪扁壶,材料公布有限,无法深入探究其墓主身份。

(三)江苏地区

仅两座墓出土刻纹铜器。

仪征螃蟹地 M7,出土 1 件熏炉。

盱眙东阳 M4,出土熏炉、长颈壶各 1 件。

仪征所出器类甚多,有铜钫 2、壶、鎏金铜盆、酒樽、碗、鎘、灯、盆等,还有大量漆器。发掘报告根据所出铜钫有"食官"推断为广陵国贵族墓葬。东阳 M4 所出不比仪征少,可能也是广陵国王室成员。

(四)云贵地区

所出列表如下(表三二)。

表三二　云贵境内出土刻纹铜器墓葬一览

出土墓葬	刻纹铜器	其他铜器	其他贵重或者较为贵重物品
兴仁交乐 M6	长颈壶、樽、圆壶	车马、灯、洗、俑、摇钱树、锅、釜、碗、鍪、刁斗、甑、案、盆、卮、杵臼、勺	
个旧黑蚂井 95GHM8	熏炉、三足盘	碗、樽、盘、灯、壶、鼎、盆、釜甑 2、锜	
昭通鸡窝院子	熏炉	壶、鍪、刁斗、盘	铜钱 2250 枚、银圈
清镇 M15	长颈壶	锅 2、洗 3、剑、豆 5、碗、羊、鐎壶、马、灯、龟、兔	漆器:盘 3、"元始三年广汉郡工官造乘舆"、耳杯 3
兴义 M8	三足罐	车马、摇钱树、碗、壶、豆、釜、洗、耳杯、盘 4、卮	漆器
赫章可乐 M8	长颈壶	壶 3、甑 2、鐎壶、釜 10、钵 4、盒 4、洗 4、熨斗 2、灯 3、熏炉、刁斗 2、唾壶、碗 2、耳杯、豆 2、盘 3	漆器;耳杯、盘 3;金手镯、银环 3、水晶、玛瑙、琥珀、绿松石饰件
个旧黑蚂井 M16	凤灯、三足盘、熏炉	壶 3、釜 2、碗、盆	
个旧黑蚂井 M29	盒 2	盆、碗	
个旧黑蚂井 M43	壶	盆、瓯、釜、钵	
个旧黑蚂井 M24	三足罐	釜、鍪、灯	

从上看出,云贵地区所出仅次于湖南。兴仁交乐 M6 出土"巴郡守丞"印章,个旧黑蚂井 M16 所出雁形灯与合浦九真太守墓一致,表明墓主身份不低。清镇 M15 出土广汉所做的皇室专用漆器。这些墓葬的等级可能均在千石至二千石之间。从所出其他铜器和贵重品来看,赫章 M8、兴义 M8、黑蚂井 M8 可能也在此列。

至于其他墓葬,属六百石左右。

(五)黄河中下游及以北地区

所出如下。

南阳百里奚,出土长颈壶 1 件。

新蔡葛陵,出土扁壶 2 件、长颈壶 1 件。

大连营城子 M76 出土 1 件三足盘。

长安城窖藏出土长颈壶 2 件、盒 1 件。

大连所出还有镶嵌宝石的金带扣、玉剑璏,同出铜器还有酒樽、鼎、盘、兽纽铜印。类似金带扣出土在朝鲜乐浪石岩里 M9、安乡西晋刘弘墓[①]中,墓主可能属封疆大吏。

长安窖藏位于明光宫和长乐宫中间,出土有铜灯 2、博山炉 1、鐎壶 1、铛 2、盆 1,疑其为新朝覆没之际匆匆掩埋,使用者或为宫内。

新蔡所出还有铜壶 2、鼎 2、鐎壶 2、洗 2、釜甑 2 件,所出铜器在同时期河南境内少见,不排除为千石官吏使用的可能。百里奚所出还有熏炉、洗、灯,身份略低,大致为县级官吏。

第三节 比 较

无疑从上文可知,刻纹铜器的使用,无论在岭南境内还是内地,均为具有一定身份的官吏所使用。但是,在使用的等级和数量方面,内外有别。

先看二千石官吏使用情况。合浦望牛岭墓主为九真太守,合浦风门岭 M26 墓主可能也是郡守官吏。两墓所出刻纹铜器均在 10 件以上。湖南同级官吏,永州鹞子岭为刘疆和家族墓 M2,属泉陵侯或者王室成员,前者使用 4 件,后者使用 8 件。常德 M2098、常德 D3M24、衡阳蒋家山 M4、长沙汤家岭均出土 3 至 4 件。大连营城子 M76 出土 1 件。云贵地区兴仁交乐为巴郡守丞,个旧黑蚂井 M26 属句町国王室成员,数量为 3 件。

---

① 孙机:《先秦、汉、晋腰带用金银带扣》,《文物》1994 年第 1 期。

千石官吏使用情况。合浦堂排 M2、九只岭 M5 等大致为郡丞等级,出土在 3 件以上。湖南长沙五里牌、零陵东门外、里耶 M248、耒阳 M260、M257 为 1 至 2 件。江西仅南昌京家山 1 座墓,为 2 件;河南新蔡葛陵为 2 件;江苏仪征螃蟹地、盱眙东阳为广陵国王室成员,为 1 至 2 件。

六百石官吏使用情况。合浦母猪岭 M6 和 M1、风门岭 M10、寮尾 M13、二炮厂 M6a、贵港深钉岭 M1 均使用 2 件以上。湖北蕲春陈家大地 M4 等 3 座墓各出 1 件。湖南长沙 M217、耒阳 M15、耒阳 M123、常德 D3M30、资兴 M123、益阳赫山庙均使用 1 件。江西仅南昌青云谱 1 座,使用 1 件。云贵地区大致为 1 至 2 件。

至于更低级别使用刻纹铜器的现象,岭南地区较多,而内地仅湖南略有发现,其他地区没有发现。

由于岭南刻纹铜器的制作地在岭南本地,因此岭南本地各级官吏对其使用更为平常。但在内地情况则不然,距离越远,自然就愈加珍贵,使用的等级身份更高。最远的大连营城子墓作为封疆大吏,仅出土 1 件刻纹三足盘。

不过从使用的地域情况看来,岭南刻纹铜器的受用范围似乎局限在岭南周边地区,如云贵、湖南、江西等地,关中等中原地区对其并不青睐,所见甚少。这种现象与蜀郡西工所制的刻纹铜器密切相关,而其面对的对象为汉王室成员和权贵[1],必然限制了岭南刻纹铜器的使用。

---

① 吴小平:《汉代中原系刻纹铜器研究》,《考古与文物》2014 年第 4 期。

结　语

汉代铜器,多以日常生活器的面目出现,虽然不如三代时期"祀与戎"的崇高地位,但仍然是当时社会经济发展的重要载体。如何通过这种载体来构建汉代岭南的区域史、岭南区域与周边的互动关系,是本书的主要关注点。

欲完成上述两大目标,研究的基础必然是对境内所出汉代铜器文化面貌和文化属性的全面分析。

通过第一章的研究,可以清晰地看到岭南汉代铜器的分布状况和特征,主要体现为——分布具有明显的地域性,主要出土在郡县治所和内河河流上。前者反映出使用者的社会经济状况,后者则与流通线路有关。

第二、三、四章的研究,是通过类型学的手段构建岭南铜器的文化面貌,并观察其总体变化。通过器类的研究,可以看到各类器物的兴衰变化,亦可看到总体的变化过程——从西汉早期器类丰富、数量庞大且炊具占主导,至西汉中期的急剧衰退,到西汉晚期的快速回升、饮食器占主导,再到东汉开始的下降、但饮食器始终占主导。装饰手法的研究,则清楚看出錾刻占的主导地位。题铭的研究,则表明了岭南作为汉代的南疆所接受的来自中原物勒工名制度的影响力。

对器类、装饰和题铭的研究,除了上述目标外,亦有为观察其文化的多元性奠定基础。因此第五章通过文化因素分析对此进行了详细考证和论述。多元性说明其来源构成的复杂和多样,既有本地传统器,也有本地制作的新兴器,还有来自西南、两湖、关中、关东等地的输入器。研究表明:西汉早期是本地制作和外地输入并重的阶段,传统器占主导地位;西汉中期则是本土仿制新兴器阶段;西汉晚期为本土创新阶段;东汉开始,本土沿用阶段,同时也不断补充外地器。

通过上述研究,不难发现岭南本土的铜器特征,即独具特色的铜器群(长颈壶、锜、酒樽、鼎、碗、钵、杯、卮、鐎、盘口釜、立耳锅等)、风格迥异的装饰手法(细线錾刻)和独特的纹饰图案(羽状锦纹和菱形锦纹)。这些铜器和装饰手法的独特性,放在与其他地区所出铜器的比较环境下,则更加清晰明显。有鉴于此,本书在第六章则提出了岭南系铜器的概念。通过岭南系铜器的形成过程分析,可以看出其过程大致分为三个阶段:西汉早期的族群性阶段—西汉中期的汉代大一统阶段—西汉晚期岭南地方性铜器阶段。其清楚表明,岭南系铜器文化首先是汉文化,然后才是汉文化统一下的地方性文化,其大量的器类和装饰手法来自内地,经过改造才形成自己的特色。

作为一种地域特色的铜器群,岭南系铜器对当时的社会产生了哪些影响?对此,第七章从器物流通的角度进行了分析,鉴于部分铜器被模仿,因此书中使用了岭南风格铜器的概念。从总体流通区域来看,岭南风格铜器大致呈现为扇面特征:岭南是据点,第一圈是湖南和云贵,第二圈是江东、江西,第三圈为川渝、河南、湖北等地。这种分布状态,实乃岭南对外交通线路所决定:东线,即海上航线,从岭南至会稽、广陵路线;中线,即岭南向北通往中原之路线(零陵下漓水、桂阳下汇水、豫章下横浦);西线,即岭南通往云贵的路线(进桑麋泠道、牂柯道)。流通阶段方面,西汉晚期和东汉早期为高峰,东汉中晚期开始随着各地大量仿制,对外输出规模下降。

铜器的生产和流通,目的在于使用,岭南铜器的使用状况如何?第八章从岭南本土(又分非岭南系铜器和岭南系铜器)和内地两方面进行观察比较。通过非岭南系铜器在岭南境内的出土状况分析,可知早期铜器的使用对象十分苛刻,均为地方 600 石左右官员。另外,随着南越国的覆灭,岭南地区的政治经济中心也从东部(即现在的番禺)转移至西部(广西的贵港、合浦一带)。岭南系铜器的使用状况更加说明了这一点,尤其是刻纹铜器,岭南西部所出无论是数量、种类和分布区域,均远远超出岭南东部。其使用等级方面存在明显分化。西汉晚期至东汉早期阶段,第一等级,刻纹铜器在 10 件以上,还有大量的非刻纹铜器;第二等级,刻纹铜器在 3 件以上,有 10 件以上的非刻纹铜器;第三等级,刻纹铜器在 2 件以上,有 7 件以上的非刻纹铜器;第四等级,刻纹铜器在 1 件以上,还有 2—5 件左右的非刻纹铜器。东汉中晚期,随着刻纹铜器的衰败,各等级之间差异缩小。

内地方面,使用刻纹铜器的条件则比岭南本地严苛,与其获得的途径和数量应该存在关联。不过需要说明的是,岭南刻纹铜器的受用范围似乎局限在岭南周边地区,如云贵、湖南、江西等地,关中等中原地区对其并不受太大的待见,所出有限。

参考文献

A

艾兰：《一组汉代针刻青铜器》，《欧洲所藏中国青铜器遗珠》，文物出版社 1995 年版。

安徽省博物馆清理小组：《安徽合肥东郊古砖墓清理简报》，《考古通讯》1957 年第 1 期。

安徽省文化局文物工作队、寿县博物馆：《安徽寿县茶菴马家古堆东汉墓》，《考古》1966 年第 3 期。

安徽省文物工作队、芜湖市文化局：《芜湖市贺家园西汉墓》，《考古学报》1983 年第 3 期。

安徽省文物考古研究所、巢湖市文物管理所：《巢湖汉墓》，文物出版社 2007 年版。

安徽省文物考古研究所、武汉大学历史学院考古系、六安市文物局：《双龙机床厂墓群发掘报告》，上海古籍出版社 2016 年版。

安徽省文物考古研究所：《天长三角圩墓地》，科学出版社 2013 年版。

安吉县博物馆：《苕水流长》，浙江摄影出版社 2012 年版。

安康水电站库区考古队：《陕西紫阳白马石汉墓发掘报告》，《考古学报》1995 年第 2 期。

安乡县文化馆：《安乡余家台子发现东汉墓》，《湖南考古辑刊》(二)，岳麓书社 1984 年版。

B

白九江、汪伟、李国洪：《丰都县迎宾大道沿线古墓发掘简报》，重庆市文物考古所、重庆文化遗产保护中心《重庆公路考古报告集》，科学出版社 2010 年版。

宝兴县文化馆：《四川宝兴出土的西汉铜器》，《考古》1978 年第 2 期。

北京大学考古学系商周组：《天马—曲村(1980—1989)》，科学出版社 2000 年版。

C

查尔斯·法本斯·凯莱、陈梦家:《白金汉所藏中国铜器图录》,金城出版社 2015 年版。

郴州地区文物队:《湖南汝城县、郴县发现一批古代青铜器》,《考古》1992 年第 8 期。

成都市文物考古研究所:《成都市高新区勤俭村发现汉代砖室墓》,《四川文物》2004 年第 4 期。

程林泉、韩国河、杨军凯、吴春:《西安陈清士墓发掘简报》,《考古与文物》1992 年第 6 期。

程应林:《江西南昌市区汉墓发掘简报》,《文物资料丛刊》(1),文物出版社 1977 年版。

楚皇城考古发掘队:《湖北宜城楚皇城战国秦汉墓》,《考古》1980 年第 2 期。

崔成实:《衢州市东华山汉墓发掘简报》,《浙江省文物考古研究所学刊》,文物出版社 1981 年版。

崔勇:《南海区青峰岗东汉墓》,《中国考古学年鉴.2005》,文物出版社 2006 年版。

长沙市文物工作队:《长沙县北山区东汉砖室墓清理记》,《湖南考古辑刊》(三),岳麓书社 1986 年版。

长沙市文物考古研究所、长沙市望城区文物管理局:《湖南长沙风盘岭汉墓发掘简报》,《文物》2013 年第 6 期。

重庆市博物馆:《重庆市临江支路西汉墓》,《考古》1986 年第 3 期。

重庆市文化局、湖南省文物考古研究所、巫山县文物管理所:《巫山麦沱古墓葬第二次发掘报告》,《重庆库区考古报告集》(1998),科学出版社 2003 年版。

重庆市文物局、重庆市移民局:《丰都二仙堡墓地》,科学出版社 2016 年版。

重庆市文物局、重庆市移民局:《丰都镇江汉至六朝墓群》,科学出版社 2013 年版。

重庆市文物局、重庆市移民局:《云阳走马岭墓地》,科学出版社 2011 年版。

重庆市文物考古所、武汉市文物考古研究所、重庆市文物局、巫山县文物管理所:《巫山水田湾东周、两汉墓葬发掘简报》,《重庆库区考古报告集》

（2000 下），科学出版社 2007 年版。

重庆市文物考古所、重庆市文物局：《忠县老鸱冲遗址（墓葬部分）发掘简报》，《重庆库区考古报告集》（2000 下），科学出版社 2007 年版。

重庆市文物考古研究所、武汉市文物考古研究所：《重庆巫山县神女路秦汉墓清理简报》，《江汉考古》2008 年第 2 期。

D

大连市文物考古研究所：《大连汉墓博物馆馆藏文物图录》，辽宁美术出版社 2016 年版。

丁义前：《汉阴出土一批汉代铜器》，《文博》1989 年第 1 期。

东阳市博物馆：《东阳宝萃：东阳市博物馆藏品集》，浙江人民美术出版社 2008 年版。

F

冯建国：《广州市淘金花园西汉至清代墓葬》，《中国考古学年鉴.2006》，文物出版社 2007 年版。

冯孟钦：《东莞东城区柏洲边村东汉墓》，《中国考古学年鉴.2002》，文物出版社 2003 年版。

冯永驱、马建国：《广州市恒福路银行疗养院工地西汉木椁墓》，《中国考古学年鉴.2007》，文物出版社 2008 年版。

富霞：《广西合浦出土汉代青铜器的初步研究》，《广西考古文集》（第四辑），科学出版社 2010 年版。

G

赣州地区博物馆、南康县博物馆：《江西南康县荒塘东汉墓》，《考古》1996 年第 9 期。

高至喜：《楚文物图典》，湖北教育出版社 2000 年版。

高至喜：《湖南桃源大池塘东汉铜器》，《考古》1983 年第 7 期。

广东省博物馆、罗定县文化局：《广东罗定背夫山战国墓》，《考古》1986 年第 3 期。

广东省博物馆：《广东德庆大辽山发现东汉文物》，《考古》1981 年第 4 期。

广东省博物馆、汕头市文管会、揭阳县博物馆：《广东揭阳县战国墓》，《考古》1992 年第 3 期。

广东省博物馆：《广东南海汉墓发掘简报》，《文物资料丛刊》（4），文物出版社 1981 年版。

广东省博物馆:《广东徐闻东汉墓——兼论汉代徐闻的地理位置和海上交通》,《考古》1977 年第 4 期。

广东省博物馆、肇庆市文化局发掘小组:《广东肇庆市北岭松山古墓发掘简报》,《文物》1974 年第 11 期。

广东省博物馆:《海南岛发现汉代铜釜》,《文物》1979 年第 4 期。

广东省文物管理委员会:《广东增城金兰寺汉墓发掘报告》,《考古》1966 年第 1 期。

广东省文物考古研究所、乐昌市博物馆、韶关市博物馆:《广东乐昌市对面山东周秦汉墓》,《考古》2000 年第 6 期。

广东省文物考古研究所、连州市博物馆:《广东连州东汉墓发掘简报》,《文物》2012 年第 2 期。

广东省文物考古研究所、龙川县博物馆:《广东龙川县佗城东汉墓葬清理报告》,《四川文物》2005 年第 5 期。

广东省文物考古研究所、重庆市文化局、重庆市万州区文物管理所:《万州礁芭石墓地第二次发掘报告》,《重庆库区考古报告集》(2002 中),科学出版社 2010 年版。

广东省文物考古研究所:《广东徐闻县凸岭仔东汉墓发掘简报》,《四川文物》2016 年第 3 期。

广西合浦县博物馆:《广西合浦县母猪岭汉墓的发掘》,《考古》2007 年第 2 期。

广西省文物管理委员会:《广西贵县汉墓的清理》,《考古学报》1957 年第 1 期。

广西文物保护与考古研究所、贵港市博物馆:《广西贵港马鞍岭梁君垌汉至南朝墓发掘报告》,《考古学报》2014 年第 1 期。

广西文物保护与考古研究所、合浦县文物管理局:《2009—2013 年合浦汉晋墓发掘报告》,文物出版社 2016 年版。

广西文物保护与考古研究所:《广西合浦文昌塔汉墓》,文物出版社 2017 年版。

广西文物工作队、合浦县博物馆:《广西合浦县母猪岭东汉墓》,《考古》1998 年第 5 期。

广西文物考古研究所、贵港市博物馆:《广西贵港市孔屋岭汉墓 2009 年发掘简报》,《考古》2013 年第 9 期。

广西文物考古研究所、桂平市博物馆：《桂平大塘城遗址汉墓发掘报告》，《广西考古文集》（第四辑），科学出版社 2010 年版。

广西文物考古研究所、合浦县博物馆、广西师范大学文旅学院：《广西合浦寮尾东汉三国墓发掘报告》，《考古学报》2012 年第 4 期。

广西文物考古研究所、合浦县博物馆：《2005 年合浦县文昌塔汉墓发掘报告》，《广西考古文集》（第三辑），文物出版社 2007 年版。

广西壮族自治区博物馆、合浦县博物馆：《广西合浦县凸鬼岭清理两座汉墓》，《考古》1986 年第 9 期。

广西壮族自治区博物馆：《广西贵县罗泊湾汉墓》，文物出版社 1988 年版。

广西壮族自治区文物工作队、贵港市文物管理所：《广西贵港深钉岭汉墓发掘报告》，《考古学报》2006 年第 1 期。

广西壮族自治区文物工作队、贵港市文物管理所：《广西贵港市孔屋岭东汉墓》，《广西文物考古报告集》（1991—2010），科学出版社 2012 年版。

广西壮族自治区文物工作队、合浦县博物馆：《广西合浦县九只岭东汉墓》，《考古》2003 年第 10 期。

广西壮族自治区文物工作队、合浦县博物馆：《广西合浦县岭脚村三国墓发掘报告》，《广西考古文集》（第二辑），科学出版社 2006 年版。

广西壮族自治区文物工作队、合浦县博物馆：《合浦风门岭汉墓——2003—2005 年发掘报告》，科学出版社 2006 年版。

广西壮族自治区文物工作队、合浦县博物馆：《合浦县凸鬼岭汉墓发掘简报》，《广西考古文集》，文物出版社 2004 年版。

广西壮族自治区文物工作队、贺县文化局：《广西贺县河东高寨西汉墓》，《文物资料丛刊》（4），文物出版社 1981 年版。

广西壮族自治区文物工作队、兴安县博物馆：《兴安石马坪汉墓》，《广西考古文集》，文物出版社 2004 年版。

广西壮族自治区文物工作队、钟山县博物馆：《广西钟山县张屋东汉墓》，《考古》1998 年第 11 期。

广西壮族自治区文物工作队：《广西宾阳县发现战国墓葬》，《考古》1983 年第 2 期。

广西壮族自治区文物工作队：《广西贵港市马鞍岭东汉墓》，《考古》2002 年第 3 期。

广西壮族自治区文物工作队：《广西合浦县禁山七星岭东汉墓葬》，《考古》2004 年第 4 期。

广西壮族自治区文物工作队：《广西合浦县堂排汉墓发掘简报》，《文物资料丛刊》4，文物出版社 1981 年版。

广西壮族自治区文物工作队：《广西西林县普驮铜鼓墓葬》，《文物》1978 年第 9 期。

广西壮族自治区文物工作队：《平乐银山岭汉墓》，《考古学报》1978 年第 4 期。

广西壮族自治区文物工作队：《平乐银山岭战国墓》，《考古学报》1978 年第 2 期。

广西壮族自治区文物考古写作小组：《广西合浦西汉木椁墓》，《考古》1972 年第 5 期。

广西自治区博物馆、昭平县文物管理所：《广西昭平东汉墓》，《考古学报》1989 年第 2 期。

广州市文物管理处：《广州淘金坑的西汉墓》，《考古学报》1974 年第 1 期。

广州市文物管理委员会、广州市博物馆：《广州汉墓》，文物出版社 1981 年版。

广州市文物管理委员会、中国社会科学院考古研究所、广东省博物馆：《西汉南越王墓》，文物出版社 1991 年版。

广州市文物考古研究所、广州市番禺区文管会办公室：《番禺汉墓》，科学出版社 2006 年版。

广州市文物考古研究所：《番禺小谷围岛山文头岗东汉墓》，《羊城考古发现与研究》（一），文物出版社 2005 年版。

广州市文物考古研究所：《广州东山梅花村八号墓发掘简报》，《广州文物考古集》，文物出版社 1998 年版。

广州市文物考古研究所：《广州市先烈南路大宝岗汉墓发掘简报》，《广州文物考古集》，文物出版社 1998 年版。

广州市文物考古研究所：《广州市永福路汉唐墓葬发掘简报》，《羊城考古发现与研究》（一），文物出版社 2005 年版。

广州市文物考古研究所：《广州先烈南路汉晋南朝墓葬》，《羊城考古发现与研究》（一），文物出版社 2005 年版。

贵州省博物馆：《贵州赫章县汉墓发掘简报》，《考古》1966 年第 1 期。

贵州省博物馆：《贵州黔西县汉墓发掘简报》，《文物》1972 年第 11 期。

贵州博物馆:《贵州清镇平坝汉墓发掘报告》,《考古学报》1959 年第 1 期。

贵州省文物管理委员会:《贵州清镇平坝汉至宋墓发掘简报》,《考古》1961 年第 4 期。

贵州省博物馆考古研究所:《贵州田野考古四十年》(1953—1993 年),贵州民族出版社 1993 年版。

贵州省博物馆考古研究所:《贵州兴仁交乐汉墓发掘报告》,《贵州田野考古四十年》,贵州民族出版社 1993 年版。

贵州省博物馆考古组、贵州省赫章县文化馆:《赫章可乐发掘报告》,《考古学报》1986 年第 2 期。

贵州省博物馆考古组、威宁县文化局:《威宁中水汉墓》,《考古学报》1981 年第 2 期。

贵州省博物馆考古组:《贵州平坝天龙汉墓》,《文物资料丛刊》(4),文物出版社 1983 年版。

贵州省博物馆考古组:《贵州兴义、兴仁汉墓》,《文物》1979 年第 5 期。

贵州省文物考古研究所、黔西县文物管理所:《贵州黔西县汉墓的发掘》,《考古》2006 年第 8 期。

贵州省文物考古研究所、黔西县文物管理所:《黔西绿化乡汉墓发掘简报》,《贵州田野考古报告集》,科学出版社 2014 年版。

贵州省文物考古研究所:《贵州安顺市宁谷汉代遗址与墓葬的发掘》,《考古》2004 年第 6 期。

贵州省文物考古研究所:《贵州兴仁县交乐一九号汉墓》,《考古》2004 年第 3 期。

郭宝通、黄敏强:《广东清远出土汉代窖藏铜钱》,《考古》1986 年第 8 期。

郭顺利:《南宁市三江村西汉墓》,《中国考古学年鉴.1990》,文物出版社 1991 年版。

郭勇:《山西省右玉县出土的西汉铜器》,《文物》1963 年第 11 期。

国务院三峡工程建设委员会办公室、国家文物局:《秭归卜庄河》,科学出版社 2008 年版。

H

海盐县博物馆:《盐邑瑰宝——海盐县博物馆馆藏文物精选》,文物出版社 2012 年版。

汉中市博物馆：《陕西汉中市铺镇砖厂汉墓清理简报》，《考古与文物》1989 年第 6 期。

郝思德、陈佩：《临高县文连汉代铜釜》，《中国考古学年鉴.2002》，文物出版社 2003 年版。

郝思德、黄扬琼：《东方市罗带村汉代青铜釜》，《中国考古学年鉴.2003》，文物出版社 2004 年版。

郝思德、蒋斌：《儋州市何宅村汉代铜釜》，《中国考古学年鉴.2004》，文物出版社 2005 年版。

郝思德：《东方市感城镇汉代铜釜》，《中国考古学年鉴.2008》，文物出版社 2009 年版。

合浦县博物馆：《广西合浦县丰门岭 10 号汉墓发掘简报》，《考古》1995 年第 3 期。

何乃汉：《广西贵县东湖汉墓的清理》，《考古通讯》1957 年第 2 期。

何志国：《四川绵阳何家山 1 号东汉崖墓清理简报》，《文物》1991 年第 3 期。

河北省文物管理处：《河北省平山县战国时期中山国墓葬发掘简报》，《文物》1979 年第 1 期。

河南省博物馆：《河南三门峡市上村岭出土的几件战国铜器》，《文物》1976 年第 3 期。

河南省文物局南水北调办公室、河南省文物考古研究所、平顶山市文物事业局：《河南郏县黑庙 M79 发掘简报》，《华夏考古》2013 年第 1 期。

河南省文物考古研究所、永城市文物旅游管理局：《永城黄土山与酂城汉墓》，大象出版社 2010 年版。

河南省文物研究所、平顶山市文物管理委员会、叶县博物馆：《河南省叶县旧县 1 号墓的清理》，《华夏考古》1988 年第 3 期。

河南省文物研究所：《信阳楚墓》，文物出版社 1986 年版。

贺县博物馆：《广西贺县龙中岩洞墓清理简报》，《考古》1993 年第 4 期。

衡阳市博物馆：《湖南耒阳市东汉墓发掘报告》，《考古学集刊》(13)，中国大百科全书出版社 2000 年版。

衡阳市文物处、耒阳县文物局：《湖南耒阳白洋渡汉晋南朝墓》，《考古学报》2008 年第 4 期。

衡阳市文物工作队：《湖南衡阳荆田村发现东汉墓》，《考古》1991 年第

10 期。

衡阳市文物工作队:《湖南南岳万福村东汉墓》,《考古》1992 年第 5 期。

呼林贵、孙铁山、李恭:《西安东郊国棉五厂汉墓发掘简报》,《文博》1991 年第 4 期。

胡继根、柴福有:《衢州汉墓研究》,文物出版社 2015 年版。

胡继根:《浙江汉墓》,文物出版社 2016 年版。

胡秋凉:《长兴七女墩墓葬群清理简报》,《东方博物》第四十三辑,浙江大学出版社 2012 年版。

湖北省博物馆:《襄阳山湾东周墓葬发掘报告》,《江汉考古》1983 年第 2 期。

湖北省博物馆:《宜昌前坪战国两汉墓》,《考古学报》1976 年第 2 期。

湖北省博物馆:《云梦大坟头一号汉墓》,《文物资料丛刊》(4),文物出版社 1981 年版。

湖北省荆沙铁路考古队:《包山楚墓》,文物出版社 1991 年版。

湖北省荆州博物馆:《荆州高台秦汉墓》,科学出版社 2000 年版。

湖北省荆州地区博物馆:《江陵马山一号楚墓》,文物出版社 1985 年版。

湖北省荆州地区博物馆:《江陵雨台山楚墓》,文物出版社 1984 年版。

湖北省文化局文物工作队:《湖北江陵三座楚墓出土大批重要文物》,《文物》1966 年第 5 期。

湖北省文物管理委员会:《湖北随县塔儿湾古城岗发现汉墓》,《考古》1966 年第 3 期。

湖南省博物馆、湖南省文物考古研究所、长沙市博物馆、长沙市文物考古研究所:《长沙楚墓》,文物出版社 2000 年版。

湖南省博物馆、怀化地区文物工作队:《湖南溆浦马田坪战国西汉墓发掘报告》,《湖南考古辑刊》(二),岳麓书社 1984 年版。

湖南省博物馆、益阳县文化馆:《湖南益阳战国两汉墓》,《考古学报》1981 年第 4 期。

湖南省博物馆:《湖南省文物图录》,湖南人民出版社 1964 年版。

湖南省博物馆:《湖南资兴东汉墓》,《考古学报》1984 年第 1 期。

湖南省博物馆、湖南省文物考古研究所:《湖南资兴西汉墓》,《考古学报》1995 年第 4 期。

湖南省博物馆:《长沙楚墓》,《考古学报》1959 年第 1 期。

湖南省博物馆:《长沙市东北郊古墓葬发掘简报》,《考古》1959 年第 12 期。

湖南省博物馆:《长沙汤家岭西汉墓清理报告》,《考古》1966 年第 4 期。

湖南省博物馆:《长沙五里牌古墓葬清理简报》,《文物》1960 年第 3 期。

湖南省博物馆:《长沙杨家山 304 号汉墓清理简报》,《考古学集刊》(1),中国社会科学出版社 1981 年版。

湖南省常德市文物局、常德博物馆、鼎城区文物局、桃源县文物局、汉寿县文物局:《沅水下游汉墓》,文物出版社 2016 年版。

湖南省郴州地区文物工作队:《湖南郴州汉墓清理简报》,《考古》1985 年第 8 期。

湖南省文物工作委员会:《湖南长沙小林子冲工地战国、东汉、唐墓清理简报》,《考古》1958 年第 12 期。

湖南省文物管理委员会:《湖南耒阳东汉墓清理简报》,《考古通讯》1956 年第 4 期。

湖南省文物管理委员会:《湖南零陵东门外汉墓清理简报》,《考古通讯》1957 年第 1 期。

湖南省文物考古研究所、湘西自治州文物工作队、大庸市文物管理所:《1986—1987 大庸城区西汉墓发掘报告》,《湖南考古辑刊》(五),《求索》杂志社 1989 年版。

湖南省文物考古研究所、湘西自治州文物工作队、大庸市文物管理所:《湖南大庸东汉砖室墓》,《考古》1994 年第 12 期。

湖南省文物考古研究所、永州市芝山区文物管理所:《湖南永州市鹞子岭二号西汉墓》,《考古》2001 年第 4 期。

湖南省文物考古研究所:《湖南古墓与古窑址》,岳麓书社 2004 年版。

湖南省文物考古研究所:《里耶发掘报告》,岳麓书社 2006 年版。

湖南师范大学历史文化学院、郴州市文物处:《湖南郴州飞机坪西汉墓发掘简报》,《江汉考古》2014 年第 3 期。

怀化市文物事业管理处:《湖南溆浦县茅坪坳战国西汉墓》,《考古》1999 年第 8 期。

淮安市博物馆:《淮阴高庄战国墓》,文物出版社 2009 年版。

淮南市文化局：《安徽省淮南市刘家古堆汉墓发掘简报》，《文物资料丛刊》(4)，文物出版社 1981 年版。

黄汉超：《广西藤县出土一批汉代文物》，《文物》1981 年第 3 期。

黄启善：《广西古代玻璃制品的发现及其研究》，《考古》1988 年第 3 期。

黄启善：《合浦县风门岭、望牛岭汉墓》，《中国考古学年鉴.1986》，文物出版社 1988 年版。

黄增庆：《广西贵县汉木椁墓清理简报》，《考古通讯》1956 年第 4 期。

黄增庆：《广西贵县新牛岭第三号西汉墓葬》，《文物参考资料》1957 年第 2 期。

黄增庆：《广西贵县新牛岭汉墓清理》，《考古通讯》1957 年第 2 期。

黄展岳：《铜提筒考略》，《考古》1989 年第 9 期。

J

吉林省文物考古研究所、重庆市文物局、云阳县文物保护管理所：《云阳旧县坪遗址发掘报告》，《重庆库区考古报告集》(2000 上)，科学出版社 2007 年版。

济南市考古研究所：《山东济南魏家庄汉墓发掘简报》，《华夏考古》2016 年第 4 期。

嘉兴市文化局：《嘉兴博物馆馆藏文物精品集》，浙江摄影出版社 2007 年版。

江苏常州博物馆：《江苏常州兰陵恽家墩汉墓发掘简报》，《南方文物》2011 年第 3 期。

江苏省淮安市博物馆：《江苏淮安山头遗址墓地发掘简报》，《考古与文物》2010 年第 6 期。

江苏省文化局驻仪征化纤文物工作队：《仪征胥浦发现东吴墓葬》，《东南文化》1991 年第 5 期。

江西省博物馆：《江西南昌地区东汉墓》，《考古》1981 年第 5 期。

江西省博物馆：《江西南昌东汉、东吴墓》，《考古》1978 年第 3 期。

江西省博物馆：《江西南昌市南郊汉六朝墓清理简报》，《考古》1966 年第 3 期。

江西省文物工作队、南昌市博物馆：《南昌市京家山汉墓》，《考古》1989 年第 8 期。

江西省文物管理委员会：《江西的汉墓与六朝墓葬》，《考古学报》1957

年第 1 期。

江西省文物管理委员会:《江西南昌青云谱汉墓》,《考古》1960 年第 10 期。

江西省文物考古研究所、首都博物馆:《五色炫曜:南昌汉代海昏侯国考古成果》,江西人民出版社 2016 年版。

江西省文物考古研究所:《江西南昌蛟桥东汉墓发掘简报》,《文物》2011 年第 4 期。

蒋廷瑜:《楚国的南界和楚文化对岭南的影响》,《中国考古学会第二次年会论文集》,文物出版社 1982 年版。

蒋廷瑜:《广西考古通论》,广西科学技术出版社 2012 年版。

蒋廷瑜:《贵县罗泊湾汉墓墓主族属的再分析》,《学术论坛》1987 年第 1 期。

蒋廷瑜:《汉代錾刻花纹铜器研究》,《考古学报》2002 年第 3 期。

蒋廷瑜:《西林铜鼓墓与汉代句町国》,《考古》1982 年第 2 期。

金华地区文管会:《浙江省金华马铺岭汉墓》,《考古》1982 年第 3 期。

荆门市博物馆:《荆门十里九堰东汉墓》,《江汉考古》1987 年第 3 期。

荆门市博物馆:《荆门市玉皇阁东汉墓》,《江汉考古》1990 年第 4 期。

荆州博物馆、湖北省文物局南水北调办公室:《湖北丹江口市金陵墓群的发掘》,《考古》2008 年第 4 期。

荆州博物馆:《湖北荆沙市瓦坟园西汉墓发掘简报》,《考古》1995 年第 11 期。

荆州博物馆:《湖北荆州西胡家台墓地发掘简报》,《文博》2016 年第 2 期。

荆州博物馆:《湖北荆州谢家桥一号汉墓发掘简报》,《文物》2009 年第 4 期。

荆州地区博物馆:《江陵张家山三座汉墓出土大批竹简》,《文物》1985 年第 1 期。

荆州地区博物馆:《江陵张家山 201 号楚墓清理简报》,《江汉考古》1984 年第 2 期。

L

蓝日勇:《合浦县发掘八座汉墓》,《中国考古学年鉴.1985》,文物出版社 1985 年版。

蓝日勇:《合浦县廉州炮竹厂西汉晚期墓》,《中国考古学年鉴.1986》,

文物出版社 1988 年版。

李飞:《贵州安龙新出铜器——兼论贵州西南地区的青铜文化》,《四川文物》2009 年第 3 期。

李国灿:《东汉青铜天鸡羽人炉》,《中原文物》1983 年第 1 期。

李亮亮:《子长县发现的青铜器》,《文博》1992 年第 6 期。

李龙章:《岭南地区出土青铜器研究》,文物出版社 2006 年版。

李文明、郝明华:《江苏高淳县下坝东汉墓》,《东南文化》1988 年第 1 期。

李晓峰、尹沛扬:《济南千佛山战国墓》,《考古》1991 年第 9 期。

李学勤、艾兰:《欧洲所藏中国青铜器遗珠》,文物出版社 1995 年版。

李烨:《宁强县馆藏铜器选介》,《文博》1995 年第 1 期。

李珍、彭鹏程、左志强:《广西兴安县界首东汉墓》,《考古》2014 年第 8 期。

连云港市博物馆:《江苏东海县尹湾汉墓群发掘简报》,《文物》1996 年第 8 期。

梁明燊:《广东临高县出土汉代青铜釜》,《考古》1964 年第 9 期。

梁文骏:《郫县出土东汉铜器》,《文物》1981 年第 11 期。

梁旭达、覃圣敏:《广西浦北县出土的青铜器》,《文物》1987 年第 1 期。

梁友仁:《广西贵县发现汉墓》,《考古通讯》1956 年第 3 期。

梁友仁:《广西贵县发现汉墓一座》,《考古通讯》1956 年第 4 期。

梁友仁:《广西贵县汶井岭东汉墓的清理》,《考古通讯》1958 年第 2 期。

廖晋雄:《广东始兴县汉墓清理简报》,《考古》1993 年第 5 期。

廖晋雄:《广东始兴县刨花板厂汉墓》,《考古》2000 年第 5 期。

廖明泉、张强禄:《番禺市屏山二村东汉墓群和明代村落遗址》,《中国考古学年鉴.1999》,文物出版社 2001 年版。

林沄:《夏代的中国北方系青铜器》,《边疆考古研究》第 1 辑,科学出版社 2002 年版。

零陵地区文物工作队:《湖南永州市鹞子岭西汉"刘疆"墓》,《考古》1990 年第 11 期。

刘海超、杨玉彬:《安徽涡阳稽山汉代崖墓》,《文物》2003 年第 9 期。

刘建生、董波、杨玉彬:《安徽阜阳出土汉代铜器》,《考古与文物》1998 年第 6 期。

刘庆柱:《中国考古发现与研究》(1949—2009),人民出版社 2010年版。

刘随群:《泾阳县博物馆收藏的青铜器》,《考古与文物》1994 年第 4 期。

刘卫东:《山东莱芜东泉河村出土一批西汉文物》,《文物》1993 年第 12 期。

刘兴长、张居超:《河南南阳百里奚村汉墓的调查》,《考古通讯》1957年第 6 期。

刘志远:《成都天迴山崖墓清理记》,《考古学报》1958 年第 1 期。

柳州市博物馆:《广西柳州市九头村一号汉墓》,《文物》1984 年第 4 期。

柳州市博物馆:《柳州市郊东汉墓》,《考古》1985 年第 9 期。

龙福廷:《湖南郴州清理一座新莽时期墓葬》,《考古》1987 年第 4 期。

卢德佩:《湖北宜昌前坪 105 号汉墓出土的青铜器》,《文物资料丛刊》(4),文物出版社 1981 年版。

芦山县博物馆:《芦山发现一座汉代青铜人像》,《文物》1987 年第 10 期。

罗西章:《陕西扶风石家一号汉墓发掘简报》,《考古与文物》1985 年第 1 期。

M

马建国:《广州市横枝岗西汉、东晋、唐宋墓葬》,《中国考古学年鉴.2001》,文物出版社 2002 年版。

马幸辛、汪模荣:《四川达县市西汉木椁墓》,《考古》1992 年第 3 期。

缪华、原丰:《新沂市高庄汉代墓群发掘》,江苏省文物局:《江苏考古》(2014—2015),南京出版社 2017 年版。

N

南京博物院、淮阴博物馆、盱眙县博物馆:《盱眙小云山六七号西汉墓发掘报告》,《东南文化》2002 年第 11 期。

南京博物院、盱眙县文广新局:《江苏盱眙县大云山西汉江都王陵一号墓》,《考古》2013 年第 10 期。

南京博物院:《江苏盱眙东阳汉墓》,《考古》1979 年第 5 期。

南京博物院:《南京栖霞山及其附近汉墓清理简报》,《考古通讯》1959

年第 1 期。

南京市博物馆、南京市六合区文化局:《南京六合李岗汉墓(M1)发掘简报》,《文物》2013 年第 11 期。

南京市博物馆、南京市文物研究所、重庆市文物局:《万州金狮湾墓群发掘报告》,《重庆库区考古报告集》(2001 中),科学出版社 2007 年版。

南阳地区文物工作队、邓县文化馆:《河南邓县房山新石器时代遗址及秦汉墓调查》,《考古》1984 年第 1 期。

Q

齐文涛:《概述近年来山东出土的商周青铜器》,《文物》1972 年第 5 期。

青岛市文物局、平度市博物馆:《山东青岛市平度界山汉墓的发掘》,《考古》2005 年第 6 期。

青海省考古研究所、南京师大文博系、万州市文管会:《万州大地嘴墓地发掘报告》,《重庆库区考古报告集》(1999),科学出版社 2006 年版。

青海省文物考古研究所三峡考古队、重庆市文物局、重庆市万州区文物管理所:《万州大地嘴遗址青龙嘴墓地发掘报告》,《重庆库区考古报告集》(2001 中),科学出版社 2007 年版。

邱龙:《荔浦县古城、新坪汉墓》,《中国考古学年鉴.1992》,文物出版社 1994 年版。

屈盛瑞:《山西朔县西汉并穴木椁墓》,《文物》1987 年第 6 期。

全洪、祁桂荣:《广州市执信中学运动场西汉至清代墓葬》,《中国考古学年鉴.2004》,文物出版社 2005 年版。

全洪、张小峰、朱家振:《增城市狮子头岭东汉砖室墓》,《中国考古学年鉴.2004》,文物出版社 2005 年版。

全洪:《广州市东山汉至五代遗迹和墓葬》,《中国考古学年鉴.1999》,文物出版社 2001 年版。

覃义生:《贺县石壁湾东汉三国墓》,《中国考古学年鉴.1985》,文物出版社 1985 年版。

R

容庚:《海外吉金图录》,中华书局 2012 年版。

S

三门峡市文物工作队:《三门峡市火电厂秦人墓发掘简报》,《华夏考古》1993 年第 4 期。

　　三门峡市文物考古研究所：《三门峡向阳汉墓》，北京燕山出版社 2007 年版。

　　山东大学考古系：《山东长清双乳山一号汉墓发掘简报》，《考古》1997 年第 3 期。

　　山东省博物馆、山东省文物考古研究所、重庆市文物局、重庆市万州区文物管理所：《万州瓦子坪遗址发掘报告》，《重庆库区考古报告集》（2001 中），科学出版社 2007 年版。

　　山东省博物馆、重庆市文物考古所、重庆市文物局、重庆市万州区文物管理所：《万州钟嘴墓群发掘报告》，《重庆库区考古报告集》（2000 下），科学出版社 2007 年版。

　　山东省菏泽地区汉墓发掘小组：《巨野红土山西汉墓》，《考古学报》1983 年第 4 期。

　　山东省考古研究所、重庆市文物局、石柱土家族自治县文物管理所：《石柱砖瓦溪墓地发掘报告》，《重庆库区考古报告集》（2001 下），科学出版社 2007 年版。

　　山东省临淄市博物馆：《西汉齐王墓随葬器物坑》，《考古学报》1985 年第 2 期。

　　山东省文物考古研究所：《山东临淄金岭镇一号东汉墓》，《考古学报》1999 年第 1 期。

　　山东省文物考古研究所：《山东日照海曲西汉墓（M106）发掘简报》，《文物》2010 年第 1 期。

　　山西省博物馆：《太原市尖草坪汉墓》，《考古》1985 年第 6 期。

　　山西省考古研究所、山西博物院、长治市博物馆：《长治分水岭东周墓地》，文物出版社 2010 年版。

　　山西省考古研究所：《山西长子县东周墓》，《考古学报》1984 年第 4 期。

　　山西省文物管理委员会：《山西长治市分水岭古墓的清理》，《考古学报》1957 年第 1 期。

　　山西省考古研究所、山西省晋东地区文化局：《山西省潞城县潞河战国墓》，《文物》1986 年第 6 期。

　　陕西省考古研究所：《西安南郊三爻村汉唐墓葬清理发掘简报》，《考古与文物》2001 年第 3 期。

陕西省考古研究所汉水考古队:《陕西南郑龙岗寺汉墓清理简报》,《考古与文物》1987 年第 6 期。

陕西省考古研究院:《西安北郊郑王村西汉墓》,三秦出版社 2008 年版。

狮子山楚王陵考古发掘队:《徐州狮子山西汉楚王陵发掘简报》,《文物》1998 年第 8 期。

施加农:《发现萧山》,西泠印社出版社 2014 年版。

舒城县文物管理所:《舒城县秦家桥楚墓清理简报》,《文物研究》第 6 辑,黄山书社 1990 年版。

四川凉山彝族自治州博物馆:《四川西昌市杨家山一号东汉墓》,《考古》2007 年第 5 期。

四川省文物管理委员会、涪陵县文化馆:《四川涪陵西汉土坑墓发掘简报》,《考古》1984 年第 4 期。

四川省文物管理委员会:《成都东北郊西汉墓葬发掘简报》,《考古通讯》1958 年第 2 期。

四川省文物考古研究院、重庆市文化局、丰都县文物管理所:《重庆市丰都县汇南墓群 2003 年度发掘简报》,《四川文物》2013 年第 2 期。

四川省文物考古研究院:《四川汉源桃坪遗址及墓地发掘简报》,《四川文物》2006 年第 5 期。

苏州博物馆:《苏州冠鑫公司工地东汉墓的清理》,《东南文化》2003 年第 7 期。

苏州博物馆:《苏州虎丘乡汉墓发掘简报》,《东南文化》2003 年第 5 期。

孙机:《汉代物质文化资料图说》(修订本),中华书局 2020 年版。

孙机:《先秦、汉、晋腰带用金银带扣》,《文物》1994 年第 1 期。

T

唐金裕:《陕西勉县红庙村东汉墓清理简报》,《考古与文物》1983 年第 4 期。

唐山、志凡:《南昌地区的四座东汉墓》,《江西文物》1981 年第 2 期。

唐山:《南昌塘山东汉墓》,《文物工作资料》1976 年第 5 期。

天长市博物馆、天长市文物管理所:《安徽天长市槽坊汉墓群发掘简报》,《文物研究》(第 19 辑),科学出版社 2012 年版。

W

王大新、张林彬:《儋州市洛基汉代铜釜》,《中国考古学年鉴.2002》,文物出版社 2003 年版。

王根富:《江苏句容出土一批汉代铜器》,《东南文化》1991 年第 6 期。

王克林:《山西榆次古墓发掘记》,《文物》1974 年第 12 期。

王善才、王世振:《湖北随州东城区东汉墓发掘报告》,《文物》1993 年第 7 期。

王新良:《山东淄博市出土汉五凤三年铜熏炉》,《考古》1997 年第 12 期。

王亚庆:《咸阳博物馆收藏的汉代铜器》,《文物》2009 年第 5 期。

王业友:《合肥东汉墓出土漆器等文物》,《文物》1960 年第 1 期。

王英党:《湖南桃源县出土一批东汉铜器》,《考古》1993 年第 7 期。

韦伟燕:《越南汉墓的考古学研究》,吉林大学 2017 年博士学位论文。

吴小平:《汉代滇系刻纹铜器考古研究》,《边疆考古研究》第 12 辑,科学出版社 2012 年版。

吴小平:《汉代青铜容器的考古学研究》,岳麓书社 2005 年版。

吴小平:《汉代中原系刻纹铜器研究》,《考古与文物》2014 年第 4 期。

吴小平:《战国秦汉时期云贵地区青铜炊具的考古学研究》,《考古》2015 年第 3 期。

吴镇峰、罗英杰:《记武功县出土的汉代铜器》,《考古与文物》1980 年第 2 期。

梧州市博物馆:《广西梧州市鹤头山东汉墓》,《文物资料丛刊》(4),文物出版社 1981 年版。

武汉市考古研究所、巫山县文物管理所:《重庆巫山土城坡墓地 2006 年度发掘简报》,《四川文物》2008 年第 3 期。

武汉市文物考古研究所、巫山县文物管理所:《巫山乌鸡沟墓地 2003 年度发掘简报》,《江汉考古》2006 年第 4 期。

武汉市文物考古研究所、巫山县文物管理所:《重庆巫山土城坡墓地 2004 年发掘简报》,《江汉考古》2009 年第 2 期。

武汉市文物考古研究所、巫山县文物管理所:《重庆巫山土城坡墓地Ⅲ区东汉墓葬发掘报告》,《江汉考古》2008 年第 1 期。

X

厦门大学三峡考古队、重庆市文化局三峡办、云阳县文物保护管理所:

《2000 年云阳巴阳镇佘家嘴墓葬发掘报告》，《重庆库区考古报告集》（2002
下），科学出版社 2010 年版。

西安市文物保护考古所、郑州大学考古专业：《长安汉墓》，陕西人民出
版社 2004 年版。

西安市文物保护考古所：《西安北郊枣园大型西汉墓发掘简报》，《文
物》2003 年第 12 期。

西安市文物保护考古所：《西安文物精华》（青铜器），世界图书出版西
安公司 2005 年版。

咸阳地区文管会、茂陵博物馆：《陕西茂陵一号无名冢一号丛葬坑的发
掘》，《文物》1982 年第 9 期。

咸阳市博物馆：《陕西咸阳马泉西汉墓》，《考古》1979 年第 2 期。

咸阳市博物馆：《陕西咸阳塔儿坡出土的铜器》，《文物》1975 年第
6 期。

咸阳市文物考古研究所：《陕西咸阳市北郊杜家堡新莽墓发掘简报》，
《考古与文物》2004 年第 3 期。

湘西土家族苗族自治州文物工作队：《湖南保靖粟家坨西汉墓发掘简
报》，《考古》1985 年第 9 期。

湘西自治州文物管理处、保靖县文物管理所：《湖南保靖黄连古墓葬发
掘报告》，《湖南考古》2002，岳麓书社 2004 年版。

湘西自治州文物管理处、古丈县文物管理所：《古丈县白鹤湾战国西汉
墓发掘报告》，《湖南考古》2002，岳麓书社 2004 年版。

襄樊市文物考古研究所：《襄樊考古文集》（第一辑），科学出版社 2007
年版。

谢广维、熊昭明：《合浦县丰门岭六号汉墓》，《中国考古学年鉴.2004》，
文物出版社 2005 年版。

兴安县博物馆：《兴安县界首骨伤医院东汉墓发掘简报》，《广西考古文
集》（第五辑），科学出版社 2013 年版。

兴安县文化馆：《兴安县溶江公社石马坪汉墓出土一件铜鐎壶》，《文
物》1975 年第 5 期。

熊昭明：《汉代合浦港考古与海上丝绸之路》，文物出版社 2015 年版。

徐彩霞：《"陈仓"现身青铜甗》，《文博》2007 年第 4 期。

徐州博物馆：《徐州碧螺山五号西汉墓》，《文物》2005 年第 2 期。

徐州博物馆：《徐州石桥汉墓清理报告》，《文物》1984 年第 11 期。

徐州博物馆:《徐州小金山西汉墓清理简报》,《东南文化》1992 年第 2 期。

Y

雅安市博物馆、四川省文物考古研究院:《清风雅雨间——雅安文物精粹》,文物出版社 2010 年版。

烟台市文物管理委员会:《山东荣城梁南庄汉墓发掘简报》,《考古》1994 年第 12 期。

晏满玲:《泸州地区崖墓刍议》,《四川文物》2009 年第 4 期。

扬州博物馆、邗江县图书馆:《江苏邗江县杨寿乡宝女墩新莽墓》,《文物》1991 年第 10 期。

扬州博物馆:《江苏邗江县姚庄 102 号汉墓》,《考古》2000 年第 4 期。

扬州博物馆:《江苏邗江姚庄 101 号西汉墓》,《文物》1988 年第 2 期。

扬州博物馆:《扬州市郊发现两座新莽时期墓》,《考古》1986 年第 11 期。

扬州市博物馆:《扬州东风砖瓦厂汉代木椁墓群》,《考古》1980 年第 5 期。

杨豪:《广东韶关西河汉墓发掘》,《考古学集刊》(1),中国社会科学出版社 1981 年版。

杨焕成:《河南新蔡葛陵汉墓出土的铜器》,《文物》1989 年第 9 期。

仪征市博物馆:《仪征新集螃蟹地七号汉墓发掘简报》,《东南文化》2009 年第 4 期。

宜昌地区博物馆、宜都县文化馆:《湖北宜都县刘家屋场东汉墓》,《考古》1987 年第 10 期。

宜昌地区博物馆:《当阳季家湖楚墓发掘简报》,《江汉考古》1991 年第 1 期。

雍城考古队:《陕西凤翔高庄秦墓地发掘简报》,《考古与文物》1981 年第 1 期。

玉林县文管所:《广西玉林县出土西汉羊形铜灯》,《文物》1983 年第 10 期。

云南省文物工作队:《云南大关、昭通东汉崖墓清理报告》,《考古》1965 年第 3 期。

云南省文物工作队:《云南昭通桂家院子东汉墓发掘》,《考古》1962 年第 8 期。

云南省文物考古研究所、红河哈尼族彝族自治州文物管理所、个旧市博物馆:《个旧市黑蚂井墓地第四次发掘报告》,科学出版社 2013 年版。

云南省文物考古研究所、昆明市博物馆、官渡区博物馆:《昆明羊甫头墓地》,科学出版社 2005 年版。

云南省文物考古研究所、昭通市文物管理所、水富县文化馆:《昭通水富楼坝崖墓发掘报告》,《云南考古报告集》(之二),云南科技出版社 2006 年版。

云南省文物考古研究所:《会泽水城古墓群发掘报告》,科学出版社 2014 年版。

Z

张恒:《浙江嵊州市剡山汉墓》,《东南文化》2004 年第 2 期。

张文玲:《茂陵博物馆收藏的几件铭文铜器》,《文物》2012 年第 2 期。

张鑫如:《湖南长沙砚瓦池古墓的清理》,《考古通讯》1957 年第 5 期。

张鑫如:《长沙东郊雷家嘴东汉墓的清理》,《考古通讯》1958 年第 2 期。

张旭、韦远裕、梁炳贵、梁广新、梁国庆、郑超雄:《金秀县桐木汉墓发掘简报》,《广西文物》1992 年第 2 期。

张正宁:《西昌出土东汉永和元年铭文双鱼洗》,《四川文物》1993 年第 4 期。

昭通地区文物管理所:《云南昭通鸡窝院子汉墓》,《考古》1986 年第 11 期。

昭通市文物管理所:《昭通田野考古》(之一),云南人民出版社 2012 年版。

昭通市文物管理所:《昭通文物藏品图录》,云南人民出版社 2014 年版。

赵德云:《凸瓣纹银、铜盒三题》,《文物》2007 年第 7 期。

赵化成:《陕西汉中市清理两座西汉前期墓》,《考古与文物》1982 年第 2 期。

浙江省博物馆:《越地范金》,浙江古籍出版社 2009 年版。

浙江省文物考古研究所:《沪杭甬高速公路考古报告》,文物出版社 2002 年版。

浙江省文物考古研究所:《浙江省杭州市老和山汉墓发掘报告》,《浙江省文物考古研究所学刊》(第七辑),杭州出版社 2005 年版。

镇江市博物馆、丹阳县文化馆:《江苏丹阳东汉墓》,《考古》1978 年第 3 期。

郑超雄:《武宣县勒马村六座汉墓》,《中国考古学年鉴.1985》,文物出版社 1985 年版。

中国江南水乡文化博物馆:《考古余杭》(秦汉时期),西泠印社出版社 2014 年版。

中国科学院考古研究所:《辉县发掘报告》,科学出版社 2016 年版。

中国科学院考古研究所:《长沙发掘报告》,科学出版社 1957 年版。

中国社会科学院考古研究所、河北省文物管理处:《满城汉墓发掘报告》,文物出版社 1980 年版。

中国社会科学院考古研究所:《陕县东周秦汉墓》,科学出版社 1994 年版。

中国社会科学院考古研究所汉长安工作队:《汉长安城发现西汉窖藏铜器》,《考古》1985 年第 5 期。

中国社会科学院考古研究所长江三峡工作队、巫山县文物管理局:《巫山双堰塘遗址发掘报告》,《重庆库区考古报告集》(1999),科学出版社 2006 年版。

周世荣:《湖南零陵李家园发现新莽墓》,《考古》1964 年第 9 期。

周世荣:《长沙烈士公园清理的战国墓葬》,《考古通讯》1958 年第 6 期。

朱凤瀚:《古代中国青铜器》,南开大学出版社 1995 年版。

朱海仁、马建国:《广州市东山梅花村东汉木椁墓》,《中国考古学年鉴.1999》,文物出版社 2001 年版。

朱思维、王雄球:《南康三益东汉铜盉》,《南方文物》2001 年第 4 期。

朱土生:《浙江龙游县东华山汉墓》,《考古》1993 年第 4 期。

朱土生:《浙江龙游县方家山东汉新安长墓》,《考古》2016 年第 3 期。

图书在版编目(CIP)数据

岭南地区出土汉代铜器的考古学探索 / 吴小平著. —
杭州：浙江大学出版社，2021.9
ISBN 978-7-308-21548-0

Ⅰ.①岭… Ⅱ.①吴… Ⅲ.①铜器(考古)－研究－广
东－汉代 Ⅳ.①K876.414

中国版本图书馆 CIP 数据核字(2021)第 128567 号

岭南地区出土汉代铜器的考古学探索

吴小平　著

责任编辑	吴　超
责任校对	胡　畔
封面设计	周　灵
出版发行	浙江大学出版社
	（杭州市天目山路 148 号　邮政编码 310007)
	（网址：http://www.zjupress.com)
排　　版	浙江时代出版服务有限公司
印　　刷	杭州高腾印务有限公司
开　　本	710mm×1000mm　1/16
印　　张	21.5
字　　数	379 千
版 印 次	2021 年 9 月第 1 版　2021 年 9 月第 1 次印刷
书　　号	ISBN 978-7-308-21548-0
定　　价	88.00 元